当代儒学

《 第22辑 》

主 办　四川思想家研究中心

主 编　杨永明　　执行主编　郭 萍

四川人民出版社

图书在版编目（CIP）数据

当代儒学. 第 22 辑/杨永明主编；郭萍执行主编.
—成都：四川人民出版社，2022.11
ISBN 978－7－220－12931－5

Ⅰ.①当…　Ⅱ.①杨…　②郭…　Ⅲ.①儒学－研究－
中国　Ⅳ.①B222.05

中国版本图书馆 CIP 数据核字（2022）第 216519 号

DANGDAI RUXUE
当代儒学（第 22 辑）

杨永明　主编
郭　萍　执行主编

出 品 人	黄立新
责任编辑	王定宇
封面设计	张迪茗
版式设计	戴雨虹
责任校对	母芹碧
责任印制	祝　健

出版发行	四川人民出版社（成都三色路 238 号）
网　　址	http://www.scpph.com
E-mail	scrmcbs@sina.com
新浪微博	@四川人民出版社
微信公众号	四川人民出版社
发行部业务电话	（028）86361653　86361656
防盗版举报电话	（028）86361661
照　　排	四川胜翔数码印务设计有限公司
印　　刷	四川机投印务有限公司
成品尺寸	170mm×240mm
印　　张	21.75
字　　数	350 千
版　　次	2022 年 11 月第 1 版
印　　次	2022 年 11 月第 1 次印刷
书　　号	ISBN 978－7－220－12931－5
定　　价	75.00 元

目　录

蒙培元哲学思想研讨会暨《蒙培元全集》出版发布会

儒家情感观念研究

当代儒家思想探索

Contents

Thematic Topic of Seminar on the Philosophical Thought of Meng Peiyuan and the Publishing Conference on *the Complete Works of Meng Peiyuan*

IV. The Meeting Report

Researches on Confucian Emotion

Explorations of the Thoughts in Contemporary Confucianism

蒙培元哲学思想研讨会暨

《蒙培元全集》

出版发布会

【编者按】2021 年 12 月，《蒙培元全集》（全十八卷）作为四川省哲学社会科学重点研究基地"四川思想家研究中心"的重大项目，由四川人民出版社正式出版发行。

蒙培元先生是当代著名哲学家、中国哲学史家。蒙先生于 1963 年成为冯友兰先生的研究生，1966 年毕业于北京大学哲学系。1980 年到中国社会科学院哲学研究所工作，历任中国社会科学院哲学研究所研究员、研究生院教授，中国哲学研究室主任；美国哥伦比亚大学访问教授、哈佛大学访问教授、中国台湾"中研院"访问教授、香港中文大学客座教授等；中国哲学史学会副会长、《中国哲学史》杂志主编等。

蒙先生的哲学思想，除早期的"理学的演变""理学范畴系统"外，包括"主体""心灵""超越""境界"与"自然"等一系列关键词，并由"情感"贯通起来，由此呈现为独树一帜的"情感哲学"。学界称之为"情感儒学"。

2021 年 12 月 25 日，《蒙培元全集》出版之际，"蒙培元哲学思想研讨会"以线上会议方式召开。在此分享部分与会学者的精彩发言，并附会议报道。

蒙培元"情感哲学"略谈

——蒙培元哲学思想研讨会暨《蒙培元全集》出版发布会致辞

黄玉顺

（山东大学儒学高等研究院教授）

各位师友、各位学者：

上午好！值此《蒙培元全集》出版之际，我们举行蒙培元哲学思想研讨会，十分感谢各位师友和学者的支持和参与。

蒙先生从 1980 年 9 月发表论文《论王夫之的真理观》①，到 2017 年 4 月发表访谈录《情感与自由》②，数十年来，在中国哲学史的研究，特别是宋明理学和孔孟儒学的研究中，逐步呈现出他自己的哲学思想体系，他自己称之为"情感哲学"，学界称之为"情感儒学"。

早在 1987 年，蒙先生就提出了"情感哲学"的概念。③ 他当时就提出了一个命题："儒家哲学就是情感哲学。"④ 这里应当指出的是：强调情感的简帛文献《性自命出》，到 1993 年才出土，到 1998 年才正式出版，此时距离蒙先生提出"情感哲学"已经过去十一年了。⑤ 到 1994 年，蒙先生已将"情感哲

---

① 蒙培元：《论王夫之的真理观》，载《中国哲学史论文集》第二辑，山东人民出版社 1980 年版，第 384—404 页。

② 蒙培元、郭萍：《情感与自由——蒙培元先生访谈录》，《社会科学家》2017 年第 4 期，第 3—6 页。

③ 蒙培元：《论理学范畴"乐"及其发展》，《浙江学刊》1987 年第 4 期，第 34—41 页。

④ 蒙培元：《论理学范畴系统》，《哲学研究》1987 年第 11 期，第 38—47 页。

⑤ 荆门市博物馆：《郭店楚墓竹简》，文物出版社 1998 年版。

学"的概念从儒家哲学扩展到了整个中国哲学，发表了《论中国传统的情感哲学》①；进而探讨了中国情感哲学的现代价值，发表了《中国的情感哲学及其现代意义》②。到 1998 年，即《性自命出》出版时，蒙先生出版了情感哲学的专著《心灵超越与境界》③；2002 年，蒙先生又出版了情感哲学的总结性专著《情感与理性》④。可以说，这些年中国哲学尤其是儒家哲学中出现"情感转向"⑤，蒙先生起到了发动和推进的重大作用。

在研究中国哲学史的过程中，出于对人的存在、人与自然的关系等重大问题的深沉关切，蒙先生逐步形成了他自己的"情感哲学"或"情感儒学"的哲学思想体系。关于这个体系，我曾做过这样的概括："他的哲学思想有'主体''心灵''超越''境界'与'自然'这几个最重要的关键词，并由'情感'贯通起来。"⑥

仅就情感观念而论，蒙先生的情感哲学既是存在论的，亦是境界论的。存在论方面，蒙先生提出的最重大命题是"人是情感的存在"⑦、"情感是人的基本的存在方式"⑧。境界论方面，最鲜明地体现于蒙先生提出的重要命题"情

---

① 蒙培元：《论中国传统的情感哲学》，《哲学研究》1994 年第 1 期，第 45—51 页。

② 蒙培元：《中国的情感哲学及其现代意义》，载《中国智慧透析》，赵东编，华夏出版社 1995 年版，第 160—168 页。

③ 蒙培元：《心灵超越与境界》，人民出版社 1998 年版。

④ 蒙培元：《情感与理性》，中国社会科学出版社 2002 年版。

⑤ 2018 年 3 月 18 日，"儒学现代转型中的情感转向"全国学术研讨会暨蒙培元先生八十寿辰学术座谈会在北京举行。参见郭萍《儒学现代转型中的情感转向——蒙培元先生八十寿辰学术研讨会综述》，载《光明日报》2018 年 4 月 17 日国学版；黄玉顺、杨永明、任文利主编《人是情感的存在——蒙培元先生 80 寿辰学术研讨集》，北京大学出版社 2018 年版；何刚刚《当代儒学的情感转向——兼对一桩学术公案的澄清》，《周易研究》2021 年第 1 期，第 106—112 页。

⑥ 黄玉顺：《情感儒学：当代哲学家蒙培元的情感哲学》，《孔子研究》2020 年第 4 期，第 43—47 页。

⑦ 蒙培元：《人是情感的存在——儒家哲学再阐释》，《社会科学战线》2003 年第 2 期，第 1—8 页。

⑧ 蒙培元：《换一个视角看中国传统文化》，载《亚文——东亚文化与 21 世纪》第一辑，亚文编辑委员会编，中国社会科学出版社 1996 年版，第 297—313 页。

可上下其说"①：往下说，情感与生理、心理相联系，是主体心灵的感性层面，这是形而下的自然情感；往上说，情感与实践理性相联系，是主体心灵的超越层面，这是经由道德情感或理性情感并超越之而达到的形而上的超越情感。

以这种情感观念为核心，蒙先生广泛研究了主体、心灵、超越、自然等问题，形成了一个丰富多彩的立体的思想网络：首先是"主体"问题，1991 年发表论文《论中国哲学主体思维》②，随之陆续发表了一系列文章，并于 1993 年出版了专著《中国哲学主体思维》③；然后是"心灵"问题，1993 年发表论文《心灵与境界——朱熹哲学再探讨》④，随之也陆续发表了一系列文章，并于 1998 年出版了专著《心灵超越与境界》⑤；接着是"超越"问题，1994 年发表论文《中国的心灵哲学与超越问题》⑥，随之也陆续发表了一系列文章，最终也总结于专著《心灵超越与境界》；最后是"自然"问题，1996 年发表论文《自由与自然——庄子的心灵境界说》⑦，1998 年发表论文《良知与自然》⑧，随之也陆续发表了一系列文章，并于 2004 年出版了专著《人与自然——中国哲学生态观》⑨。

在这些研究成果中，蒙先生对"超越"问题（涉及宗教问题）和"自由"问题（涉及政治、哲学问题）的研究是值得我们今天特别关注的，我在这里

---

① 关于"情可上下其说"命题，参见蒙培元《论理学范畴系统》，《哲学研究》1987 年第 11 期；《中国的德性伦理有没有普遍性》，《北京社会科学》1998 年第 3 期；《漫谈情感哲学》，《新视野》2001 年第 1、2 期连载；《情感与理性》，台湾《哲学与文化》第二十八卷十一期，2001 年版；《中国哲学的方法论问题》，《哲学动态》2003 年第 10 期；《关于中国哲学生态观的几个问题》，《中国哲学史》2003 年第 4 期；《人·理性·境界——中国哲学研究中的三个问题》，《泉州师范学院学报》2004 年第 3 期；《我的中国哲学研究之路》，《中国哲学与文化》第 2 辑，广西师范大学出版社 2007 年版；《中国哲学中的情感理性》，《哲学动态》2008 年第 3 期；《我的学术历程》，载黄玉顺等主编《儒学中的情感与理性》，教育科学出版社 2008 年版。

② 蒙培元：《论中国哲学主体思维》，《哲学研究》1991 年第 3 期。

③ 蒙培元：《中国哲学主体思维》，东方出版社 1993 年版。

④ 蒙培元：《心灵与境界——朱熹哲学再探讨》，《中国社会科学院研究生院学报》1993 年第 1 期。

⑤ 蒙培元：《心灵超越与境界》。

⑥ 蒙培元：《中国的心灵哲学与超越问题》，《学术论丛》1994 年第 1 期。

⑦ 蒙培元：《自由与自然——庄子的心灵境界说》，载《道家文化研究》第 10 辑，上海古籍出版社 1996 年版。

⑧ 蒙培元：《良知与自然》，《哲学研究》1998 年第 3 期。

⑨ 蒙培元：《人与自然——中国哲学生态观》，人民出版社 2004 年版。

就不具体展开了。

最值得注意的是：蒙先生的"情感境界论"，或"自我超越的境界论"①，已实质性地蕴含着20世纪以来的一种最前沿的思想视域，即前主体性、前存在者的观念。② 这是因为：主体自我超越到一个更高的境界，即意味着获得了新的主体性；那么，对于这个新的主体、新的存在者来说，此前的超越活动或"功夫"就是前存在者、前主体性的存在。

正因为蒙先生的上述哲学思想成就，进入新世纪以来，学界已经出现了研究蒙培元哲学思想的文章百篇以上、文集四种。③ 这种研究还将继续深入下去，我们今天举行的会议就是一个明证。

最后，再次感谢各位师友与学者的参与！

---

① 蒙培元：《理学范畴系统》，人民出版社1989年版，第435页；《心灵与境界——兼评牟宗三的道德形上学》，载《新儒家评论》第二辑，中国广播电视出版社1995年版，第64—82页；《心灵超越与境界》，第72—78页、第406—416页。

② 参见黄玉顺《前主体性对话：对话与人的解放问题——评哈贝马斯"对话伦理学"》，《江苏行政学院学报》2014年第5期，第18—25页；《前主体性诠释：主体性诠释的解构——评"东亚儒学"的经典诠释模式》，《哲学研究》2019年第1期，第55—64页；《前主体性诠释：中国诠释学的奠基性观念》，《浙江社会科学》2020年第12期，第95—97页；《如何获得"新生"？——再论"前主体性"概念》，《吉林师范大学学报》2021年第2期，第36—42页。

③ 见《蒙培元全集》第十八卷，附录二《蒙培元研究文献总目》。文集四种包括：《情与理："情感儒学"与"新理学"研究——蒙培元先生70寿辰学术研讨集》，黄玉顺、彭华、任文利主编，中央文献出版社2008年版；《儒学中的情感与理性——蒙培元先生七十寿辰学术研讨会》，黄玉顺、任文利、杨永明主编，现代教育出版社2008年版；《人是情感的存在——蒙培元先生80寿辰学术研讨集》，黄玉顺、杨永明、任文利主编，北京大学出版社2018年版；《"情感儒学"研究——蒙培元先生八十寿辰全国学术研讨会实录》，黄玉顺主编，四川人民出版社2018年版。

中国哲学学科的宝贵财富

张志强

（中国社会科学院哲学研究所所长、研究员）

尊敬的陈来先生、郭齐勇先生、杨国荣先生、林安梧先生、景海峰先生、王庆节先生，还有玉顺兄，以及参加会议的诸位师友，大家好！

首先，我代表哲学所祝贺《蒙培元全集》的出版！这不仅是中国哲学史界的一件大事，也是哲学界的一件大事，尤其是我们哲学所的一件大事。哲学所这两年出版了两套学者的全集，一部是去年出版的叶秀山先生的全集，一部就是我们敬爱的蒙先生的全集。两位老先生是我们哲学所中国哲学学科和外国哲学学科的典范和象征，标志着我们哲学所所达到的高峰。遗憾的是两套全集的编撰都是两位先生的学生弟子来完成的，我们哲学所在这个编撰的过程当中没有发挥什么作用。尤其是蒙培元先生的全集的编辑出版，都是蒙先生的入门弟子经过多年的辛苦工作完成的。在此我要代表哲学所、代表哲学所的中国哲学学科，向玉顺兄、文利兄表示衷心的感谢，大家辛苦了！哲学所现在十分珍视自己的传统，希望今后能够在所内学者的著作整理结集方面发挥积极的作用。在此我再次感谢玉顺兄、文利兄等诸位的努力。

蒙培元先生是我们哲学所中国哲学学科的代表性人物，更是哲学所中国哲学学科传统的标志性人物。哲学所中国哲学学科最早的学科组长是冯友兰先生。蒙先生作为冯友兰先生"文革"前的研究生，是把冯先生所代表的北大传统扎扎实实植根于哲学所的关键人物。经过蒙先生的发扬光大，哲学所的中国哲学学科进一步发挥了冯友兰先生的思想和学术风格，更加具有思想性、哲学性，也更加关注时代问题。并且在时代问题的讨论中，发挥了不可或缺的作用。蒙先生的情感儒学，或者也可以称为情感哲学，更加自觉地继承了梁漱溟先生的传统，从理学回溯到亲情儒学，回到了中国文化最深厚的根源上，来发掘儒学的特质，建立儒家的哲学体系，与西方哲学传统、近代以来运用西方哲学解读中国哲学的传统进行深入对话，表现出非常深刻的、立足中国哲学传统的普遍性关怀。

蒙先生的哲学创作总是与时代问题相呼应，从中国哲学的立场出发回应时代问题，也总是能够找到对时代问题的中国哲学的回应方式。比如，他对中国哲学主体思维的刻画，显然一方面呼应了主体性高扬的时代精神，另一方面也凸显了中国式主体性思维不同于西方近代主体性形而上学的独特特质。又比如，蒙先生关于超越性的理解，一方面深化了中国哲学的内在超越与西方哲学和宗教外在超越的不同，另一方面更提出了自己关于内在超越的丰富理解，用心灵境界问题来描述内在超越的超越性特质。这些思想都表现了蒙先生极富创造力的哲学建构能力。蒙先生的学术思想，展现了北大注重哲学史的方面，也特别着重发挥了冯友兰先生独立的哲学创作精神，建立了自己的具有鲜明特征的哲学体系。应该说，蒙先生这一学术追求，既体现了冯先生的传统，也在一定程度上成为我们这个时代进行哲学创作活动的先声。

蒙先生的学术工作是我们哲学所中国哲学学科的宝贵财富，也是我们需要认真对待并加以用心继承的传统。我想，全集的出版对于尚在病中的蒙先生是最大的安慰。为病魔所困扰的蒙先生虽然已经无法表达自己，但当他看到自己的精神生命已经在当代中国开花结果，一定会感到非常欣慰。

蒙先生是接受我进入哲学所的老主任，也是让我深刻领受中国哲学学科传统的老前辈。在此衷心祝愿蒙先生安康，也祝愿师母身体健康。

最后，预祝大会圆满成功！谢谢！

略论蒙培元先生生态哲学研究的内在理路

杨永明

（宜宾学院四川思想家研究中心主任、教授）

蒙培元先生是当代中国著名的哲学家和哲学史家，他有感于全球化带来的人类生存危机，通过重新解读中国古代哲学家们的哲学著作，创造性地提出"中国哲学就是深层次的生态哲学"的观点，并从多角度论证中国哲学有助于化解当前的生态危机，满怀信心地认为这是中国文化对人类的一大贡献。余谋昌教授从"接着讲"的角度，比较全面地论述了蒙先生生态哲学观的主要内容；何晓博士从主体性的转变角度论述了蒙先生的生态哲学思想；[1] 乐晓旭博士从"天人合一"视角下的自然角度，阐释了蒙先生建构的生态哲学理论。[2] 本文拟在前人研究的基础上，就蒙先生生态哲学研究的内在理路谈一点粗浅的看法，以就教于大方之家。

一、研究的缘起：问题意识

在蒙先生看来，"生态"与"生态学"这些概念虽然是西方人在 20 世纪提出来的，但是并不是说在这之前就不存在生态问题，或者说生态问题只是现代的问题。其实，自有人类社会以来，特别是进入文明社会以后，如何处理人与自然的关系问题，就是一个绕不开的问题。不同国家、不同地区、不同文明对此问题的解决方式各不相同。准确地讲，生态问题是随着工业革命以来才逐

---

[1] 两文均见《鄱阳湖学刊》2016 年第 5 期。
[2] 见《华东理工大学学报》2021 年第 4 期。

渐凸显的。尤其是全球化以来，生态问题已经不只是某个国家、某个地区的问题，而是整个世界的问题。比如说全球变暖，这就不是单个国家所能解决的问题，必须全世界联手进行共同治理。

中国社会长期处于农业社会，尽管不时也有水旱灾害等发生，但总体来说生态问题并不严重。党的八大就明确提出要调动一切积极因素，把我国从一个落后的农业国变为一个先进的工业国，发出"向科学进军"等的伟大号召。当时党和人民出于尽快改变我国"一穷二白"面貌的良好愿望，实施"超英赶美"的发展战略，1958年掀起了"大跃进"运动，片面强调人的主观能动性，认为"人有多大胆，地有多大产"，"不怕做不到，就怕想不到"，相信"只要有了人，什么人间奇迹也可以造出来"[1]。结果欲速不达，吃尽了苦头。特别是"大炼钢铁"运动中，大肆推广群众运动式的土法炼钢，对生态环境造成了较大破坏。改革开放以来，随着工业化和城镇化的快速推进，虽然经济建设取得了举世瞩目的成就，但是对生态环境的破坏也是有目共睹的。特别是一些地方片面追求GDP的高速增长，不顾客观实际，一味地搞大开发而不是大保护，不仅导致自然资源的极大浪费，而且导致生态环境急剧恶化。昔日的蓝天白云、青山绿水已不再现，取而代之的是严重的雾霾和污染的河流。空气不再清新，水土流失严重，森林不断减少，沙漠急剧扩大，以致黄河断流，长江洪灾，矿难频发……严重的事实告诫我们不能再走"先破坏再治理"的老路了，必须改弦易辙，走可持续发展的道路。党的十八大以来，以习近平同志为核心的党中央响亮地提出"绿水青山就是金山银山"的口号，进而把生态文明建设纳入社会主义现代化建设"五位一体"的总体布局之中。中国政府不仅高度重视国内生态文明建设，而且积极参与国际合作，推动构建人类命运共同体。

当然，保护生态环境不仅仅是党和政府的事，我们每一个人都不能袖手旁观，而应竭己之力参与其中。作为哲学社会科学研究者更不能置身事外，而应结合自身专长，从学理上论证生态文明建设的必要性，提供可能的路径选择。蒙先生曾说："我经常在学者们中间说：'我有一种生态情结。'这句话是出自我的内心的。看见有人任意砍伐树木，残忍地杀害动物，随意浪费资源，制造

---

① 毛泽东：《唯心历史观的破产》，《毛泽东选集》第4卷，人民出版社1991年版，第1512页。

垃圾，对自然界只有掠夺而不尽义务，只求满足欲望而无同情之心，以致造成干旱化、沙漠化、空气污染、气候变暖，生存条件越来越恶化，我感到非常痛心，也很担忧。"① 可以说，正是有这样强烈的问题意识和现实关怀，才有蒙培元生态哲学的产生。

二、研究的方法：回到原点

面对日益严重的生态问题，如果仅仅只是有生态情怀显然是不够的。作为哲学家，就应从哲学层面去思考如何才能化解这种危机。蒙先生正是这样做的。蒙先生自述，他是带着问题，重新解读中国古代哲学家的著作，特别注意发掘过去长时期被人们忽略了的问题，揭示其精神意蕴，从而独具慧眼地发现了别有洞天。蒙先生坚定地认为，"我们在现代化的过程中之所以出现很多可悲的问题，不是由于我们背负了传统文化的太多的'包袱'，而是由于我们丢弃了传统文化中的有价值的精神资源（当然，'包袱'也是有的，但不是在这些方面）"②。正是有了这样的理念，蒙先生才决定把我们丢弃了的传统文化中有价值的精神资源找回来，并将这种方法称为"回到原点"。

所谓"回到原点"，在蒙先生看来，并不是说要回到过去，回到古代农业社会，幻想田园牧歌式的生活，而是通过对中国古代哲学家们的著作进行现代性解读，发挥其生命潜力，使之走进现代社会和未来社会，并使之更好地服务于现代社会。由此看来，"回到原点"的着眼点并非过去，而是现在和未来。如果仅仅从字面意义上看，一方面说要"回到原点"，另一方面又说要"走向未来"，似乎这种说法是矛盾的。蒙先生专门就此进行过解释，他说："所谓'原点'，并不是一个时间的概念，而是一个理论的概念。不是'历史性'的问题，而是'共时性'的问题。我所说的'原点'，是指看问题的'立足点'、'出发点'，是一种基本的思维方式。"③ 如果把"原点"理解为一种"思维方式"而不是一个"时间概念"，那么说"回到原点"是为了走向未来，就不难

---

① 蒙培元：《我的中国哲学研究之路》，《蒙培元全集》第十四卷，四川人民出版社 2021 年版，第 307 页。
② 蒙培元：《我的中国哲学研究之路》，《蒙培元全集》第十四卷，第 308 页。
③ 蒙培元：《关于中国哲学生态观的几个问题》，《蒙培元全集》第十二卷，第 210 页。

理解了。不同民族、不同文化由于受地理环境、民俗习惯、历史发展等多方面因素的影响，其认识世界和看待问题的思维方式并非完全一致；非但不一致，有些还是根本对立的。不同的思维方式自然会导致不同的行为方式。如果把"回到原点"的方法理解为一种基本的思维方式，那么这种方法无疑具有"解释学"的意味。但是，如果把"回到原点"的方法仅仅停留在解释学层次，那就过于肤浅了。它尚蕴含着使命意识和责任担当之义。蒙先生如是说道："我的工作就是通过自己的理解和阐释，将中国哲学中这些最有生命力的价值理念揭示出来，对今日的生态建设与可持续发展做出自己的一份贡献。我认为，这是中国哲学史研究的义不容辞的义务。"① 因此之故，我以为用冯友兰先生"阐旧邦以辅新命"来概括"回到原点"的现实意义更为恰当。

就"思维方式"来说，中西传统哲学有着根本的不同。在蒙先生看来，"中国哲学的基本出发点是生命论或生存论的，不是本体论（实体论）和认识论的；是人与自然的有机统一，而不是人与自然的二元对立。"② 由此可见，在人与自然的关系问题上，中西传统哲学的思维方式也是对立的。西方哲学家们从本体论和认识论出发，将人与自然对立起来，形成了"人类中心主义"观念。蒙先生认为，"'人类中心论'是西方现代化的精神支柱。其根本特征是，在人与自然的关系问题上，始终坚信人是中心、是主宰，自然界只是被用来为人类服务的对象。人类对于自然界，只有控制、利用、索取和改造的权利，却没有任何责任和义务。如果有的话，那也是为了人类的利益，或者说从人类的利益出发，如何使其更好地为人类提供一切可利用的东西。只有人才是价值的主体，也是价值的裁判者，自然界是没有价值的，其价值是以人的需要为前提的。"③ 可以说，这种将人凌驾于自然之上的"人类中心论"正是现代人类生存危机产生的根源所在。因为不承认自然界本身所具有的价值，只以满足人的需要才显示其价值，而人的需要又是无止境的，必然导致人对自然界无休止的掠夺，最终导致人类的生存危机；所以，要解决现代人类生存危机，就必须抛弃"人类中心论"。

---

① 蒙培元：《人与自然——中国哲学生态观》自序，《蒙培元全集》第十三卷，第2页。
② 蒙培元：《关于中国哲学生态观的几个问题》，《蒙培元全集》第十二卷，第210页。
③ 蒙培元：《人与自然——中国哲学生态观》，《蒙培元全集》第十三卷，第16页。

与西方哲学将人与自然对立起来的认识相反，中国哲学则强调"天人合一"，将人与自然看成是一个内在的统一体，主张二者和谐相处。蒙先生指出："中国的哲学家们，以天（乾）为父，以地（坤）为母，因而对自然界充满敬意，这一学说不仅有深刻的生态学意义，而且对于人类的生存方式提出了极有价值的指导，即人类作为自然界的一部分，对自然界要有敬畏之心、报恩之心，决不可放肆地进行掠夺。"[1] 毫无疑问，这样的哲学观念对于保护自然和解决人类生存危机是有帮助作用的，它完全可以矫正西方"人类中心论"的弊端。

在漫长的古代社会，因为科学技术的落后，人与自然虽有冲突，但并不严重。但是自工业革命以来，欧美资产阶级正以自己的面貌改变着世界。马克思和恩格斯在《共产党宣言》中如是写道："资产阶级在它的不到一百年的阶级统治中所创造的生产力，比过去一切世代创造的全部生产力还要多，还要大。自然力的征服，机器的采用，化学在工业和农业中的应用，轮船的行驶，铁路的通行，电报的使用，整个大陆的开垦，河川的通航，仿佛用法术从地下呼唤出来的大量人口——过去哪一个世纪料想到在社会劳动里蕴藏有这样的生产力呢？"[2] 不容否认的是，从19世纪中叶到现在，科学技术日新月异，生产力的发展更是突飞猛进，人类征服和改造自然的能力大为增强，"可上九天揽月，可下五洋捉鳖"已然成为现实。但是，人类肆无忌惮地开发自然界，导致资源短缺、环境污染、物种灭绝、河流干枯、森林减少、沙漠增多，最终威胁到人类自身的生存和发展。正如恩格斯所说："我们不要过分陶醉于我们人类对自然界的胜利。对于每一次这样的胜利，自然界都对我们进行报复。每一次胜利，起初确实取得了我们预期的结果，但是往后和再往后却发生完全不同的、出乎预料的影响，常常把最初的结果又消除了。"[3] 人类发展生产力的本意是要满足人的需要，结果威胁到了人类的生存。那么，如何解决这一矛盾呢？

这便涉及科学与人文的关系问题。从某种意义上讲，造成人类生存危机的

---

① 蒙培元：《从中西传统人权观念看人与自然的关系》，《蒙培元全集》第十二卷，第90页。

② 马克思、恩格斯：《共产党宣言》，《马克思恩格斯选集》第1卷，人民出版社2012年版，第405页。

③ 恩格斯：《自然辩证法》，《马克思恩格斯选集》第3卷，第998页。

重要原因之一便是人们对科学技术的顶礼膜拜和对人文价值的漠视和否定。毫无疑问，人类要生存，就需要从自然界获取必要的生活资料；人类要生活得更好，就必须发展科学技术，因为科学技术是第一生产力。问题在于，科学技术的发展必须要以人文价值去引领，而不能想当然地认为科学技术是万能的，是可以主宰一切的。蒙先生说："人们已经或正在从科学技术中获得利益，但却离自己的家园越来越远。人们一方面在享受高科技所带来的舒适生活，另一方面却变本加厉地破坏着人类赖以生存的自然环境。"① 由此可见，科学技术是把双刃剑，一方面可以给人们的生活带来便利与舒适，另一方面也可以给人们生存带来危机。而要克服科学技术给人们生存带来的危机，就必须高度重视人文价值，要以人文价值去引领科学技术。蒙先生指出："我们既需要发展科学技术，更要关心人文价值，使二者能够更好地结合起来。"②

那么，什么样的人文价值才能做到既能发展科学技术，又能自觉矫正片面发展科学技术的弊端呢？蒙先生通过对中西文化人文精神的比较研究后得出结论：中国儒家所倡导的人文精神具有这样的功能，因为"儒家的人文精神绝没有离开自然而谈论人的问题，其基本精神就是'天人合一''人文化成'，即实现人与自然的和谐统一，而不是'天人对立'。"③

正因为人类的生存遭遇了危机，所以联合国教科文组织才倡导"可持续发展"，学术界也才有"生态伦理"等思想的出现。但是，如何才能做到可持续发展，坚守生态伦理，恐怕最重要的是必须改变"人类中心论"的思维方式。那种把人与自然对立起来，把人看成是价值之源，看成是自然界的主宰，认为自然只是为人服务的而自身不具有任何价值，人对自然界只有权力而无任何义务的"人类中心主义"者，无论如何也是难以做到"可持续发展"的。相反，中国儒家"天人合一"思想则可以矫正"人类中心主义"的弊端。蒙先生认为，"不能把人和自然界对立起来，将自然界视为'异在'的存在，视为人之外的对立面，只从人的'自我意识''精神主体'去解决人的问题。而是必须把人和自然界联系起来，在人与自然的不可分离的内在统一中去解决。

---

① 蒙培元：《人与自然——中国哲学生态观》，《蒙培元全集》第十三卷，第15页。
② 蒙培元：《人与自然——中国哲学生态观》，《蒙培元全集》第十三卷，第23页。
③ 蒙培元：《亲近自然——人类生存发展之道》，《蒙培元全集》第十二卷，第5页。

这是儒学同人类中心主义的最根本的区别"①。正是有了这样的认识，蒙先生才倡导"回到原点"的研究方法。

三、研究的结论：中国哲学是深层次的生态哲学

在蒙先生看来，中国哲学就是深层次的生态哲学。他说："'生'的问题是中国哲学的核心问题，体现了中国哲学的根本精神。"② 自先秦经宋明以至明清时期的主要哲学家无不是在"生"的观念之中或围绕"生"的问题而展开哲学论说或建构哲学体系的。这个判断绝非是蒙先生心血来潮的一句说辞，而是蒙先生通过对中国古典哲学综合反思得来的一个重要研究成果。蒙先生对"生态哲学"框架下的哲学范畴进行了创造性的诠释。这在《人与自然》一书的"绪论"及"第一部分"中得到了较为完备的体现。通过对"生"、"仁"、自然目的性、科学理性与情感理性、特殊主义与普遍主义、儒学生态与宗教关系等问题的深入研究，蒙先生对这些哲学概念和关系都给予了独特的生态学"解读"，让人耳目一新。

比如说，蒙先生对"生"的解读就独具特色。蒙先生认为"生"的哲学包含三层含义：③

第一层含义是，"生"的哲学是生成论哲学，而非西方式的本体论哲学。"生"的一个意义就是生存，是有时间维度的。无论是道家讲的"道生万物"，还是儒家讲的"天生万物"，都是讲的世界的本源与自然界万物（包括人）之间的生成关系，不同于西方哲学是讲本体与现象的关系。尽管后来的中国哲学（玄学家和理学家）也讲体用关系，但是这种体用关系是从本末关系发展而来的。中国哲学所讲的生成关系就如同树根与树干一样，它们看似两个东西，实则是一个生命统一体。西方本体论哲学则将本体与现象看作是二元对立的两个世界，将人与自然对立起来，这与中国生存论哲学是完全不同的。

第二层含义是，"生"的哲学是一种生命哲学，而不是机械论哲学。"生"

---

① 蒙培元：《人与自然——中国哲学生态观》，《蒙培元全集》第十三卷，第38页。
② 蒙培元：《人与自然——中国哲学生态观》，《蒙培元全集》第十三卷，第3页。
③ 蒙培元：《人与自然——中国哲学生态观》，《蒙培元全集》第十三卷，第3—4页。

的又一个意义便是生命与生命创造。它将自然界看成是一个生命有机体，自然界不仅自己有生命，而且还不断创造新生命。它既是人的生命的来源，也是人的生命价值的来源。自然界也有"内在价值"，那便是"天道""天德"。我们说人是有创造能力的，但是这种创造能力是有前提的。人不是自然界的"立法者"，而是自然界"内在价值"的实现者与执行者。而自然界的"内在价值"决不是外在于人的，而是与人的生命息息相关的。就自然界与人的关系而言，人与自然是内在的而非外在的。这与将自然界看成是没有生命的、死亡了的物理世界的西方机械论哲学是根本不同的。

第三层含义是，"生"的哲学就是生态哲学。"生"的第三层意义就是人与自然的生命和谐。人与自然界是一个生命有机体，二者相辅相成，共生共荣，缺一不可。一方面，人类要维持自身生存，需要从自然界获取生活资料；另一方面，人类要承担起保护自然的义务和责任，以使人类的家园更加美好。人类之所以要承担起保护自然的义务和责任，这不仅是为了人类自身生存的功利需要，也是为了实现自然界"内在价值"的需要。人类保护自然不是为了人类的功利目的，而是为了超功利的道德和审美价值。这样的生态哲学不仅是保持或改善"生态环境"的问题，而且是涉及人类生存方式和生命价值的问题。人类不仅有一个生存世界，而且有一个意义世界。这个意义世界就在生存世界之中而非生存世界之外。从这个意义上讲，人与自然界的关系不是认知的而是价值的，不是二元的而是一元的。

对于"生"的哲学三层含义的解读，今天已为学界广为接受。

又如对"仁"的理解，蒙先生认为，人人都有仁心、仁性，也就是说，对他人他物有恻隐之心即同情心，这是"仁"的普遍性；但是在具体实践过程中，不同的人对他人他物的同情心以及同一人对不同的他人他物的同情心的表现程度又有不同，这就是"仁"的特殊性。"仁"的本质是爱，在具体表现上体现为一个"层级推进"的动态过程。仁爱是从血亲关系开始，从爱亲扩展到"仁民"，进而扩充到"爱物"，最后达到"民胞物与"的境界。蒙先生说："仁的全部实现就是'天地万物一体'的境界。这是人与自身、人与人、人与社会、人与自然实现整体和谐的最高境界，也是人的价值的全部实现。其中，人与自然的和谐居于重要地位，是整体生态学的基础，也是人生的最高追求。"① 蒙先生关于"仁"的生态学诠释，既符合"仁"之本义，又表明了这样一种立场，即中国儒家所讲的"仁"（特别是"民胞物与"）的思想与西方哲学所讲的"人类中心论"是完全不同的，是"非人类中心论"的。在《人与自然》一书中，蒙先生专门用了题为《儒学是人类中心主义吗?》一章来深入细致地探讨了这个问题，颇有洞见。

蒙先生的"生态学"视角不仅对哲学范畴给出创造性的解释，而且"化解"了诸多学界争论不休的话题，至少开辟出了解答这些问题的新路子。比如，关于"儒学是否为宗教"的问题，学界历来说法不一：牟宗三先生从"实体论（道德本体即实体）"的角度认为儒学是宗教；张岱年先生从"终极关怀"角度认为儒学是宗教；任继愈先生从"儒家之最高主宰（天）"的维度认为儒学是宗教；冯友兰先生则认为儒家的天有多重含义，故儒学是哲学而非宗教。当今学者可能更倾向于冯先生的看法。蒙先生从人文主义立场发问："说儒学是人文主义宗教（这不是我首先提出来的），这种说法是不是如同'方的圆'一类的悖论？既是人文主义的，如何又是宗教？"② 那么，儒学到底是不是宗教？蒙先生独辟蹊径，他以生态学的维度观之，给出自己的独特看法：儒学当然具备宗教的特质。"人对自然界的敬畏最终落实到对自然界万物的尊重、爱护和保护，以实现'天地万物一体'之仁的境界为终极关怀，就是一种生态学意义上的宗教精神，也是儒学宗教性的实质所在。我们应当从这个意义上去理解儒学的宗教性。"③ 蒙先生此解，给人耳目一新的感觉，且有理有据，令人信服！

通过对中国古代哲学范畴的"生态学"进行解释，再与西方哲学进行比较研究，蒙先生认为，中国哲学特别是儒家哲学完全能够矫正西方"人类中心主义"所带来的弊端。他得出如下结论："儒家不是以改造自然、征服自然以满足人的需要为主要任务，而是以完成自然界的生命目的、实现人与自然的和谐共处为主要任务，因此未能发展出近代科学技术，这是必须承认的事实。

---

① 蒙培元：《人与自然——中国哲学生态观》，《蒙培元全集》第十三卷，第7页。
② 蒙培元：《人与自然——中国哲学生态观》，《蒙培元全集》第十三卷，第58页。
③ 蒙培元：《人与自然——中国哲学生态观》，《蒙培元全集》第十三卷，第62页。

但是，儒家提倡实践主体即德性主体，在处理人与自然的关系问题上做出了独特的贡献，对于解决当今由于生态遭到严重破坏而出现的人类生存危机，具有极其重要的价值，这一点更应当引起我们的重视。在这一价值指导下发展科学技术，可能是人类发展的唯一出路。"①

　　总之，蒙先生本着对现实生态问题的关注，结合自身哲学专业的素养，通过对中外哲学家们的哲学著作的认真解读、多向对比和反复研究，认定中国儒家哲学对于解决今天人类面临的严重的生态危机具有十分重要的价值。

---

　　① 蒙培元：《人与自然——中国哲学生态观》，《蒙培元全集》第十三卷，第44页。

与一位当代儒者的交谈

——《蒙培元全集》编后感

王定宇

（四川人民出版社主任、编审）

尊敬的黄玉顺老师、尊敬的各位专家学者，大家早上好！

作为共 18 卷、661 万字的《蒙培元全集》的责任编辑，应黄玉顺老师的安排，在蒙培元哲学思想研讨会暨《蒙培元全集》新书发布会上发言，我感到分外荣幸。

认识蒙先生，还是黄玉顺老师在中国社科院跟随蒙先生读博士的时候。记得是 1999 年一个秋冬之交的下午，经黄老师的引荐，我见到了久仰的蒙培元先生。作为一个刚入门的小编辑，这次拜访是与蒙先生见面商谈他主编的"儒学与中国文化丛书"的出版事宜。这套丛书后因种种变故未能出版，甚为遗憾！但也正是这次见面，让我见识到了一个当代儒者的形象，这也为我能有幸参与《蒙培元全集》的出版结下了善缘。

在见到蒙先生之前，我多次听黄老师说起他的导师，也赶作业似的浏览了一些蒙先生的著作。也许是因为对"大咖"的崇敬和景仰，总觉得黄老师已经是一座高峰，蒙先生一定更是高山仰止、可望而不可即的了。然而事实却是，和蒙先生讨论丛书出版时，他那让人如沐春风、和煦温暖、平易近人的气象，让我这个初出茅庐的小编辑一点也没觉得他有什么大学者的"架子"，倒觉得如邻家长者一样和蔼可亲；只是交谈中不经意间流露出的学识、涵养和深厚的文化功底，让我觉得蒙先生在平易之中又带着一种凛然正气。平生第一次与蒙先生交谈，给我留下的就是这样一种既亲切又威严、既平易又严谨、既正气凛然又和蔼可亲的印象。而真正让我困惑的是，蒙先生是如何将这些看似矛盾的东西自然地融为一体的？

正因如此，2020年7月，当黄老师安排我出版蒙先生的全集时，我带着一种庄严感接下了这个艰巨的挑战。一年多下来，因为认真通读了661万字的全集，我的近视度数增加了，但"为伊消得人憔悴"、度数增加"终不悔"；同时，我要特别感谢黄老师团队的信任，给了我这样一个难得的学习机会，让我从中深刻地感受到了一个当代儒者博大的胸怀和悲天悯人的情怀。

在全集中，儒学两千多年的历史、浩如烟海的典籍，古今中外众多的思想流派，蒙先生像拉家常一样地娓娓道来；儒道释法墨，以及西方相关的哲学思想，包括那些对儒学有过尖锐批评的各种观点，都能在全集中兼容并蓄，以理、以思想、以事实服人。这几点说着容易，而真正身体力行几十年如一日，没有博大的胸怀和对真理的孜孜以求是很难做到的。

儒学是中国甚至整个东方民族性格和文化中的主要元素之一。与任何思想一样，儒学也有其自身的局限和不足，也需要与时俱进，需要发展，需要在弘扬的同时进行必要的舍弃，需要加入新的元素和智慧。蒙先生对此付出了巨大的努力，做出了多方面的尝试，也取得了丰硕的成果：诸如对儒家哲学的主体、心灵的重新界定；对心灵超越与境界提升的认知；对修炼层次与复归自然的探索；特别是对"情感"的回归和重视，实现了两千多年儒家主流哲学的大翻转；以情感联结形而上和形而下，实现了对宋明儒学的创新发展。这些都充分体现出了当代儒者与世界同呼吸、共命运的伟大情怀。

有人说，读一个人的书，就如同在和他交谈。能有机会与蒙先生做这样一次系统的长谈，不仅丰富了我关于儒家思想、中国哲学思想的知识，也让我更加感到作为一个出版人，在弘扬中国哲学、出版优秀哲学著作的道路上还有很多工作可做！

再次感谢黄玉顺老师给予我编辑出版《蒙培元全集》的机会。祝本次会议取得圆满成功。谨祝蒙先生早日恢复健康！也祝愿"情感儒学"思想借全集出版的契机得到更长足的发展，让世界多一分真挚美好的情感，为这冬日增添一分温暖！

（录音整理：黄杰）

蒙培元后期的朱熹哲学研究

陈 来

（清华大学国学院教授）

在老蒙七十寿辰时举办的第一次蒙培元哲学思想研讨会上，主题和框架是"情感儒学"。这个"情感儒学"呢，我觉得有两个方面：一方面是这个概念和框架可以凸显出我们的一种文化自觉，就是儒家文化的文化自觉，把老蒙的思想放在当代儒学发展的展开中来看，所以是有益的。但是另一方面，经过这些年走下来我觉得也有一定的限制，就是我们这些年叫"××儒学"的太多了。但其实，我们看当代新儒家里面，唐君毅、牟宗三等，也没有一定要用一个具体的××儒学来讲，一般总称为"当代新儒家"。当代新儒家有一个很重要的特点，就是以深厚的中国哲学史研究为基础来展开，提出其哲学的体系。而我们这几年有一个现象是，不少同志热衷于提"××儒学"，但不是以深厚的中国哲学史研究为基础的。所以这样一来我觉得，像老蒙这样的学术体系就不能仅仅从"情感儒学"去了解，否则就割断了他对中国哲学史研究的贡献。我想，虽然提各种各样的儒学还是有意义的，但是我们在进入老蒙的哲学和学术思想世界的时候不能仅仅关注他的"情感儒学"。我看今天第一个发言人就不再用这个概念，他用"情感哲学"，也许这个更好。特别是今天发布《蒙培元文集》，所以我今天的发言主要是强调要研究老蒙的总体学术贡献，在讲他的"情感儒学"的同时，还要跟他的整个中国哲学研究结合在一起，才能理解一个体系的厚度。当然，我今天讲的是个案，主要是讲他后期以《朱熹哲学十论》为代表的朱子哲学研究。

我主要讲两个大问题，先讲第一个。

首先，从他后期朱子哲学研究的总体特点来讲，我把我自己作一个对照吧。我总是把自己定位为研究朱熹的专家，所以最近十几年来写论文或是参加会议，都尽量使我的文章能够体现出我作为朱熹专家的这样一个身份、这样一个面貌。但是这在无形中也可能有局限性。而我看老蒙这本书呢，他的特点不是这样的。他是站在怎么来挖掘朱熹哲学里边的那些普遍的价值和普遍的哲学观念的角度，换句话说就是，更关注朱熹哲学里面哲学的普遍性，从而把朱熹哲学讨论和现代哲学加以对接，这是他的问题意识，我觉得这是非常可贵的。

其次，从这本书里面可以看出来，他很强调从生命哲学和生态哲学的立场来研究朱熹，这也是第一次我们开会的时候我跟玉顺同志提的意见，要重视他的生命哲学、生态哲学的立场而不仅仅是从"情感儒学"来概括他的哲学贡献，这在这本朱熹哲学的书中也有明白体现。从某一特定的哲学立场和角度去研究朱熹，这在我们国内以往的哲学史研究中较少。

最后，这本书弥补了改革开放以后我们这些第一代朱熹哲学研究者的不足。不足是什么呢，就是张立文先生、蒙培元先生他们在 80 年代初写相关方面研究的著作的时候还没有看到牟宗三的书，也就不可能予以回应。那么我写我的朱熹哲学研究的书的时候，其实我已经看到了《心体与性体》这本书，是在 1984 年，那时候耿宁从台湾把这本书带回来，可是我那个时候因为主体的部分已经写得差不多了，确定了自己的看法，所以我的研究里面也没有受到牟宗三的影响。因此，整个来说，改革开放以后我们这些第一代朱熹哲学研究者也就不可能或来不及对牟宗三的朱熹研究做学术的回应。老蒙这本朱子的书呢，我觉得它有一个很重要的背景，就是以批评牟宗三朱子哲学研究的基本立场和基本观点作为它的重要背景，这应该是我们 80 年代改革开放以来第一代研究朱熹哲学的一个缺憾、不足。以上这三点，我觉得是这本《朱熹哲学十论》的一个大体的哲学立场和背景，这是我要讲的第一个大问题。

第二个大问题呢，我要讲一下这本书的一些观念的特色。这个变化就其总的问题意识和框架来看，就是这本书一开始在《自序》里面讲的，"本书从朱熹哲学中总结出十个最重要、最有理论意义的问题进行了全面论述。这十个问题是过去的朱熹研究中未曾提出过的新问题，但是能代表朱熹哲学的基本内容和实质。对这些问题的探讨和论述也是全新的，不同于过去研究朱熹哲学的框架"，当然也就不同于他自己前期研究朱熹哲学的框架和问题意识。所以这标志着他自己对朱熹哲学研究的一个重大的变化和提升，这个提升里面涉及一些重要的哲学观点，对国内朱熹哲学研究的发展是有重要意义的。

第一点，就是它的一个基本的立足点，是确定在朱熹哲学里边"天"或者"天理"不是超自然的观念，不是超自然的实体，或者一句话，不是超自然的观念实体或精神实体。这是他在本书确定要反对的观念。而他反对的这个观念是他以前朱熹哲学研究的基本观念，是他八十年代初研究朱子哲学的一个观念，那么现在他对这个观念进行了反思和否定，也就带来了他对朱子哲学理解的一种根本的变化。

第二点，就是认为朱熹哲学里面只有一个世界，没有两个世界，它第二章的题目就叫作《一个世界还是两个世界——理气论》，那么以前写朱熹哲学是没有这么提的。当然这个问题也不是没有由来，因为冯友兰先生在 30 年代的《中国哲学史》中讲朱陆之辩的时候也特别提到"一个世界还是两个世界"的问题，但是老蒙在这本书里面把这个问题上升为对朱熹哲学世界观的一个主要性质的把握，那么这样"一个世界"的说法就包含了他要重新定义朱熹哲学体系的一点。他认为朱熹这个体系最重要的一个立场就是"本质即存在，存在即本质"。这个不仅是他以前没有讲过的，过去四十年我们研究朱熹哲学也没有这样提过，这是跟"一个世界"有关的。虽然是一个世界，但是有本质和存在两个方面，本质即存在，存在即本质。在我的理解中，其实这个讲法和熊十力的即体即用的体用论的提法有接近的地方。

第三点，就是讲认识和存在的区别，确定认识不是存在，存在不是认识，认识的分析并不等于实存、存在的实存，那么这个应该也是跟冯友兰先生晚年对理气理事问题的反思有关。所以我想他的新的体系里边从根本点来讲有以上这三点，那么这三点都可以在他的几个章的题目中见到。

第四点，就是他对牟宗三的回应，牟宗三把朱熹哲学看成是一个横摄的体系，那么老蒙这本新书就对这个问题做了一个回应，说朱熹的体系应该是两个方向，它不只是横向，而是既有纵向也有横向。他把朱熹体系中纵向的部分描述为从明德到至善，然后把横向的部分概括为从格物到致知，这样他就从体系上来讲不仅是对牟宗三的判断提出了不同意见，而且给出了自己的一个整全的答案和分析，就是朱熹的体系既有纵向又有横向。

第五点，就是他在对朱熹的新的研究中对"理"的概念也做了一些新的研究，他这本书主要还是从《四书章句集注》来着眼。就"天理"的概念来讲，他讲了四条，首先是所以然与所当然，这个以前大家也讲了，然后他特别讲自然与本然之理，生理、生生不息之理。那么这些讲自然、讲生理当然是和我前面讲的他从生命哲学这个新的观照角度出发有关系。他还提出了一个新的观念，这个观念当然跟"情感哲学"也有关系，就是认为朱熹所讲的理、理性是"具体理性"，不是抽象理性，不是康德的抽象的实践理性，那么这个"具体"呢，就要联系到他谈论的理性和情感的关系，上次我也讲了，所以这里可以看出他对理、理性的理解也是从一个新的哲学的角度来看的。

　　总之，这本书体现了老蒙后期对朱熹研究的重要贡献，值得大家进一步认识。由于时间关系，我就做这个简单的发言，最后，我还是祝老蒙身体健康，能够早日恢复！

（录音整理：黄杰）

蒙培元先生的创见与贡献

郭齐勇

（武汉大学哲学学院与国学院教授）

蒙培元先生是我国著名的哲学家和中国哲学史家，是我很敬重的前辈学者。他的高徒黄玉顺教授及其领导的团队做了一件功德无量的事，那就是编辑出版了蒙先生的全集，又拟召开会议，编辑会议论文集。

说到蒙先生，我自然想起16年前的一件往事。2005年5月24日至6月25日，我以敝校武汉大学中国传统文化研究中心与哲学学院的名义，邀请蒙先生来珞珈山讲学。事先我们商量了并在敝校公布了讲学的安排。按计划，蒙先生为敝校教师与博硕士研究生讲十场，每场两个小时或两个半小时（含讨论）。

我在电脑旧文档中找到当年的安排，见下：

5月26日（周四）	上午8：30—11：00	哲学院心理学教研室	中国哲学的诠释问题 ——以"仁"为中心
5月27日（周五）	上午8：30—11：00	哲学院心理学教研室	孔子的天人之学
5月30日（周一）	下午3：00—5：00	理学院301	张载哲学的生态观
6月09日（周四）	上午8：30—11：00	哲学院心理学教研室	中国哲学生态观 的几个问题
6月10日（周五）	上午8：30—11：00	哲学院心理学教研室	孔子的"仁"
6月14日（周二）	晚上7：00—9：00	教五-211	"仁"的精神境界
6月16日（周四）	上午8：30—11：00	哲学院心理学教研室	情感与理性
6月17日（周五）	上午8：30—11：00	哲学院心理学教研室	人与自然
6月23日（周四）	上午8：30—11：00	哲学院心理学教研室	中国心性论研究
6月24日（周五）	上午8：30—11：00	哲学院心理学教研室	心灵超越与境界

本科生们知道了，纷纷要求听蒙先生的演讲，我不得不请蒙先生在计划外增加一场专门对本科生的演讲。安排得如此饱满，蒙先生很辛苦，我很不安，他却非常高兴。蒙先生此次来武大讲学的主题有三大类：孔子的仁学；中国哲学的生态观；心性论与心灵哲学。我们请蒙先生的夫人郭老师一同来汉，她是心理学家，恰好我们哲学院有心理学系，因此也请郭老师做了一场演讲。郭老师讲得很生动。

蒙先生长期在社科院搞科研，很少讲课，要论演讲技巧，真没有多少。蒙先生讲课重在内容，这些内容是他自己的科研成果，是确有所见、实有所得的新思卓见。

2005年以后，我利用赴北京出差、开会、编教材等机缘，抽暇到蒙先生家看望、拜访过他，向他请益、求教。他在中国社会科学院宿舍的先后两处住所及晚年在回龙观的住所，我都去过。他们家原住的宿舍非常狭小，后来慢慢改善了。丁为祥教授到蒙先生家去得勤一些。

蒙先生的著作现已被译成多种文字，在国际学术界很有影响。我曾拜读过他的著作《理学的演变——从朱熹到王夫之戴震》（1984）、《理学范畴系统》（1989）、《中国心性论》（1990）、《中国哲学主体思维》（1993）、《心灵超越与境界》（1998）、《情感与理性》（2002）、《人与自然——中国哲学生态观》（2004）等，深受教益，启我良多。蒙先生著作等身，我所读过的他的大著不算多，但应是基本的和有代表性的。在中国哲学史学界，蒙先生是较早研究中国哲学的生态哲学与心性哲学的专家之一，在这些领域筚路蓝缕，以启山林。

在生态哲学方面，蒙先生从儒家、道家、玄学、理学中吸收营养，重新诠释"天人合一""生""仁"学，阐释"仁"的差异性与普遍性、生态哲学中的宗教问题、科学理性与情感理性的问题、特殊主义与普遍主义的问题、克服工业文化与前工业文化的二元对立问题等。他区分了儒学"以人为中心"与"人类中心主义"、"为天地立心"与"为自然立法"的区别。

蒙先生指出，中国哲学关于天人关系的讨论，"究天人之际"，根本上涉及的是深度的生态哲学，要解决的是人与自然的关系问题。蒙先生的贡献在于：第一，肯定"天"是自然界之总称，同时又具有超越的含义，超越层面的天道、天德与自然之天，"形而上者"与"形而下者"不是分割的两个世界，而是一个世界。第二，就人天关系而言，人不是凌驾于自然之上的主宰者，但人有文化，人是主体，不仅是知性主体，而且是德性主体。知性主体展示的是人对自然的征服与控御，逐渐发展出以"人"为中心的思路。然而人有内在的德性与神圣性，德性主体以人与自然的和谐统一为目的，肯定人与天地合其德，人与自然界的关系是内在的，而不是外在的，是价值的而不是认知的，是一元的而不是二元的。他特别指出深层生态哲学中的宗教观，指出天的超越面，人对自然的敬畏与感恩。第三，蒙先生特别提出"生生不已"的"生"的哲学，指出"生"是中国哲学的核心与精神，在一定意义上中国哲学就是"生"的哲学。他强调：中国哲学讲的是"生成论"而不是西方哲学的"本体论"；是生命论而不是机械论；是生态哲学，在生命的意义上讲人与自然统一的哲学。他肯定生命与生命创造的含义，但指出人不是自然界的"立法者"，而是自然界内在价值的实现者与执行者。蒙先生提示我们，我们讲生态哲学，不仅是保持和改善生态环境的问题，而且是人类生存方式的问题和生命价值的问题。人类对自然界的伦理义务与责任，是出于人的内在的情感需要，成为人生的根本目的。

蒙先生对生态哲学的思考，全面而深刻，对于解决今天的生态问题，促进中国与世界的可持续发展，有着积极的现实意义，又具有理论性与前瞻性。

在心性哲学方面，蒙先生的贡献在于"情感哲学"及其学派的建树。蒙先生认为，中国哲学尤其儒家哲学乃是"情感哲学"；认为"情感……是儒学理论的出发点"、"儒家始终从情感出发思考人生问题，'存在'问题，并由此建立人的意义世界和价值世界"。据此，蒙先生提出了"人是情感的存在"的重要命题。因此，学界有人称蒙先生的思想学术为"情感儒学"。

蒙先生认为，不承认道德情感既能上通理性（理义、性理），又能下通经验、实然，将道德情感（"私欲之情"则是另一个问题）要么限制在经验、实然的层面，要么变成超越的本情，这本身就没有突破康德哲学的界限（现象与本体、经验与超越的二元对立）。只有承认道德情感既是个人的，又有共同性、共通性，既是特殊的，又有普遍性，既是经验的，又有超越性，才能走出康德哲学的限制，回到"具体理性"的思路上，使道德问题得到解决。他认为，"情感理性"是一种价值理性，因为价值正是由情感需要决定的。

蒙先生指出：儒家哲学的特点，正如牟宗三先生所说，理与情，即道德理性与道德情感（不是"私欲之情"）是"浑融"在一起的，因而是"活"的。

它没有形而上的纯粹性，却有生命创造的丰富性。我们固然可以"消化"康德，对儒家哲学进行"分析"，从康德哲学中汲取智慧，但是"分析"之后，仍要回到儒家哲学的精神中来，从心理基础出发解决道德实践问题。儒家是主张提升情感的，但提升本身就是实践的，其目的是实现一种道德境界，提高人的情操，而不是建立一套"超越的形上学"或道德实体论。在这个问题上，儒家关于道德情感的学说是真正具有生命力的。

蒙先生十分深刻地回答了现实提出的道德失序与生态危机的问题，提出了如何调动中国哲学，特别是儒学资源的创造性转化的思路。

在中国哲学史研究方法论方面，蒙先生的贡献在于：深耕经典，着力把中国文化与哲学中有生命力、至今仍有意义或能转化的价值理念提示出来，转化出来，并创立了新的系统。如前所述，蒙先生的"情感哲学"是极有创造性的哲学系统。

蒙先生创立的学派，经过黄玉顺教授的理论再刨造，已有一定的规模，这是令人十分高兴的事。在现时代，源自中国文化内部，又能与当代世界的哲学界对话的学术流派还不多，我们乐见"情感哲学"的学派更加发展壮大！但黄玉顺教授之后的承前启后人物，我孤陋寡闻，尚不知晓。

形成一个学派，一要有理论建树，二要有领袖人物，三要有传承团队。形成一个传统，至少要有三代。

重振中国哲学，希望寄托在新生代身上。中国现代哲学界还不够活跃，远没有先秦诸子百家争鸣的氛围与气象。根本上，我们还是要鼓励哲学家们立说、创派，鼓励青年学者端正心态，厚积薄发，勇于"究天人之际，通古今之辨，成一家之言"。蒙培元先生为我们树立了榜样！我们从蒙先生的学术思想中，学到了很多东西。

照着说与接着说

——蒙培元先生的中国哲学研究

杨国荣

（华东师范大学哲学系　上海市　200241）

蒙培元先生是我十分尊重的学者，他在哲学史和思想史研究方面都做出了很重要的贡献。说起我与蒙培元先生的关系，可以追溯到 1983 年，那一年夏天，我先是和冯契先生到长春吉林大学参加一个学术讨论会，返回上海时途经北京，专程去拜访了蒙培元先生。当时我特意前往社科院的大楼，在蒙培元先生的办公室里聊了关于冯友兰哲学以及其他中国哲学方面的问题，尽管具体内容已淡忘，但谈话过程仍印象比较深。后来，在 1996 年，我的第二本关于王阳明哲学的书（《心学之思》）著成，在出版之前，出版社曾经邀请蒙培元先生为著作题几句话，蒙培元先生表达了一些鼓励性看法，我至今记忆很深。如果大家有兴趣，可以去查一下 1997 年出版的《心学之思》，封底中保留了当初蒙培元先生写的那几句话。

从思想演进上说，蒙培元先生的研究工作大致可以分为两个方面，如果按冯友兰先生的区分，则第一方面是所谓"照着说"，第二方面则属于"接着说"。

就"照着说"这一层面而言，蒙培元先生首先着重对理学思想演变过程做了细致的梳理。80 年代的时候，他出版了《理学的演变》一书，在这一著作中，蒙培元先生从朱熹讲起，考察了朱子后学、朱陆之争，追溯了元、明整个理学的变迁过程，一直到清代王夫之、戴震，条分缕析，梳理得十分清晰。这部书的特点之一，是非常注重对相关史料的考察和分析，材料很翔实，都是以第一手的资料为依据，梳理细密。后来他又写了厚厚的《理学的范畴》等，对理学做了更系统的考察。从广义上说，以上都属于"照着说"的范畴。蒙培元先生对理学所做的研究，都非空疏无据，而是基于实证的研究。他以理学的代表性人物为对象，对理学的演化过程的梳理非常细致、清晰，提供了很好的学术范例。

第二个方面，属于"接着说"。蒙培元先生是冯友兰先生的高足，前面已提到，冯友兰先生曾对"照着说"和"接着说"做了分别，相对于"照着说"的历史进路，"接着说"更注重理论的建构，蒙培元先生在哲学研究上也体现了从"照着说"到"接着说"的进展，在"照着说"的基础之上，蒙培元先生十分自觉地从事于"接着说"的哲学思考工作。事实上，后者构成了他在哲学研究上十分重要的方面，其中的突出之点在于他对"情感"的关注以及对"情感"内涵的深入梳理。蒙培元先生固然以哲学史史料的考察为起点，但并未仅仅限定于对材料的梳理，而是从哲学史的梳理出发，又进一步提炼出在哲学上具有普遍意义的观念。如前所述，他对情感非常重视，认为"人是情感的存在"①，这构成了他对人的理解的重要方面。关于何为人的问题，从古希腊、先秦以来，出现了各种说法，如，人是理性的动物，人是运用符号的动物，等等。蒙培养先生特别提出，人是情感的存在。并强调，作为人的存在的一个根本性的规定，"情感"首先表现为"真情实感"②。何为"真情实感"？蒙培元先生做了以下阐释："'真情'之所以为'真'，因为它是'实感'之情；'实感'之所以为'实'，因为它是'真情'之感。二者结合起来就是儒家所说的情感，也只有二者结合起来，才是一个真实的生命存在、一个真实的人。"③ 对人的以上界定当然可以进一步讨论，但值得注意的是，蒙培元先生对人的理解特别侧重于"真"和"诚"的内涵，这种看法与抽象的解说不同："真情实感"肯定的是人的存在的真实性、具体性。

从人的存在形态来说，"情感"确实构成了其重要的方面。"情感"这一规定首先突出了人的个体性与真实规定之间的联系，可以说，以"真情实感"

---

① 蒙培元：《情感与理性》，《蒙培元全集》第十一卷，四川人民出版社 2021 年版，第 17 页。
② 蒙培元：《情感与理性》，《蒙培元全集》第十一卷，第 17—31 页。
③ 蒙培元：《情感与理性》，《蒙培元全集》第十一卷，第 17—18 页。

理解情感与人，对人所具有的上述品格给予了自觉的关注，并在一定程度上避免了对人理解的抽象化。虽然蒙培元先生在理学研究方面花了很多工夫，但他并没有跟着理学走。众所周知，理学家们对人的理解侧重于理性的方面，所谓"道心""天理""性体"，便属于这一方面的规定，与"道心"主导"人心"、"天理"拒斥"人欲"相应，理学对人在情意、感性方面的规定多少持贬抑的立场。比较而言，蒙培元先生关注人的"情感"之维、强调"真情实感"，这一理解无疑突出了人的现实性品格。

在注重情感的同时，蒙培元先生并不单纯地就情感而讲情感，而是注重情感与理性的沟通，以及两者之间的互动与联系。按他的理解，情与理之间的关联体现于多重方面，对此，他也做了多方面的分析。

蒙培元先生肯定情与理的统一，其前提在于强调理性之中包含情感。他曾通过分析儒家的德性，对此做了论述。在他看来，儒家的德性"是'具体理性'或生命理性而不是抽象理性或形式理性。这就决定了，它不仅不与情感相分离，而且以情感（特别是道德情）为其心理基础，为其实质内容"。① 广而言之，儒家所说的"性理"，也"不是纯形式的而是有内容的，其内容就是道德情感"②。认为理性之中包含情感，这是十分独特的见解。按蒙培元先生之见，情感和理性之能够彼此沟通，其根据在于理性之中本身就包含情感，同样，情感之中也有理性的成分。如果回到现实形态，便可以注意到，作为意识的不同方面，情感和理性都是人的意识的相关规定。就其现实性而言，人的意识并不纯粹由理性形式构成，而是同时隐含着情意等非理性的规定。事实上，人的情感之中同时渗入了理性的规定，理性的活动也包含情感的作用。也就是说，理性之中渗入了情感，情感之中也内含着理性，正由于两者之间存在如上的内在关联，因而理性与情感尽管可以用分析的方式考察，但在现实形态上能够以相互沟通的方式呈现。

在这一方面，中国现代哲学史上的梁漱溟对"理性"的理解，无疑值得关注。梁漱溟所说的"理性"，其含义与我们通常所说的理性不太一样。他把理性与理智区分开来，这一区分又与情理和物理之分相关联，在梁漱溟看来，

① 蒙培元：《情感与理性》，《蒙培元全集》第十一卷，第 51 页。
② 蒙培元：《情感与理性》，《蒙培元全集》第十一卷，第 49 页。

"所谓理者，即有此不同，似当分别予以不同名称。前者为人情上的理，不妨简称'情理'，后者为物观上的理，不妨简称'物理'"①。理智更多地与物理的把握相关，而理性则主要以情理为其内涵。在梁漱溟看来，物理与情理不能简单等同，对理性的理解，需要把情感引入进来，如此才能达到对其真实的理解。这种看法，实质上也在某种意义上注意到了情理之间的沟通问题。但是，梁漱溟关于"理性"的具体的描述或多或少表现出某种回溯或还原的趋向，亦即常常把理性还原为与情感相关的某种形态。比较而言，尽管蒙培元先生也提到"物理"与"情理"的区分②，但对情感与理性关系的理解更侧重于两者之间的互动。相互作用与回溯、还原显然不同，在这方面，蒙培元先生的理解无疑有别于梁漱溟的。

　　同时，基于情感与理性并非截然相对这一事实以及"人是情感的存在"的看法，蒙培元先生进一步肯定人是完整的存在："就世界而言，我们需要一个完整的世界；就人而言，我们同样需要一个完整的人。"③ 这是十分重要的观念。人是完整的，人的性情也是完整的，这一看法的实质方面是突出人的"完整性"。前面提到，从人是具体存在来说，人的规定有多重多方面，既非单纯的情感对象，也非仅仅是理性的化身。从哲学史上来说，有些哲学家侧重于其中某个方面，另一些哲学家侧重于其他方面，如前面提到的中国哲学史上"理学"便侧重于从"天理""道心""性体"等方面来理解人；另外一些具有经验主义倾向的哲学家更多侧重于从感性的情感方面去理解人。这样单向理解之下的人，只是涉及了人的某一个方面，未能把握人的存在的"完整性"。与这种进路有所不同，蒙培元先生特别强调人是完整的，尽管他所侧重的首先是人的情感性这一面，但同时又肯定情感也具有完整性：他所说的情感并不是抽象的情感，不能归结为单一的感性规定，而是包含多方面的内容，包括前面提到的情感和理性之间的相互关联。这样的理解，把人自身的存在以及与之相关的人的性情看作是完整性存在，更趋向于对真实、具体、现实的人的理解，而不同于仅仅抓住某一方面，把人抽象化。可以看到，人是情感的存在和人是

---

① 梁漱溟：《中国文化要义》，《梁漱溟全集》，山东人民出版社1990年版，第127页。
② 蒙培元：《情感与理性》，《蒙培元全集》第十一卷，第63—68页。
③ 蒙培元：《情感与理性》，《蒙培元全集》第十一卷，第11页。

完整的主体，这两者结合构成了蒙培元先生对人的基本理解，对人的这种看法不同于以往经验主义的观点，也有别于理性主义的理解。较之梁漱溟把理性和理智相互分离开来的论点，这种侧重于把人理解为具体的存在的见解，无疑展现了不同的视域。从哲学史上看，以上观点显然可以归入"接着说"的层面。

要而言之，蒙培元先生在中国哲学上的研究体现了"照着说"和"接着说"的统一，在"照着说"和"接着说"这两个方面都呈现自身的特点："照着说"侧重于实证性，主要基于翔实的真实材料进行历史的回溯和分梳；"接着说"则体现于对人的具体理解，包括对情感、理性等范畴及其相互关联的肯定。从总的思维趋向看，作为中国现代哲学史的延续，其"照着说"和"接着说"在不同层面体现了创造性的研究与上承中国传统思想的关联，这一史与思相统一的研究进路既体现了中国哲学史研究中的重要特点，又在这方面做出了重要的贡献。

中国当代"情理学派"与"当代新儒家"

——从冯友兰与熊十力的一段公案谈起

林安梧

（山东大学易学与中国古代哲学研究中心教授）

一、楔子

我今天跟大家谈的是中国当代"情理学派"与"当代新儒家"，从冯友兰与熊十力的一段公案谈起。这段公案是 1932 年发生的一件事。

有一次，冯友兰往访熊先生于二道桥。那时冯氏《中国哲学史》已出版。熊先生和他谈这谈那，并随时指点说"这当然是你所不赞同的"，最后又提到"你说良知是个假定。这怎么可以说是假定。良知是真真实实的，而且是个呈现，这须要直下自觉，直下肯定"。冯氏木然，不置可否。这表示：你只讲你的，我还是自有一套。良知是真实，是呈现，这在当时是从所未闻的。这霹雳一声，真是振聋发聩，把人的觉悟提升到宋明儒者的层次。这是牟先生在他的《五十自述》里面的一段回忆。

二、"良知"是实存的彰显，还是理论的假设

我们要问的是：良知是实存的彰显还是理论的假设呢？我想这两个是不是一定不可以并在一块说。我的意思就是说良知是一个活生生存在的彰显，但是如果做成一套理论，就是作为一个基本的预设。那么从这一点来讲的话，我们

先来看《孟子》这一段大家最常听闻到的话："今人乍见孺子将入于井，皆有怵惕恻隐之心；非所以内交于孺子之父母也，非所以要誉于乡党朋友也，非恶其声而然也。由是观之，无恻隐之心，非人也；无羞恶之心，非人也；无辞让之心，非人也；无是非之心，非人也。恻隐之心，仁之端也；羞恶之心，义之端也；辞让之心，礼之端也；是非之心，智之端也。"

这里孟子是用一种叙述的方式当机指点，通过这种当机指点指出"今人乍见孺子将入于井，皆有怵惕恻隐之心"，与孩子的父母亲没有关系，你也不是想成为做好人好事的代表，也不是怕人家说你见死不救。"非所以内交于孺子之父母也，非所以要誉于乡党朋友也，非恶其声而然也。"这里是可以看到良知是有一个活生生存在的彰显，所以我想孟子的"性善说"就是一个存在的彰显。孟子与他的学生在论断人性本善的时候，告子说"性犹湍水也，决诸东方则东流，决诸西方则西流"。孟子说，那还用说，你把它堵起来，它还可以往上流，但是人性之善，"犹水之就下"，它有一个定向，所以善是一个定向，它是善向。故孟子认为，以善为定向，并不是外在有个善去向善，它内在有个定向。

就此来讲，从牟先生记载的这一段，然后连着孟子，我们可以说这是一个定向，那么良知的定向就是理性跟情感的连接，所以这个部分其实是值得检讨、值得思考的。

三、从冯友兰到蒙培元、黄玉顺：从"性理儒学"到"情感儒学"

第三点提到了，从冯友兰到蒙培元到黄玉顺。基本上我认为这是整个中国当代哲学史的一个有趣的发展，它是从冯友兰强调的性理的儒学，到蒙培元强调的情感儒学，到黄玉顺强调的生活儒学。我想这是一个从客观的法则性到内在的主体的能动性。这个内在主体能动性，它不是主客对立的，是主客融通为一的。它也是形上—形下通融为一的。刚刚陈来教授提到，蒙培元先生的思考，讲本质跟存在，其实跟熊十力讲的体用哲学有某种类似性，我想这个是可以讲的。我们可以看到这是一个很重要的发展，但是如果以熊十力跟冯友兰做对比的话，显然地，冯友兰是强调客观的法则性，是新理学，而熊先生是新心学，是从体用合一，即用显体，成体达用，最后回到道体。

牟先生对朱熹的分判也引发很多争议，蒙培元先生也对牟先生的分判提出不同看法。牟先生是比较强烈地强调所谓"静涵静摄的横摄系统"，而我还是认为朱熹是横摄归纵的系统，因为格物致知和涵养主敬如一车之双轮，如一鸟之双翼，所以基本上朱熹还是讲体用一源，显微无间，宋明理学家基本上都强调这一点，所以把朱熹判为别子为宗会引发一些争议。

四、从熊十力到牟宗三：从"道德觉情"到"道德觉性"

另外，从熊十力到牟宗三先生这个发展，我认为，熊十力比较强调的还是体用合一的道德的觉情作为参赞化育的启动点，而牟先生基本上他强调的是道德的觉性。牟先生在写《五十自述》的时候是崇尚情感的，牟先生在五十之后，在这方面来讲的话，关于道德的觉情这个情感他还是非常强调的。所以他认为儒学和康德的哲学最大的不同，就是康德认为道德情感是道德法则作用在心灵上所产生的，而牟先生强调中国人的道德的情感基本上是即情、即理、即性的，但是后来牟先生基本上朝着比较纯粹的超越的形式这样的一个情感方向。在他讲《圆善论》的时候，大体来讲虽然他还是强调性情，心性情是通融为一的，但是明显是往道德觉性上做主导来说的。这是我个人的理解。

熊十力还是以《中庸》《易传》做主导。后来他受唯识学影响，但是在写作《新唯识论》的时候，其实里边可以看到他还是以《中庸》《易传》做主导。而《中庸》《易传》其实跟所谓的道德的觉情是连接在一块的。后来因为牟先生受西方的哲学架构影响，以康德哲学现象物自身这样的超越的区分作为架构，他强调在中国哲学里现象、物自身是关联、统一为一的，而人可以拥有智的直觉、智性直观，也就是道家有悬智，佛家有空智，儒家有性智，它们因此可以照见物自身，创造物自身，物之在己。

良知本身是可以直接照见物自身，但是良知要自我坎陷，开出知性主体，成就现象界存有论，就是"执的存有论"，另外是"无执的存有论"，这是牟先生受到康德哲学影响架构的表示，所以他变成"一心开二门"，本心良知作为唯一的。这一点我想跟蒙先生在理解上是不一样的。蒙先生基本上还是形而上形而下通而为一，可说是从体用合一论来思考。

唐君毅先生的《生命存在心灵境界》也几乎是这样。徐复观先生自己讲了一个形而中学，其实他的意思就是不必谈一个形而上。但是我个人觉得，问题是这个"形而上学"怎么去理解。如果依照《易经》里边讲"形而上者谓之道，形而下者谓之器"，器跟道，道器是合一的，这时候还是可以说的。所以这里就牵涉到形而上学以及"一个世界论""两个世界论"的问题。

我个人认为，谈一个世界论的时候，一定要特别地说一下，它不是跟两个世界论区别，而是说我们只有此生此世这一个世界论。应该说，我们是通古往今来，形而上形而下、生死幽冥都通的一个世界论。所以我不太用一个世界论，我比较愿意讲我们是通生死幽冥、古往今来、形而上形而下的一个世界观。我认为情感哲学，或者说情感儒学，大体也应该从这个角度上去理解。

结语："存在与价值的和合性"优先于"思维与存在的一致性"

最后，我想提的是中国哲学其实是从蒙先生所做的研究，或者更前面，熊先生、冯先生，还有熊先生的学生，牟先生、唐先生他们做的研究，其实在在显示的，我们往上透显地去理解《中庸》《易传》乃至整个"四书五经"，乃至包括道家的哲学基本上都强调存在与价值的和合性为优先，优先于思维存在与知性。而西方的哲学是以思维存在与知性为主流。从巴门尼德、柏拉图、亚里士多德以来是这样。而我们目前常常是以这个为主流的西方哲学语汇来格义中国哲学，这其实是常常格格不入但是我们又努力地要去说它，结果到最后出了很多问题。如果我们回到以存在与价值的和合性作为第一原理，思维存在与知性作为第二原理，这在很多现在哲学界里，有时候跟西方哲学放在一块讨论的议题，好像谈论得很辛苦的时候，基本上都可以迎刃而解。这是我在读蒙先生的文章以及他的弟子黄玉顺教授的文章，回头又想到了熊十力和冯友兰的这一段对话，那我是觉得基本上，如果回到良知本身来说的话，良知不是一个假设，它是存在的真实的彰显，在情境上必然彰显，这是肯定的。

这个部分也牵涉到我们的哲学和宗教，我们的宗教是觉性的宗教，觉性的宗教不同于西方一神论强调超越的绝对的唯一的至上的人格神。

今天是 12 月 25 日，很多人称之为圣诞节，我觉得应该叫"耶诞节"。非常欢喜参加这个会议，蒙先生的全集出版了，这是整个中国当代哲学一件非常重大的事情。希望情感学派，或者说情理学派的发展生生不息。

我认为21世纪，是整个中国文明，必须参与到人类文明，展开更多交谈和对话的一个世纪。刚刚提到郭齐勇先生在对年轻一辈强调说，用我们自己的话说自己的哲学，甚至创造新的理论，继续往前迈进，这是必要的。当今应该是一个新的"诸子"年代的来临。

感恩大家，也祝贺全集的出版，敬祝诸位同道、诸位朋友身体健康，事业如意！

亲亲之感与同类相感

——从《孟子》看情感儒学的分疏问题

景海峰

（深圳大学国学院教授）

　　谢谢可国兄，谢谢玉顺兄的邀请！《蒙培元全集》十八卷能得以出版，背后有很多人的努力，我在这里也要对你们的工作、对你们的辛勤付出表达敬意！蒙老师的思想，此前已经研讨过两次，这次借全集出版的机会，大家又聚在一起，将蒙培元思想作为一个主题来探讨。刚才听了几位先生的发言后，很受启发，我也接着讲几句。

　　蒙老师的思想，玉顺兄他们归结为"情感儒学"，或者再延伸一点，称之为"情感哲学"，以"情感"作为主题词来归纳他的思想或表达其学说的主旨，特色非常鲜明。除了当代思想创造的意义之外，我们怎么样在更大的文化背景下和历史视野中来扩展他的思路；另外就是怎样从中国哲学史的线索来回溯，或者从"情感"的思想源头、从以往的诸多理解里边，来给"情感儒学"找到一个安立处，尤其是在近代以还的哲学学科体系里为其寻找到一个比较恰当的位置：这些都是我们需要去思考的问题。

　　因为近代以来的哲学，尤其是它的学科体系，都是在科学理性的大背景下建构起来的。而其思考的方式和缩结的系统，和我们今天所讲的"情感"内容，实际上是有所剥离的，因为一般讲的哲学是理论思辨的、逻辑推论的，而不是"自然"的流露，更不是所谓"本真"的状态。比如讲"情感"问题或者主张唯情主义，可能从美学、文学的方向上理解得比较多一些，而很少从哲学本体或者认识论的角度来切入。20 世纪中国哲学体系的建构，一般也是立基于"理性"的原则，而理性和情感往往就构成一种对反的态势。在这种情况下，"情感"何以能成为"本体"或者成为哲学理论的基础？这的确是一个很大的挑战。由此，蒙老师的一些思考和说法，包括给"情感"以很高的定位，讲"人是情感的存在"这样的命题，在今天重视本体、以理性为基础的哲学系统中，的确是比较特殊的，也可能是引人侧目的。所以，"情感"作为哲学本体或在形而上的意义上何以可能？它的理论基础何以建立？这是一个很大的问题。由此，我想到了中国哲学的一些线索、一些特征，特别是孟子所提出的问题；因为这方面的思考属于心性论，肯定和孟子所开创的心性一系有很大的关联性。

实际上，情感与理性的关系，在整个中国哲学史上是一个长久思考的问题，也是不断在讨论的一个话题。譬如在孟子的思想当中，他要处理自然感知的问题，也要解释"亲亲"感觉的特殊性。既有口之于味同嗜、耳之于声同听、目之于色同美的"同然"之感，又有面对亲亲关系时的超自然感觉，它是本之于理、义的"心"，而不是感官。前者可以成为理性建构的基础和逻辑认知的前提，而后者只能从心性与情感的语境当中来理解。血气心知是属于功能性的，构成了同类之间相互交流与沟通的基础，所以它是一种同类相感；而亲亲之间的相怜相惜、手足之情是超感觉主义的，是一种唇齿相依的共通感，属于心有灵犀。从认知活动的普遍性来讲，同类相感可以作为建构本体的基础，那亲亲之感如何超越个体而成为共有的存在，或获得存在本体上的意义？孟子实际上就面对了这样的困境，在《孟子》文本中就包含了这样的两层分疏。如果我们拿蒙老师讲的"情可以上下其说"来看这个问题，可能会得到一些启发，对"情感"何以能够成为本体，也会多些新的理解。

在《孟子·万章上》有一段师徒间的问答。万章问："舜往于田，号泣于旻天，何为其号泣也？"孟子以"怨慕"答之。万章引了曾子的话说"父母爱之，喜而不忘；父母恶之，劳而不怨"，那舜还"怨"什么呢？孟子没有直接回答这个问题，而是引了曾子的学生公明高与其弟子长息之间的一段对话来解释之。在这个理解和解释的语境中，"情感"就不是简单的自发状态，或者只是喜怒哀乐的自然发抒，而是关涉到了生命的存在本质，向天而泣之寓意，赋有深刻的本体论意义。通过诠释"舜号泣于旻天"的事件，孟子实际上是要给"亲亲"的原则找到一个超越的理据，为人的存在性做出一个目的论的说明，或者为人伦关系的天然性与内在性确立一种形而上的意义。人的生命所自出，人的存在价值的根源性何在？确立人之为人的主体性又是什么？这些先验存在的追问，只能从"亲亲"原则来加以理会和说明。所以，孟子在讲这种亲亲之感的时候，尽管这也是一种"情感"，具有可以感知的特征和经验的体证性，但它已经不局限于生命个体的经验世界，更不是人之情欲的自然状态，而是把这种情感提升到了与天地同流、与天地共在的境地。孟子讲这件事情，是从人的来由、人之存在的价值根源，来思考和解答之的，因而是一个形而上的追问。所以他说："不得乎亲，不可以为人；不顺乎亲，不可以为子。"其竭尽全力所打造的舜的道德典范意义，其根本要义便在于"大孝"。故谓"仁之实，事亲是也；义之实，从兄是也"，智是知二者之根本，礼是调节而顺处之，仁义礼智"四心"皆是以"亲亲"作为根基和前提的。在这个意义上，亲亲之感就不是一般的感知，也不是从普通的情感状况来申述人的自然状态；而是包含了很强的超越性和神圣性，是对人的存在的根源性之思，这就为基于人伦理解的道德情感奠定了一个形而上的基础。

和道德情感的形而上建构不同，同类相感是源于人的自然性能，是血气心知的必然导出，它服从于一个类推的原理。"口之于味也，有同嗜焉；耳之于声也，有同听焉；目之于色也，有同美焉。"人人都具有这种感知能力，在相似的经验活动和认知过程中，人人都可以得到相同的体会和认识，所以是心有同然、物有同理焉。这种"感知"的类推逻辑，可以达成某种共识，建立起知识的普遍有效性，从而形成我们对外部世界所共有的看法。这实际上就是一种知识形态建构的过程，是通过"知识心"的理解来说明人的客观境遇，展示人所具有的类本质。同类相感为个体生命之间的连接提供了可能，通过这种认知方式，不同的生命个体得以联系在一起，从而形成一个社会共同体。

《孟子》中的这两层分疏，提示我们对"情感"可以做不同的理解，除了一般感知功能的同类相感之外，在"情感"的深处，实际上也包含了某种对存有意义的追问和形而上的超越之思，这就是对"亲亲"原则的特殊理解。通过对此亲亲之感的诠释，我们可以把"情感"放在一个本体的高度来解释，可以由存在论的根本义理来说明。这也许便是蒙老师所讲的"人是情感的存在"之命题的要义所在。这一形而上色彩颇浓的命题，表明了"情感"作为哲学本体的可能性，也揭示了"情感"所含具的更为深刻的本质意义。关于这些思考，我们可以从《孟子》文本已经包含的两层分疏当中，得到一些印证和体会。

　　情感儒学显然不是从同类相感的认知意义上来立论的，而是强调了人的道德主体性和超越精神，是对人的道德情感的一种展开和说明。道德理性构成了以儒家思想为基础的中国文化的一个根本内容，也可以说是整个儒学的核心部分，所以将儒家的学说归结为"情感儒学"，可能并不为过。在一定程度上，蒙老师讲的"情感的转向"是有明确所指的，是一个标志性的提法，即在20世纪理性主义占绝对上风的大背景下，怎么来容纳非理性的东西，重塑"情感"的价值主体性。这样一种哲学思考，以及回到中国传统，从历史上的一些资源、从儒家思想的特点入手，来重构当代哲学的问题，对中国哲学的未来发展做出新的阐释，无疑是有价值的，这也确实是我们今天所面临的一个大问题。因为人不只是理性的动物，也是情感的动物，尽管我们今天讲哲学，基本是从理性的原则和意义来着手的，但人的存在的多层性、复杂性，生命活动的一些特殊之处，包括它的本始意义——这些可能都是我们今天讲哲学需要去思考和面对的问题。所以如何从道德情感出发，来构建当代中国哲学的体系，蒙老师是开了先河的，他的思考需要我们进一步去探索，他所开辟的路向在未来中国哲学发展的途程中，一定会有更加辉煌的接续。

　　我就讲这么多，谢谢大家！

（录音整理：陈春桂）

谈谈"情感哲学"与道德意识的开端的两个问题

王庆节

（澳门大学哲学与宗教学系教授）

蒙培元先生是当代中国哲学的大家，是"情感哲学"或者儒家哲学的"情感本体论"的最早提倡者之一，对我们许多后辈学人的研究可以说是影响巨大。今天，经黄玉顺教授精心编撰的《蒙培元全集》十八卷正式出版，可喜可贺。也感谢山东大学，感谢中国社科院、四川思想家研究中心、四川人民出版社召集，以及黄玉顺教授主持这场盛会，让我有机会参与其中，谈谈体会，不胜荣幸。

我自己的学术生涯是从研究西方哲学开始，慢慢也进入到中国哲学和比较哲学的领域。所以，我可能会从稍微不同的角度来谈谈关于"情感哲学"与道德意识的开端的问题。我会接着刚刚杨国荣教授的话题，进一步沿着这个"接着讲"的思路，看看怎么从一个外部的角度，而不仅从中国哲学史研究的内部，提两个不局限于儒家的情感哲学的问题，并因此将关于儒家情感哲学的思考作为一个契机，谈谈关于情感哲学本身以及道德意识开端的问题。

我们知道，蒙先生自20世纪80年代起，就一直倡导将儒家哲学的本质理解为"情感哲学"。他还在2002年出版的《情感与理性》一书中，对儒家的情感哲学进行了全面系统的论述。蒙先生的这个论述，与最近刚过世的李泽厚先生几乎同时期提出的儒家"情本体"的学说遥相呼应，并配合新出土的先秦儒家文献的研究，而成为这一时期中国哲学研究的新呼声，也带动了后面情感儒学的新发展和全面勃兴。

首先，我想谈一下对蒙先生"情感哲学"的三个基本理解，这涉及蒙先生情感哲学的三个命题。第一，"情感是人的基本存在方式"，或者"人是情感的存在"。这一点是蒙先生反复强调的,刚刚前面几位的发言也都提到这个命题或基本立场。第二,"人的认知活动、意志活动与超越活动,都是在情感活动的基础上,方为可能"。这种作为基础的情感活动,可以将我们传统哲学讨论的以"认知活动"为基础的"知""情""意"的精神生活,重新总括为以"情感"为核心的人的"情知"活动、"情意"活动和人心灵的境界超越或情境超越活动。第三,蒙先生认为,后世儒学的正统主张,往往将"性和情"或者"理和情"对立起来,用"本末说"或"体用说"建构出一个中国哲学"性本情末""性体情用"的基调。蒙先生认为,这个基调需要改变,以恢复"性情统一"或"情理统一"的儒学的原态和初心。这是我对蒙先生情感哲学的一个基本和大致的理解。

在儒学的承继、发展和流传过程中,往往在两个传统相互之间存有紧张。按传统的理解,我们常常把情感理解为一种心理层面的情感、情绪和情调,这是需要控制和调整的。比如在《礼运》篇里,我们读到"圣王修义,以治人情"。人的情感是通过更高的理性,通过圣王所代表的天理去矫正、去管治,使之合乎天理以及由天理而来的人性要求,这是一个基本的传统。但另外还有一个传统,这个传统明确地见于新出土的《郭店楚墓竹简》中的《性自命出》,叫作"命自天降,道始于情,情生于性"。我们把后一种说法的源头归到思孟学派的开端。实际上这两个传统在儒学内部相互之间关系是颇为紧张的,这个紧张可以视为后来我们说的孟荀之争,冯友兰先生曾经将它们分别描述为儒家内部的"左翼"和"右翼",或者"理想主义"与"现实主义"。

蒙先生和李泽厚先生提情感哲学和"情本体",实际上是想让其中的一个传统能够再现,激发出来并发扬光大。如果我们从整个世界哲学当代发展的角度来看这个问题,那就比较清楚了。例如从西方现代现象学哲学讨论的角度来看这个问题,会促使我们有更多和进一步的思考。新近蓬勃发展的现象学哲学研究,这也是我自己比较关注的一个方向,问得比较多的问题,往往也是通过对思想的身体维度,以及和紧密相关的情感维度,来发掘哲学本体论或者生存论的含义。具体说来,今天结合对蒙先生"情感哲学"的讨论,我想提出两个问题,期待促发进一步的思考。

第一个问题开始于蒙先生的基本立场,即"人是情感的存在"。这个命题或论断本身应该没有问题,我们可以从儒家贤哲著述和儒生生活的历史实践中找到大量的文献和事例来佐证。但是，这个论断的哲学意义究竟如何理解？首先，人仅仅是情感的存在吗？显然不是。自古至今，我们还说，人是理性的存在；人是会说话的存在；人是社会的存在；人是会制作工具或者劳作的存在；人是自由的存在；人是有道义伦常的存在。这些论断都是以往哲学关于人的本质性的定义。甚至我们还可以说，人是有个体欲望、自私自利的存在；人是本性为恶的存在。或者还说，人是超越性的存在；人是会死的存在；等等。所有的这些都是历史上有过的关于人的存在本质的理解。但现在的问题是，儒家的情感哲学，如果有的话，它不仅论断人是情感性的存在，而且进一步在哲学上坚持，人的情感是人生在世的第一要义，它具有存在论上的优先性。如果这样讲的话，我们在哲学上的进一步发问就是：人的情感性存在为何以及怎样具有第一性、优先性或者基础性？是在什么意义上具有的？换句话说，儒家为什么要把人的情感性存在放在优先地位，是在什么意义上放在优先地位的？按照我的粗浅理解，儒家的回答一般来说有这么几种。第一，自然发生意义上的优先。道德情感发生在人类乃至每个个体自然发生、成长的初始阶段。随着人类以及个体生长、发育、成熟的到来，其理性和与之相连的社会伦理性意识就会增强，取代自然感性，成为人类道德存在的本质表征。这种理性主义的回答构成后世儒家"情性""情理"的对立，"扬理抑情"或者"理本情末""性体情用"等主流学说的开端。第二，存在论意义或本体论意义上的优先。如此来讲，这个"情本体"实际上和刚刚林安梧教授提到的当代新儒家，例如牟宗三先生理解"本体"相关。这个本体的概念实际是从康德哲学来的。我们知道，在康德哲学中，"本体"（noumenon）这个概念是与"现象"（phenomenon）相对应而言的。它首先是在知识论意义上说的。为什么在知识论意义上呢？因其首先讲的是经验知识可能性的条件。它包括否定和肯定、消极和积极两方面的含义。一方面，它作为物自身，是经验认知的界限，这是从否定方面而言的，它不可知。但另一方面，它又是积极的。这种积极体现在两点上，即作为经验认知的来源和作为经验认知的形式条件。另外，它还有在实践理性和生存论上的积极性。我想，牟先生讲道德形而上学，讲内在超越，主要是从康德的道德哲学得到启示的。牟先生从生存论意义上，从道德生活和生命的发生、发展的角度在儒家传统里面寻找新的动因，来发展、展开儒家哲学。蒙先生的儒家"情感哲学"的说法，或者李泽厚教授"情本体"的提出，应该都跟牟先生的这个想法有关系。这也让我想起我们早年在北大读书的课堂上，张岱年先生说，他并不讲"本体论"，也不讲"存在论"，他讲"本根论"。这个传统实际上是生命哲学的思路或者讲生命种子，它不以逻辑学作为背景，而是用生物学、生命哲学或生活哲学为中国哲学展开的道路。黄玉顺教授这些年提倡儒家"生活哲学"，我想跟这些之间都相互有关系的。

第二个问题是发问情感哲学的开端。情感哲学让我们回到原初状态的情感去思考道德形而上学。但我们知道，这个原初状态原本是不可言状的、不可说的，而且常常是在任何道德思考的未发而待发、道德行为的未决而待决意义上的"两难状态"。我最近也在讨论儒家思想历史上的一些"两难"事件。换句话说，一个在道德之先发生的自然事件，如何展开为一个道德事件，即成为在道德情境下，我们作为道德主体的人的决断和行为的事件？新儒家说道德德性、道德良心不是论证，不是假设，而是呈现，这个呈现过程究竟是怎样的？比如说著名的"恻隐之心"，孟子讲"恻隐之心"是"仁之端"，这是我们道德意识的起源。但我们知道，"小孩子将要落井"，这实际上是一个自然事件，它怎么就成了一个道德事件、伦理事件？这个开端是怎么开始的？现在我可能更关注这个问题。再比如说，像我们读《孟子》，孟子提到"孝"的起源。远古的时候，亲人过世，生老病死，这是自然事件，我们是把过世的亲人的尸体都扔在山沟里，也将之作为自然事件去处理、去对待。但尸体受到风吹日晒，在山沟里遭狐狸拖，苍蝇、虫子咬，有那么一天，我们路过，看见了，那一刻，我们人开始有一种道德情感的发端，即"羞耻感""罪恶感"的出现。这个情感的发端，孟子叫"羞恶之心"或"恻隐之心"，这就是"良心感动"或"道德感动"。这个开端是怎么开始的？怎么做一个道德形而上学的解释？一个自然事件怎么就变成了一个道德伦理事件，而这个道德伦理事件怎么就有了某种道德德性的初始的、基础性的、发端性的意义？这个问题，我们需要进一步的思考。不能统而笼之地说，它是一个情感。在什么意义上它是心理学的范畴，什么意义上是生存论或者存在论的范畴？心理性的情感跟生存论的情实，它们是什么关系？我想，这些都是我们可以沿着蒙老师的思路往前推进的问题。

最后，再次祝贺蒙老师的全集出版！也祝蒙老师早日康复！谢谢！

（录音整理：赵嘉霖）

儒家的情感哲学与情感推理

周可真

（苏州大学政治与公共管理学院哲学系教授）

我今天讲的题目，与蒙先生的哲学思想有一定相关度。

据我对蒙先生的学术研究和哲学思想的有限了解，他在 20 世纪 80 年代写过两本书《理学的演变——从朱熹到王夫之戴震》（1984）和《理学范畴系统》（1989），这是从范畴研究入手来开展理学研究，也就是把理学范畴研究当作理学研究的基础，我把这理解为是蒙先生对中国哲学开展"西式研究"的一种具体形式。

到了 90 年代，蒙先生由范畴研究进展到对思维方式研究，先后出版了三本著作：1993 年出版的《中国哲学主体思维》和《中国传统哲学思维方式》以及 1998 年出版的《心灵超越与境界》，我认为，它们是试图解答这么一个问题：传统思维如何转变为现代思维？

在《中国哲学主体思维》中，蒙先生认为，辩证思维、整体思维、意象思维、直觉思维和意向思维构成了中国传统哲学思维的基本特征，而其中意向思维和直觉思维，尤其鲜明地表现出中国哲学的主体性特征。正是基于这种认识，蒙先生将中国传统哲学理解为旨在解决人的心灵问题的"心灵哲学"。

在《心灵超越与境界》中，蒙先生将中国的心灵哲学概括为四大特征，即绝对性整体性特征、内向性特征、功能性特征、情感意向性特征，并指出："今日要弘扬传统哲学，除了同情和敬意之外，还有理性的批判精神，实行真正的心灵'转向'，使心灵变成一个开放系统。"按我的理解，蒙先生是将谋求现代化的中华民族思维方式的转变归结为"心灵转向"，这也意味着在蒙先生看来，中华民族的传统思维方式所欠缺的是"理性的批判精神"，也正是这个缺陷导致了其心灵的封闭，为蒙先生所期待的"心灵转向"，恰恰是要用"理性的批判"来打开其封闭的心灵，使之变成一个开放系统。

我今天的内容是"儒家的情感哲学与情感推理"，由于时间有限，只能讲讲我研究这个问题的背景和对这个问题的大致看法。

我最近十年来的研究重点是管理哲学。管理哲学是对管理的哲学研究。我围绕"管理哲学是什么"开展元管理哲学探讨，得到了三个主要结论：（1）管理哲学的发展方向是管理文化哲学。（2）管理文化哲学应当研究创新思维规律。（3）现代管理学的根本缺陷是"人性假设"缺乏"自由"要素。管理学要走出自己的"理论丛林"，必须克服这个缺陷，使自己的理论立基于"自由人"理念，建立起关于"自由人"的后现代管理学，即研究社会思维与个人思维的差异协同规律并依据这个规律来制定思维规则的学问。由此，我探讨了寓于知识创新过程中的思维规律，所得到的主要结论是：知识创新是在规范思维与自由思维的协同作用下实现的。

所谓规范思维，就是逻辑思维；自由思维，就是直觉思维。我在研究中发现，西方逻辑学所讲的逻辑，其实只是认知领域的推理规则，故所谓逻辑思维，只是按认知推理规则来进行的认知思维活动。但是，现代心理学将人的心理即思维划分为"知"（认知）、"情"（情感）、"意"（意志）三种基本形式；而《论语》则不止一次地提到"智""仁""勇"，实际上孔子是把人的思维或心理区分为认知、情感、意志三种形式，并从人格修养角度提出了"君子"（理想人格）所应具备的思维品质或心理品质——认知上具有"智"的品质，情感上具有"仁"的品质，意志上具有"智"的品质。对于人类思维形式的多样性，孔子之见与现代心理学知识竟是如此惊人地不谋而合。

因此，我认为，以推理为本质特征的逻辑思维并不限于认知领域，在情感领域、意志领域也存在逻辑思维。也就是说，推理作为人类思维的普遍形式，是存在于"知""情""意"三个领域的。

在知识创新过程中，创新思维是作为一个动态系统而存在的，在这个系统中，"知""情""意"三要素相互联系，彼此间存在相互依赖、相互制约、相互影响、相互作用、相互渗透、相互转化的关系。对于"知""情""意"之间的这种系统关系，西方逻辑学从一开始就没有自觉的意识，至今也还没有清醒的认识，它不考虑"情"和"意"的因素，只是孤立地研究"知"的推理形式，从知识管理角度看，这就注定了它所提供的用以规范知识信息的标准是一套片面的知识标准，这势必会引导知识创新朝着某个片面的方向发展，因为从"知""情""意"三者之间的系统关系来看，"情"和"意"的发展状态都会影响到"知"的发展状态，如果忽视"情"和"意"，乃至于对"情"和"意"的发展漠不关心，那就会导致"情"和"意"得不到正常和正当的发展，于是作为知识创新主体的人，其有不健康的"情"和不健全之"意"，也就在所难免，从而"知"的发展也难保是正常和正当的了。

基于这一认识，我认为有必要开展对情感领域和意志领域的推理研究。这里不讲意志推理，只讲情感推理。

我认为，西方有研究认知推理的逻辑学，中国亦有与之相似的名辩学，但足能代表中华逻辑传统的并非是名辩学，而是以情感推理为研究内容的儒家仁道学。所谓儒家的情感哲学，就是指儒家仁道学，它也可以称为"儒家情感逻辑学"。

以"仁"为核心的孔子情感逻辑思想主要有三部分内容：一是"性相近"的人性论。该人性论命题所表达的观点是：人与人之间在本性上是相近的，所以他们都是同类；因其为同类，所以人与人之间在情感上有同一性；因其有同一性，故而可以进行人际情感推理。二是情感适中原则，即情感表达合乎礼仪规矩而无过无不及的中道原则。三是情感推理方法，包括：（1）由属于私德范畴的"孝亲"之情到属于公德范畴的"仁爱"之理的情感归纳推理；（2）"己欲立而立人，己欲达而达人""己所不欲，勿施于人"的情感演绎推理。

孟子则基于"天人同类"的观点，把孔子由"亲亲"到"爱人"的人际情感归纳推理，发展为由"亲亲"到"仁民"再到"爱物"的天人之际情感归纳推理，借助于这种推理方法，以敬畏生命为伦理内涵的恻隐之心，由"亲亲"的家庭私德上升为"仁民"的社会公德，进而由"仁民"的社会公德上升为"爱物"的宇宙公理。

后世儒家学者中，真正继承孔孟情感哲学并有所发展并且做出实质性贡献的，是奉"四书"为主要经典的宋明新儒家。宋明新儒家对于孔孟情感哲学的实质性继承，主要体现在对"性本善"这一孔孟情感哲学基本理念的严格信守上。这一点无论是荀子还是董仲舒抑或韩愈均未能做到。而在宋明新儒家中，对发展孔孟情感哲学做出实质性贡献的主要是朱熹和王守仁，其贡献最主要体现在他们对孔孟情感逻辑思想中情感推理法的哲学基础进行了改造。

儒家情感逻辑思想中作为情感推理法之哲学基础的，起初在孔子为"性相近"的人性论，至孟子则发展为"性相似"的"天人同类"论，到朱熹则进一步发展为"性即理"的理学，再到王守仁更发展为"心即理"的心学。

在孔子"性相近"的人性论中，"性"只是表示人与人之间情感的近似性，这意味着孔子的情感哲学是人情哲学，其情感逻辑思想是关于人情推理法则的思想。在孔子的情感逻辑思想中，其情感推理方法主要是"近取譬"的演绎推理法，其归纳推理法尚处在"孝为仁之本"的萌芽状态——"孝为仁之本"蕴含"孝（亲亲）而仁（爱人）"的情感归纳推理。

在孟子"性相似"的"天人同类"论中，"性"是表示人与万物之间情感的相似性，在与"仁"的关系中，它只是表示"仁之端"，而"仁之端"不等于是"仁"。从"仁之端"到"仁"有一个发展过程，而孟子对情感推理的研究，正是要从理论上解决怎样由"仁之端"发展为"仁"的问题，故其情感逻辑思想所提供的推理方法是情感归纳推理法。当运用这种方法由"仁之端"推出"仁"时，"性"就获得了"理"的意义——不过在孟子情感哲学中，"性""理"之间的同一性还不是直接的，在它们的关系中，"性"只是"理"的萌芽，还不是"理"。

朱熹"性即理"的感情哲学命题使"性""理"之间具有了直接同一性，其情感哲学中自然就不存在怎样从"性"（"仁之端"）推出"理"（"仁"）的情感归纳问题，而只存在怎样从"性"（"仁"）这个宇宙公理（"天理"）推演出具体事理的问题了，所以只需按孔子"近取譬"的"仁之方"来进行情感演绎推理——将"自家身上道理"（朱熹语）推行于日常生活实践，使这"道理"（"天理"）具体落实到日常生活事务中去就行了。朱熹的情感逻辑思想正是如此，他所谓"致知"，便是指从"本于天而备于我"的宇宙公理"自家身上道理"出发，据此推出具体事物之理的情感演绎推理。朱熹说："致知工夫，亦只是且据所已知者，玩索推广将去。""便要从那知处推开去，是因其所已知而推之，以至于无所不知也。"

朱熹的情感演绎推理思想有个特点：一方面，以"本于天而备于我"的宇宙公理作为"致知"的前提，认为"致知"就是由这个公理出发来进行"因其所已知而推之"的演绎；另一方面又认为，这个公理在自然状态下为人的气禀物欲所遮蔽，所以它并不直接构成"致知"的前提。也就是说，这个一会儿被他称为"天理"、一会儿又被他称为"明德"的宇宙公理，虽然是人所共有、与生俱来，但在自然状态下还仅是"致知"的潜在前提，而非"致知"的现实前提。欲使其由潜在前提转变为现实前提，尚需经过后天修养——朱熹吸纳了孟子"养心莫善于寡欲"的思想，主张通过"寡欲"来建立"致知"的现实前提。朱熹的心性涵养思想，是来源于《中庸》的中和思想，或者也可以说是渊源于孔子关于情感表达的中道思想。朱熹主张"克人欲""寡欲"以至于"革尽人欲，复尽天理"，正是为了情感主体返归其"天命之性"，从"无所偏倚"之"中"的情感本体出发，依循其本性来表达情感，使情感本体之发用达到"无所乖戾"之"和"的适中状态。他所谓"专静纯一""湛然凝定"，即是指情感适中的心理状态。在他看来，在这种状态下，才可以进行"因其所已知而推之"的情感演绎。

在朱熹的情感逻辑思想中，"因其所已知而推之"的情感演绎，是自我证验"自家身上道理"的方法。在自己的生活经历中证验宇宙公理以至于"见得实体"从而自我确证其"诚实在我"，这是朱熹情感逻辑思想中情感演绎推理所要达到的目标。

从孔子"性相近"的人性论到思孟学派的"天人同类"论，再到朱熹的"天人合一"论，作为儒家情感哲学核心范畴的"仁"，其内涵经历了一个由属"礼"到属"性"再到属"理"的演变过程，反映了儒家情感哲学将情感主体由"人"提升为"天"的过程。而自王守仁阐扬南宋理学家张九成《孟子传》中"心即理"思想以后，儒家情感哲学又将情感主体由"天"返归于"人"。于是，"致知"——情感演绎推理，就不再是自我证验"自家身上道理"的方法，而是"吾心之良知"自我实现的方法了。在朱熹，"致知"是吾心之理自我觉解的方法；在王守仁，"致知"是吾心之理自我实现的方法。

儒家的情感逻辑思想固然也包含情感归纳的内容，但就其思想的成熟形态而言，情感演绎才是其本质内容。具有儒家思想特色的情感推理，本质上是依据情感适中原则来进行的情感演绎推理。这种情感推理，是同思维（情感）主体的生活实践紧密结合的，其推理与生活实践是同一过程的两个方面。这意味着，无论是作为其推理前提的知识，还是作为其推理结论的知识，都不是西方逻辑学所讲的那种需要借助于某种恰当的语言来表达（陈述）的知识，而是不必借助于语言，但必须借助于行动来表达（体现）的知识。这种知识的意义在于告诉行动者"应当做什么"和"不应当做什么"。追求这种知识，既不是为了得到所谓"逻辑真理"，也不是为了得到所谓"事实真理"，而是为了达到"凡事正义（宜）"。

谈谈蒙培元先生的情感哲学

董 平

（浙江大学哲学系教授）

各位好！非常感谢玉顺兄的邀请！我要特别祝贺在黄玉顺教授的带领之下，蒙先生的全集十八卷能够顺利出版。

蒙培元先生是我们非常尊敬的一位学界前辈。我和他个人接触不多，当然，人我是见过的，他的那种长者风度，那种说话之儒雅，都给我留下了非常深刻的印象。在我的印象当中，尽管我对蒙先生的书不能说读得很多，但是，他的《理学范畴系统》这部作品，我一直将其作为我所带研究生的必学教材，一直在用。我顺便提一下，我的学生当中也最早就有以蒙培元先生的思想——情感哲学思想来做博士论文的。那么，刚才从陈来开始，包括王庆节，各位老师谈了很多关于蒙先生的情感哲学。庆节兄还对蒙先生的情感哲学提出了一些理论上的进一步思考，我觉得都非常有必要。

我之所以说"谈谈"，没有说"论"，是因为我觉得，就我个人而言，对蒙先生的情感哲学，还缺乏一个非常完整而又系统的研究，所以我只能说"谈谈"。下面我就谈一点自己的简单的想法。

我想说的第一点，是我印象特别深刻的，就是蒙培元先生所提出的情感哲学，在某种意义上说，他的站位是很高的，他的视野是非常广阔的，他的思维之触角是非常深入的，既有其高明的一面，也有非常隐幽的一面。从其思维之广度而言，它实际上是把儒家哲学或者说中国哲学当中的情感哲学面相，展开为一个世界哲学问题。在《情感与理性》这部出版于 20 年前的作品当中，蒙先生实际上是把情感哲学问题置于从古希腊以来直到现在，特别是经过包括存在主义、现象学，也包括中国的以牟宗三先生为代表的现代新儒家等等，这样一个广阔的背景之下，来讨论情感哲学问题的。我个人体会，他实际上把对情感哲学这个问题的处理及其研究，置于整个世界哲学史的发展背景之下，呈现了一个独特的中国的问题意识，这就使这些问题的研究具有了世界哲学的意义。这是我想说的第一点。我的这一个领会是否准确，请玉顺兄、诸位多加批评。

我想说的第二点是：蒙先生的情感哲学问题的提出，从本质上说，代表了一种关于人的理解。蒙先生是这么来理解人的存在的，就是：什么是人的存在？蒙先生给了一个非常简单明了的回答：人是情感的存在。刚才庆节兄提出来，这个情感存在有什么意义？可以说人是理性的存在，人是什么的存在，等等，那么，蒙先生提情感的存在有何意义？就我对《情感与理性》这部作品粗粗阅读之后的一种感觉，我想，正因为有上述这样的一个广阔的哲学史背景，不只是中国哲学的，那么，蒙先生提原始情感的存在，就代表了蒙先生基于如此这般的一个宏大的哲学史背景，重新阐释或者说重新定义"人"。毫无疑问，他是试图把人的存在还原为一个现实的、以情感之需要为必要前提的或者说为我们存在之基础的这样的一种活生生的存在。所有一切意义和价值，只能以情感与理性的统一为基础，我觉得这本身就是意义。我有一个比较深刻的印象是：蒙先生提出的情感与理性的统一，这是建立起普遍有效的德性之学的基础。我想，这一点在理论上是有意义的。就我们人生活本身来说，玉顺兄喜欢讲"生活儒学"，我觉得没错，因为一切的存在都只有还原于生活本身，才能显示它的意义和价值。抽象地谈论"人是某某的存在"，不回归到生活本身，可能真的没太大意义。所以，在这个意义上说，它代表着一种关于人本身的存在的理解。

第三点，与此相关，即基于蒙先生的上述这样一个基本的判断，就我个人的了解，蒙先生关于儒学的其他方面的一些基本判断，我觉得非常真实，我个人是很赞同的。比如说，他坚定地相信中国哲学有别于西方哲学，这不只是说他们讲二分、我们讲统一，而且是非常清楚地说，中国哲学首先关注的问题，或者说一个基本的问题，是人本身的存在问题，是存在论的或者说生存论的问题。也就是说，中国哲学的一般面向，不是在理论上或者说知识论的维度上解决一条知识路线的问题，而是如何来实现人本身的自我存在的真实性、意义和价值的问题。在这一点上，蒙先生谈论的不只是知、情、意的统一，并且是由知、情、意的统一而导向真、善、美的统一。这个判断，我个人是完全赞同的，我觉得这非常本真地揭示了中国哲学的一个独特面向。此外还有一些具体的问题。比如说他谈到良知，谈到阳明先生的良知问题，他说良知是道德情感的自我直觉。尽管就我个人现在的观点，我可能会有进一步的补充性的阐释，但是对他的这个基本判断，我完全赞同。蒙先生接着说，"良知说"骨子里是情感论的，而不是知识论或认识论的。蒙先生对这些具体问题的判断，我个人觉得非常准确。这些就是蒙先生的思想观点吸引人的地方。

我稍微展开一点点讲。大家都知道，阳明先生是不喜欢朱熹的。他不喜欢朱熹，不是说对这个人不喜欢，而是说对朱熹所说的那一套理论不喜欢。我请诸位注意一下，如果我们认认真真地去读了《传习录》，那么，请思考一下：阳明先生为什么不喜欢朱熹？他为什么要反对朱熹？我个人一直觉得，实际上，这里头有一个问题，用我们现在的观点来说，就是：朱熹所走的是一条知识论的路线，试图在知识论的理论上去闹清楚人是什么、人应当如何、人怎么怎么的。阳明先生的意思，就是那些知识论的问题，我们是可以暂时搁置的。那些理性的、理论上的、抽象的、可证性的、逻辑上的问题，可以暂时搁置起来。我们面对人本身，面对生活、事实本身，面对我们人本身的存在、现实：我们是一个什么样的人？在这一点上，阳明先生尽管没有说人是感性的存在或者情感的存在等等，但他的确是把人本身的存在还原为一个现实生活当中的活生生的存在者，即"我们如何可能"这个问题，也就是如何去实现的问题。从这个意义上来说，蒙先生讲"人是情感的存在"，讲所谓"仁"不过是情感，我觉得这些判断都是对的，都是准确的。

这个意思，可以回到杨国荣刚刚所讲的问题，就是："接着说"还是"照着说"？蒙先生当然是"接着说"的，我希望我们也能"接着说"。"接着说"的问题在哪里？比如说，关于人，尽管蒙先生已经给了我们一个情感哲学的架构，有了一些非常深刻的理解和领悟，并且提出了一些特别能够引人深思的观点或者命题，但是这并不是说我们就没事可做了，也不是说不值得反思；有许多问题，包括庆节兄刚刚提到的这些问题，仍然值得我们进一步思考。

比如说，蒙先生在《情感与理性》当中，提到一个话题，意思是：人是由情感需要来决定其意向性行为的，所以他把这称为"情感意向"，我觉得挺好玩的。但是，这里头就涉及一个问题，因为时间关系，我不能讲很多：所谓的情感需要决定我们的意向行为，它本身的合理性在哪儿？也就是说，我们能不能通过情感需要来决定自我的意向性行为，一般来说是可以的，但是如何来确保这种意向性行为本身的合理性？这是怎么可能的？也就是说，这个承诺是什么东西？这个 promise、这个 commitment 在哪里？我觉得，这可能是需要进一步思索的。

还有一点，一般来讲，就个体的自我存在而言，我的存在首先是我的，我首先是以我个体性的、个人的、私人的这样一种方式来获得我的存在；我的情感、感情是我自己的。那么，一个个体自我情感的当下表达，如何可能成为蒙先生从康德那里引过来、经常谈到的所谓"共同情感"，也就是我们现在讲的人群的"共情"问题。也就是说，我"见孺子将入于井"，我表达"怵惕恻隐之心"，这个"怵惕恻隐之心"怎么可能成为我们大家的公共的一种情感？这个呈现是通过什么来确保的？在情感哲学当中，也许因为我了解得不深刻，这一类问题可能不是问题，但我觉得，这一类问题，恐怕还是可以进一步思考的问题。总而言之，我希望在我们对蒙先生哲学的后续研究当中，这样一些问题也能够引起我们大家的进一步关注。

我个人对蒙先生的思想、哲学的学习有限，时间也非常有限，所以我就先谈这么几点看法，仅供各位参考。谢谢大家！

（录音整理：吴多键）

情感与自由

——在《蒙培元全集》出版发布会的发言

程志华

（河北大学哲学学院教授）

首先，祝贺《蒙培元全集》出版发行。全集的出版是 2021 年末中国哲学界的一件盛事。其次，感谢玉顺兄和郭萍老师的邀请，能有机会参加这个盛会。

《蒙培元全集》刚刚出版，还没有时间认真学习、仔细研究。所以，今天我这个发言选了一个小问题，希望通过这个问题来"透视"蒙培元先生的整体哲学思想。这个小问题的题目是"情感与自由"，主要以蒙先生 2002 年出版的《情感与理性》为蓝本，谈一谈蒙先生的相关思想及我的思考。下面，我分四个问题来展开。

一、"情感"的本义及当代回归

"情感"的核心是"情"字，"感"所表达的只是对"情"的感应、感受。就"情"字讲，在儒家学术史上经历了一个变化过程。许慎《说文解字》释"情"："人之阴气有欲者。"段玉裁以董仲舒之言为注："董仲舒曰：情者，人之欲也。人欲之谓情，情非制度不节。"由此可见，"情"与"欲"相通，而"欲"则具有"贬义"，含"恶"义。不过，在宋代，王圣美则对"情"做了另解。吴森说："从'心'旁的太多了，'情'字所以别于其他'心'旁的字，完全因为'青'字的缘故。宋代文学家王圣美用归纳法把'青'字的含义展示出来。'青'字含有'美好'之意。他找着了很多例子,其中有下列几个我们常见到的,'晴,日之美者。''清,水之美者。''菁,草之美者。''精,米之美者。''倩,人之美者。''请,言之美者。''情'字不用说了,代入公式,'心之美者是为情'。"① 以"心之美者为情",显而易见,"情"变为了"褒义",含"善"义,与前一含义形成鲜明对比。

《尚书》全篇仅有一个"情"字:"呜呼!小人封,恫瘝乃身,敬哉!天畏棐忱,民情大可见,小人难保。"② 此"情"指事实情况,即事物之实、情实。《诗经》全文亦只有一"情"字:"子之汤兮,宛丘之上兮。洵有情兮,而无望兮。"③ 此"情"或解为"情实""情况",或解为"情感";关于此有不同看法。《左传》全文有十四处论"情","情"之含义大致分为两类:一类为"情实""情况",一类为"情感"。前一义如:"范宣子告析文子曰:'吾知子,敢匿情乎?'"④ 后一义如:"惠伯曰:'丧,亲之终也。虽不能始,善终可也。史佚有言曰:'兄弟致美。救乏、贺善,吊灾、祭敬、丧哀,情虽不同,毋绝其爱,亲之道也。'"⑤ 《国语》全文有十处论"情",其含义与《左传》相近,亦分为两种情况。《孟子》中论"情"有四处,均指"情实""情况"之义。如:"夫物之不齐,物之情也。或相倍蓰,或相什百,或相千万,子比而同之,是乱天下也。"⑥ "乃若其情,则可以为善矣,乃所谓善也。若夫为不善,非才之罪也。"⑦ 至荀子,他论"情"多达百处,但以"情"表两义:其一为"情实""情况";其二指"情感""情欲"。例如,"夫贵为天子,富有天下,是人情之所同欲也。然则从人之欲则势不能容,物不能赡也。"⑧

---

① 吴森:《比较哲学与文化》(一),台北东大图书有限公司1978年版,第40页。
② 孔安国传,孔颖达疏,廖明春等整理,吕绍纲审定:《尚书正义》,北京大学出版社1999年版,第362页。瘝(luǒ),疾病名。"棐",辅助。
③ 毛亨传,郑玄笺,孔颖达疏,龚抗云等整理,刘家和审定:《毛诗正义》,北京大学出版社1999年版,第438页。
④ 左丘明传,杜预注,孔颖达正义,浦卫忠等整理,杨向奎审定:《春秋左传正义》,北京大学出版社1999年版,第950页。
⑤ 左丘明传,杜预注,孔颖达正义,浦卫忠等整理,杨向奎审定:《春秋左传正义》,第559页。
⑥ 赵岐注,孙奭疏,廖名春等整理,钱逊审定:《孟子注疏》,北京大学出版社1999年版,第149—150页。
⑦ 赵岐注,孙奭疏,廖名春等整理,钱逊审定:《孟子注疏》,第300页。
⑧ 王先谦撰,沈啸寰、王星贤点校:《荀子集解》,中华书局1988年版,第七〇页。

"人知谨注错，慎习俗，大积靡，则为君子矣；纵情性而不足问学，则为小人矣。为君子则常安荣矣，为小人则常危辱矣。"① 前者为"情实""情况"，后者为"情感""情欲"。

可见，就原始儒家看，"情"之含义主要有两个方面：其一指"情实""情况"；其二则指"情感""情欲"。关于这两方面含义，英国汉学家葛瑞汉曾有一个著名观点：从先秦到宋明，"情"的含义由"情实""情况"转变为"情感""情欲"，这是语义上的根本变化或转折，而这种转变源于对佛教之"情"的借用。② 由上述所引可见，葛瑞汉的这一观点并不正确，而不正确的原因有二：其一，原始儒家文献已经表明，"情"最初即有两义，"情感""情欲"之义本来就存在，而不是到宋明时期才有。其二，不能说"情"在宋明时期发生了"根本变化"或"转折"，只能说宋明时期的"情"强调了"情感""情欲"，忽略了"情实""情况"。

尽管如此，从宋明时期到清朝时期，"情"基本上都是在"情感""情欲"意义下使用的。正是因此，才有了"性善情恶""以礼节情""由情复性"等诸说。而且，这种说法成为宋明以后的主导性思想，成为儒家形上思想的主要架构，成为儒家心性论的核心命题。例如，张载说："心统性情者也。有形则有体，有性则有情，发于性则见于情，发于情则见于色，以类而应也。"③ 陆九渊也说："使生在治古盛时，蒙被先圣王之泽，必无此病。惟其生于后世，学绝道丧，异端邪说充塞弥满，遂使有志之士罹此患害，乃与世间凡庸恣情纵欲之人均其陷溺，此岂非以学术杀天下哉？"④ 张载所论以"情"为"情感"，陆九渊所论以"情"为"情欲"。需要强调的是，以"情感"尤其是以"情欲"解"情"，多是贬义甚至为"恶"义。也正是在此意义下，才有了"存天理，灭人欲"之说。程颐说："人心私欲，故危殆。道心天理，故精微。灭私欲则天理明矣。"⑤

进入现代以后，关于"情"的理解出现了"否定之否定"式的变化——

① 王先谦撰，沈啸寰、王星贤点校：《荀子集解》，第一四四页。
② 参见蒙培元《情感与理性》，中国社会科学出版社2002年版，第38页。
③ 章锡琛点校：《张载集》，中华书局1978年版，第三七四页。
④ 锺哲点校：《陆九渊集》，中华书局1980年版，第四页。
⑤ 程颢、程颐著，王孝鱼点校：《二程集》，中华书局1981年版，第三一二页。

以原始儒家"情"为"肯定"，以宋明儒家为"否定"，否定宋明儒家而回复原始儒家则为"否定之否定"。例如，梁漱溟就对宋明儒学进行了反思，认为其未尽"周礼之道"的根本义，而此根本义不是"理性"而是"情感"。他说："周孔教化自亦不出于理知，而以情感为其根本，……孔子学派以敦勉孝弟和一切仁厚楣挚之情为其最大特色。"① 钱穆也说："宋儒说心统性情，毋宁可以说，在全部人生中，中国儒学思想，则更着重此心之情感部分。我们只能说，由理知来完成性情，却不能说由性情来完成理知。"② 不过，梁漱溟和钱穆并没有做进一步的说明。梁漱溟虽然有《人心与人生》等著作，但没有就"情"之直接的理论建构。

不过，稍晚些的袁家骅和朱谦之则就"情"进行直接理论建构，提出了"唯情哲学"理论体系。"'科玄论战'虽然提出了问题，但都是初步的，各种论证也都是粗浅的。论战之后，有人进一步思考这些问题，并且提出了比较系统的理论。就情感问题而言，则有两部著作问世，一是袁家骅的《唯情哲学》，一是朱谦之的《一个唯情论者的宇宙观及其人生观》。这两部书与'科玄论战'有直接的关系，是对论战中提出的有关情感问题的进一步发展。他们也是从心灵的知、情、意之三分作出发点，但是已经不满足于停留在心灵、心理的层面，而是进到宇宙本体论，提出情感本体论的问题，使情感变成了宇宙本体。这就是'唯情'哲学的特点。"③ 后来，李泽厚提出了"情本体"，以其为"最后的真实"，并以之为哲学的"归宿"。他说："康德、海德格尔都想去掉形而上学，但又建构了自己的形而上学。大概只有在解构的'后现代'，才有去掉形而上学的可能，但又流于真正的原子个人而物欲横流，失去任何普遍价值和社会性。也许，只有凭依理欲交融的'情本体'，能走出一条路来？而'心体''性体'只有皈依于'情体'，也才能真正贯彻一个人生、一个世界的华夏精神。'情本体'之所以仍名之为'本体'，不过是指它即人生的真谛、存在的真实、最后的意义，如此而已。"④

沿着这样一种理路，蒙培元先生建构了"情感哲学"。这个哲学体系，主

---

① 梁漱溟：《中国文化要义》，学林出版社 1987 年版，第 198 页。
② 钱穆：《孔子与论语》，联经出版事业公司 1979 年版，第 198 页。
③ 蒙培元：《情感与理性》，第 405 页。
④ 李泽厚：《人类学历史本体论》，天津社会科学院出版社 2008 年版，第 23 页。

要体现在氏著《情感与理性》一书和系列论文当中。后来，其弟子黄玉顺等建构起"生活儒学"，既是对"情感儒学"的继承，亦是对"情感儒学"的发展。现在，"生活儒学"作为一种哲学理论，影响日渐扩大，在学界的声音日显，截至2021年底，围绕"生活儒学"已经举办三次学术研讨会。

在蒙培元先生看来，"人是情感的存在"，而儒家就是自此出发的。他说："人作为人而言，首先是有情感的动物，就是说，人是情感的存在。……对人而言，情感具有直接性、内在性和首要性，也就是最初的原始性。"① "儒家始终从情感出发思考人生问题，'存在'问题，并由此建立人的意义世界和价值世界，这又是非常可贵的，应当说有其独特的贡献。"② 这里，"情感"指的是"真情实感"，而"仁"就是"真情实感"，故，有"真情实感"者便可以成为"仁人"。"一个人如果有'真情实感'，他就能成为'仁人'，仁就是人的最高价值；一个人如果没有'真情实感'，他就可能成为'佞人''乡愿'，而'佞人'是'便口利舌'之人，'乡愿'则是'德之贼'，都不能实现人的价值。"③

由上述可见，从梁漱溟、钱穆到袁家骅、朱谦之再到李泽厚、蒙培元，其关于"情"的理解表现出明显的否定宋明儒家而向原始儒家回归的特征。这也正是前述所谓"否定之否定"的所指，也可以说是"情"之本义的"当代回归"。

二、"自由"之多义及其儒家式理解

从学术史来看，"自由"作为一个概念源自西方。怀特海说："毫无意外的是，作为我们西方自由概念的起源人，雅典人乐于运用一种具有细致变化的高级语言。"④ 至于是哪位哲学家，是苏格拉底、柏拉图还是亚里士多德最早提出这个概念，目前还没有准确的文献依据。不过，就古希腊文献看，"自

---

① 蒙培元：《情感与理性》，第24页。
② 蒙培元：《情感与理性》，第26页。
③ 蒙培元：《情感与理性》，第25页。
④ ［英］阿尔弗雷德·诺思·怀特海：《思维的方式》，赵红译，新华出版社2018年版，第47页。

由"在当时已经作为一种观念被普遍接受了，它与"奴性"相对立，意指从"奴性"状态下解放出来。故而，在西方，"自由"常有两个英文单词相对应：liberty 和 freedom。

近代以来，作为思想启蒙的成果，"自由"被不断强调和重视。但是，何为"自由"，即"自由"的意义是什么，却是仁者见仁、智者见智。哲学意义下的"自由"概念，根据来源、特征、性质、作用不同而常被划分为"自由天赋论""自由意志论""自由能力论""自由选择论""自由必然论"。所谓"自由天赋论"，是指"自由"为"天赋"的一种"权利"。康德说："天赋的权利只有一个，即生来就有的自由权。自由是独立于别人的强制意志；而且由于根据普遍法规，它能够和所有人的自由并存，它是每个人由于他的人性而具有的独一无二的、原生的、生来就有的权利。……由于每个人生来就有的品质，他根据这种权利应该是他自己的主人。"① 所谓"自由意志论"，意指人的"意志"本性是"自由"的。伏尔泰说："自由"是"试着去做你的意志绝对必然要求的事情的那种权力"。② 所谓"自由能力论"，意指"自由"是一种独立的"能力"，它非不属于"意志"。洛克说："自由只能成为实体的属性。……把自由一词应用在任何能力上，则它所指的那种能力一定是按照人的心理选择，来决定身体各部分运动与否的那种能力。（人所以说是自由的，就是由于这种能力，这种能力亦就是自由本身。）"③ 所谓"自由选择论"，意指在多种可能性中的自主选择即"自由"。萨特说："人是自己造就的；他不是做成的；他通过自己的道德选择造就自己，而且他不能不作出一种道德选择，这就是环境对他的压力。"④ "人的自由先于人的本质并且使人的本质成为可能，人的存在的本质悬置在人的自由之中。……人并不是首先存在以便后来成

① 法学教材编辑部《西方法律思想史编写组》编：《西方法律思想史资料选编》，北京大学出版社 1983 年版，第 404 页。

② 北京大学哲学系外国哲学史教研室编译：《十八世纪法国哲学》，商务印书馆 1979 年版，第 95 页。

③ ［英］洛克：《人类理解论》，关文运译，商务印书馆 1959 年版，第 212 页。

④ ［法］让-保罗·萨特：《存在主义是一种人道主义》，周煦良等译，上海译文出版社 1988 年版，第 26 页。

为自由的，人的存在和他'是自由的'这两者之间没有区别。"① 所谓"自由必然性"，意指"自由"是对"必然"的认识。"黑格尔第一个正确地叙述了自由和必然之间的关系。在他看来，自由是对必然的认识。"②

上述主要是就西方哲学来讲的。在蒙培元先生看来，"自由"是人的天性，连动物都要求自由，何况人呢？他的意思是，就"自由"来讲，无所谓东西方之说，也无所谓民族之说；西方有"不自由毋宁死"之说，中国自古以来亦有"自由"传统，只不过"自由"概念没有首出于此，也没有形成系统的自由理论而已。

例如，在先秦时期中国人就有"信仰自由"。"在当时'百家争鸣'的环境下，人们有信仰自由。你可以信奉儒家学说，也可以信奉墨家、道家或其他各家的学说。……孔子那个时代，确实自由得多，叶公可以选择'法'，为了维护'法'而告发父亲；孔子则可以选择'情'，为了成全'孝'而父子相隐。从这个意义上说，孔子所讨论的问题，与其说是'情'与'法'的关系问题，还不如说是'自由选择'的问题。"③ 诸子百家争鸣反映出来的是"信仰自由"。

中国人不仅有"信仰自由"，而且亦追求"精神自由"。例如，《诗经·大雅·旱麓》："鸢飞戾天，鱼跃于渊。"④ "鸢飞鱼跃"反映的是人的"自由追求"。此外，《论语》所载"曾点之乐"更是典型的"自由境界的乐趣"。"暮春者，春服既成，冠者五六人，童子六七人，浴乎沂，风乎舞雩，咏而归。"⑤ 蒙培元先生认为，"曾点之乐""就是物我两忘、天人一体、超然物外、超生死超功利的一种自由境界的乐趣"⑥。谈到"自由"，不能不提及庄子，其"独与天地精神往来而不敖倪于万物"⑦ 便是一种"自由境界"。而且，《庄子》

① ［法］萨特著，陈宣良等译，杜小真校：《存在与虚无》，生活·读书·新知三联书店1987年版，第55页。

② 参见恩格斯《反杜林论》，《马克思恩格斯选集》第三卷，人民出版社1995年版，第455页。

③ 蒙培元：《情感与理性》，第33页。

④ 毛亨传，郑玄笺，孔颖达疏，龚抗云等整理，刘家和审定：《毛诗正义》，第1006页。

⑤ 何晏注，邢昺疏，朱汉民整理，张岂之审定：《论语注疏》，北京大学出版社1999年版，第154页。

⑥ 蒙培元：《情感与理性》，第358页。

⑦ 郭庆藩撰，王孝鱼点校：《庄子集释》，中华书局1961年版，第一〇九八——一〇九九页。

当中的寓言很多是对"自由"的诠释。例如："鱼相造乎水，人相造乎道。相造乎水者，穿池而养给；相造乎道者，无事而生定。故曰：鱼相忘乎江湖，人相忘乎道术。"①"相忘乎道术"便是摆脱所有名物牵累，追求绝对精神自由。而且，明代陈白沙则屡屡提及"自由"概念。如："如能用寄迹山水间，去来自由，自此至彼，数千里坦途计日可到，然亦不敢必，盖行止非人所能。"②

在蒙培元先生看来，由于中国古代是专制社会，故所谓"自由"主要指"精神自由"，而且"精神自由"表达为某种"精神境界"。这是与西方所论"自由"有明显区别者。也就是说，西方所论主要为政治社会层面，中国古代所论主要为精神心理层面。因此，在解释"相忘乎道术"时，他说："'道术'就是超越世俗人生的'自然'，亦即庄子所说'不以人灭天'之天，这是保证人情得以顺遂从而实现自由的根据。由此而表现出来的情感，是一种情态、情趣、情志和情操、情怀，是人与人、人与自然和谐相处、浑然一体的自由境界。庄子向往并描述过的人与动物'共处'的景象，就是这种境界的真正体现。情感之无束无拘无系缚，就是真正的自由，只有在'自然'中才能实现。它不同于道德意志之自由，却是一种非常宝贵的精神自由。"③

蒙培元先生认为，近代以来，在西方的影响下，中国社会开始争取作为社会政治权利的"自由"。不过，对于这种追求不可孤立地理解，因为"科学"和"民主"是表面的、外在的，背后的支撑观念是"自由"。也就是说，只有有了"自由"，才能真正实现"科学"和"民主"。而且，"精神自由"与"社会政治自由"虽然不同，处于不同层面，但二者是有密切关系的——"精神自由"是"社会政治自由"的基础，"社会政治自由"是"精神自由"的呈显。因此，近代以来对社会政治自由的追求与古代的精神自由并不矛盾。其实，二者不仅不矛盾，反而传统的"精神自由"包含着"社会政治自由"。蒙培元先生的意思是，由"精神自由"可以"开出""社会政治自由"。他说："这虽然不是儒家哲学所提倡的，但是儒家的情感哲学在当代的转换中，未必不能产生出这样的结论。只要使情感进入现实的生活领域，进入时代潮流，这

---

① 郭庆藩撰，王孝鱼点校：《庄子集释》，第二七二页。
② 孙通海点校：《陈献章集》，中华书局 1987 年版，第二二八页。
③ 蒙培元：《情感与理性》，第5—6页。

个问题并不难解决。"①

三、情感与自由之关系

上述两个方面分别谈了蒙培元先生关于"情感""自由"的见解，接下来他就两者之关系进行了具体诠释。

在他看来，"情感"的"出路"有两条：一条是由"情感"到"欲望"，这是人作为动物层面者，是生命的"底层"；一条是由"情感"到"意志"，内涵为"善"和"自由"，是生命的"高层"。他说："如果说，从情感到欲望，构成儒学理论的一条通道，通向生命的最底层，即生物性层面；那么，从情感到意志，则构成儒学理论的另一通道，直接通向生命的最高层，即善和自由。把情感同意志、意向联系起来，形成一种特殊的意志学说，即情感意志学说，这是儒学的又一特征。"② 这里，所谓"儒学理论的通道""儒学的特征"，是蒙培元先生的理解，故亦即是他的观点。

由此，他将"情感"与"意志"联系了起来。"意志与情感不可分，是情感意志。"③ "情感意志"的提出，是蒙培元先生的独到之处。接着，他具体探讨了"情感"与"意志"的关系：一个方面，"情感"决定"意志"，即"意志"从属于"情感"。"第一，意志是从属于情感的。这一点最重要，也最能代表儒家哲学的基本观点。……就意志而言，既不是独立的，也不是决定情感的，而是相反，是由情感决定的。"④ 另一个方面，"意志"亦有"主向"，即"主动性""主体性"。"二、情感虽然决定了意志，但意志又是有'主向'的。这是意志的根本特点，是意志之所以为意志的本质规定。所谓'主向'，就是有主张、有方向且有谋划，但其基本作用则在于实现情感需要。……不仅如此，意志还具有特殊的主动性、主体性特征，应当说，情感意识只有通过意志才能真正成为主体意识。"⑤

---

① 蒙培元：《情感与理性》，第 412 页。
② 蒙培元：《情感与理性》，第 242 页。
③ 蒙培元：《情感与理性》，第 274 页。
④ 蒙培元：《情感与理性》，第 253 页。
⑤ 蒙培元：《情感与理性》，第 255 页。

而且，第二个方面涉及了"意志自由"。"这就涉及意志自由的问题了。"①

进而，他对"意志"与"自由"的关系进行了探讨。在蒙培元先生看来，儒家虽然没有"自由"概念②，但却有"意志学说"。不过，儒家的"意志学说"与西方不同。"中国没有出现西方式的意志论哲学，这并不是说中国没有意志学说，而是中国的意志学说采取了不同于西方的表达方式，从而显示出不同的特点。……因此，意志自由的问题便直接与人的性情相联系，也同自然目的相联系，也就是说，是在'天人合一'的模式中建立和发展起来的。"③ 儒家的"意志学说"与"情感"相联系，而不是与"认识"相联系，这是儒家意志学说的特点。他还说："在儒家哲学中，没有'自由'这个概念，但是有与自由相关的学说、思想，即意志学说。儒家并不认为自由与认识相关联，倒是与意向、意志相关联。"④ 这里，蒙培元先生认为，"自由"不是与"认识"相连的问题，而是与"意志"相连的问题。或者干脆说，"自由"不属于"认识范畴"，而是属于"意志范畴"。他还说："从理论上说，自由属于意志范畴，而不是认识范畴。……有一点是肯定的，……自由是人的问题、意志问题或存在问题，而不是认识问题，与科学认识也无关。"⑤ 质言之，"自由"不是"认识问题"，而是"意志问题"。

由上述关于"情感"与"意志"、"意志"与"自由"的关系可以看出，在蒙培元先生看来，三者的逻辑关系是："意志"的心理基础是"情感"，而"意志"的目的是实现"自由"，故"情感"与"自由"亦有关系。质言之，"情感"不仅与"意志"相关，亦与"自由"相关。他说："意志也是有心理基础的，意志的心理基础就是道德情感与'欲'，意志的特点则是表现人的目的性，最终要实现某种'自由'。"⑥ 这当然不是现代人所说的个人自由、社会自由，而是道德上的意志自由。

关于"自由"，依蒙培元先生的理解，儒家的"自由"分为两类：一类是

---

① 蒙培元：《情感与理性》，第 255 页。
② 儒家亦有人提出"自由"概念，如前所引陈白沙论"自由"。这里，蒙培元先生未提及陈白沙。
③ 蒙培元：《情感与理性》，第 242 页。
④ 蒙培元：《情感与理性》，第 255 页。
⑤ 蒙培元：《情感与理性》，第 412—413 页。
⑥ 蒙培元：《情感与理性》，第 247 页。

基于感性欲望的自由，如"好好色""恶恶臭"；这是感性层面的自由。一类是基于道德意志的自由，指以"善"为目的的选择；这是理性层面的自由。就这两类来讲，前一类没有"必然性"，而且缺乏"善"的目的性；后一类具有"必然性"，而且"向着善的目的"。因此，前一类虽然亦具有"选择自由"，但"在儒家看来，这不是人生的根本问题，也不是意志的根本意义所在。从道德意志而言，情形就不同了，这是儒家最重视最强调的"①。质言之，儒家所探讨和追求的不是感性层面的自由，而是理性层面的自由。蒙培元先生的意思是，儒家的"意志自由"是"理性"的；它既是普遍的，又是必然的；它既是本然的，又是当然的。他说："意志本身就是向着善的目的，如果说选择，那么，这就是意志的'自由选择'，而且是'必然'的选择。……意志兼有一种理性的特点，因为它是普遍的，也是'必然'的，既是'本然'，又是'必然'，既是'自然'，又是'当然'，与'天地之德'合而为一，因此可'上下与天地同流'。这就是儒家所追求的自由。"② 显而易见，"理性自由"概念的提出，是蒙培元先生的又一个独到之处。

四、"情感理性"

上述提到的"情感意志""理性自由"为蒙培元先生的两个独到之处，其实这两个独到之处都归结为"情感理性"概念。也就是说，"情感理性"是更深层次的一个概念，它是蒙培元先生在"根本"意义上的一个独到概念。关于这个概念的含义，蒙培元先生多次论及，并以"情理"概称，其核心含义是"情感与理性的统一"。他说："至于理性与情感的关系，更是儒学的主题所在。理性在儒学中被称为义理、性理，属于价值理性，而价值显然与情感有关，是由情感决定的，不是由认识决定的。……儒学是理性主义的，但儒学的理性是'情理'即情感理性而不是与情感相对立的认知理性，或别的什么理性。"③ 蒙培元先生强调，"情感理性"不是"认知理性"，亦不是"形式理

---

① 蒙培元：《情感与理性》，第256页。
② 蒙培元：《情感与理性》，第256页。
③ 蒙培元：《情感与理性·自序》，第2页。

性",而是一种"具体理性""情感理性"。他说:"儒家的德性之学是理性主义的,不是非理性主义的,但在他们的学说中,所谓理性不是西方式的理智能力,而是指人之所以为人的性理,这性理又是以情感为内容的,因此,它是一种'具体理性'而非'形式理性''抽象理性',是'情理'而不是纯粹的理智、智性。"① 就"认知理性"尤其是康德的"纯粹理性"讲,"情感"与"理性"是分离的,而蒙培元先生将它们合在一起,这不能说不是一个"独到之处"。

关于这个"独到之处",蒙培元先生进行了充分论证,而论证的核心概念是"仁爱"。在他看来,"仁"作为情感是儒学的核心内容,故"仁爱"可谓儒家的"本体性"概念。具体来讲,这种"本体性"是与"情爱"比较而言的。他说:"仁爱与情爱有何区别?……一般而言,二者属于不同层面。儒家所说,是一种普遍的道德情感,现代人们所理解的爱是个人情感;仁爱是公共的,情爱是私人的;前者具有明显的道德意义,后者则不必有道德意义。其次,情爱是以生理需要为基础的爱(但不等于生理需要),而仁爱则是以精神需要为基础的爱,它体现的是人的精神价值,亦即人的生命价值的超越层面的体现。情爱是人所不能缺少的,也是人性的重要方面,但不能由此否定人生的更高的价值追求,即仁爱。"② 这里,"人的生命价值的超越层面的体现"即"本体性"之所谓。围绕这种"本体性",蒙培元先生依据儒家文献,将"仁"展开为四个层面进行具体解释:从"亲情"的层面看仁;从"忠恕"的层面看仁;从"爱物"的层面看仁;从"天地万物一体"的层面看仁。③

进而,蒙培元先生认为,"仁爱"作为"情感理性"的具体体现,它不仅具有"理性形式",而且具有"理性内容",即"四端之情"等。然而,"认知理性"尤其是康德的"纯粹理性",将"情感"与"理性"分离,实际上是割裂了"情感""意志""自由"的关系。总之,儒家式的"情感理性"是"真正具有生命力的",可以超越康德等的二分传统,因为,一是它具有"心理基础";二是它具有"实践性";三是它具有"创造性"。他说:"儒家哲学

---

① 蒙培元:《情感与理性》,第21—22页。
② 蒙培元:《情感与理性》,第311—312页。
③ 蒙培元:《情感与理性》,第310—342页。

的特点，……理与情，即道德理性与道德情感（不是'私欲之情'）是'浑融'在一起的，因而是'活'的。它没有形而上的纯粹性，却有生命创造的丰富性。……要回到儒家哲学的精神中来，从心理基础出发解决道德实践的问题。儒家是主张提升情感的，但提升本身就是实践的，其目的是实现一种道德境界，提高人的情操，而不是建立一套'超越的形上学'或道德实体论。在这个问题上，儒家关于道德情感的学说是真正具有生命力的。"① 故而，"中国的儒家哲学则始终紧紧扣住人的情感问题，由此解决人的价值和意义问题，不能不说是对人类哲学发展的一个贡献"②。

五、结语

综上所述，蒙培元先生围绕"情感与自由"的核心思想是：其一，在原始儒家，"情"通常有两义：一是"情实""情况"；二是"情感""情欲"。在宋明儒家，所讲"情"主要在第二义下使用，忽略了第一义。到了现代，"情"的含义出现了回归原始儒学含义的变化，蒙培元先生继承了这样一种变化，将"情"以"情感""情欲"来解，并基于此概念而提出"人是情感的存在"的命题。其二，"自由"作为一个学术概念毋庸置疑源于西方，而且经过长期的发展，形成了"自由天赋论""自由意志论""自由能力论""自由选择论""自由必然论"等五种基本观点，而其重要特征是"社会政治自由"。蒙培元先生认为，虽然中国首先使用"自由"概念，但与西方一样有悠久的"自由"传统，例如，"百家争鸣"时代就反映出中国人当时有"信仰自由"。不过，与西方不同，在后来的长期专制过程中，中国的"自由"传统主要是"精神自由"，进而"精神自由"生发出"精神境界"的说法。尽管如此，"精神自由"与"社会政治自由"虽然处于不同层面，但二者有密切关系："精神自由"是"社会政治自由"的基础，"社会政治自由"是"精神自由"的呈显。质言之，二者不仅不矛盾，反而"精神自由"包含"社会政治自由"。其三，依蒙培元先生的理解，"情感"有两条"出路"：一是"情感"

① 蒙培元：《情感与理性》，第420页。
② 蒙培元：《情感与理性》，第413页。

到"欲望";二是"情感"到"意志";儒家所取的是第二条出路。这样，"情感"与"意志"就建立起联系，遂有了"情感意志"的概念。进而，"意志"必然有"自由"问题，即，"自由"不是"认识问题"而是"意志问题"。关于"自由"，蒙培元先生将其分为两类：一是基于感性欲望的自由；二是基于道德意志的自由。很显然，儒家所取的为后一类自由。基于此，蒙培元先生提出"理性自由"的概念。其四，"情感意志""理性自由"是蒙培元先生提出的两个重要概念，而这两个概念其实是奠基于"情感理性"概念的，或者说，"情感理性"是这两个概念的根据和基础。所谓"情感理性"，实质是指"情感"与"理性"的统一，而其核心是"仁爱"情感——它展开为"亲情""忠恕""爱物""天地万物一体"四个层面。这样一种情感，不仅具有形式，而且具有内容，更重要的是，它具有"心理基础""实践性""创造性"三个特征，故它可以超越康德等的"情感"与"理性"二分的传统而"真正具有生命力"。总而言之，本文的内在逻辑是：由"情感""自由"的分别探讨，归趋于二者关系的简别，最后归趋于"情感理性"的概念。

这样一种逻辑，既是蒙培元先生相关论述的本有逻辑，也是我对于这个问题理解的逻辑。蒙培元先生的这样一种说法，确实讲出了诸多新意；所谓"新意"，既是相对于西方哲学讲——西方哲学多不认为儒家哲学讲"自由"，亦多不认为"情感"与"自由"相关，而蒙培元先生将其进行了儒家式的关联；亦是相对于中国哲学传统讲——中国哲学传统虽讲"情感"，亦讲"意志"，但讲"自由"着实不是主流，而蒙培元先生将其讲了出来。由此来讲，既可以说蒙培元先生这些思想是对袁家骅、朱谦之、冯友兰、李泽厚等相关思想的继承，亦可以说是对相关思想的深化、发展。借用中国哲学界常用的说法便是，蒙培元先生这是"旧瓶装新酒"——使用已有的概念做了全新的诠释。

蒙培元：人类儒学的卓越开创者

涂可国

（山东社会科学院国际儒学研究院研究员）

我之所以断言蒙培元先生是人类儒学的卓越开创者，主要是基于以下四点考量。

一、关于人类儒学的设想

根据我对儒学形态的理解，儒学可以分为以下层次。第一层次是普通儒学，第二层次是自然儒学（其核心就是儒家的天观或天论）与广义社会儒学，第三层次是人类儒学、文化儒学和狭义社会儒学。按照这样的儒学结构，人类儒学就属于儒学的第三层次。人类儒学可以分为两层结构。

一是形态结构。由于人大致可以分为人性、人心、人体（人身）、人情、人格、人生、人文、人道、人伦、人群十大方面，因此人类儒学据此相应分成人性儒学、人心儒学、人体（人身）儒学、人情儒学、人格儒学、人生儒学、人文儒学、人道儒学、人伦儒学和人群儒学。

二是内容结构。这又可分为三个维度。第一个维度是作为思想内涵的人类儒学。它本质上是指儒家人学，是儒家关于人的本质、地位、价值、性质、作用、环境、生活、生存和发展等方面的思想观念。这一意义上的人类儒学是整个儒学的根基，也是儒家思想宝库的精华所在。第二个维度是作为双向互动过程的人类儒学。它表明，历来儒家人学时刻受到人的各种因素的影响，反过来，它所包含的天人观念、人性假设、人生智慧、人格理想、伦理纲常、情理学说、人本理念等又对人的行为产生某种调节、教化、激励、塑造、批判、导向、示范等功能和作用。第三个维度是作为存在形态的人类儒学。正是在儒学与人类的双向互动过程中，作为思想内涵的人类儒学通过社会化、外在化、主体化实现功能展现，融合到人类社会生活的各个领域，转换为人的内在精神世界，从而建构起人的思想和行为两个层面的人类儒学。

二、蒙培元先生的中国哲学研究重心是人类儒学

蒙培元先生 20 世纪 80 年代主要致力于宋明理学研究，先后出版了《理学的演变——从朱熹到王夫之戴震》和《理学范畴系统》，紧接着出版了《中国心性论》《中国哲学主体思维》《心灵超越与境界》，进入 21 世纪相继出版了《情感与理性》《人与自然——中国哲学生态观》等。即使是他早年的理学研究，除了理气论、范畴论之外，也主要涉及宋明理学家的心性论、格物论、致知论、知行论、理欲论等有关"人的问题"，而后来他的中国哲学论著更为明显地彰显出人学的思想倾向，分别指向人性论、人心论、思维论、天人论、精神论和境界论。[①] 毫无疑问，蒙培元先生既是一位中国哲学史家，也是一位具有原创性的哲学家，他学术涉猎的范围极为广泛，不限于儒学，而触及道学、墨学、玄学等，但是由于儒学毕竟是中国哲学的核心和主干，因而也可以说他是一位儒学研究大家；而他的儒学研究领域主要关注人学命题，相对来说对儒家的政治哲学不是特别感兴趣。

三、蒙培元先生的情感儒学隶属于人类儒学

蒙培元先生的扛鼎之作《情感与理性》将儒学阐释为"情感哲学"，并分别探寻了情感与理性、情感与欲望、情感与意志、情感与知识以及"四端"之情、喜怒哀乐之情、诚信之情和"七情"等儒家道德情感学说，虽然蒙培

---

① 参见蒙培元《理学的演变——从朱熹到王夫之戴震》，福建人民出版社 1984 年版；《理学范畴系统》，人民出版社 1989 年版；《中国心性论》，台湾学生书局 1990 年版；《中国哲学主体思维》，东方出版社 1993 年版；《心灵超越与境界》，人民出版社 1998 年版；《情感与理性》，中国社会科学出版社 2002 年版；《人与自然——中国哲学生态观》，人民出版社 2004 年版；等等。蒙培元强调"中国哲学是一种人学形上学"，参见蒙培元《心灵超越与境界》，第 448 页。

元并没有鲜明提出"人情儒学"或"情感儒学"的思想范式，但他所阐释的儒家情感思想，陈来认为可以将之概括为"生命—情感儒学"，黄玉顺等人认为可以视之为"情感儒学"。在我看来，如果从思想涉猎的广度和规模来说，"情感儒学"还不足以概括蒙培元先生的儒学研究，因为他不仅关注儒家的情感思想，还涉及儒家的人性论、人心论、天人论和境界论；即使把蒙培元先生创建的新儒学称之为"情感儒学"，也因为他阐发的中国古典情感理论从属于人的情感理论，因而他的情感儒学属于人类儒学的组成部分，从这一意义上说，蒙培元是人类儒学的开创者。

四、蒙培元先生充分肯定了中国哲学某种意义上是一种人学

在学术自述中，蒙培元先生不仅强调中国哲学，而且指明了儒学的人学特质。在《心灵超越与境界》一书中，他指出："中国哲学是一种人学形上学。"[①] 而在他的最为重要的著作《情感与理性》一书序言中，他讲明写作该书的宗旨是："不再从所谓的本体论、认识论和知识学的角度研究儒学，而是从存在问题入手，讨论儒学在人的存在、价值及其人生体验问题上的基本主张。"[②] 与此同时，蒙培元先生以"人学"为题发表了一些重要文章，譬如《粟谷人学思想的现代性》[③]《刘蕺山的人学思想》[④]。

---

① 参见蒙培元《心灵超越与境界》，第 448 页。
② 参见蒙培元《情感与理性》，第 1 页。
③ 参见蒙培元《粟谷人学思想的现代性》，韩国《粟谷公论》1996 年第 2 期。
④ 参见蒙培元《刘蕺山学术思想论集》，台湾"中研院"中国文哲研究所 1998 年版。

蒙培元先生的"情感"哲学

干春松

（北京大学哲学系教授）

　　首先，蒙先生的全集出版的确是很重要的事情。前一阵，跟北大的王博老师有一次聊天的时候还说到，经过漫长的"文革"之后，80 年代活跃起来的一批学术界的人物，如余敦康、蒙先生、张立文老师等。他们有些已经故去，有些年龄已经很大，如何总结和整理这一代人的思想？当时还想过一个很小的计划，没想到玉顺兄他们这么快把蒙先生的全集出版出来了。这的确是一件特别重要的事情。

　　他们这一代人有特别特殊的地方，刚才陈来老师也提到了，就是那个时候港台的许多著作还没有看到。蒙先生看牟宗三先生的书，还是从汤一介先生那里借来的，刚才陈来老师也提到。我昨天在准备讲话的时候还看，蒙先生 70 周岁的活动，当时主要是黄玉顺他们在操持，我也做过一些协助的工作。在那一次会议上，我特别强调了蒙先生思想的"情感"的特点。当然，刚才可国兄也讲了，蒙先生的学术贡献是多样的。所以，以"情感哲学"或者以"情感儒学"这样来概括，确实有时候会令人有一些担心。这个担心在于：蒙先生其他方面的那些创造性成果，如何能在"情感儒学"或者"情感哲学"这样的范畴里面概括进去？尤其是蒙先生有两个很重要的身份：一个是哲学史家；一个是哲学家。所以，跟董平老师说的一样，我也是在想怎么看待蒙先生"情感哲学"或者"情感儒学"的问题。

　　接下来，我说两三点小的体会。因为前面已经有很多先生说得挺充分，我就做两三点补充。

　　第一点就是黄玉顺有一篇谈论蒙先生情感哲学的文章，那篇文章我觉得写得特别好，因为里面提到它跟海德格尔《存在与时间》那个"生存"的关系。我印象挺深的是里面有一句话，原话我现在复述不出来，大概是说"情感"这样一种现象，也可以说是一种体会，也可以说是一种过程，何以能够成为一个基础性的概念。我也觉得这是一个特别重要的问题。刚才程志华老师也说了，情感本身有特别多的面相，"未发之中""发而中节"这些，它到底是一个内在的情感，还是一个抒发以后的表现？这些都会给我们造成一个很大的问题，就是我们到底应该怎么去把握"情感"的问题。

情感和理性的关系问题，这是我要说的第二点。我记得蒙先生在《情感与理性》里面，特别提到了梁漱溟先生的"理性"概念。梁漱溟先生的"理性"概念是经过一个特别有意思的重新的解释的。一般意义上的西方的"理性"，蒙先生喜欢用"理智"来表达；而他自己的"情理"概念，用"理性"来表达。其实也可以反过来想，蒙先生那本很重要的著作《情感与理性》，看他的标题也会感觉到，他是以"理性"为参照物来讨论"情感"的，或者说他把"情感"置于一个更为客观性的思考中。这其实也挺值得我们考虑：这个"情感"与刚才王庆节也说到的李泽厚先生的"情本体"有遥相呼应的地方，但是它们之间有很大的差别。我们在讨论"情感哲学"的时候，是要建立一个有中国哲学特色的、更符合中国哲学内在特点的哲学体系。跟西方哲学相比，这个体系更能体现出"情感"在哲学体系中的意义。西方可能是以"理性"为主题的，如果是这样的话，"情感哲学"是否真的符合蒙先生的本意，或者说蒙先生是否已经突破了"理性"与"情感"两分的方式来考虑问题。

沿着蒙先生的思路，我这两年其实也写过一两篇文章，但是我主要讨论的概念是"感"，"感动"的"感"。因为我们说"理性"比较容易取得共识，它有一些客观性的标准，那么，"情感"就比较难。儒家强调的道德和感召力很重要，儒家认为人都是这么想的；如果人不是这么想的，不是"人同此心，心同此理"的话，那儒家的教化哲学就会有很大的问题。但是这个"同仁"是怎么获得的？我们都知道，宋明理学特别强调"感"，就是"感动"的"感"。我自己也是从《乐记》这些经典文本中去讨论。我是说，这个思路是跟着蒙先生情感哲学的思路，有点沿着那个思路往下走的意思。但是另外一方面，我个人也是在反思：如果我们去研究"感"或者"动""性""情"这样一些概念，它们跟蒙先生的情感儒学是一个什么样的关系？

最后一点，我觉得今天大家在讨论的时候，都没有太注意到。刚才很多人都说，蒙先生情感哲学的研究跟他的理学研究有关。我自己特别注意到了《情感与理性》这本书的后半部分，特别有一部分，是讨论"情"和"欲"的关系。这个部分，我阅读的感觉，跟戴震的那个问题特别接近，因为里面讲，戴震的那个问题是冲着朱熹去的，他要处理"情之不爽失为理"的问题。这好像是蒙先生书中一节的标题。蒙先生花了很多时间讨论"情"和"欲"的关系问题，这就是说，当戴震那个思路展开以后，他的一个批判性的思路产生以后，"欲望"在"情感哲学"里是一个什么样的地位，蒙先生用了一个特别大的篇幅去讨论。我觉得这个部分是挺值得大家关注的，就是在情感哲学里面，"欲望"该怎么安顿。我觉得蒙先生充分关注到了戴震对于"情""理""欲"这些问题的讨论。

总之，我跟蒙先生还算比较熟悉，他在哲学所的时候，我也在哲学所，跟他有很多交往，也做过对他的访谈，那个时候对他的作品比较熟悉。现在，就是我一开始讲的，如何完整地概括蒙先生的思想，如何在他所做的很重要的贡献的基础上继续丰富和发展他的想法，这是一个特别重要的事情。我们在阅读玉顺兄编的全集的时候，了解蒙先生的思想当然是重要的，但是更重要的是沿着他的思路，发现他可能还没有做到的地方，能够在他的基础之上做出一些新的东西。

我就简单说这么几句。

（录音整理：何刚刚）

蒙培元先生的朱子哲学研究及其贡献

刘 丰

（中国社会科学院哲学研究所研究员）

作为蒙先生的学生，非常高兴地看到蒙先生全集的编辑和出版，同时也非常感谢黄玉顺教授组织这样一个关于蒙先生全集和蒙先生思想的学术研讨会。这次研讨会一开始的时候，陈来教授就高屋建瓴地指出，对当代哲学家进行研究的时候，重视他们的哲学史的研究具有重要意义。我的发言虽然也是谈谈蒙先生的哲学史研究，但是主要还是我的一个读书汇报吧。

前一段时间，黄玉顺教授告知说蒙先生的全集快要出版了，我很是感慨，就把蒙先生的几部著作，尤其是几部哲学史的著作——《理学的演变》和《朱子哲学十论》找出来，重新学习了一遍。这几部书都是蒙先生亲自送给我的，上面还有蒙先生的签字。利用这一段时间，对蒙先生的哲学史研究、宋明理学研究，尤其是朱子哲学的研究，重新学习了一遍，比以前又有了一些新的体会。借着这样一个机会，向各位师友汇报一下我学习蒙先生宋明理学史，尤其是朱子哲学研究的一个心得体会。

大家都知道，蒙先生的成名之作是《理学的演变》和《理学范畴系统》，这是两部哲学史的著作。在完成了这两部著作之后，蒙先生就进入了中国哲学的研究以及哲学建构的工作当中，出版了很多的著作，提出了心灵哲学、情感哲学、生态哲学等命题。我觉得，他的这些理论应该都是建立在宋明理学研究的基础之上的。从学术史的角度来看，蒙先生的这两部著作不但体现了 80 年代宋明理学研究的最高水准，同时也为后来的理学研究奠定了非常坚实的基础。蒙先生为推动、深化宋明理学以及中国哲学的研究做出了非常重要的贡献。

经过了三十多年之后，蒙先生在晚年又回到了理学以及哲学史的研究当中，并于 2010 年出版了《朱熹哲学十论》。这部著作是由一系列的专题论文构成的，重点探讨了朱熹中的十个重点问题。蒙先生在《自序》当中有这样一段话，刚才陈来老师发言的时候也引用了："这十个问题是过去的朱熹研究中未曾提出过的新问题，但是能代表朱熹哲学的基本内容和实质。对这些问题的探讨和论述也是全新的，不同于过去研究朱熹哲学的框架，从一个新的视角重新解读朱熹著作，揭示其深层意蕴，发掘其普遍价值，从中得到应有的启迪。"我个人觉得，蒙先生在这部书当中其实是把哲学创造和哲学史的研究，非常有机、非常完美地融合在了一起。

我在读了《理学的演变》和《朱子哲学十论》之后写了一篇文章，也是学习蒙先生哲学思想的心得体会。下面我就把蒙先生关于朱子哲学的研究的成果、观点以及一些有独特创建的地方向师友做一个汇报。

第一个问题，是蒙先生的一个重要观点：朱熹是理学的集大成者。从早期的《理学的演变》开始，蒙先生就有这样一个看法。他讲"理学的演变"，就是从朱熹开始的。在朱子之前，周、张、二程等人的思想可以说都是朱子哲学形成的渊源和来源，而朱子哲学是在这些思想基础之上，综合了北宋以来的儒家思想以及佛教、道教的思想的一个集大成。所以，要讲理学的集大成者，应该是朱熹。这是蒙先生的一个核心的观点。

其实，说朱子是宋明理学的集大成者，我们一般讲理学史都这样讲，但蒙先生对这个观点还有更进一步的梳理。他是通过对理学的分系，来进一步证成"以朱子作为宋明理学集大成者"的观点。

关于理学的分系，其实蒙先生在他的书里面没有明确地讲，但是他的意思非常明确。我通过对于蒙先生著作的阅读，可以将他的观点概括为"一系三支"说。这个观点，我认为在宋明理学的研究当中也是完全可以立足的。我们讲理学，有"两系"说——理学和心学；有"三系"说，有大陆学者一般讲的"三系"，有新儒家牟宗三讲的"三系"；甚至还有"四系说"。我认为蒙先生讲的"一系三支"说，和这些理论既有联系，又有区别，应该说是一种完全可以和这些理论并立的理学分系观点。所谓"一系"，就是朱子系。蒙先生讲理学的演变，从朱熹开始，一直讲到王夫之、戴震。蒙先生认为，在几百年的理学的演变过程当中，朱熹之后的理学发展——心学、气学，这些不同的派别，其根源都在朱子学内部的矛盾当中。所以后来理学的发展，都是朱子哲学中不同因素的更进一步的发展和演变。所以说，从整体上来讲，蒙先生认为理学就是"一系"——朱子系。所谓"三支"，就是朱子之后，在朱子哲学当中不同的矛盾、问题的进一步演化的过程中形成的派别。有完全坚持朱子学立场的"正统派"，以及"心学派"和"气学派"。我觉得，蒙先生尽管没有明确地提出来"一系三支"说，但他对理学的理解，可以概括为这样的一个说法。这样的"一系三支"说，一方面可以理解蒙先生对于理学理论的梳理，更主要的是可以由此进一步证成"以朱熹作为理学核心、枢纽和集大成者"的观点。

在蒙先生的晚年的著作《朱子哲学十论》当中，刚才陈来老师也特别地提到了，蒙先生对之前的朱子哲学研究的观点有了突破。《朱子哲学十论》中的十篇文章，提出了很多新的看法。限于我个人的理解能力，我主要是从"理气论"和"心性论"这两个方面来重点地梳理蒙先生在《朱子哲学十论》当中、也就是蒙先生在晚年对朱子哲学进一步的研究当中，提出的一些新的看法。

第一，是从观念论到存在论。在蒙先生早期的朱子哲学研究当中，蒙先生认为理是形而上者，气是形而下者；认为朱子承认有一个客观的"理"的世界的存在，也就是过去我们讲的"朱子是客观唯心主义者"。到了后来，蒙先生可以说是超越了这个观点。他在后来的研究中认为，朱子哲学中的"理"仅仅是一个逻辑的设定，除此之外没有其他的意义，这也就是从"两个世界"走到了"一个世界"。蒙先生认为，在朱子哲学当中，只有"一个世界"，即现实的世界；"理"的世界仅仅是一个设定。我认为这是蒙先生晚年研究中的第一个比较有意义的突破和贡献。

第二，是从心本论到"情""境"论。关于朱子哲学中"心"的问题，蒙先生应该说和学界现有的各种理解和观点有一个很大的区别。简单来说，无论是在早期的研究，还是在晚期的《朱子哲学十论》当中，蒙先生都对朱子的"心"看得特别高。蒙先生认为，朱子把"心"上升到了本体的地位，或者说"心"具有本体的意义。这个观点可能和现有的朱子哲学研究，特别是关于其"心论"的研究相比，是比较独特的。看蒙先生《朱子哲学十论》当中关于"心"的一些论述，尽管我们可以看到关于朱子哲学的"心论"研究，前后没有太大变化，但是结合着蒙先生三十多年对于朱子哲学、宋明理学和中国哲学的研究整体来看，我觉得他对朱子"心论"的肯定应该说具有这几方面的意义：其一，肯定了"人心"的意义。其二，突出强调了朱子"心统性情"思想中"情"的地位和价值。上午的讨论，很多位老师都谈蒙先生的"情感哲学"。我觉得蒙先生"情感哲学"的提出，如果从学术史的角度进行追溯，应该和他对朱子哲学当中"情"的强调有关。其三，从境界论来解释朱子"心与理一"的思想。蒙先生把"心与理一"理解为了境界。

第三，是从境界到生态。蒙先生讲儒学，讲中国哲学，讲天人合一，最终把它们都汇通为一，都落到了理学的最高境界上。但蒙先生在后来的研究中，又从境界说转向了生态，将朱子哲学和中国哲学的诠释推向了一个新的维度。刚才有几位老师在讲到蒙先生的哲学贡献的时候，也都提到了"生态"。我认为这确实也是蒙先生的一个重要的观点、一个重要的贡献，也是蒙先生接着宋明理学讲出来的一个新的成果。在过去的研究当中，我们只从概念上理解、解释朱子的"理气论"，很少关注其生命意义。其实"理气"问题最终都要落到"生"的问题。蒙先生是把"生"提升到理学最深层次的根本问题上了，理学当中核心的"理气"问题、"心性"问题，最终都落实到了"生意"，都要从"生意"的角度诠释，才能得其思想的精髓。

整体而言，蒙先生三十多年的朱子哲学研究，将朱子哲学与宋明理学的研究推向了一个高峰。他的研究关注到朱子哲学的各个方面，但其中有一个核心，就是蒙先生一直非常重视朱子的心论，他对朱子心论的新解，在学术界尤显独特。唐君毅先生曾经有一个看法，叫"一心开三心"。我借用唐先生的这个说法，把它移过来，认为蒙先生对朱子哲学当中"心"的解释也可以概括为"一心开三心"，即朱子的心论也可以从三个方面来讲：认知心、情感心和生物心。认知心就是朱子所说的"虚灵不昧"，有知觉、认知的意义，这是大家一般都承认的。情感心就是"心统性情"的三位一体之心，按照蒙先生的理解，这是以情显性，凸显的是人的道德情感。生物心就是"天地以生物为心"，也就是"仁"，"仁"是贯通天地的。整体上来讲，蒙先生讲理学、讲中国哲学都是从"心"开始讲，都是从"心"上说起。所以我觉得，在蒙先生的朱子哲学研究当中，他最后消解了"理"，提升了"心"。他提出的"情感儒学""心灵境界""生态哲学"，都是从传统哲学的"心"上说起的。从这个角度来看，也不妨把蒙先生的哲学称作"新心学"。

以上就是我重新阅读蒙先生著作的心得体会。因为时间的关系，就简单地向各位师友做一个汇报，如果以后有机会发表出来的话，也请各位师友进行批评。谢谢大家！

（录音整理：王一川）

生态哲学与儒家生机归仁论

余治平

（上海交通大学哲学系教授）

　　谢谢郭萍！刚刚听刘丰讲到从"理学"转到"心学"研究，我觉得可喜可贺！把蒙老师的心学研究和理学研究概括成"新心学"，我觉得很有启发。

　　首先，祝贺蒙老师全集的出版。在这件事情上面，我觉得可以用这么一句话概括吧：黄玉顺师兄有蒙老师这样的老师是有幸，蒙老师有黄玉顺这样的学生也是有幸。为什么呢？能够为老师、为先生出版全集，我觉得是弟子的一大责任、一大义务。玉顺兄能够有资源、有担当做好，我觉得非常敬佩！这是值得我们学习的。可惜的是，我没有在这件事上出力，真的是蛮遗憾的。这点，要给玉顺兄来一个大大的点赞。

　　因为前面各位老师讲蒙老师的"情感哲学"，讲得非常多。我今天讲的这个问题，是去凸显蒙老师的另外一个方面，就是他的生态哲学这个方面。我记得刚才干春松老师也讲了，其实蒙老师作为一个哲学史家，他的思想面向是很多的，维度也是很多的，我们不要把他仅仅概括成某个方面的学问。陈来老师也提到这个问题，我觉得这个把脉是非常准确的。蒙先生做了这么多年的哲学史研究，从先秦到当代，涉及很多的面向。如果仅仅把它归结为某一种面向，我觉得这有碍于我们对蒙老师的思想进行一个全面的评估，后人在研究我们对蒙老师的研究成果的评估的时候，可能也会发现我们的概括是片面的或是不周全的。

　　我记得 2018 年 3 月 18 日在北京召开的蒙先生八十寿辰的会议，也是玉顺兄召集和组织的，我也在会议上讲过"情感哲学"的问题。那么今天，我主要是就蒙老师《人与自然》这本书展开一点议论。应该说，这是蒙老师学说的第二大特色。如果把"情感哲学"概括为蒙老师学说的第一大特色的话，第二大特色就是他的"生态哲学"。在《人与自然》这本书里，蒙老师提出"中国哲学是生态哲学"这样一个定位和判断，我觉得这个定位和判断是有前瞻性的，要引起我们的重视。我记得2004年这本书出版的时候，李存山老师就曾经跟我说过：没想到蒙先生都退休了还能有新东西出来，这本书还有看头。我觉得当时这个评价也是很不错的评价：有看头，有嚼头。不像社会上搞的那种生态文化、生态产业或者一般人所说的那种生态理论，蒙老师是沉下心去认认真真地在中国儒家的思想宝库里面挖取资源，可以说每一章都有干货，不落一句空话，每一句话都有经典文本的根据，每一句话都有蒙老师自己的理解和诠释。快二十年了，即使今天读来，仍然觉得它是我们搞生态哲学、搞生态学的一个重要的参考文献。我本人也在这个方面发表过几篇文章，也都是受蒙老师的启发。蒙老师《人与自然》这本书，征引率是非常高的。可以说在当代，这本书是搞生态哲学或者生态学、生态文化研究绕不过去的一个新的经典。

为什么说蒙老师的这本书很重要呢？我觉得，我们从当下的现实意义来看，在现代性危机、自然生态危机和社会生态危机的环境下，蒙老师这本书的现实价值可以清晰地凸显出来。而如果把蒙老师的这本书放在中国哲学的历史背景下考量，也可以发现，他强调人与自然的关系、天和人的关系，这是中国哲学亘古不变的一个话题，可以说是我们每一个治中国哲学的人所要面对的一个根本性的问题。所以，蒙老师的这本书触及中国哲学之为中国哲学的一个要害，道理就在这个地方。

我是搞董仲舒研究的，我发现在董仲舒跟汉武帝的三次对策中，第一次，汉武帝问的就是"三代受命，其符安在？灾异之变，何缘而起？"这是问天和人的关系、和灾异的关系是怎么回事。汉武帝作为皇帝，他不懂，但他有这样一个哲学的情怀，他要追问这个问题。重要的一点，就是天命与性情之间如何建立起一个有效的联系。董仲舒在对策的时候，很有针对性，他站在汉初这个时代的历史语境下，以儒为宗，以仁道为根本意旨，通过宇宙论、认识论、信仰论、德性论、价值论、伦理学、道德学等多重方式处理了天人关系，最终又强调人与自然的统一。所以董仲舒有一句话，叫："承天意以从事"或"循天之道"。我觉得，把蒙老师的生态哲学思想跟对董仲舒思想的研究结合起来，会产生一个很好的学术开展方向。我们目前的生态哲学，我觉得可以沿着蒙老师开辟的道路继续往前走。我们做哲学的人讲生态，一定不要跟社会上的人搞生态旅游啊、生态文化啊这些东西相等同，我们要有自己的站位。要把蒙老师开辟的生态哲学朝着生生哲学、生生本体论上引导，这样才能诠释出他思想的能量。

"生生"这个问题，大家知道，跟儒家的《周易》相关，这是一个涉及存在的大问题。海德格尔《存在与时间》这部巨著，其实就是把存在者如何存在、如何"向死而在"这个过程撕裂开来给人们看。其实，我们中国哲学里面，《周易》里的六十四卦就是用卦画、卦爻、卦辞的方式，去讲述"生生"的过程。开始的乾坤两卦，分别代表天和地；第三卦是屯卦，讲"刚柔始交"、"君子经纶"、万物发生而"利建侯"；第四卦是蒙卦，讲万物处于一个发蒙的状态，"蒙以养正，圣功也"；中间又经历了诸如需卦、讼卦、师卦、泰卦、否卦、谦卦、蛊卦等，一直讲到最后，也就是万物的终极状态，仍然在"生生"，即一种未完成的状态，所以六十四卦不得不以"未济"收尾了结，这绝不是一个真正的停止，仍然不忘叮咛一句"君子以慎辨物居方"，不能离开了万物存在的本真状态。《周易》永远存在于一个变动不居的生生状态当中。由于时间关系，后面还有一个很长的论述，我就不展开了。

其实，儒家跟道家、跟佛家不一样的地方，就是儒家讲"天下归仁"，儒家强调万物是有内在生机的，儒家的物，内在不空，始终是生机盎然而生生不息的。儒家的"天下归仁"这个命题，有它的独特韵味，我们必须从生生论、生机论的本体的立场去理解和诠释，这样就可以获得更多的、更重要的哲学价值。"归仁"其实就是归于生生，归于生机。所以我觉得，沿着蒙老师《人与自然》这本书的生态哲学的路向再走下去，进入一个本体论的高度，进入一个更加哲学性的深入诠释，前景非常广阔，值得期待。

时间关系，我就汇报到这里，请大家批评指正。谢谢大家！

（录音整理：王一川）

性、情、欲的统一与传统礼法学的现代转型问题

宋大琦

（山西社会科学院研究员）

首先，作为蒙老师的学生，先生的全集出版，我心里十分欣喜。

我今天准备了一个比较细致的发言提纲，题目是"性、情、欲的统一与传统礼法学的现代转型问题"。

在谈这个问题之前，我先提一下前面诸位学者的发言，刘丰的"新心学"论，干春松的重视蒙先生《情感与理性》这本书后半部中"情、欲"学说，以及杨国荣先生提到的普遍理性与中国理性的紧张关系的问题。这三个问题，都与我今天所谈的有所联系。

我先简单介绍一下文章的提纲。提纲分为四部分：第一部分，简单来说，性、情、欲的关系是儒学史上的重要问题、宋明理学的核心问题，在现代儒学哲学化后，一度被轻视，最近方有被重新重视的势头。第二部分，蒙先生就性、情、欲的关系写过很多文章，其中《情感与理性》一书中比较集中地用专门的章节探讨了性、情、欲三者的统一关系，对三者的关系史进行梳理并提出自己的看法。第三部分，是对三者的统一性的认识。第四部分，礼法学现代转型的关键。第一个问题、第二个问题应该是学者所熟悉的问题，时间有限，我主要讲第三部分，这部分讲对三者的统一性的认识是礼法学转型的关键。

传统的中国礼法学，也是儒家的法哲学，和西方的神学法哲学或者其他法哲学，有一个共同的特点，这个共同的特点与杨国荣先生所提出的"普遍理性与个体性之间的紧张关系"这个问题的关系是密切的，也就是说，传统的法哲学是以上帝、天理、普遍理性这样一个形而上者为主导，以这个形而上者、这个本体的流化和主宰的过程为现实中人的生活的法则。这也可以说成是

一种黑格尔式的法哲学，绝对精神，流化成法、国家，是这样一个过程。也就是说，人的生活是受一个必然性的、普遍理性的主导，是这样一个模式。不单古典的法哲学是这个模式，近现代有很多法哲学也是这个模式。比如仍然在伊斯兰世界起作用的伊斯兰法，它也是人受着一个神的主宰，人的生活有一种超越于个体欲望、利益之上的目的。这个目的可能是神学的目的，像基督教、伊斯兰教；也可能是道德的目的，好比说我们的儒学，儒家的传统的礼法学；也可能是一种历史的目的，比如共产主义之类的。总而言之，人是在一种普遍理性的主导之下，按照必然性而不是按照自己的利益需要、欲望需要来设计自己的现实法律。

但是，儒家传统里面，既有所谓理性主导、天理主导这种必要性主导的传统，也有个人的心性论，即个体的、情感的、欲望的这样一个传统。应该说，朱熹以前的法哲学，或者按中国的话来说叫"礼法学"更合适，它是以理性、天理这必然性为主导方向的，而另外的一个个体的心性的传统是处于弱势的。

在后来的演变过程之中，它有一个上下颠覆的过程，也就是说，个体性的情、欲逐渐取代了普遍理性或者说性理的地位。蒙先生在《情感与理性》第108页说到刘宗周对欲望的说法的时候，有一段总结，说刘宗周也是从传统的性、情、欲三者统一性的关系来探讨的。蒙先生是这么说的："所谓性理即道德理性，作为人之所以为人之性，正是就欲望而言的，它只是欲望之无过无不及，而不是欲望之外或之上的什么东西。它是由欲望说明性理，而不是由性理说明欲望，这一'颠倒'性的解释，是儒学发展中的一次转折。人的道德理性不再是'形而上'的本体，而是现实生命中的'自然'合理性，而欲望则成了人的生命的最基本的要素。"

这是形而上与形而下的颠覆。这个形而上，可以说它是一种客观精神；如果从性体的角度来讲，也可以说它是一种普遍意义的主观精神，也可以说是客观精神在主体上的一种体现。它是这样一种过程。在这样一种基础思维的主导之下，人是要服从天命的，要服从这个外在的合理性。然而经过理学中的这一次转折，人的欲望，落实到个体的时候也就是人的个体性、个体的情欲，它可以进一步展现为个体的利益，可以法礼化，转换为人权。从法哲学的角度来讲，人生追求的基础，也就是个人的欲望、个人的权利成了法律体系之所以建立的基石，其特色就是对传统的神的主宰、道德理性的主宰、普遍理性的主宰的一次颠覆。这次颠覆在中国的普遍性意义还没有彻底展现出来，但在西方已经展现得比较充分。我们看到西方资产阶级革命之后，到现在的法律，它的整个体系是建立在个人利益的基础之上、建立在个人主义的基础上的。所以我在这里说，如果我们理解了理学的性、情、欲的统一性，理解了理学中个体的、感性的主体对普遍理性的颠覆，理解了这个过程，把它作为法哲学的基石，在这个基础上重建礼法学，也就是说在个人主义的基础上重建一种现代性的法哲学，那么，这种法哲学将体现为一种普世精神、普世礼法的中国式的言说方式。

时间有限，我就说到这里，谢谢！

（录音整理：刘金娃）

蒙培元先生心性论研究的贡献

——评《中国心性论》

李慧子

（韩国成均馆大学儒学院、四川师范大学哲学学院讲师）

非常荣幸参加蒙培元先生哲学思想研讨会。感谢黄玉顺教授、郭萍研究员对这次研讨会的精心筹备。记得 2019 年黄老师到韩国来开学术会议时，就谈到他当时在用一整年时间编辑、整理蒙培元先生著作全集。今天全集正式出版发行，真是可喜可贺。黄老师对于蒙先生的敬重与用心，不仅令人感动，也值得后辈学习。

蒙培元先生是当代中国哲学领域的著名学者，思想著作颇丰、广受赞誉。学界对《理学的演变》《理学范畴系统》《情感与理性》的关注和研究较多，但对蒙先生在心性论研究方面的贡献却没有给予足够的关注与重视。心性论是中国哲学的核心问题，它是对人性与人心问题的研究，也是勾连形上学与形下学的枢纽。它上承天道论、理气论等形而上学，下开伦理、政治哲学，也是制度建构与修养功夫的基础。1958 年，唐君毅、徐复观、牟宗三、张君劢四位先生共同发表了《为中国文化敬告世界人士宣言》。这篇宣言强调："心性之学乃通于人之生活之内与外及人与天之枢纽所在。"牟宗三先生亦主张，相比于西方哲学注重逻辑、知识论和客观性而言，中国哲学是注重心灵的学问。"中国人'生命的学问'的中心就是心与性，因此可以成为心性之学。"（《中国哲学的特质》）蒙培元先生沿着现代儒家注重心性论的传统，强调心性论所讨论的是"关于人的存在和价值的问题"，它既是本体论，又是价值论、认识论和心理学问题。蒙先生在心性论研究方面的贡献集中体现在 1990 年于台湾学生书局出版的《中国心性论》这部专著之中。

《中国心性论》是以心性论为主题，全面系统地梳理与研究中国哲学史上历代思想家的心性思想。该书不仅涵盖了从先秦到汉、唐、宋、明、清的儒家心性思想（包含孔子、孟子、荀子、《易传》、《礼记》、贾谊、董仲舒、扬雄、王充、韩愈、李翱、柳宗元、周敦颐、张载、程颢、程颐、胡宏、朱熹、陆九渊、王阳明、刘宗周、黄宗羲、罗钦顺、王廷相、王夫之、颜元和戴震等儒学家)，还梳理与分析了道家，以及佛教华严宗与禅宗的心性论。该书学养扎实、资料翔实，不仅有清晰谨严的逻辑脉络与论证方法，还有许多深刻的洞见，有利于读者去把握中国心性论的发展脉络。《中国心性论》的思想贡献主要体现在三个方面。

第一，不用正统和别支论去区分儒家思想史上心性思想。牟宗三先生把陆、王一派看成是从孔孟以来儒家传统的真正代表，而把程、朱一派看成是"别支"。蒙先生指出，"程、朱理学和陆、王心学都是传统思想的继承和发展，在理学的核心问题即心性问题上，表现得十分明显，因为他们都是道德形上论者。"（《中国心性论》第397页）程朱理学和陆王心学都是沿着《中庸》、孟子的性善论传统而进行的发展与再建构，都是道统的传承，并不存在正宗与别支一说。牟宗三先生还认为，中国心性之学有一个正宗和五个旁支。正宗就是以《中庸》、孟子的性善论为代表，五个旁支则以告子、荀子、董仲舒、王充、刘劭的思想为代表。这条旁支对心性之学的正统起着补足辅翼的作用，因此亦有不可忽略的价值。而如扬雄、刘向、陆贾、韩愈等人的心性论是心性之学旁支的旁支。牟宗三先生这种正宗与旁支的判分方法，还是采用了程朱理学"义理之性"与"气质之性"的思考框架。而蒙培元先生尽管强调中国心性论以孟子性善论为核心，但并不采用主流和旁支的判分方法，能够平等地正视和肯定每位思想家心性论的思想结构与内涵。

第二，蒙先生对孟荀人性论的异同有清晰的梳理和界定。关于孟荀人性论的差异问题，从汉代以来就不断被讨论，董仲舒、二程、朱子、船山、戴震等人都对孟荀思想进行了比较。当代学者对孟荀人性论的研究与讨论更是众多。在《中国心性论》中，蒙先生非常扼要地提炼和总结了孟荀人性论的差异，即两者在对人性内容的界定，以及对仁义是否先天的判定方面不同。蒙先生指出，孟子用心善去论证性善。在孟子思想中："心和性完全合一了。心就是性，不是心外另有所谓性。"（《中国心性论》第 30 页）而荀子是把性、情、欲统一起来，实际上是用情欲来解释人性。他指出孟荀人性论的分歧点在于：道德是否先天。在承认人性"生而具有"这一点上，荀、孟是相同的，但区别恰恰也在这里。孟子赋予人性以先验的道德属性，认为人人皆有内在的道德情感和需要，荀子却断然否定有任何先验的道德性，恢复了人的生物性的本来面目，因而出现了所谓"性善"与"性恶"之争。蒙先生还指出孟荀人性论的共同点在于：荀子并不主张人应该按其自然本性去发展，而应当按照社会伦理改造自己的本性，这才是荀子心性论的主题所在。正是在这一点上，荀孟殊途同归。

第三，蒙先生对程朱理学有深入的研究与分析，尤其对朱子研究中有争议的问题有清晰用力、切中要害的判定与论证。比如，朱子认为四端是情，而戴震批评朱子这一观点，强调四端是心。冯友兰先生认为朱子之所以把四端作为情，是因为四端是心所发出的善情，而心有动静，心也会发出恶情，因此不能说四端是心。蒙先生赞同冯友兰先生的论证，并深化了对这一思路的论证。牟宗三先生认为，"朱熹的心性论是实在论的，而不是本体论的，心性关系是静涵静摄系统，而不是既存在又活动的纵贯系统。"（《心体与性体》第四部）蒙培元反驳了牟宗三这一观点，他认为：朱熹不仅以性为形而上之理，还以性为心之本体，而心之本体是形而上者，并不是形而下者。"朱熹所谓心，既是形而下者，即知觉运动之心，又是形而上者，即超越的本体之心，这所谓本体之心就是理、就是性。朱熹以心之体用分形上与形下，因而分出性情，即所谓'心统性情'；而不是以性与心分形上与形下，因而以性为一边，心与情为一边。这才是朱熹心性论的基本观点。"（《中国心性论》第 361 页）蒙培元将朱子心性论的基本观点提炼和概括为："心有体用""心统性情"，并且认为，这只有将这二者结合起来，才能说明朱熹心性论的基本特征。蒙先生对于朱子心性论的研究是朱子研究中不能忽视且必须重视的研究成果。

《中国心性论》这部专著代表着蒙先生在心性论研究方面的成就与思想贡献，因此应当引起学界的关注与重视。那么，后辈学人在儒家心性论研究领域中，还有哪些问题可以继续完善与拓展呢？我认为有三个方面的问题值得研究。

第一，应继续完善与深化儒家心性论研究。《中国心性论》和大部分中国哲学史的写作方式一样，是以历史朝代为分期，以专人研究为主的思想史写作。这种架构方式虽能凸显每位哲学家心性论的思想结构，但不足与局限之处是缺少宏观的、以哲学问题为导向的纵横梳理与横向比较，因此难以提炼出中国心性论的核心问题。如果要突破这一局限，就首先提炼不同时代的儒家有哪些共同的问题意识，然后围绕这些核心问题将儒家思想集中起来进行比较与分析。在我看来，儒家心性论主要围绕六大主要问题而展开。（一）人心是善是恶？人心与禽心的区别。（二）仁义是否先天于心？（三）道心与人心的关系。（四）心与理的关系。（五）心与性、情的关系。（六）如何理解尽心？如果能围绕这些核心问题，集中梳理与研究儒家心性论，就不仅能凸显思想演进的历程，也能明晰建构当代新儒学的方向。与此同时，儒家心性论的研究也要注意梳理思想家之间的思想关联与演变。蒙先生在论述孔子心性思想之后，直接分析孟子心性论。但这种梳理方式忽略了子思对于孟子思想的影响。《中国心性论》把《礼记》中的思想作为一个整体进行论述，没能体现从孔子、《中庸》到孟子的心性论演进的历程。另外，《中国心性论》虽注意到对孟荀思想异同的分殊，但没有注意到儒学思想史上对于孟荀思想的统合。而统合孟荀的思路，不仅值得当代学者深入研究与挖掘，也是当代新儒学心性论建构的基础。

第二，当代学界应注重船山与戴震思想的研究。《中国心性论》对王船山心性论的研究相对简略，而且评价不高。蒙先生说："船山没有也不可能摆脱理学的基本体系和框架，在心性论上也没有摆脱道德形上论。这是时代的悲剧，也是王夫之的悲剧。"（《中国心性论》第 474 页）而这种忽视船山思想价值的倾向，也体现在冯友兰和牟宗三的哲学体系建构中。两位先生都是直接沿着程朱理学与陆王心学进行思想建构，但都没有回应船山与戴震对程朱理学的批判。但值得注意的是，船山的理气论与人性论其实都突破了程朱理学的理气二分的架构，并且对"义理之性"与"气质之性"给予了有力的反驳。船山强调理在气之中，既不存在超越于气而存在的理，也不存在纯善的义理。因此，回应船山与戴震对程朱的批判是不能回避的学理问题。因此，当代新儒学有必要重视研究与回应船山和戴震思想，从而弥补现代新儒学的不足，批判性地接着牟宗三、冯友兰的哲学体系进行再建构。

第三，《中国心性论》只写到清代戴震，没有涉及现代新儒家对宋明理学的批评，也没有涉及晚清学者与 20 世纪现代新儒家的心性思想。而熊十力先生的新唯识论、冯友兰先生的新理学与牟宗三先生的道德形而上学，都有自身的心性论建构，这是书写 20 世纪儒家心性论史所必须重视与研究的问题。蒙培元将中国心性论的特点归纳为"人本思想""理性主义""主体思想""整体思想"四个方面，但这四个方面并不能全面体现中国心性论的特点，因此，学者也要继续对此问题进行研究与提炼。

蒙培元先生《中国心性论》为心性论的研究奠定了坚实的基础，也为当代儒学心性论的研究与建构开辟了道路和方向。作为蒙先生的后学，我会沿着儒家心性论研究的道路继续耕耘、探索与开拓，推进儒学思想的发展，并呵护与滋养国人的心灵。

略谈蒙培元论孔子礼学

张林杰

（宜宾学院四川思想家研究中心助教）

蒙培元先生是我国著名的哲学大家，涉猎广泛，著述颇丰。今逢蒙培元先生哲学思想研讨会暨《蒙培元全集》出版发布会召开之际，笔者不揣简陋，试撰《略谈蒙培元论孔子礼学》一文作为参会论文，以与诸位师友作一交流。

据笔者查证，蒙培元先生专门谈论孔子礼学的文章是他在《湖南社会科学》2005 年第 5 期上发表的《孔子与中国的礼文化》一文，后被完整收录在四川人民出版社 2021 年 12 月出版的《蒙培元全集》第十四卷。该文与北京大学出版社 2005 年 9 月出版的《蒙培元讲孔子》第四讲《礼的学说》在文字上略有差异，后者比前者在文字表述上更为丰满。《蒙培元讲孔子》一书后又被《蒙培元全集》第十五卷收录。另，《蒙培元讲孔子》一书后更名为《孔子》一书由北京大学出版社 2019 年 8 月再次出版。笔者现以《蒙培元全集》第十五卷中的《蒙培元讲孔子》第四讲《礼的学说》为目标来谈谈蒙培元先生如何论孔子礼学。

蒙培元先生认为，孔子学说的核心不是礼而是仁。他分别从制度与礼仪两个层面，以"向往和谐统一的社会秩序""'正名'说""人文关怀""宗教精神"四个标题就孔子礼学思想展开了讨论。

一、孔子学说的核心不是礼而是仁

关于孔子学说的核心问题，学术界一直争论不休。一派学者认为孔子学说的核心是"礼"，如学者钱穆、彭林、程奇立等学者即持此观点，不仅如此，他们更认为礼是中国传统文化的核心。一派学者认为孔子学说的核心为"仁"。目前学术界以主"仁"派占主流，蒙培元先生亦是其中一位。

蒙培元先生虽然属于主"仁"派，但他并没有完全否认主"礼"派的观点。他说"认为孔子学说的核心是'礼'这种看法，并不是毫无根据；但是，并不完全准确"①。他提出，孔子人学应当是仁、礼之统一，二者不能分离。美国学者芬格莱特认为"'礼'和'仁'是同一事情的两个方面，各自指向人在其担当的独特的人际角色中所表现出来的行为的其一个方面"②。蒙培元先生仅部分认同该说法。他说"正如某些学者所说，在孔子那里，仁与礼是'同一件事情的两个方面'。但是，仁和礼又不是如同这些学者所说，都是'人际角色'中所表现出来的行为的某一方面，而是个人与社会之间的关系，也就是内在德性与外在形式之间的关系"③。在这里，他已将仁与礼的关系问题做了很恰当的表述。

关于仁与礼的关系问题，他在《蒙培元讲孔子》第三讲《仁的学说》之第三小节"仁与礼"中谈得更为详细。他说"仁与礼是内在情感与外在形式的关系，二者是统一的。内在情感之实现（移情），必待礼而完成"④。又说"仁之中包含着道德理性原则。礼作为仁之外在形式，是人文创造，但有其内在根源，反过来又能培育人的情感，巩固其仁德"⑤。又说"仁与礼也可以说是'质'与'文'的关系，仁是质朴的内在情感，礼是人文的外部表现，二者结合起来，就是仁人君子。'文质彬彬，然后君子。'这是孔子对仁与礼的关系的最好说明"⑥。正因为在仁与礼之中，仁是根本，仁是决定礼的，所以将孔子学说的核心确定为仁，而不是礼，就是自然而然的事情了。

---

① 蒙培元：《蒙培元讲孔子·礼的学说》，《蒙培元全集》第十五卷，四川人民出版社2021年版，第47页。
② ［美］赫伯特·芬格莱特：《孔子：即凡而圣》，彭国翔、张华译，江苏人民出版社2002年版，第42页。
③ 蒙培元：《蒙培元讲孔子·礼的学说》，《蒙培元全集》第十五卷，第47页。
④ 蒙培元：《蒙培元讲孔子·仁的学说》，《蒙培元全集》第十五卷，第40页。
⑤ 蒙培元：《蒙培元讲孔子·仁的学说》，《蒙培元全集》第十五卷，第40页。
⑥ 蒙培元：《蒙培元讲孔子·仁的学说》，《蒙培元全集》第十五卷，第40页。

二、从社会秩序论孔子之礼

（一）论礼三代窥态度

关于孔子之礼，蒙培元先生从制度层面进行了展开。礼代表的是一种社会制度与秩序。孔子处于"礼崩乐坏""天下无道"的时代，他对于夏商周三代之礼皆有表述，他说："夏礼，吾能言之，杞不足征也；殷礼，吾能言之，宋不足征也。文献不足故也。足，则吾能征之矣。"（《论语·八佾》）蒙培元先生认为孔子此番表述体现了一种实证的科学精神。孔子在谈论周礼时说："周监于二代，郁郁乎文哉，吾从周。"（《论语·八佾》）蒙培元先生认为，"从认识方面说，用'文'字概括周礼的特点，是恰当而有根据的"①，"说出了它的人文精神的特征"②。蒙培元先生关于孔子论三代之礼的评价是非常到位的，借用他评价孔子的话来说，就是这些评价是"恰当而有根据的"③。

（二）反对"僭越"重秩序

孔子曾说过"天下有道，则礼乐征伐自天子出。天下无道，则礼乐征伐自诸侯出。自诸侯出，盖十世希不失矣。自大夫出，盖五世希不失矣。陪臣执国命，三世希不失矣。天下有道，则政不在大夫。天下有道，则庶人不议。"（《论语·季氏》）从这段话里，可以看出孔子是反对"僭越"行为的。一些学者视这段话为孔子反对社会进步、坚守保守立场的最有力的证据。蒙培元先生对此提出异议，认为其证据不够"强有力"。"僭越"者是否为新的经济和社会力量之代表，实质性的佐证资料不足；他们的"僭越"行为是否必然代表社会进步，尚值得商榷。为此，蒙培元先生指出，"孔子并不一定反对实质上的社会变革和进步，他反对的，是社会的失衡以及混乱秩序。而在他看来，礼就是代表社会秩序的。"④"他所理想的社会，是和平统一的社会；他所理想的秩序，是以周公为代表的能体现人文精神的'礼乐'以及维护统一的'征

---

① 蒙培元：《蒙培元讲孔子·礼的学说》，《蒙培元全集》第十五卷，第48页。
② 蒙培元：《蒙培元讲孔子·礼的学说》，《蒙培元全集》第十五卷，第48页。
③ 蒙培元：《蒙培元讲孔子·礼的学说》，《蒙培元全集》第十五卷，第48页。
④ 蒙培元：《蒙培元讲孔子·礼的学说》，《蒙培元全集》第十五卷，第49页。

伐'，而不是互相残杀。"① "他所维护的，正是文化意义上的'周礼'。"② "他所强调的始终是文化价值，而不是政治体制。"③ 在蒙培元先生看来，作为文化保守主义者的孔子，对于礼的具体内容持开放态度，并不反对损益，并不反对必要的变革，他所反对的，"是当时的变革形式，而不是变革本身"④。

蒙培元先生举《论语》中孔子评价管仲不知礼但有仁的例子来说明孔子所维护的是文化意义上的"周礼"。他说："这说明，孔子所说的'礼'，从根本上说是以文化为其核心要素的。管仲虽然有'僭越'，违反了礼，但在更大的问题上，对中华民族的文化是有贡献的，是符合'仁'的。礼与仁相比，仁更根本，而符合了仁，其基本精神也是合于礼的。"⑤ 从蒙培元先生的这段关于孔子之礼的精彩评价中，我们还可以明白地看出，蒙培元先生之所以不将孔子学说的核心确定为"礼"，是因为他认为孔子更重视礼的文化价值，只要变革者在维护统一之秩序、保护华夏之文化上有贡献，那么孔子更愿意将比礼更为根本之"仁"配在其身上。

三、从"正名"学说论孔子之礼

孔子有著名的"正名"之说，他说："名不正则言不顺，言不顺则事不成，事不成则礼乐不兴，礼乐不兴则刑罚不中，刑罚不中则民无所措手足。"（《论语·子路》）如何"正名"，孔子主张"君君，臣臣，父父，子子"，也就是君、臣、父、子各执其礼，各司其职。蒙培元先生认为，正名的实质或核心是"礼"。这里的"礼"在两个方面值得注意，一方面是它的具体内容，一方面是它的基本精神。前者可以有所"损益"，后者则不可改变。而这个不可改变的基本精神，就是"'重民'所体现的人文精神"⑥。或者说是"以人为重或以人为本的人文精神"⑦。蒙培元先生举季康子问政于孔子的例子来做证

---

① 蒙培元：《蒙培元讲孔子·礼的学说》，《蒙培元全集》第十五卷，第49页。
② 蒙培元：《蒙培元讲孔子·礼的学说》，《蒙培元全集》第十五卷，第49页。
③ 蒙培元：《蒙培元讲孔子·礼的学说》，《蒙培元全集》第十五卷，第49页。
④ 蒙培元：《蒙培元讲孔子·礼的学说》，《蒙培元全集》第十五卷，第49页。
⑤ 蒙培元：《蒙培元讲孔子·礼的学说》，《蒙培元全集》第十五卷，第51页。
⑥ 蒙培元：《蒙培元讲孔子·礼的学说》，《蒙培元全集》第十五卷，第52页。
⑦ 蒙培元：《蒙培元讲孔子·礼的学说》，《蒙培元全集》第十五卷，第52页。

明:"季康子问政于孔子曰:'如杀无道以就有道,何如?'孔子对曰:'子为政,焉用杀?子欲善而民善矣。'"

除了礼的基本精神之外,蒙培元先生还提到了礼的基本要求是"相互对待"。所谓"相互对待",用孔子的话来说就是"君使臣以礼,臣事君以忠"(《论语·八佾》),以及它的否定式的限制条件"以道事君,不可则止"(《论语·先进》)。蒙培元先生论及了"尽礼"与"行道"的关系,认为两者应当统一,"道"应包含于礼中,"礼"应体现道之原则;道以"仁"为本,道不顺,臣可"犯君","犯"而不行,则可以离开。这是孔子对周礼的改革,蒙培元先生认为"这种改革看起来是有限的,但其中所包含的意义却是深远的。这就是对人的尊重。礼应当体现出对人的尊重,礼的文化内涵就在于此"[1]。这里又回到了文化本身。孔子始终关注礼的文化价值,正如他说"夷狄之有君,不如诸夏之亡也"(《论语·八佾》)。只要我华夏文化在,即便无君,也能照样正常运转。此与蒙培元先生在前面提到的管仲虽然违反了礼,但在维护统一秩序、保护华夏文化方面贡献甚大,孔子赞其为"仁",其实是同一个道理。

四、从人文关怀论孔子之礼

蒙培元先生站在人文关怀视角来谈论孔子之礼。孔子弟子有子曾说:"礼之用,和为贵。先王之道,斯为美,小大由之。有所不行,知和而和,不以礼节之,亦不可行也。"(《论语·学而》)蒙培元先生认为,此虽为弟子有子之语,但能代表孔子思想。礼的作用在于以和为贵,但若一味地为了和而和,不讲原则,不以礼来调节,也是不行的。关于礼的约束作用是否限制人的自由,蒙培元先生认为,"礼能使人得到'有限'的自由,但也是愉快的自由,在礼的调节之下,使个性得到发展。"[2] 进一步谈到"礼作为人与人之间的行为规范,在任何具体场合都是有分寸、有原则的,它并不限制人的个性,但是能使

---

① 蒙培元:《蒙培元讲孔子·礼的学说》,《蒙培元全集》第十五卷,第52页。
② 蒙培元:《蒙培元讲孔子·礼的学说》,《蒙培元全集》第十五卷,第54页。

人的个性得到合理的表现，这样才能相互尊重"①。随后他又从情感需要来谈论礼，认为"礼就其实质而言，是表达人的情感的最重要形式，也是满足情感需要的基本保证"②。如他以孔子的"笃于亲"和"不遗故旧"的提法来说明礼乃情感之表达，源于人情感之需要。蒙培元先生站在人文关怀视角所探讨的孔子之礼可以概括为十六个字：礼重调节，不限个性，表情达意，源于需要。

五、从宗教精神论孔子之礼

蒙培元先生又从宗教精神视角来谈论孔子之礼。孔子曾说过"生，事之以礼；死，葬之以礼，祭之以礼"（《论语·为政》）。他的弟子曾子曾说过"慎终追远，民德归厚矣"（《论语·学而》）。曾子的这句话亦能代表孔子的看法。蒙培元先生认为孔子之所以非常重视丧葬祭祀之仪，是因为"这种仪式不仅以其严肃神圣的形式表达了人的情感，而且满足了对永恒的追求，因此具有强烈的宗教精神。即通过对祖先的怀念与追忆，在经验世界之中，追寻超越性的生命价值；在有限之中，实现生命的无限与永恒"③。蒙培元先生在这里将孔子重视丧葬祭祀之礼的原因做了很精辟的分析，本节所有的论述实际上都是围绕这一观点展开的。在这一观点的基础上，他提出丧葬祭祀之礼兼具人文主义与宗教意义两重属性，并分别做了阐述。

六、《礼的学说》文字变更浅析

在《孔子与中国的礼文化》一文的第一个标题是"向往和平统一的社会秩序"④，而在《礼的学说》一章的第一个标题则是"向往和谐统一的社会秩序"⑤，前者为"和平"，后者为"和谐"，究竟哪一个是最早的表述，笔者不

---

① 蒙培元：《蒙培元讲孔子·礼的学说》，《蒙培元全集》第十五卷，第54页。
② 蒙培元：《蒙培元讲孔子·礼的学说》，《蒙培元全集》第十五卷，第54页。
③ 蒙培元：《蒙培元讲孔子·礼的学说》，《蒙培元全集》第十五卷，第57页。
④ 蒙培元：《孔子与中国的礼文化》，《湖南社会科学》2005年第5期，第12页。
⑤ 蒙培元：《蒙培元讲孔子·礼的学说》，《蒙培元全集》第十五卷，第47页。

敢断言，因为《孔子与中国的礼文化》一文发表于 2005 年第 5 期的《湖南社会科学》，该杂志为双月刊，第 5 期是在当年 10 月份出版发行的；而《礼的学说》一章出自《蒙培元讲孔子》一书，该书最初是由北京大学出版社 2005 年 10 月出版的，这样一来两者都是当年 10 月出版，因此暂时无法确定"和平"与"和谐"两种表述的先后顺序。

《蒙培元全集》在《编辑说明》中这样写道：

> 有的单篇论文，后来收录为专著中的章节；有的专著中的章节，后来抽出来作为单篇文章发表。这些看似重复的文字，除去完全雷同的以外，也都予以收录，因为它们的文字之间是有差异的（有的甚至是较大幅度的改写），这种差异体现了蒙先生思想观点上的一些变化发展，这恰恰是值得研究的。①

这段文字说得很好，笔者非常赞同编者的这种做法。从单篇论文与专著某一章节的对比来看，确实可以发现作者思想观点上的一些变化发展。笔者推测，"和平"表述极有可能在前，"和谐"表述极有可能在后。理由是：2004 年 9 月 19 日，中国共产党十六届四中全会正式提出了"构建社会主义和谐社会"的概念；2005 年提出将"和谐社会"作为执政的战略任务。"和谐社会"一词在 2005 年已经成为热门词汇。蒙培元先生很有可能是受到这一热门词汇的启发，将"和平"改作了"和谐"。从这里可以看出，官方的政治表述对学术研究有一定影响。当然，笔者仅是猜测，蒙培元先生是否是受该热门词汇的启发而做出文字变更，只有他本人知晓了。若"和谐"之表述事实上早于"和平"之表述，则笔者的这种推断显然就变得没有什么意义了。

还需要提及的是，既然在《礼的学说》一章中标题为"向往和谐统一的社会秩序"，那么在该标题之下第七段中的"他所理想的社会，是和平统一的社会"② 之"和平"两字应改为"和谐"两字，这样更能与标题相吻合。

---

① 黄玉顺、杨永明、任文利主编：《蒙培元全集·编辑说明》，《蒙培元全集》第一卷，版权页之后第 1 页。
② 蒙培元：《蒙培元讲孔子·礼的学说》，《蒙培元全集》第十五卷，第 49 页。

七、《礼的学说》文字谬误指正

出版一部著作，即便编辑者、校对者已经很细心了，往往还是难免出现一些文字校对失误的地方，《蒙培元全集》第十五卷《蒙培元讲孔子》的第四讲《礼的学说》中便有文字谬误之处，现特作一说明。

《礼的学说》在第一个标题"向往和谐统一的社会秩序"之下，有论及孔子评价管仲一事：

> 《论语》记载："子路曰：'桓公杀公子纠，召乎死之，管仲不死。'曰：'未仁乎？'子曰：'桓公九合诸侯，不以兵革，管仲之力也。如其仁，如其仁。'"管仲和召忽都是公子纠的师傅，齐桓公为了争夺君位，杀了他的哥哥公子纠，召忽自杀而死，管仲不但不死，反而做了桓公的相。①

引文中一处提到"召乎"，两处提到"召忽"。即便不知道召忽其人其事，通过前后文之对比，亦可看出问题之所在。召忽是何人？他是齐国人，善治术，与管仲共佐齐桓公之弟公子纠，曾参与射杀公子小白（后来的齐桓公）。公子小白即位后，命人杀死公子纠，召忽为尽忠而选择自杀。因此，这里的"召乎死之"应作"召忽死之"。

关于"召忽死之"被错写成"召乎死之"的问题，我们可以从两条线来觅踪：一条线是《孔子与中国的礼文化》一文，一条线是《礼的学说》一章。在《孔子与中国的礼文化》一文中，无论是被发表在《湖南社会科学》2005年第5期上，还是在后来被收录于《蒙培元全集》第十四卷中，全部写作"召忽"，没有错误。在《礼的学说》一章中，无论是北京大学出版社2005年9月出版的《蒙培元讲孔子》，还是北京大学出版社2019年8月再版的《孔子》，抑或是四川人民出版社2021年12月出版的《蒙培元全集》第十四卷，均出现了此问题。其中，此一错误的最早归处当在北大出版社2005年版的

---

① 蒙培元：《蒙培元讲孔子》，《蒙培元全集》第十五卷，第50页。

《蒙培元讲孔子》。自从此一错误出现后，同样是北大出版社在再版时，编校者未能发现此问题；而在四川人民出版社编校《蒙培元全集》时，亦未能发现此问题，实在是遗憾！笔者未能通读《蒙培元全集》，此类文字编校上的谬误恐怕不止此一处，希望《蒙培元全集》在再版时能对此类谬误做出修正。

蒙培元先生从制度与礼仪两大层面，并以四个角度就孔子礼学进行了讨论，视角广阔，论证精妙。笔者读完其文，深深为其文字所折服。然而笔者在撰写本评论文章时，总觉力所不逮，在总结概括蒙先生的观点上，恐有诸多遗漏、失误之处。本文就孔子学说核心非礼、四大视角（社会秩序、"正名"学说、人文关怀、宗教精神）论礼、文字变更浅析、文字谬误指正诸方面谈论了蒙培元先生该文，限于水平，在论述上亦未能做更深、更广的展开。

笔者现权且以上述粗浅之看法，呈交给诸位师友，敬请批评指正！

德性主体与智性主体的统一

——情感儒学视域下蒙培元对科技的反思

何刚刚

（山东大学儒学高等研究院博士研究生）

近年来，科技引发的伦理问题逐渐引起学界的广泛关注。2018 年，"基因编辑婴儿"技术更是在海内外掀起了轩然大波。此后不少学者针对新兴科技所引发的价值危机进行了反思。然而这些观点多着重于法律与政策维度。如有学者认为要不断地完善立法。"一方面要促进基因技术的创新，另一方面应保证技术的发展符合科学、伦理和法治的原则，使风险可控，使技术良性、有序发展，最终造福于人类。"[1] 也有一些学者认为依靠法律政策并不足以解决这一问题，因为"现有的伦理规范可能无法完全回应人工智能技术带来的潜在风险。这就需要采取另外一种路径，即通过制定新的伦理规范为人工智能的发展划出合理的伦理边界，以实现人工智能技术的'向善'目的"[2]。此外，还有从纯粹哲学的角度分析，认为"为从源头上杜绝'贺建奎事件'的再次发生，我们应该双管齐下：一方面建立健全规章制度，另一方面为规章制度奠定适当的形而上学基础"[3]。

这些观点大多忽略了科技中的主体性因素。因此对其反思仅仅局限于技术层面，而未能意识到主体在其中发挥着重要的作用。科技归根结底来说是主体

---

① 刘瑞爽：《基因编辑婴儿事件相关法律问题探析》，《医学与哲学》2019 年第 2 期。

② 于雪、段伟文：《人工智能的伦理建构》，《理论探索》2019 年第 6 期。

③ 陈晓平：《试论人类基因编辑的伦理界限——从道德、哲学和宗教的角度看"贺建奎事件"》，《自然辩证法通讯》2019 年第 7 期。

认识活动的产物，之所以其最终成为异己的力量亦与主体有关。实际上，当代哲学家蒙培元先生早在 20 世纪 90 年代，就已经立足于"情感儒学"① 从主体维度对科技进行了深刻的反思。

蒙培元先生认为虽然科技给人们的生活带来了诸多便利，但是同时也在挑战着人类的伦理底线。他说："科学与技术起着关键性作用。未来学家们预测，21 世纪将是信息与知识产权的时代，新的科学技术将改变 21 世纪的面貌。但是，有一件事情同样是清楚的，这就是，人们在不断庆祝科学技术胜利的同时，却遭遇着人文价值的不断失落。……竟有人用最新的科学技术——克隆人的办法来解决人类的健康问题……所有这些都说明，是人类自己在破坏自己的家园。"② 他基于情感儒学的立场，对科技引发的危机提出了深刻的反思，并提出了相应的解决方案。

一、科技理性价值及其限度

蒙培元先生充分肯定了科学在现代生活中的重要作用。他认为科学不仅对于现实生活有一定的影响，而且有助于哲学观念的更新。如在论述罗钦顺的哲学思想时，蒙先生就特别强调自然科学与哲学思想之间的关系。他说：

"罗钦顺关于气的学说，一方面反映了当时自然科学所能达到的水平，一方面否定了理学家对气的各种唯心主义歪曲，如'真元之气'、'义理之气'等说法，而把它建立在感性物质之上。罗钦顺和其他唯物主义者一样，没有也不可能提出一般的科学的物质概念，他所说的气还只是一种特殊的物质形态，但这是一切朴素唯物主义者所不能避免的。他力图用物质的原因说明世界的统

---

① 参见黄玉顺、彭华、任文利主编：《情与理："情感儒学"与"新理学"研究——蒙培元先生 70 寿辰学术研讨集》，中央文献出版社 2008 年版；黄玉顺、任文利、杨永明主编《儒学中的情感与理性——蒙培元先生七十寿辰学术研讨会》，现代教育出版社 2008 年版；黄玉顺、杨永明、任文利主编《人是情感的存在——蒙培元先生 80 寿辰学术研讨集》，北京大学出版社 2018 年版；黄玉顺主编《"情感儒学"研究——蒙培元先生八十寿辰全国学术研讨会实录》，四川人民出版社 2018 年版。

② 蒙培元：《中国的天人合一哲学与可持续发展》，《中国哲学史》1998 年第 3 期，第 3—10 页。

一性，这是值得肯定的。"①

可见，科学原本可以与哲学产生良性的作用关系。然而近代以来由于对科学无限度的推崇，致使自身的价值属性被剥离，最终造成一系列的危机。蒙培元说："20世纪，人们否认自然价值，建立了自然没有价值的科学哲学，并在这种哲学的指导下发展科学技术和社会实践。这种错误的价值观导致环境污染和生态破坏，使人类面临不可持续发展的严重形势。"② 20世纪不论中西方思想领域都充斥着对于科学的神话。如马克斯·韦伯认为："宗教发展的这种把巫术魅惑从世界中清除出去的伟大进程，开端于古老的希伯来先知们，然后又与希腊人的科学思想相结合，把所有以魔法手段追求拯救的做法都当成了迷信和罪恶加以摒弃，在此达到了它的逻辑终点。"③ 然而他却忽视了对于"科学"的祛魅。许多哲学家甚至一度企图利用科学来裁剪哲学。而在20世纪初的国内，同样弥漫着一种唯科学论思潮。许多学者将科学视为裁剪一切的标准。然而蒙培元先生却认为科学有其自身的限度。他说："按照某些人的说法，科学技术带来的问题，只能靠科学技术去解决，这话当然不是没有道理，但是如果认为科学技术是'唯一'的，那就错了。道理很简单，因为任何时代，科学技术的发展都是以一定的价值为支撑的，而科学技术本身的价值，决不能取代人文价值。"④ 在他看来科学的限度主要表现在以下两个方面：

首先，从历史维度来看，科学在不同的时期有不同的表现。蒙培元先生说："从哲学、科学上重新认识人自身，重新认识自然，重新认识人与自然的关系。人们终于发现，近代科学原理并不是永恒真理，只是人类认识发展中的一个阶段。科学也是有历史的。"⑤ 科学所获得认识也具有历史性，不同历史时期科学对于同一事物形成的认识存在差异。哲学家库恩就认为科学在不同阶段实际上是知识范式的更替。将当下的科学看作终极真理恰是对于科学本身的误解。

其次，科学的方法并不能应用于一切领域。蒙培元先生说："承认在科学

① 蒙培元：《论罗钦顺的哲学思想》，《哲学研究》1981年第9期。
② 蒙培元：《"自然价值"将成为21世纪的关键词》，《哲学动态》2004年第5期。
③ ［德］马克斯·韦伯：《新教伦理与资本主义精神》，于晓、陈维纲等译，生活·读书·新知三联书店1987年版，第79页。
④ 蒙培元：《中国的天人合一哲学与可持续发展》，《中国哲学史》1998年第3期。
⑤ 蒙培元：《儒学是人类中心主义吗?》，《现代哲学》2004年第1期。

知识之外还有情感，美术和宗教都是情感界内之事。这就意味着，科学知识不仅不能取代情感，而且像宗教这类属于情感的事，也是人生观的问题。"① 科学并不能解释人生观的问题。这是理性自身的局限。只有将科学限制在一定范围之内，人文与科学才能更好地发展。因为"科学之域与人文之域各有其合法性，无论是以科学世界消融人文世界抑或以人文世界消解科学世界，均与存在的多重相度相悖"②。可以说，科学并不能成为裁剪一切的标准。

二、德性主体与智性主体的分离：科技危机的本质

其实早在 90 年代后期，学界对于科学所造成的一些现实问题就有所反思。然而很多讨论仅仅将原因归结为科技本身，而蒙培元则将科技危机的本质归结为人的危机。他说：

"东方人和西方人，都需要反思各自的文化传统。造成当前生态破坏、环境污染、资源和能源短缺的根源究竟是什么？这是人与自然的关系问题，在这里，是不是出了问题？人们都知道，现代化的实质是理性化，但这所谓'理性'，是工具性的，不是目的性的，其特点是将自然界作为无生命、无价值的对象，无限制地进行开发与索取，只有人类才是宇宙的中心。人们并没有意识到，'人类中心论'已经反过来惩罚了人类自身。这种惩罚具有根本性，因为它是人类自己造成的。"③

蒙先生认为科技危机与人相关。主体自身制造的工具最终变成了异己的力量，主要是因为"德性与智性"的分离。他说："现代社会是科技、信息时代，现代人是掌握科技、信息的人，但是'德性'方面并不是没有问题。大自然创造了人，是否就意味着只有发展'智性'而不能发展'德性'，或者现代已进入'智性'时代而'德性'时代已经过去？这是一个难以回答的问题，但是作为历史主体的人，必须作出回答。"④ 在中国哲学传统中一直对主体的

① 蒙培元：《中国情感哲学的现代发展》，《杭州师范学院学报》2002 年第 3 期。
② 杨国荣：《科学的形上之维：中国近代科学主义的形成与衍化》，北京师范大学出版社 2018 年版，第 2 页。
③ 蒙培元：《中国文化与人类发展》，《中华文化论坛》1998 年第 3 期。
④ 蒙培元：《中国文化与人文精神》，《孔子研究》1997 年第 1 期。

智性维度有所警惕。如《庄子》中说："有机械者必有机事，有机事者必有机心。机心存于胸中，则纯白不备；纯白不备，则神生不定；神生不定者，道之所不载也。吾非不知，羞而不为也。"① 蒙培元先生认为不能否定智性主体，而在于如何实现主体之上的德性维度与智性维度的统一。现代科学危机的产生主要在于单向度发展智性，而德性的维度则完全被忽略。马尔库塞曾对这一现象有着经典的描述，他认为在现代社会"科学地加以理解和控制的自然，再现于生产和毁灭的技术机构中，这些技术机构在维系并改善各个个人生活的同时，又使他们服务于机构的控制者"②。由此，科技实现的不是对于个体的解放，而是一种新的控制与压迫。蒙培元先生意识到了这种危机产生的根源实际上是主体性自身的危机，即是关于"人"的危机。因此如何重建一种新的主体性，保证德性与智性的协调则成了一个必须回答的问题。

三、情感儒学视域下科技危机的救治之道

蒙培元先生将科技危机的本质看作是"人"的危机。基于这种判断，他立足于"情感儒学"，也提出了相应的解决方案。这种方案以重建主体性为核心，力图在情感理性之下统摄智性与德性，从而实现两种价值的良性互动。

首先，在蒙培元看来，解决科技危机的关键是重建一种新的主体性。他认为这种主体"既不是人类中心主义和科学主义，也不是向彼岸超越的宗教意识，而是以'天人合一'为框架，以自我实现、自我超越为特征的主体意识"③。20世纪以来许多学者将人与世界的关系看作一种外在的对立主客关系。无论从认识上讲，还是从价值上讲，人是真正的主体，而其他存在都是客体。这种认识模式导致"人既可以通过认识控制和主宰自然界，又可以根据人的需要赋予自然界以某种使用价值。近代以来的科学技术，就是以这种思想为指引的。科学技术已成为人类控制、主宰自然界的强大工具，它对于改变人类的

---

① 庄子：《庄子·天地》，中华书局2015年版，第192页。
② ［美］赫伯特·马尔库塞：《单向度的人》，刘继译，上海译文出版社2016年版，第143页。
③ 蒙培元：《中国哲学主体思维》，人民出版社1993年版，第10页。

物质生活起到了无比巨大的作用，同时却又带来了严重的生态危机"①。究其本质而言实际上是将"人"置于世界的中心导致的。这种思维模式导致主体以外的存在都只具有单一的工具价值，而其理性也变成了单向度的工具理性。从而理性最终主宰了一切，吞噬掉人本然具有的情感与欲望等维度，一切的活动沦为单纯功利性的计算。而在情感儒学视域下科学世界与情感世界应该是统一的，知性和人的情感也应该是统一的。

因为按照情感儒学的观念来看"主体意识的意向活动为其思维的主要定势，以主体的情感意志和内在意识为其思维的主要内容，以主体体验和本体认知（或存在认知）为其主要形式"②。也即是说在情感的范畴里，可以同时兼具着形上与形下的双重维度。一方面主体具有喜怒哀乐的情感，另一方面也能保证智性展开。因此在这种情感观念里诞生的是一个完整的主体。蒙培元说："这样的情感是能够成为理性的，故称之为情感理性，用中国哲学的语言表述，就是'情理'。"③ 蒙先生认为儒学中的理性可以对科学理性进行修正。因为"儒学的理性是情感理性，不是知识理性、概念理性。儒学也讲形式，但是有内容的形式，而不是空的形式。仁是儒学的核心，仁的内容就是'满腔子恻隐之心'。在这里，没有情感与理性的二元对立。关爱万物、关爱生命，是一种伟大的道德情感，也是道德理性"④。

其次，提倡发展科技理性。蒙先生并不反对科学本身。相反他一再强调科学的重要价值，他说："（中国哲学传统思维）是前科学的直观性思维，它不是建立在近代工业社会及其科学基础上的科学思维，要真正跨入现代社会，必须经过一个大的转换。"⑤ 所以必须大量吸收西方文化中的科学理论及其思维成果，彻底改变传统思维模式，才能真正地培育出理性精神。近代科学之所以产生在西方，很大程度上是文化基因中理性传统所致。中国传统思维中的"取类比象"式的类比思维，本身容易产生模糊性。蒙培元先生认为："无论

① 蒙培元：《生的哲学——中国哲学的基本特征》，《北京大学学报》（哲学社会科学版）2010 年第 6 期。
② 蒙培元：《中国的天人合一哲学与可持续发展》，《中国哲学史》1998 年第 3 期。
③ 蒙培元：《人与自然——中国哲学生态观》，人民出版社 2004 年版，第 12 页。
④ 蒙培元：《亲近自然——人类生存发展之道》，《北京社会科学》2002 年第 1 期。
⑤ 蒙培元：《论中国传统思维方式的基本特征》，《哲学研究》1988 年第 7 期。

民主法治，还是道德启蒙，都需要科学的理性精神。科学理性固然不能代替一切，不能代替文化价值观，但是选择什么样的价值观，必须建立在理性认识和理性分析的基础上。"① 理性思维的培养不仅仅关涉如何发展科技，它与整个现代性密切相关。

最后，"情感"本体下科技理性与价值理性需贯通与互动。情感儒学视域下情感是可以理性化的。蒙培元先生主张以情释理。他认为，儒家是讲理性的，不是非理性和反理性的，但它是具体理性，而不是形式化的抽象理性。所谓"具体理性"，就是有情感内容，不只是空的形式。但是，过去受西方理性主义影响，总是把情与理分开，以情理二元论的观点讲中国哲学，结果越讲越不像中国哲学。儒家讲情理，实际是讲价值理性，因此未能开出科学知识，但不能因此否定儒家的贡献。讲人的哲学而不讲情感，那才是最奇怪的，最终只能讲"物化"的人、"异化"的人，变成理性的工具。情感可以上下其说。他反对将情感与理性的二分。因为这种划分容易造成情感与理性的冲突。实际上情感本身可以同时统摄情与理两种结构。情感一方面指向了形下维度的情绪、欲望、审美等维度，另一方面又可以成为形而上的理性情感。在发展科技时应该使得情感与理性结合起来，如此才能发挥它应有的作用。蒙培元先生说："长期以来，科学就是在某种价值之中发展的，并不是完全'独立'的。揭穿这个'秘密'之后，有利于找到一条正确的发展道路。人类应当在'为天地立心'之间作出选择。"② 在儒家哲学中，尤其是先秦儒学中，尚未实现情与理之间的分裂。蒙培元先生也认为："无论在历史的发展中，还是在某个哲学家的体系中，都没有出现明显的分化，既没有出现智性与情感的二分，也没有出现知、情、意的三分，更没有将情感归于伦理学或美学，而将智性专归于严格意义上的哲学这样的划分。从总体上说，儒家哲学是知、情、意合一论者，也就是真、善、美合一论者。"③ 这种将情感与理性统一起来的结构包含着对于科技理性规范的可能性，在这种统一的主体之下，没有智性与情感的区分。人的理性指向与情感指向在目的上达到某种统一。

---

① 蒙培元：《科学、民主与传统道德——对五四的"道德革命"口号剖析》，《学术月刊》1989 年第 9 期。

② 蒙培元：《关于中国哲学生态观的几个问题》，《中国哲学史》2003 年第 4 期。

③ 蒙培元：《漫谈情感哲学（下）》，《新视野》2001 年第 2 期。

四、余论

蒙培元先生对于科学进行了深刻的反思，他最终力图通过于"情感"本体将知、情、意统一起来，从而使得"人同时作为德性主体与认知主体存在"①。这种做法通过对德性主体与智性主体的分析揭示了科技危机产生的深层原因。同时，蒙先生强调科学理性的客观性与其重要意义，使得他不至于陷入相对主义与反科学的巢穴之中。整体来看，情感儒学对于解决科技危机是一个颇具借鉴意义的方案。

然而这种方案本身也存在着一些问题。因为情感儒学中的情感虽然兼具着情感与理性两种维度，但是就形而下的情感而言，它在认识过程中终究存在着负面的影响。其实蒙先生也承认这一点。他说："中国哲学在认识中受到了情感因素的影响，这既是它的特点，又是它的缺点。这样的思维更不能被归结为原始性思维，不能说没有理论抽象思维。问题是由于过分重视情感因素的作用，重视主体体验的作用，使中国哲学思维缺乏概念的明晰性和确定性，没有形成形式化和公理化的思维传统。这既是它的特点，又是它的缺点。"② 尤其是中国社会长期以来存在着将情感凌驾于理性之上的思维传统。近代科学史的奠基人默顿曾对于科学知识提出了四条规范，其中普遍性是最为基础的原则。所谓普遍性是指"关于真相的断言，无论其来源如何，都必须服从于先定的非个人性的标准，即要与观察和以前被证实的知识相一致"③。默顿对于科学知识所提出的规范不可否认带有一定的理想化色彩。任何认识主体在认识活动中都无法规避掉情感色彩。然而这并不意味着彻底否定普遍性，而直接将认识活动定性为纯粹的情感活动。而是应该说明情感在认识活动中的功能的同时，确保这种情感不至于扭曲认识。因此情感儒学在提出应对科技危机策略的同时，也要进一步构想情感与认识活动之间关系，如何保证情感在认识活动中发挥积极作用，而不挫伤认识的客观性。这些都是需要进一步解决的问题。

---

① 蒙培元：《为什么说中国哲学是深层生态学》，《新视野》2002 年第 6 期。
② 蒙培元：《论中国哲学主体思维》，《哲学研究》1991 年第 3 期。
③ ［美］R. K. 默顿：《科学社会学》，鲁旭东、林聚任译，商务印书馆 2004 年版，第 365 页。

儒家情真论

——从蒙培元情感儒学中的真观念谈起

吴多键

（山东大学儒学高等研究院博士研究生）

首先我从哲学上的"真理"这个问题谈起。我们知道，中国哲学是没有"真理"这个概念的，这个论点最早是美国的汉学家陈汉生提出来的，所以叫陈汉生问题。① 那么中国哲学为什么没有这个概念呢？这得从真理在西方哲学中的意义谈起，真理最开始就是一个柏拉图主义的形而上学概念，这个概念因为它是一个名词（truth），也就是真本身，所以它是不修饰任何具体事物的，反而我们在形容词意义上的、具体事物的真（true），都是对这个真的理念的一种分有。

所以我们用"真理"来翻译这个 truth 是一个非常恰当的翻译。而中国哲学没有这样一个真理的概念，这就表明从传统中国哲学的视野来看，可能有着不同于西方的对于事物的理解，以及对于"真"的一种理解方式。这里我首先从蒙先生的思想切入，我们知道蒙先生的情感儒学是在与西方哲学的对比中阐释的。比如以知识型和境界型来区分两种哲学②，包括他明确地提出境界问题不是真理的问题。相较于西方哲学的真理观，蒙先生提出了"以情为真"，"人的情感才是人的真实存在"③ 这样的说法，这就与西方的真理观很不同。

---

① Chad Hansen，"Chinese Language，Chinese Philosophy，and 'Truth'，*Journal of Asian Studies*，Vol. 44，No. 3，May1985，p. 491.

② 蒙培元：《情感与理性》，中国人民大学出版社 2009 年版，第 1 页。

③ 蒙培元：《情感与理性》，第 4 页。

当然，蒙先生的思想本身就有一种特殊的地位，他在情理学派中是一个承前启后式的人物。所以我们还要从情理学派的角度来谈这个问题。首先在冯友兰先生那里，新理学体系是一个非常典型的哲学形而上学体系，它始于哲学与科学的区分。这两个层面分别对应的就是真际和实际的问题。真际是一种形式的肯定①，也就是哲学形而上学层面的"真"的问题；而实际是科学的，也就是形而下学层面的"真"的问题。总的来说，在冯友兰那里，"真"的问题表现的是典型的形上—形下架构。

而在蒙先生那里，他的理论是"真情实感"。在谈到《论语》中的证父攘羊问题的时候，蒙先生就明确地表示，孔子只是从真情实感出发，这是不同于一般事实的。② 这意味着蒙先生的"真情实感"说已经超出了我们一般哲学形上学结构中事实的层面。这个问题在黄玉顺老师那里也得到进一步的发展。比如对孔子论"直"的问题，谈论的就不是存在者层面"法"的问题，而是一种本真情感显现的问题③，我在这里总结为存在层面的"真"的问题。后来在谈到情感之思的环节时，作为对比，他谈到了西方哲学中的"思"，这种存在者化的理性的"思"最终导向了认识论困境，不论是内在意识如何通达外在实在这种主—客架构下的问题，还是真理问题，都是无法解决的。④

甚至在谈到情感之思的形象时，这种艺术中的本真的情感显现，尽管不同于弗雷格讨论语义学上逻辑真实的问题，但却是一种更本真的事情。⑤ 我们可以说，传统意义上的真假问题、真理问题、事实问题，都属于存在者层面、主—客架构、形上—形下架构之下的问题。而在生活中，有一种更本真的情感问题，这是单属于存在层级的事情，甚至是为存在者层级的真、善、美奠基的大本大源。比如在《哲学断想："生活儒学"信札》中就有这样一句话："任何一种爱，只要是纯真的，我们都视为大本大源，都是值得尊重的。"⑥

蒙先生也有一个类似的说法："凡真情都是可贵的。"总之，生活儒学的

---

① 冯友兰：《新理学》，北京大学出版社 2014 年版，第 15 页。
② 蒙培元：《情感与理性》，第 25 页。
③ 黄玉顺《"刑"与"直"：礼法与情感——孔子究竟如何看待"证父攘羊"》，见黄玉顺《儒学与生活——"生活儒学"论稿》，四川大学出版社 2009 年版，第 196—210 页。
④ 黄玉顺：《爱与思——生活儒学的观念》（增补本），四川人民出版社 2017 年版，第 100 页。
⑤ 黄玉顺：《爱与思——生活儒学的观念》（增补本），第 119 页。
⑥ 黄玉顺：《哲学断想："生活儒学"信札》，四川人民出版社 2019 年版，第 189 页。

本源层级，对于情感之"真"的讨论，继承、发展了情感儒学中的思想，这种情感的本真性是比存在者层面的事实、真理问题更本源的事情。这就代表了一种与西方哲学传统真理观不同的"真"的观念，可以称为儒家情真理。传统意义上的"真"、真理问题都属于理性主义认识论下的问题。而如果我们回到生活本身，我们就可以谈论一种本源意义上的"真"，这不同于一般事实层面的"真"的问题。比如死者与生者也共同归属于生活，死之为不在正是一种本源性的在。①

再比如谈及绝地天通的意义，作为思想史上神话与历史的界限，这之前本源的人神、草木、生物共在的生活情境在一些地方被存在者化地描述为一种原始宗教，其实是本源观念的失落。② 如果没有人的、人文主义的人类观念，就没有人的历史这样一种观念。就如同在《"生活儒学"的历史哲学述评》这篇文章中，作者一再强调，历史总是人的历史③，没有理性形而上学认识论下，所谓真实与虚假的二元对立，就没有所谓历史与神话的界限、文学与哲学的分界问题。而我们说的人与物、自然界与社会界的划分，也是通过形而上学的范畴表完成的，这些都不足以描述我们本真的生活。这种本源的"真"与存在者层面的"真"之间的关系，在生活儒学中是通过情感之思的建构完成的，这就涉及普遍与特殊的关系问题。我们知道从冯友兰先生开始，别共殊就是一个特别重要的问题。而在情感儒学那里，核心的问题就是处理情理关系。在蒙先生那里，处理这个关系的一个说法就是"具体理性"。当蒙先生这么说的时候是想强调这种理性不是纯粹形式的抽象性，而是有情感内容的。

总的来说，蒙先生强调了一种情感与理性的统一，无论是强调具体的理性还是情感的普遍性，他都是在同一个层面谈论，而没有谈论何者更本源或者是更有奠基性的问题。抛开这些表述是否是存在者化不谈，我们仍然可以去体会，蒙先生在"具体理性"这样一个概念下试图描述的意义世界，这是非常具有启发性的。而在生活儒学中，谈论情感之思的想象、形象、表象时，对于传统哲学中感性认识、理性认识对应抽象—具象的这个区分提出了疑问，并认

---

① 黄玉顺：《哲学断想："生活儒学"信札》，第 188 页。

② 黄玉顺：《爱与思——生活儒学的观念》（增补本），第 247—248 页。

③ 参见徐国利《"生活儒学"的历史哲学述评》，《山东大学学报》（哲学社会科学版）2017 年第 6 期，第 137—146 页。

为任何思维都是具象的，也就是具体的形象的。

在我们看来，这对于蒙先生那里"具体理性"的问题是一脉相承的，不仅仅事关情理间的关系问题，还涉及我们本源层级与存在者层级之间的关系问题。我们认为一般意义上的，所谓具体、特殊总还是在形式的、类的理解下与之相对的具体、特殊，而不是真正的具象性。这种对事情的本质的理解就是情感之思中的具象性。这与胡塞尔本质直观的任务相反，我们不是要在存在者化的、具体的直观中看到抽象、普遍的本质，而是要在一切事物已经裹上形式的外衣，被普遍地理解的意义世界中，体验到真正具象的形象。

这样一种具象只有在本源的情感之中才是可能的。蒙先生在《人与自然》中谈到儒家爱物的思想时，就举过这样一个例子，他说：我们对于我们使用过的东西都要加倍地爱惜，因为我们跟它有一种情感上的联系。他举了秦腔中《买酒》的一个情节，就是正德皇帝敲打卖主女的桌子，然后说大不了他敲坏了再给买个新的。但是这个卖酒女却表示，这个新的跟原来的不一样了。① 这样一种差异、这样一种独特于所有一般的桌子的独特性是如何可能的？这个问题对于我们如何理解其他的一些存在物是至关重要的。

比如我们一直使用的东西，我们可能对它产生某种情感，甚至更本源地说，我们与之有某种共同生活的情感的东西，这些东西在我们这里变得独特、特殊。不仅仅是单纯的物，甚至是动物。比如你养了多年的猫，现在突然给你换一只"新"的，"一样的"（比如同一个品种的），你肯定是不接受的。你会发现此时此刻这样一种存在方式，与我们一般意义上，在"猫"这个名称下可以无限重复的事物不再有相同的结构。进而在人类的意义世界中，事物是有意义的，可理解的，意义是可以被公共地重复的。

比如在弗雷格那里，意义这个层面就是客观的、可以被所有人把握的。我们无法不借助意义来理解世界，而意义就是关于符号的问题，符号的特点就是无限的可重复，这是人类意义世界乃至人类语言的特点决定的。而情感之思的形象的具象性、独特性，决定了这种存在方式与一般存在物的不同。比如《爱与思》里面谈论到，你对你所爱之人是视之不见的，就是你不会用对象化

---

① 蒙培元：《人与自然》，选自黄玉顺、杨永明、任文利主编《蒙培元全集》（第十三卷）四川人民出版社 2021 年版，第 26—27 页。

的方式去打量的。一旦用对象化的方式去打量他，比如比较，爱就不见了。①
这不是主体自身的问题，或者说不是在有我之境中的问题，而是在我还不是
"我"的时候，对于一些不是我自身的形象的思。

所以，前主体性这个概念可以理解为一种对于"异于自身"的体验。正
是因为作为主体性存在者的我是由之而来的，所以我必然能在表象的世界中回
忆起那些情感去思中的形象。形象，或者说这种对于他者的独特性的体验一定
是私人的，也就是与对方无关的。比如在列维纳斯那里，他的"家的现象学"
中就有一种观念上的"私人领域"②的提法，这是一种比人的主观性更内在的
层面。

总之，从蒙先生情感儒学那里开始的情感意义上的"真"，在观念层级上
应该对其做一种更本源的理解，这样一种本源的"真"乃是一种情感之思中
显现的具象的形象。去重拾这样一种观念，将帮助我们重新理解人的概念，以
及基于这之上的人文主义的哲学，并建构一个新的意义世界。

---

① 黄玉顺：《爱与思——生活儒学的观念》（增补本），第123页。
② ［法］列维纳斯：《总体与无限：论外在性》，朱刚译，北京大学出版社2016年版，第
134—135页。

境界中的超越

——论情感儒学的超越之思

黄 杰

（山东大学儒学高等研究院硕士研究生）

超越（transcendence）问题作为终极问题是严肃的哲学思考所无法绕开的，它不仅关乎个人信仰、人生意义，而且也关乎人类的命运，因此围绕超越问题学界产生了经久不息的争论，且近来有愈演愈烈之势，而"内在超越"（immanent transcendence）的观念则成了争论的焦点所在。自现代新儒家尤其是牟宗三先生对中国哲学的超越观念进行阐发以来，"内在超越"通常被视为是中国所独有的、是中国哲学与文化区别于西方哲学与文化的根本特征，并且相较于西方的"外在超越"（external transcendence）而言具有优越性，这两个观点可以称之为"内在超越的两个教条"（the two dogmas of the immanent transcendence）。①

将其称之为教条是因为作为两个渐趋固化的观点它们是存在问题的，并且很可能会对现实造成不利的影响②，但这并不意味着它们是完全没有道理的，因为中国哲学的超越观念与西方相较而言确有其独到之处，而在中西对比中对这样一种独到之处做出阐发进而相互借鉴对于推进超越问题的思考是有深远意义的。但如今看来，在"内在超越"这一概念下阐发中国哲学所特有的超越

---

① 参见黄玉顺《中国哲学"内在超越"的两个教条——关于人本主义的反思》，《学术界》2020 年第 2 期。

② 参见黄玉顺、任剑涛《儒学反思：儒家·权力·超越》，《当代儒学》2020 年第 2 期。

观念是困难重重的，因此有必要寻求一种新的言说以避免"内在超越"这一概念所可能造成的遮蔽与混淆，就此而言，蒙培元先生的"情感儒学"① 从境界论出发重思中国哲学的超越观念具有重要意义。

一、境界中的自我超越

谈论中国哲学的超越观念不能脱离中国哲学的基本形态，中国哲学与西方哲学同为哲学，相互间能够交流、沟通，但二者在基本形态上实际上有着重要的差别，若忽视这一点则无法将中国与西方的超越观念真正区别开来，从而也不会有真正意义上的相互借鉴，蒙培元先生对这一点有着深刻的认识，他认为中西哲学有各自的价值，应当相互理解，而对于真正的相互理解而言，"最要紧的不是'求同存异'，而是'不求其同，但求其异'。只有'求异'甚至经过长期的冲突，才能有真正的融合"②。这一观点虽然可以商榷，但却不无道理，基于这样一种认识，蒙先生明确区分了中西哲学的基本形态，他认为"中国哲学有儒、道、佛三大流派，三派哲学有一个共同点，就是主张境界说而反对实体论。正是这一点使它们同西方哲学区分开来而成为'中国哲学'"③。也就是说，相较于以实体论作为基本形态的西方哲学而言，中国哲学的基本形态乃是境界论。所谓实体论也就是通常所谓本体论、存在论，"它以对象认识、概念分析为特征"，最终指向最高实体，而境界论则是"讲情感体验与直觉，以指向人本身的心灵境界"。④

说中国哲学的基本形态是境界论并不意味着中国哲学不讲"本体论"，中国哲学也常常谈到"本体"，且"本体"也是终极性的，在这一点上与西方哲学所谓"本体"具有一致性，但中国哲学所谓"本体"应当在境界论的视域中被理解，蒙先生特别指出，相对于西方哲学所说的本体而言，"中国哲学所说的本体，也是一种承诺，但它不是实体，而是本源性存在，或潜在性存在，

---

① 参见胡骄键《现代中国哲学的情理学派》，《当代儒学》2019 年第 2 期。
② 蒙培元：《心灵超越与境界》，《蒙培元全集》第八卷，四川人民出版社 2021 年版，第 56 页。
③ 蒙培元：《心灵超越与境界》，《蒙培元全集》第八卷，第 57 页。
④ 蒙培元：《心灵超越与境界》，《蒙培元全集》第八卷，第 50 页。

是一种创造与发展的可能性，其实现则靠作用、功能"①。本体作为"本源性存在"或"潜在性存在"意味着它并非"超自然界的绝对实体，不管这个超越实体是上帝还是理念"②，而是潜存于自然界的有待实现的可能性，因此"所谓'本体'者，只是一种潜能和潜在目的性"③。这一潜在目的性作为终极的目的性在儒、道、佛三家有不同的称谓，就儒家而言也就是天道、天德等，天道即潜存于自然界中，蒙先生指出，"自然界可分为两个层面，同是'天命流行'，但一个层面是'天命之谓性'的形上层面，一个层面是'气化生物'的形下层面。前者体现了生命目的性，后者体现了物质必然性。二者虽属不同层面，但又是一个生命整体，就如同人的神形关系一样。"④ 既然本体作为终极的生命目的性是潜在的、不离自然界的，那么必然在自然界中通过作用、功能实现出来，否则就无所谓潜在的目的性，而"本体的实现最终靠功夫，作用全在功夫上。换句话说，本体（天道、天德）最终是要人来实现的。这是一个过程，其存在方式就是境界"⑤。也就是说只有人——准确来说是人的心灵——才能最终将本体实现出来，而实现的过程便呈现为境界，因此"境界是心灵之境界，不能离心灵而谈境界"⑥，如此一来蒙先生便将本体、心灵、境界三者关联起来了。

　　蒙先生的这样一种描述容易让我们想到黑格尔，在黑格尔看来，本体同样不是一个"超自然界的绝对实体"，而恰恰是不离自然界并不断实现着的可能性，并且其最终的实现同样是落在人的心灵上，因为"上帝不过是理性的可理解性"⑦。但黑格尔的哲学毕竟是实体论而不是境界论，虽然借鉴其思路也可以谈论境界，唐君毅先生就是这么做的，"他的'心灵九境说'想包罗一切哲学，而把中国的所谓'天德流行之境'说成是最高境界。但他运用了主观、客观、主客统一等西方哲学常用的概念，特别是黑格尔'精神现象学'的概念。这样一来，中国哲学的特色反而没有显出来，也就是说，实体论与境界论

　① 蒙培元：《心灵超越与境界》，《蒙培元全集》第八卷，第 52 页。
　② 蒙培元：《仁学的生态意义与价值》，《南平师专学报》2007 年第 3 期。
　③ 蒙培元：《心灵超越与境界》，《蒙培元全集》第八卷，第 65 页。
　④ 蒙培元：《仁学的生态意义与价值》，《南平师专学报》2007 年第 3 期。
　⑤ 蒙培元：《心灵超越与境界》，《蒙培元全集》第八卷，第 53 页。
　⑥ 蒙培元：《心灵超越与境界》，《蒙培元全集》第八卷，第 61 页。
　⑦ 张汝伦：《超越与虚无》，《复旦学报》（社会科学版）2019 年第 2 期。

的区别没有显出来"①。显然，蒙先生所要谈论的本体与黑格尔所谓的本体有着实质的区别，即境界论与实体论的区别，但将境界论的本体界定为潜在的目的性并不足以将二者明确地区分开来，因而需要进一步的说明。

那么究竟应当如何区分境界论与实体论的本体才不至于发生混淆呢？关键在于对心灵的理解。诚然蒙先生与黑格尔都认为本体作为潜在的目的性需要依靠心灵来实现，但二者对于心灵的理解乃是泾渭分明的，"同样重视心灵，同样讲心灵哲学，但是中西方着眼点不同，发展趋向也不同。西方哲学重视智能、知性，因而提倡'理性'。中国哲学重视情感、情性，因而提倡'性理'"②。由于提倡"理性"，将理性视为心灵的本质规定，则本体之通过心灵实现实际上说的也就是通过理性实现（因此上帝才被视为理性的可理解性），因而即便本体被视为是潜在于自然界中的目的性，这仍然是"以对象认识、概念分析为特征"的实体论视域中的本体，即实体；中国哲学则与此不同，心灵的本质规定并非是"理性"而是"性理"，"性理"也被称为"生理"（"生生之理"），"性理"内在于情感且先于"理性"，就儒家而言"性作为形而上者，只是一个'生理'，是潜在的，必须变成人的生命过程，才能存在，这就是恻隐之情"③。因此本体之通过心灵实现也便是通过情感而实现，在情感中，本体是被体验与直觉到的，而非作为对象被认知到，对象化的认知指向实体而无涉于境界，体验与直觉则指向境界而无涉于实体，这便是境界论与实体论中本体的根本区别所在。

基于这样一种划分，我们便可以更加准确地谈论中国哲学特有的超越观念，即境界论的超越观念，而不至于与实体论的超越观念相混淆。从境界论的角度阐发中国哲学的超越观念并不完全是蒙先生的独创，实际上境界论的维度在广为流传的"内在超越"说中占有重要地位，甚至可以说离开了境界论的维度也就不会有所谓"内在超越"说的出现，但与此同时实体论与境界论的差别在"内在超越"说提出之初便被忽视了，因此不仅给"内在超越"说本身带来问题，而且也给其后的相关讨论造成了很多的混淆，而蒙先生则不仅对

---

① 蒙培元：《心灵超越与境界》，《蒙培元全集》第八卷，第49页。
② 蒙培元：《心灵超越与境界》，《蒙培元全集》第八卷，第46页。
③ 蒙培元：《心灵超越与境界》，《蒙培元全集》第八卷，第28页。

二者的差别有明确的意识，且对之进行了深入的剖析，这是蒙先生在这一问题上的重要贡献。"内在超越"说的出现可以追溯到唐君毅先生与牟宗三先生[1]，而牟先生在《中国哲学的特质》中的论述尤其具有代表性：

> 天道高高在上，有超越的意义。天道贯注于人身之时，又内在于人而为人的性，这时天道又是内在的（immanent）。因此，我们可以用康德喜用的字眼，说天道一方面是超越的（transcendent），另一方面又是内在的（immanent 与 transcendent 是相反字）。天道既超越又内在，此时可谓兼具宗教与道德的意味，宗教重超越义，而道德重内在义。[2]

在这段经典的论述之中，超越的天道之内在于人乃是内在于"人的性"，实际上也就是内在于"仁"，"孔子建立'仁'这个内在的根以遥契天道，从此性与天道不致挂空或悬空地讲了。如果挂空地讲，没有内在的根，天道只有高高在上，永远不可亲切近人。因此，孔子的'仁'，实为天命、天道的一个'印证'（verification）"[3]。在牟先生看来"仁"具有两大特质，其一是"觉"，指的是悱恻之感，"即《论语》所言的'不安'之感，亦即孟子所谓恻隐之心或不忍人之心"，而"健"则指的是健行不息，实际上即"觉"或者说悱恻之感的健行不息。[4] 因此"仁"不是某种抽象的原则，而是具体的情感，是不能通过对象化的认知来实现的，这样一来"仁"作为"真实的本体（real substance）"[5] 按照蒙先生的划分来看，并不能被理解为实体论意义上的本体，而只能是境界论意义上的本体，而牟先生恰恰也认为"仁的作用内在地讲是成圣"，即达到"人格向上发展的最高境界"[6]，并且"只要践仁成圣，

---

① 郑家栋：《"超越"与"内在超越"——牟宗三与康德之间》，《中国社会科学》2001 年第 4 期。

② 牟宗三：《中国哲学的特质》，《牟宗三先生全集》第 28 册，联经出版事业股份有限公司 2003 年版，第 22 页。

③ 牟宗三：《中国哲学的特质》，《牟宗三先生全集》第 28 册，第 32—33 页。

④ 牟宗三：《中国哲学的特质》，《牟宗三先生全集》第 28 册，第 31—32 页。

⑤ 牟宗三：《中国哲学的特质》，《牟宗三先生全集》第 28 册，第 32 页。

⑥ 牟宗三：《中国哲学的特质》，《牟宗三先生全集》第 28 册，第 30 页。

即可契悟天道"①。

天道存在于人的恻隐之情中并且实现为境界，在此蒙、牟二先生的观点是高度吻合的，因此不难理解为何蒙先生起初赞同并采纳了"内在超越"的说法②，这是因为"内在超越"说实际上是以境界论的维度作为其核心的，因而的确深刻地把握了中国哲学所特有的超越观念。但就另一方面而言，牟先生并没有对境界论与实体论做出明确的区分，因而这就造成了一种含混性，尤其是到了晚年，牟先生改换了阐释"内在超越"的理路，"主要是扣紧康德所言'智的直觉'（'自由无限心'）而非'性命天道相贯通'，来讲'内在超越'"③，这样一来境界论与实体论的分别就进一步被模糊了，蒙先生认为牟宗三先生"在'消化'康德的同时，也就吸收了实体论思想，并以此来解释中国的儒家哲学"，因而"把情感'上提'而为'本心'，'本心'就是'无限智心'或'智的直觉'"，如此理解的"本心"实际上已不再是情感性的，而是情感与理性二分中的理性，"'本心'归根到底仍然是超绝的绝对的，即理性实体"。④

因为发现"内在超越"说存在"实体论"的问题，并且此外还有"语言表述上的问题"，蒙先生最终放弃了"内在超越"的说法，而采用"自我超越"的说法来阐明中国哲学的超越观念。⑤所谓"自我超越"显然是从超越活动亦即从"作用、功能"的角度来谈超越，而不是从超越者的角度来谈超越，后者正是通常所谓"外在超越"（本体作为超越者是外在的）与"内在超越"（本体作为超越者是内在的）的角度。蒙先生之所以从超越活动的角度立言，原因在于境界论中的本体并不能离作用、功能而存在，"无作用即无本体"⑥，"性理"作为超越者即存在于"自我超越"的活动中，是不能通过对象化认识来实现的，析而言之有超越者与超越活动之分，合而言之，其实只是一事，因此从超越者抑或超越活动立言皆可，但相较而言，前者容易造成实体论的误

---

① 牟宗三：《中国哲学的特质》，《牟宗三先生全集》第 28 册，第 29 页。
② 黄玉顺：《"情感超越"对"内在超越"的超越——论情感儒学的超越观念》，《哲学动态》2020 年第 10 期。
③ 郑家栋：《"超越"与"内在超越"——牟宗三与康德之间》。
④ 蒙培元：《心灵超越与境界》，《蒙培元全集》第八卷，第 284、294 页。
⑤ 蒙培元：《〈心灵超越与境界〉介绍》，《蒙培元全集》第九卷，第 207 页。
⑥ 蒙培元：《心灵超越与境界》，《蒙培元全集》第八卷，第 52 页。

解，而后者则更能体现出境界论的特色。

二、境界中的纵向超越

"自我超越"作为超越活动并不同于一般的超越活动，虽然任何超越活动都是某一主体的超越活动，因而也可以称之为"自我超越"，但对"自我超越"一词如此宽泛的运用显然不是蒙先生的本意。蒙先生所谓"自我超越"必须在境界论的视域中进行理解，也就是说不能仅仅因为主体通过其活动超出、越过了某一外在的界限或实现了某一既定的目标就认为主体实现了"自我超越"，也不能仅仅因为主体通过其活动实现了其主体性的某种更新便认为主体实现了"自我超越"，"自我超越"严格来说只是"自我境界的超越"，即主体通过其活动达到了一个更高的境界，"超越到什么层次，境界便达到什么层次"①，而这同时意味着本体（"性理"或说"生理"）通过主体之活动得到了更高程度的实现，这是一般的超越活动所不具备的特质，一般的超越活动可以归结为"横向超越"，而"自我超越"则是"纵向超越"，这是超越活动的两个不同的向度。

蒙先生指出，"西方哲学由于重智力、智性，必须有一个对象（无论是自然界，还是社会，或是人自身）以求认识之。因此在西方哲学中，主客界限是分明的，主体与客体的关系是横向关系，心灵的超越是横向超越（有人称之为'外在超越'）。"② 也就是说"横向超越"是基于对象化认识的一种超越活动，在对象化认识中有着明确的主客界限，而此界限两端的主体与客体之间是横向的关系，实际上也就是处于同一个意识的平面中，意识的平面先于主体与客体，此时超越活动发生在主体与客体之间，却并不对意识平面本身构成超越。西方实体论哲学的超越观念显然从属于横向超越，但二者并不等同，因为前者通常是从超越者的角度谈论超越观念，而后者则是从超越活动的角度，以超越活动统摄超越者是蒙先生的一个独特的视角，此外，不仅实体论哲学的超越活动是横向超越，一切基于对象化认识的超越活动都是横向超越。

---

① 蒙培元：《心灵超越与境界》，《蒙培元全集》第八卷，第288页。
② 蒙培元：《心灵超越与境界》，《蒙培元全集》第八卷，第53页。

相对于西方哲学重智力、智性因而其超越活动是横向超越，"中国哲学由于重情性或情理……人与天道、天理之间是纵向关系，不是横向关系，就是说，天道赋予人以性，性内在于心而存在，决不是与心灵相对而存在……心灵不仅能够下通人事，而且能够'上达天德'。这是一种纵向的自我超越"①。纵向超越的前提在于"人与天道、天理是纵向关系"，也就是说在本体与主体之间并没有一个共同的意识平面，本体并不作为对象与主体处于对待之中，而是对意识平面的超出并且也是意识平面的来源。意识平面是一切对象包括对象化的主体显现的平台，其本身不能被对象化，因而并不能是"什么"，而只能是主体本身的一种存在状态，换言之即是境界，"它'不是什么'，境界是一种状态，一种存在状态或存在方式"②。因此，纵向超越就不是在意识平面中、在主体与客体之间的超越，因而并不基于对象化认识，而是对意识平面本身的超越，这同时既是境界的提升，又是本体更高程度的实现。

纵向超越不基于对象化认识并不意味着其发生可完全脱离对象化认识，所谓"不基于对象化认识"仅仅是指纵向超越的发生超出了对象化认识发生于其上的意识平面，因而对象化认识不足以统摄纵向超越，但另一方面纵向超越的发生又必须以对象化认识为前提，因为一切超越活动都是主体自觉、自主的活动，而自觉、自主之所以可能必然以对象化的认识为前提，否则处于浑沦中的主体既不能拥有一个对象，同时也不能拥有自己，因而也就无所谓自觉、自主，其活动只是自然的活动。因此横向超越与纵向超越作为超越活动的两个向度并非是截然对立的，纵向超越不是从平面上的一个点垂直向上、不做任何横向运动的，而是如同一座从地面开始不断向上曲折攀升的阶梯，其越出地面或者越出阶梯上某一平面的瞬间固然是垂直于平面的，但这一瞬间之前或之后却是或长或短的横向运动，也就是说纵向超越容纳了横向超越于其中，而其区别于纯粹的横向超越之处在于对平面的瞬间的越出，这一越出造成了一个新的意识的平面，无此越出的活动则没有纵向超越，因此理解纵向超越的关键在于理解这一瞬间的越出。

对意识平面的瞬间的越出发生于意识平面上的某一个点，在这个点上，主

---

① 蒙培元：《心灵超越与境界》，《蒙培元全集》第八卷，第 54 页。
② 蒙培元：《心灵超越与境界》，《蒙培元全集》第八卷，第 288 页。

体原本进行着横向超越但却突然间将横向超越提升到一个新的意识平面之上，这一提升不是对象化活动本身所能为力的，因为对象化活动所关联着的主体与对象之间只存在着横向的关系，其超越是纯粹的横向超越，并不会有任何对意识平面本身的越出，这就意味着对象化意识绝非意识平面的全部内容，否则对意识平面的越出与提升将是不可理解的。蒙先生认为在对象化意识之外，还存在着直觉、体验与意向、意志，它们作为一个不可分的整体是"心灵存在与活动的主要方式"①，因此比对象化意识更为根本，纵向超越的发生只能在这一层面而不是对象化意识的层面被理解，"直觉、体验与意志、意向既是提高人的精神境界的创造性功能，也是自我实现的根本方法"②，相对于对象化意识的层面，我们可以将意识的这一层面称为前对象化意识，实际上也就是海德格尔所谓的"领会"的层面。

蒙先生在批评横向超越的时候特别提到了海德格尔，"只有存在主义者海德格尔批评说，西方传统哲学强调主客对立，离开人而谈存在，把事物看成是'在我面前的存在者''呈现于面前的存在者'，结果恰恰遗忘了人自身"③。"领会"在海德格尔那里并非对象化的活动，它并不指向一个对象，而是指向生存活动自身，"在作为生存论环节的领会中，所能者并不是任何'什么'，而是作为生存活动的存在"④。作为生存论环节"领会"在某种意义上是认知活动，相应于蒙先生所谓的"存在认知"，"存在认知"区别于"对象认知"，它"是对人的存在（包括精神存在）及其根源的自我认识"⑤，实际上也就是前对象化的直觉，直觉作为"知"并不离作为"情"的体验以及作为"意"的意志、意向，"作为心灵存在与活动的主要方式，直觉更多地同'知'相联系，体验更多地同'情'相联系，意向意志则与心理学所说的'意'相联系，但实际上它们是互相联系不可分开的，也就是整体性的"⑥。因此三者其实是前对象化意识的三个不同的侧面，是同时存在于前对象化的意识活动中的，而

---

① 蒙培元：《心灵超越与境界》，《蒙培元全集》第八卷，第36页。
② 蒙培元：《心灵超越与境界》，《蒙培元全集》第八卷，第36页。
③ 蒙培元：《心灵超越与境界》，《蒙培元全集》第八卷，第54页。
④ ［德］海德格尔：《存在与时间》修订译本，陈嘉映、王庆节译，生活·读书·新知三联书店2014年版，第167页。
⑤ 蒙培元：《心灵超越与境界》，《蒙培元全集》第八卷，第34页。
⑥ 蒙培元：《心灵超越与境界》，《蒙培元全集》第八卷，第36页。

对于"领会"而言情形也是如此，一方面"领会总是带有情绪的领会"①，另一方面"领会于它本身就具有我们称之为筹划的那种生存论结构"②，因此领会作为前对象化的"知"并非是纯粹的"知"，而是兼有情感与意志、意向的，三者同样是不可分的。

对于意识平面瞬间的越出发生于前对象化的领会的层面，这意味着在领会中存在着纵向的关系，但却并非领会层面的一切关系都是纵向关系，人无时无刻不在领会着，领会是人的一切活动包括对象化活动的基础，对象化活动发生于领会之上而不是领会之外，因此虽然蒙先生主要就主客关系来谈论横向关系，但主客间的横向关系实际上并非原初的横向关系，原初的横向关系是领会中前主客的横向关系，领会作为意识的一个层面本身属于意识的平面。既然如此，领会何以能于某一瞬间越出既有的意识平面呢？在于领会不仅是"知"与"意"而且是"情"，作为"知"与"意"，即便是前对象化的，领会也总是指向确定的被知者、被意者，即指向一确定世界中之物，即便确定之物并不先于"知"与"意"而是被后者给出的，"知"与"意"也总是还在一确定的世界中，而这意味着就"知"与"意"而言一切关系都是横向的，但"情"本身却并不指向任何确定之物——或者说通过"知"与"意"它给出一切确定之物——而是为整个意义世界奠基，"情"的改变并不像"知"与"意"一样是从世界上某一确定之物转向另一确定之物，而是使整个意义世界发生改变，因此"情"本身并不与世界相对而存在，而就是意义世界本身、意识平面本身、境界本身，在此并不存在与世界的横向的关系，而只存在不同的"情"之间的纵向的关系，情感的提升也就是蒙先生所谓的纵向超越，"从感性情感向理性情感、从形而下向形而上的提升，就是心灵境界的提升，亦即他所强调的主体心灵的'自我超越'"③。这里所谓的"理性情感"并非被"理性"宰制的情感，而是体现了"性理""生理"的情感，境界论中所谓"理性"即是"性理""生理"，并不与情感对立，而即在情感之中，当下离情便当下无理。由于纵向关系只在"情"之中存在，因此蒙先生以情感为核心谈

---

① ［德］海德格尔：《存在与时间》修订译本，第166页。
② ［德］海德格尔：《存在与时间》修订译本，第169页。
③ 黄玉顺：《"情感超越"对"内在超越"的超越——论情感儒学的超越观念》。

论纵向超越、阐明境界论是确有洞见的。

三、境界中的外在超越

与蒙先生类似，海德格尔也对情感做出了区分，并且依据畏的情感划分此在的本真状态与非本真状态，实际上也就是心灵的两种境界，在畏的情感之中，此在处于其本真状态，"畏将此在从其消散于'世界'的沉沦中抽回来了"①，反之若畏的情感被遮蔽了，此在也就沉沦入非本真状态中。但这种相似性只是表面的，是因为二者都涉及前对象化意识的层面而有的，就内容的实质而言则大相径庭，这是由于二者的关切是根本不同的。"海德格尔的全部意图在于追问'一般存在的意义'"，而对人的存在即生存的探讨只是手段，而蒙先生所关切的则是生存本身的意义。② 由于关心"一般存在的意义"，所谓本真状态并非是就生存本身的意义而言的更好的状态，而仅仅意味着在此状态中此在最大程度地向"存在"敞开，因而更接近"一般存在的意义"，在此敞开中此在"只为它本身而畏，而对他人却麻木不仁"③，如果就生存本身的意义而言，这恰恰是比非本真状态更低的境界，因此海德格尔虽然涉及纵向超越，但就其超越的方向而言，与其说是"超越"不如说是"堕落"，在这堕落中，领会的主体虽然因为处于前对象化意识中而无所谓主客对立，甚至因为不再处于"消散于'世界'的沉沦中"而看似从对立中进一步抽离出来了，但实际却在情感上与其所领会到的一切人与物更深地对立了，这是紧紧执持于自我的一种状态。

从生存本身的意义谈论超越与境界，则超越的过程或者说境界提升的过程恰恰是情感中自我执持的化解以及人我、物我之对立消退的过程，这在儒道佛三家都是如此，"儒家从正面回答心灵问题，以肯定的方式实现自我超越，以'仁'为最高境界；道与佛则是从负面回答心灵问题，以否定的方式实现自我

---

① ［德］海德格尔：《存在与时间》修订译本，第218页。

② 黄玉顺：《儒学的生存论视域——从蒙培元先生〈情感与理性〉说起》，《中华文化论坛》2004年第2期。

③ 朱刚：《多元与无端：列维纳斯对西方哲学中一元开端论的解构》，江苏人民出版社2016年版，第134页。

超越，以'无'和'空'为最高境界"①，"仁""无""空"三者虽有不同，但在化解情感中的自我执持并消除人我、物我之对立上则是相同的，执持既化，人我、物我通而为一，则"乐"自然生焉，"'乐'也是境界，是对'仁''无''空'的境界的自我体验"②，此种体验并非一般所谓的高兴、快乐，后者乃是与悲伤、痛苦等负面情绪相对立因而也相伴随的，相较于"乐"而言是不纯粹的。因此纵向超越最终所朝向的境界，不仅是至善的境界，而且同时也是至乐的境界，这是本体在心灵中最终的实现。

　　蒙先生认为中国哲学的根本任务正是提高人的心灵境界，而这在当今时代仍具有重要意义，"在当前科技时代，人的智能已发展到很高程度，并且取得了很大成果，可以造出代替人的'智能机'，以为人类服务，但是却不能使机器人变成人，无法解决情感、意志、自由、需要、目的、道德、审美等方面的问题，而这些问题正是人类精神生活中的根本问题"，中国的心灵哲学作为"境界"的形上学"在解决人类精神生活的问题上至今是有意义的"。③但是中国哲学同样有其局限性，"中国哲学具有强烈的现实关怀与忧患意识，但是缺乏积极的批判精神，这从心灵哲学的角度讲，确实是一种自我限定。它只能实现一种精神境界，供自己'受用'，而无力改变现实、转化现实"，因此对于中国哲学的局限性"也需要进行适当的评价和批判，这样才能使它在现代社会中发出应有的光辉"。④也就是说中国哲学必须现代化，要"在开放的多元的系统中发挥其作用，决不是回到过去的'前现代'时期"，但毕竟在中国哲学中并非一切都是历史的，而是存在着具有永恒意义的内容，因此"对'前现代'的传统的某种'回归'，却是人类社会前进的标志"。⑤而这样一种"回归"在蒙先生这里主要是对中国哲学境界论传统、对境界论的超越观念的回归或者说发展。

　　回归境界论及其超越观念在蒙先生看来也就意味着对外在超越的否定，因为外在超越被归结为横向超越，而境界论的超越却是纵向超越，神圣超越者被

　　①　蒙培元：《心灵超越与境界》，《蒙培元全集》第八卷，第65页。
　　②　蒙培元：《心灵超越与境界》，《蒙培元全集》第八卷，第66页。
　　③　蒙培元：《心灵超越与境界》，《蒙培元全集》第八卷，第42—43页。
　　④　蒙培元：《心灵超越与境界》，《蒙培元全集》第八卷，第44页。
　　⑤　蒙培元：《天人合一论对人类未来发展的意义》，《齐鲁学刊》2000年第1期。

理解为境界论的本体，也就是说理解为通过情感而存在并实现为境界的潜在的目的性，这一潜在的目的性并不能作为对象被认识，因而在某种意义上比实体论的内在更为内在，实体论发生于意识平面之上或者说内在于意识平面，意识平面则以情感为其内核，而境界论的本体正是此内核之内核，但这一意义上的内在却使另一重意义的外在成为可能，即外在于意识，或者说对人的意识的全面的超越。实际上神圣超越者只有全面超越人的意识才能是真正外在的，它必须突破意识的能动性，将意识置于被动之中，或者说使意识破裂，否则一切都将被意识把捉，都将从属于意识，这时被视为神圣的绝对的超越者也不过是意识平面上的一物，即便是最崇高之物，也高不过作为意识之永恒中心的自我。正如列维纳斯所说，"这破裂并不是将意识向无意识压抑，而是一种幻灭和醒来，它摇醒了所有栖止于对象的意识之深处的'独断论迷梦'。上帝之观念，作为一个思考活动的所思，乍看之下，是被这一思考活动所包含的，然而实际上，上帝之观念意味着那卓绝的'非被容于内者'——这不正是绝对的绝对化本身吗？——它超越了所有的把握能力；上帝之观念作为一个所思，其'对象的现实性'摧毁了思考活动'形式的现实性'。甚至或许在普全有效的、源发性的意向性形成之前就颠覆了它。"① 这样看来，纵向超越与外在超越并非一定是对立的，反而恰恰是在纵向超越中才能谈论彻底的外在超越，或者进一步说，只有在情感中才能谈论彻底的外在超越，因为唯有就情感而言才有纵向的、不能被意识所把握的关系。

然而，虽然不同情感之间的关系都是纵向的，但绝大多数情感却并不造成对意识之把捉的反对，而是附着于此把捉之上甚至刺激着意识之把捉，因此在这些情感之中并不发生意识的破裂，也没有境界的真正的提升，此时神圣的外在超越者即便被确信为是存在的，仍被意识隐秘地褫夺了其神圣性与外在性。因此，倘若意识的破裂以及伴随着此破裂而来的一种彻底的外在超越是可能的话，那么便必须存在着这样一种情感，在此情感之中本身便存在着纵向的关系、存在着意识所不能把握的"卓绝的'非被容于内者'"，而不仅仅是与其他情感之间构成纵向的关系。在蒙先生这里，将性理、生理实现出来的恻隐之

---

① ［法］列维纳斯：《论来到观念的上帝》，王恒、王士盛译，商务印书馆 2019 年版，第 104—105 页。

情正是这样一种在其本身之中便存在着纵向关系的情感，被恻隐者并非是自我的对象，而是一张赤裸的、不可被把捉的脸，其意义也并不来自那统握着一切的意识。① 作为一张赤裸的、不可被把捉的脸，被恻隐者打破了意识的同一性，将意识置于彻底的被动性之中，从而不是自我赋予一切意义，而是他人的脸将自我召唤出来去为之负责，"这一责任并非我在任何'经验'中通过契约承诺下的，但他人的脸却通过其他异性、其外陌性本身向我言说着不知来自何处的诚命"②。于是在恻隐之情或者说仁爱情感之中就仿佛有着某种不可抗拒的命令，这命令在我将之作为对象意识到它之前就已经命令了我，这便是蒙先生所谓的存在于情感中的潜在的目的性，或者说性理、生理，而此命令高于我，是不能还原到意识平面上的神圣的高度，于此我们可设想一个始终高于我而又不知其来自何处的（一切可知之处皆是意识中某处，这样一来神圣的高度便被抹平了）神圣的外在超越者，然而蒙先生并未如此设想。

蒙先生并不从潜在目的性设想神圣超越者，而是在否定神圣的外在超越者的同时肯定作为性理、生理的潜在目的性之神圣性，"天就是自然界，但却是具有生命意义的自然界，从超越的层面上说，天就是道，就是理，天道、天理就是天之所以为天者，在天为道而在人为性，这里便有天人关系的问题"，"天人'授受'之际有一种目的性关系，天'赋'人以性，而人则能'继善'而'成其性'。正因为如此，天虽不是上帝，却有一种神圣性，人对天则有一种敬畏之心"③。也就是说天作为自然界并非神圣的外在超越者、并非一个人格神，但自然界也并非只是物的世界而是有其超越的一面，即具有潜在的目的性，就此潜在的目的性而言，自然界又是神圣的。但蒙先生的这样一种观点并没有将境界论的视域坚持到底，若从境界论的视域来看，则潜在的目的性是在情感中被感受到的，而不是被认识到的，而若要被感受到，则只能被感受为一个来自高处即超越自我之处的命令，因而也就是一个神圣的、不可抗拒的意志，而不是一个没有意志的自然界。将潜在的目的性归属到自然界是在认识中将感受到的命令抹除其意志性而只保留其目的性并进而将此命令的残骸与

---

① 参见黄杰《敬鬼神而远之：超越观念的周孔之变——一种与列维纳斯的比较性解释》，《当代儒学》2021 年第 1 期。

② ［法］列维纳斯：《论来到观念的上帝》，第 8 页。

③ 蒙培元：《情感与理性》，《蒙培元全集》第十一卷，四川人民出版社 2021 年版，第 269 页。

"自然界"的概念复合的结果，因而蒙先生实际上已不自觉地从境界论的视域退转到了实体论的视域，这是其思想中内在的矛盾，而之所以有此矛盾是因为蒙先生仅仅在意识的平面内设想外在超越者，并未想到过真正的外在超越者恰恰是要超出一切意识平面的，这也是西方哲学谈论上帝观念时所固有的一种遮蔽，直到列维纳斯才对此进行彻底的反思，而这一反思实际上与中国哲学的境界论传统是不谋而合的。

"人是情感的存在"

——《情感与理性》的生存论启示

陈春桂

（山东大学儒学高等研究院硕士研究生）

蒙先生将"情感"视为整个儒学的核心内容，以"情感"为儒学的起点，建构起了"情感儒学"，提出"人是情感的存在"① "儒家哲学是情感哲学"② 等哲学命题。其亲炙弟子黄玉顺教授称之为"情感论转向"。③ 从《情感与理性》一书看，"情感儒学"及其思想不仅是当代哲学的"情感转向"，而且还提供了生存论解释学启示。

蒙先生在《情感与理性》一书中提出"从存在问题入手"④ 来研究儒学，从存在论入手来"讨论儒学在人的存在、价值及其人生体验问题上的基本主张"⑤。黄玉顺教授也对自己老师的这种言说方式或说思想视域做过这样的评论：蒙先生的儒学解释确实带有生存论分析的色彩，只是蒙先生的这种生存论解释不是海德格尔式的，而是儒家的生存论阐释。⑥

---

① 蒙培元：《情感与理性》，中国科学社会出版社 2002 年版，第 24 页。
② 蒙培元：《人是情感的存在——儒家哲学再阐释》，《社会科学战线》2003 年第 2 期。原话："对于人的存在而言，情感具有基本的性质。正是在这个意义上，我们称儒家哲学为情感哲学。"
③ 黄玉顺：《存在·情感·境界——对蒙培元思想的解读》，《泉州师范学院学报》2008 年第 1 期。
④ 蒙培元：《情感与理性·自序》，第 1 页。
⑤ 蒙培元：《情感与理性·自序》，第 1 页。
⑥ 黄玉顺：《儒学的生存论视域——从蒙培元先生〈情感与理性〉说起》，《中华文化论坛》2004 年第 2 期。

一、生存：人的存在

提到"生存"，海德格尔是个绕不开的名字。我们知道，海德格尔解构传统本体论就是以生存论分析为基础的。在他看来，传统存在论"使存在论降低为不言而喻之事，降低为只不过有待重新加工的材料"①，而长久地遗忘了"存在"，遗忘了"存在的意义问题"②。如果要追问"存在"问题本身而把这个问题的历史透视清楚，用海德格尔的话说，那么，"就需要把硬化了的传统松动一下，需要把由传统做成的一切遮蔽打破"③。也就是要对传统存在论进行"解构"："以存在问题为线索，把古代存在论传下来的内容解构成一些源始经验——那些最初的、以后起着主导作用的存在规定就是从这些源始经验获得的。"④ 而且"只有通过一步步解构存在论传统，存在问题才会真正变得具体而微。这个过程将充分证明追究存在的意义问题是无可逃避的，并且将表明'重提'存在问题的意义"⑤。

然而，重提"存在"问题，追问"存在本身"，不可能避开"存在者"去发问，而且必须首先问及"此在"这种存在者。海德格尔说："只要问之所问是存在，而存在又总意味着存在者的存在，那么，在存在问题中，被问及的东西恰就是存在本身。不妨说，就是要从存在者身上逼问出它的存在来。"⑥ 不仅如此，而且"此在"——"人"——这种存在者，并不仅仅只是置身于众多存在者之中的一种存在者，"它是先于其他一切存在者而从存在论上首先被问及的东西"⑦。所以，在海德格尔看来，"在存在的意义问题中，首先被问及的东西是具有此在性质的存在者"⑧。这也就是说，海德格尔追问"存在"问

---

① ［德］海德格尔著，陈嘉映、王庆节译，熊伟校，陈嘉映修订：《存在与时间》（中文修订第二版），商务印书馆 2020 年版，第 31 页。
② ［德］海德格尔著，陈嘉映、王庆节译，熊伟校，陈嘉映修订：《存在与时间》，第 31 页。
③ ［德］海德格尔著，陈嘉映、王庆节译，熊伟校，陈嘉映修订：《存在与时间》，第 32 页。
④ ［德］海德格尔著，陈嘉映、王庆节译，熊伟校，陈嘉映修订：《存在与时间》，第 32 页。
⑤ ［德］海德格尔著，陈嘉映、王庆节译，熊伟校，陈嘉映修订：《存在与时间》，第 38 页。
⑥ ［德］海德格尔著，陈嘉映、王庆节译，熊伟校，陈嘉映修订：《存在与时间》，第 9 页。
⑦ ［德］海德格尔著，陈嘉映、王庆节译，熊伟校，陈嘉映修订：《存在与时间》，第 19 页。
⑧ ［德］海德格尔著，陈嘉映、王庆节译，熊伟校，陈嘉映修订：《存在与时间》，第 57 页。

题，正是从"此在"的"生存"即"人"的"生存"入手的。

海德格尔说："此在能够这样或那样地与之发生交涉的那个存在，此在无论如何总要以某种方式与之发生交涉的那个存在，我们称之为生存。"① 他"把生存专用于此在，用来规定此在的存在"②，以此来区别"此在"与其他存在者，所谓"生存"就是"此在的存在"。

"此在的'本质'在于它的生存"③，在于"此在"所包含的"存在"向来就是有待"去是"的那个"存在"。所以，在"此在"身上的所有性质都不是"现成存在"的，而是"对它来说总是去存在的种种可能方式"④。显然，海德格尔用"此在"这一名称来指称"人"这一存在者，是想表达"此在"怎样"去存在"，"去生存"，这是一种"生存状态"。"生存"规定着"此在"，"此在总是从它的生存来领会自己本身"⑤。

然而，正如黄玉顺教授所言，与海德格尔追问"存在本身"、对此在的生存分析的全部意图在追问"一般存在的意义"不同，儒学并不关心一般的"存在的意义"，儒学只关心"生存的意义"。⑥ 蒙先生亦然，在《情感与理性》一书的自序中，他明确指出：

> 本书不再从所谓本体论、认识论和知识学的角度研究儒学，而是从存在问题入手，讨论儒学在人的存在、价值及其人生体验问题上的基本主张。⑦

从"存在"问题入手讨论人的存在、价值及其意义，事实上，蒙先生所说的这个"存在"指的就是"人的存在"，即"生存"。他说：

---

① ［德］海德格尔著，陈嘉映、王庆节译，熊伟校，陈嘉映修订：《存在与时间》，第 17 页。
② ［德］海德格尔著，陈嘉映、王庆节译，熊伟校，陈嘉映修订：《存在与时间》，第 60 页。
③ ［德］海德格尔著，陈嘉映、王庆节译，熊伟校，陈嘉映修订：《存在与时间》，第 60 页。
④ ［德］海德格尔著，陈嘉映、王庆节译，熊伟校，陈嘉映修订：《存在与时间》，第 60 页。
⑤ ［德］海德格尔著，陈嘉映、王庆节译，熊伟校，陈嘉映修订：《存在与时间》，第 18 页。
⑥ 黄玉顺：《儒学的生存论视域——从蒙培元先生〈情感与理性〉说起》，《中华文化论坛》2004 年第 2 期。
⑦ 蒙培元：《情感与理性·自序》，第 1 页。

人究竟是怎样的存在？这其实就是儒家最先提出并寻求解答的问题。儒家虽然没有提出"存在"这一类概念，但儒家哲学所讨论的却是存在的问题，首先是人的存在问题，紧接着是人的存在的根据问题或本源问题，当然还包括人与天地万物（有生命和无生命的存在物）的关系问题。①

"人究竟是怎样的存在"，这其实就是儒学千百年来一直在回答的基本哲学问题——"人是什么"。也就是说，儒家虽然没有使用"存在"这样的表达，但讨论的就是"存在"问题，最紧要的是"人的存在"问题。儒家关心的是人，是人的"存在"及其本源问题，当然也包括人与天地万物的关系问题，但"人的存在"问题是最核心的。不难看出，蒙先生从"存在"问题入手来研究儒学，关心的不是一般的"存在的意义"，依然是"生存的意义"。

他说："我所说的'存在'，是从生命的意义上说的，是指生命存在，不是一般所谓'存在'，是有生命意义的。"② 这个"生命意义"确切地说，其核心就是人的存在意义和价值。在蒙先生看来，作为有生命的存在，"人是有特殊意义和价值的存在"③，这正是"人"区别于一般的有生命的存在和无生命之物的关键所在。正如海德格尔把"生存"专门用于"此在"，以此来区分出"此在"，用"生存"来规定"此在的存在"，将"人"与其他一切存在者区别开来一样。蒙先生所说的"生命意义"是专指人而言，并以此来区分出"人"这一存在，"生命意义"即人的存在意义和价值，由此将"人"与其他一切存在者区别开来。当然，与海德格尔追问"存在"本身不同，蒙先生是"从存在问题入手最终解决意义与价值问题"④，关心的是"人"，他所说的"存在"是"人的存在"，即"生存"。

既然与其他存在者有着本质区别，人作为有生命意义和价值的存在，就必

---

① 蒙培元：《情感与理性》，第 24 页。

② 蒙培元：《我的中国哲学研究之路》，《中国哲学与文化》第 2 辑，刘笑敢主编，广西师范大学出版社 2007 年版。

③ 蒙培元：《情感与理性》，第 25 页。

④ 杜霞：《理性·情感·生活——对冯友兰、蒙培元、黄玉顺之间学术嬗变的考察》，《当代儒学》第一辑，陈炎、黄俊杰主编，广西师范大学出版社 2011 年版，第 238 页。

定有着与其他一般的存在不一样的存在方式。所以，蒙先生说：

> 人是有特殊意义和价值的存在，这就意味着人有其特殊的存在方式，这就是孔子所说的"真情实感"，孟子所说的"四端"，荀子所说的"义"，后儒所说的"性情"。①

这就提出了另一个重要观点：情感是人的存在方式。在蒙先生看来，儒家始终是从"情感"出发思考"存在"问题，思考人的存在、价值及其意义等问题的。他认为，讲"人的存在"问题，就离不开"情感"。他说：

> 要讨论人的存在及其意义、价值等重要问题，必须从情感出发，从情感开始。②
> 既然讲人的存在问题，就不能没有情感。因为情感，且只有情感，才是人的最首要最基本的存在方式。③

在蒙先生看来，只有"情感"才是"人"这一特殊"存在"的最首要最基本的存在方式，"情感"是人之所以为人者，"离开人的情感，人的存在问题就难以解决，人的存在的价值和意义的问题就更加难以说明"④。所以，他提出了"人是情感的存在"的哲学命题。

二、情感：人最基本的存在方式

"人是情感的存在"，首先是说"对人而言，情感具有直接性、内在性和首要性，也就是最初的原始性。正因为如此，情感就成为人的存在的重要标志。"⑤ 这也就是说，情感具有本源性。也正是因为情感的本源性，"情感"才

---

① 蒙培元：《情感与理性》，第 25 页。
② 蒙培元：《人是情感的存在——儒家哲学再阐释》，《社会科学战线》2003 年第 2 期。
③ 蒙培元：《情感与理性》，第 5 页。
④ 蒙培元：《情感与理性》，第 133 页。
⑤ 蒙培元：《情感与理性》，第 24 页。

是人最基本的存在方式，进而成为"人的存在"的重要标志。所以蒙先生说：

> 情感是人的基本的存在方式，是人的存在在时间中的展开。①
> 情感的存在状态就是人的存在状态，因此人是情感的存在。②

要理解蒙先生所说"情感是人的基本的存在方式"，"（情感）是人的存在在时间中的展开"，"情感的存在状态就是人的存在状态"以及"人是情感的存在"，关键在于先理解"情感"及其存在。在蒙先生看来，首先，"真情实感"就是儒家所说的"情感"；其次，"仁爱"情感是人最本真的情感；另外，"情感"是可以"上下其说"的。

> 所谓"真情"，就是发自内心的最原始最真实的自然情感；所谓"实感"，就是来自生命存在本身的真实而无任何虚幻的自我感知和感受。③
> "真情"之所以为"真"，因为它是"实感"之情；"实感"之所以为"实"，因为它是"真情"之感。二者结合起来，就是儒家所说的情感，也只有二者结合起来，才是一个真实的生命存在、一个真实的人。④

不难看出，蒙先生尤其重视"真实"，所以一再强调人是"真实的存在"，是"真实的生命存在"，是"真实的人"，是有"真情实感"的人。然而，蒙先生也指出，仅就"真实的此在"而言，世间一切存在物都是真实的存在，就这一层次而言，人与一切存在物是一样的；从"真实的生命存在"来看，也只是将人与其他有生命的存在物放在了同一层次，并没有凸显出人的特殊意义和价值，还是没有把人与其他存在者区分开来。所以蒙先生特别强调"生命意义"，强调"真情实感"，因为人是有特殊意义和价值的存在，这也就意味着人有特殊的存在方式，"真情实感"就是人特有的存在方式。所以他说，

---

① 蒙培元：《情感与理性》，第21页。
② 蒙培元：《情感与理性》，第162页。
③ 蒙培元：《情感与理性》，第25页。
④ 蒙培元：《情感与理性》，第25页。

"真情实感"，就是"人的最本真的存在状态"①；"一个人如果有'真情实感'，他就能成为'仁人'，仁就是人的最高价值。"② 一个人若有"真情实感"就能成为"仁人"，实现人的最高价值——"仁"。孟子说："仁也者，人也"③，仁即人，人即仁。人之所以为人者，就在于"仁"，"仁"既是人的最高价值也是人最本真的情感。"仁爱"情感作为人最本真、最本源的情感，也就是人最原始、最基本的存在方式。

人的存在，毫无疑问，就是要在生存活动中实现自己的价值，成为"仁人"，这也就是"去是"的过程。让自己"存在起来"，"去是""去存在"，在这里就可以用儒家的话语表达为"去成为仁人"，或说"去成为有真情实感的仁人"。

"仁学"是孔子学说的核心，作为儒家创始人，他对"仁爱"情感的高扬，对人的情感的肯定，从一定意义上说，确定了儒学发展的基本方向。所以，蒙先生说："情感是全部儒学理论的基本构成部分，甚至是儒学理论的出发点"④，"儒学从根本上说是人学，而人学就是仁学"⑤。我们知道，孔子从不对任何概念下定义，对"仁""仁人"也并没有一个形式化的定义，而且面对樊迟、颜渊、仲弓、司马牛等不同弟子"问仁"，孔子的回答也是不一样的。因为孔子关注的不是现成在手的、固定化的东西，正如张祥龙教授所说："孔夫子的最大特点就是'不可固定化'；而且，正是由于这'不可固定'是那样的彻底，它必要活化为人生的境域式生存，化入时间（历史）境域、语言（'文'）境域和艺术境域的原发意义构成之中。所以当我们读《论语》时，感受到的是一阵阵活泼机变的'夫子气象'，而不是任何用普遍化的原则可概括的东西。"⑥ 先理解这种"构成"的意义，才能感受到活泼机变的"夫子气象"，也才会感觉到《论语》中洋溢着的活泼气息。而"《论语》中洋溢的那

---

① 蒙培元：《情感与理性》，第 25 页。
② 蒙培元：《情感与理性》，第 25 页。
③ ［宋］朱熹：《四书章句集注》，《孟子·尽心下》，中华书局 2012 年版（2013 年重印），第 375 页。
④ 蒙培元：《情感与理性·自序》，第 1—2 页。
⑤ 蒙培元：《情感与理性》，第 8 页。
⑥ 张祥龙：《从现象学到孔夫子》，商务印书馆 2011 年版（2018 年重印），第 244 页。

种活泼气息即来自孔子思想和性格的纯构成特性"①，只有理解了这种纯构成特性，才能在人生的境域式生存中去理解"真情实感"、"仁爱"情感的本真状态，去理解人的特殊的存在方式——"情感"，进而理解人的存在、价值及其意义。

海德格尔明确表示："无论什么东西成为存在论的课题，现象学总是通达这种东西的方式。"②"现象学"作为一个方法概念，"它不是从关乎事实方面来描述哲学研究的对象是'什么'，而描述哲学研究的'如何'"③。无疑，"现象学"根植于对"事情本身"的分析之中，"'现象本身'或'事情本身'一定是构成着的或被构成着的，与人认识它们的方式，尤其是人在某个具体形势或境域中的生存方式息息相关。换言之，任何'存在'从根本上都与境域中的'生成'、'生活'、'体验'或'构成'不可分离"④。所以，胡塞尔说："实事在这些体验中并不是像在一个套子里或是像在一个容器里，而是在这些体验中构造起自身"⑤，这也就是说没有任何现成的存在预设，而"现象"是在"体验"或"生存"活动中当场构造起自己，"构成"是"现象"的存在方式，而且"构成"首先应是"人本身"的"构成"。

《论语》中，"樊迟问仁。子曰：'爱人。'"⑥"爱人"就是一种人与人相互对待、相互造就的"生存"活动和体验。"仁人"就是在这种人与人相互对待、相互造就的不断"去是"的"生存"活动和体验中构造起来的或说"构成着的"。所以，"仁爱"情感作为人最原始、最基本的存在方式，它并未传达、也不想传达任何现成的"什么"，而是"揭示出一个人与人相互对待、互相造就的构成原则"⑦，呈现出一种人的境域式生存方式，要求的是自己与他人的相互构成，即"人本身"的"构成"。"仁人"就是这样的一种生存方式。

---

① 张祥龙：《从现象学到孔夫子》，第 202 页。

② ［德］海德格尔著，陈嘉映、王庆节译，熊伟校，陈嘉映修订：《存在与时间》，第 50 页。

③ ［德］海德格尔著，陈嘉映、王庆节译，熊伟校，陈嘉映修订：《存在与时间》，第 39 页。

④ 张祥龙：《从现象学到孔夫子》，第 191 页。

⑤ ［德］胡塞尔著，倪梁康译：《现象学的观念》，商务印书馆 2018 年版（2020 年重印），第 22 页。注：1986 年上海译文出版社出版的版本中"构造起自身"也翻译成"构成着自身"。

⑥ ［宋］朱熹：《四书章句集注》，《论语·颜渊》，中华书局 2012 年版（2013 年重印），第 375 页。

⑦ 张祥龙：《从现象学到孔夫子》，第 201 页。

在《论语》中对"仁""仁人"并没有一个形式化的概括，我们看到的只是不同生活情境中，孔子面对不同学生"问仁"，孔子在这些不同的境域中不停在言说、在描述"仁"以及如何为"仁"。这是因为在孔子的认识中，"仁"这种本真情感是本源性的，我们只能在不同生活情境中把捉"仁爱"情感的不同显现。这也就是蒙先生所说的"认识"，"所谓认识，也是存在认识，不是对象认识，是存在的显现、显露，不是获得知识"①。所以，孔子对"仁"的言说方式是情境式的，孔子言说和描述的也只是"仁"在不同生存活动情境中的不同显现。同理，"仁人"也不是一个"现成在手状态"，不是一个现成的、固化的个体，而是在人与人相互对待、互相造就的"生存"活动和体验中"构成着的"，是一种"去存在""去是"（"去生存"）的可能方式。所以，"仁人"向来就是有待"去是"的生存方式。

蒙先生所说的"一个人如果有'真情实感'，他就能成为'仁人'"②，决不是说有一个现成的"仁人"在现实生活情境中生存着，而是说在"仁爱"情感这一最本真的情感样态中"构造起"了"仁人"，或说在"真情实感"这一本真生存状态中"构造起"了"仁人"。

"真情实感"或"仁爱"情感作为"人的最本真的存在状态"，正是"人"区别于一般的有生命的存在和无生命之物的首要标志。这也就是说，"人是情感的存在"，并不是说对人而言情感是唯一的，除了情感人便没有别的东西。决不是说人只是情感的存在，而是说，对人而言，情感是最首要的，情感是人的基本存在方式；或说就其之所以为人而言，人首先是情感的存在。

诚然，"人是情感的存在"，首先是说"情感"是人最首要最基本的存在方式。"情感"当然不仅仅是简单的感性情感，也包括理性情感。在蒙先生看来，"情感既是感性的又是理性的，既是经验的又是先验的，是二者的统一而不是对立"③，不能只从一个方面去看，而应该从整体的观点去看，既看到情感感性的一面也看到其理性的一面。这也就是蒙先生所说的"情感"是可以"上下其说"的。

---

① 蒙培元：《情感与理性》，第20页。
② 蒙培元：《情感与理性》，第25页。
③ 蒙培元：《情感与理性》，第143页。

情可以上下其说，就是指情感既可以从下边说，也可以从上边说，这里所说的上、下，就是形而上、形而下的意思。情感是人的基本的存在方式，是人的存在在时间中的展开。从下边说，情感是感性的经验的，是具体的实然的心理活动。从上边说，情感能够通向性理，具有理性形式。或者说，情感本身就是形而上的、理性的。或者说，情感是理性的实现或作用。①

　　情是可以"上下其说"的，往下说，是感性情感，与欲望相联系；往上说，是理性情感或者叫"情理"，与天道相联系。②

　　这往下说的"感性情感"，也就是日常生活中具体的情感活动和生存体验，这样的情感是具体的、感性的、经验的。往上说的"情感"能贯通形而上的"性理"，也就是"理性情感"或"情理"，是理性的。正是在这个意义上，蒙先生说，情感本身就是理性的。

　　毫无疑问，"人是情感的存在"中所说的"情感"是包含理性在内的情感，是具有理性形式的情感，"正是这往上说的'理性情感'才是人之所以为人者"③。所以蒙先生才说："在有关情感问题的思考中，最大的问题也许是情感与理性的关系问题。"④

三、理性：情感的重要存在样式

　　在蒙先生看来，情感与理性的关系，本就是儒学的主题所在，与西方哲学中的"情理二分"不同，中国哲学是"情理合一"的。与西方哲学形成鲜明对照的是，中国的儒家哲学认为"情感"在"人的存在"问题上具有重要意义，而且儒学寻求的是情感与理性的统一，儒家的德性之学就是建立在情感之

---

　　① 蒙培元：《情感与理性》，第21页。
　　② 蒙培元：《人·理性·境界——中国哲学研究中的三个问题》，《泉州师范学院学报》2004年第3期。
　　③ 胡骄键：《现代中国哲学的情理学派》，《当代儒学》第十六辑，杨永明主编，四川人民出版社2019年版，第166页。
　　④ 蒙培元：《情感与理性》，第16页。

上的。所以，"情感可以'上下其说'"①。"从上边说，情感能够通向性理，具有理性形式。或者说，情感本身就是形而上的、理性的。或者说，情感是理性的实现或作用。"②

正是因为这往上说的"理性情感"或"情理"，是形而上的，是理性的，是能够贯通"性理"的，所以蒙先生说，情感本身就是理性的。而且，即使在理学家那里，理性和情感，也是你中有我，我中有你的，因为他们关心的依然是"人"，是"人的存在"，讨论的是人的存在意义及价值，而这就绕不开情感与理性：

> 理学家所关心的，是人的存在问题，而在他们看来，人的存在是有价值意义的，人不只是一个生物人，不是无理性的人，人的理性主要被归结为道德理性，而其最直接最真实的体现就在人的情感中。③

所以蒙先生说，儒学寻求的是情感与理性的统一，儒家哲学是"情理合一"的。这种"情理合一"与西方哲学中的"情理二分"的区别主要在于对"理性"的不同理解。

> 理性在儒学中被称为义理、性理，属于价值理性，而价值显然与情感有关，是由情感决定的。④
> 性理就是德性，也就是理性；不过，不是"理论的"理性，而是"实践的"理性。但是，又不同于康德所说的"纯粹的实践理性"，而是和情感联系在一起并以情感为其内容的"具体理性"。这才是儒家理性学说的真正特点。⑤

这就是说，儒家的理性是"实践的"，指导着人自身的实践活动，类似于

---

① 蒙培元：《情感与理性》，第 19 页。
② 蒙培元：《情感与理性》，第 21 页。
③ 蒙培元：《情感与理性》，第 127 页。
④ 蒙培元：《情感与理性·自序》，第 2 页。
⑤ 蒙培元：《情感与理性》，第 19 页。

康德的"实践理性",但又有别于康德所说的"纯粹的实践理性"。第一,儒家所说的"义理""性理"是理性的,但却不是纯形式的,是有情感内容的,"它就存在于情感之中,或者通过情感活动体现出来,所以它是有内容的"①。第二,它"虽然有超越性的一面,但又是存在于生命中的,而且只能在生命中存在,……是'人同此心,心同此理'的道德理性"②。"总之,儒家的理性是有情感内容的,是'具体理性'而不是纯粹形式的抽象理性。"③ 这就将儒家所说的"理性"同西方哲学中的"理性"区别开了。

蒙先生一再强调:理性亦即性理,是不能离开情感而独立存在的。在他看来:"所谓理性不是西方式的理智能力,而是指人之所以为人的性理,这性理又是以情感为内容的。"④ "理性"即"性理",是以情感为具体内容的,是"人之所以为人的性理"。正是这以"情感"为内容的"性理"——也就是往上说的"理性情感"或"情理"——使人成其为人,即是人之所以为人者。这也就是说,正是这往上说的"理性情感"或"情理",使人成其为人,是人的基本存在方式。换而言之,人之所以为人者,是往上说的"理性情感"或"情理",这才是"人是情感的存在"中所说的"情感"。由此可见,"人是情感的存在"这一命题本身就蕴含着"情理合一"的意蕴。所以,蒙先生说:"理性不能离开情感而独立存在,倒是相反,情感可以是理性的。"⑤

实际上,蒙先生说"情感本身就是理性的"⑥,这是从"生存论"上来说情感与理性是统一的,也就是蒙先生所说的"从存在上说"。他说:

> 如果从存在上说,性或理即所谓理性(实为性理)作为人的"存在本体",并不是实体,也不是纯粹的"自我意识"或观念实体,而是情感的存在样式,即情感之所以为情感者,因此,决不能离开情感而存在。⑦

---

① 蒙培元:《情感与理性》,第 19 页。
② 蒙培元:《情感与理性》,第 70 页。
③ 蒙培元:《情感与理性·自序》,第 2 页。
④ 蒙培元:《情感与理性》,第 21 页。
⑤ 蒙培元:《情感与理性》,第 150 页。
⑥ 蒙培元:《情感与理性》,第 21 页。
⑦ 蒙培元:《情感与理性》,第 20—21 页。

如果从观念或概念上说，情感与理性自然是不同的，但观念、概念只是认识的工具，在蒙先生看来，真正的认识，"是存在认识，不是对象认识，是存在的显现、显露，不是获得知识"①。然而，从存在上说就不一样了：从存在上说，理性即性理，作为人的"存在本体"，是"情感的存在样式"，即"情感之所以为情感者"，也就是说，理性或说性理才是情感之所以为情感之所在。

当然，说"理性是情感的存在样式"，并不是说对"情感"而言"理性"是唯一的，除了理性之外，情感便没有别的东西。而是说，"理性"作为情感的一种存在样式，或说作为情感的存在样式之一，是情感之所以为情感之理；就情感之所以为情感而言，理性是情感成其为情感或说是情感存在的重要标志。

前面我们知道，以"情感"为内容的"性理"即往上说的"理性情感"或"情理"是人的存在方式，是人之所以为人者。现在，我们又知道，"理性"或说"性理"，是情感的存在样式，是情感之所以为情感者。这也就是说，"情感"只有在"理性"这一生存样式或说存在样式中才能真正成为使人成其为人的"情感"，这样的情感才是人的存在方式。换而言之，"情感"只有在"理性"这一存在样式中才能建构起人，使人成其为人。

这也就是说，这以"情感"为内容的"人之所以为人的性理"又是情感之所以为情感之理：

> "性理"只能存在于情感之中并通过情感而体现出来。但它又高于情感，作为情感之所以为情感的"所以然"之理，以及作为情感之理所应当的"所当然"之理，它既是情感的来源，又是情感的目的。②
>
> 因为性之存在总要实现出来，或显露出来，这就必须有一定的存在方式，情就是这样的存在方式。所以，性之不能没有情，就如同潜在不能没有其实现，存在不能没有其存在方式一样。③

这就明确指出，性理作为情感的存在样式，即情感之所以为情感者，又是

---

① 蒙培元：《情感与理性》，第 20 页。
② 蒙培元：《情感与理性》，第 133—134 页。
③ 蒙培元：《情感与理性》，第 113 页。

以情感为存在方式而显露出来的，即存在于情感之中并通过情感而体现出来，我们"不可能离开人的最本真的存在方式即情感，而去谈论所谓形而上的'性理'"①。正因为，情感与理性是统一的，所以，蒙先生说："情感的存在状态就是人的存在状态，因此人是情感的存在。"②

由此可见，"人是情感的存在"这一命题，实际是从生存论来讨论"人的存在"问题和"情理合一"问题。"理性"或说"性理"，是情感的存在样式，是情感之所以为情感者；而"理性情感"或"情理"，是人的存在方式，是人之所以为人者。毫无疑问，情感和理性都是人的存在方式，而且"情感"只有在"理性"这一存在样式中才能使人成其为人。也正是在这个意义上，蒙先生说"人是情感的存在"，确切地说，即人是理性情感的存在。

结　语

诚如蒙先生所言，儒家哲学虽然不曾使用"存在"一类的字眼，但所讨论的却是存在的问题，"首先是人的存在问题，紧接着是人的存在的根据问题或本源问题"③。

毫无疑问，蒙先生虽是从"存在"问题入手来研究儒学，来谈"情感"问题，但蒙先生讨论的是"人的存在"问题，这无疑给我们提供了一种生存论解释学启示，也就是黄玉顺教授所言的"儒学的生存论视域"。黄先生肯定："对于儒学的'重建'或者'现代转换'来说，生存论解释学是一种新的极富前景的致思方向。"④

当然，蒙先生从"存在论"来研究儒学，以"人的存在"问题为核心内容，这个"存在"并非"存在本身"，而是主体的"存在"，是"生存"。"理性"是情感的存在样式，"情感"是人的存在方式，毫无疑问，情感与理性，都是人的生存方式，都是主体性的。

---

① 蒙培元：《情感与理性》，第 133 页。
② 蒙培元：《情感与理性》，第 162 页。
③ 蒙培元：《情感与理性》，第 24 页。
④ 黄玉顺：《儒学的生存论视域——从蒙培元先生〈情感与理性〉说起》，《中华文化论坛》2004 年第 2 期。

儒家的审美自律性何以可能

——以"情感儒学"与"生活儒学"的美学思想为考察中心

王一川

（山东大学儒学高等研究院硕士研究生）

一、引言

审美自律性（aesthetic autonomy）作为一种理论奠基于康德的"审美无功利"说，强调审美活动和艺术活动的无目的性和自由性，审美价值和艺术价值的独特性和不可替代性，凸显了美学相对于道德、宗教和科学的独立性。

既往对于传统儒家美学的研究，往往根据"乐与政通""礼乐教化""尽善尽美"等命题，对其进行审美功利主义的诠释，即审美需合乎道德标准，艺术为政治服务等，这在某种程度上认为儒家缺乏审美自律性的理论自觉。在此思路之下，儒家与审美的关系即被抛入了一个困境之中：一方面，需要承认儒家学说以政治、道德宰制审美；另一方面，如果作为主干思想的儒家思想忽视审美的独立性，几乎等同于承认中华文明的思想主流缺乏对于审美本身的尊重。

事实上，审美自律性本身是一个现代性的概念。余开亮认为："一般而言，美善相一致的模式为中西古典美学和艺术理论所首肯，而美善相分离模式为现代美学和艺术理论所推崇。"① 傅其林在《审美现代性界定的三种视角》中指出，"审美自律"是把握审美现代性的重要视角。② 冯黎明则指出："艺术自律性是审美现代性的'第一原理'。"③ 因此，且不论传统儒家美学是否对于审美自律性是全然拒斥的，单纯以审美自律性这个现代性标准对传统儒家的理论进行要求，其合法性就有待商榷。

但这种观点足够引起我们进一步的追问，即儒家哲学是否包含了"审美自律"的可能性？——随着当代学者对儒家哲学的不断诠释，从中是否可以开出带有"审美自律"色彩的现代性的审美观念？

本文尝试通过对于蒙培元"情感儒学"以及黄玉顺"生活儒学"中的美学思想进行探析，揭示审美自律性在当代儒学中的展开，指出这种儒家"审美现代性"之所以可能的哲学依据，并分析儒家美学中审美自律性和功利性的关系。

二、蒙培元"情感儒学"的美学思想

蒙培元的"情感儒学"围绕情感、境界、本体、超越、自然等关键词进行结构，其对于审美与艺术的论述也围绕这些概念展开，集中体现在其对于"乐"（lè，审美境界）及"乐"（yuè，艺术）的论述中。

（一）审美直观论

蒙培元认为："乐④之成为理学范畴从审美角度说的，在理学真善美合一的范畴体系中，它代表美的境界。作为美的境界，它更强调直观体验，也更强调主体性和主观性。"⑤ "（乐）不仅仅是心理学或经验论的情感体验或感受活动，而是出于情感而又超情感，达于理性而又超理性的本体境界。它更多地具

---

① 余开亮：《儒家伦理——政治美学与当代美育理论的建构》，《首都师范大学学报》（社会科学版）2019 年第 3 期，第 84 页。

② 傅其林：《审美现代性界定的三种视角》，《上海文化》2006 年第 5 期。

③ 冯黎明：《审美现代性与艺术自律论》，《浙江社会科学》2015 年第 2 期，第 107 页。

④ 此处为 lè，即审美境界，下一个"乐"与之同。——笔者注

⑤ 蒙培元：《论理学范畴"乐"及其发展》，见《蒙培元全集》第一卷，四川人民出版社 2021 年版，第 242 页。

有直觉和直观的性质，表现了理学和传统哲学的整体性和直观性这两大思维特征。"① 可见，在"情感儒学"中，审美境界具有"直观"的特点，且这种特点来源于理学和中国传统哲学的思维特点。

（二）审美情感论与艺术自觉论

《蒙培元说孔子》第六讲主要论述了孔子的文艺思想，其中多次指明，在儒家看来艺术来源于情感，且对情感负责。例如："情感问题始终是诗的主题所在。""所谓'志'是指情志，所谓'情'是指情感，所谓'言'是广义的文学语言。'诗'是表达人的情感需要和愿望的，故'不离志'；'乐'是表达喜怒哀乐之情的，故'不离情'；'文'是表达思想交流情感的，故'不离言'。""音乐不用通常说话的语言，也不用诗歌语言，而是一种独特的音乐语言，因而更加抽象，但也最能调动人的情感……"②

儒家重视艺术，在蒙培元看来其前提是艺术的独特价值和独特愉悦，而其独特性正是由于其情感性。"孔子认为，诗的基本性质和功能是抒发人的情感，表达悲、喜、哀、乐、好、恶、爱等各种情感需要，使人的情感得到进一步升华，从而培养人的'德性'。""音乐的产生出于人的情感需要，而音乐的功能在于调节人的情感，使人享受到快乐。因此，快乐之'乐'与音乐之'乐'有密切联系的。从字源学上看，快乐之'乐'是由音乐之'乐'来表现的。"③

蒙培元承认儒家没有建立起来唯美主义的美学观念，转而强调艺术对于品格和人生的提升作用。但是这种强调是建立在肯定艺术的特性之上的，这展现出了一种"艺术的自觉"的端倪。而艺术的独特价值，在儒家哲学看来恰巧是情感所赋予。甚至在"情感儒学"看来，"礼"也是源自情感，本身也是诗化、艺术化的，作为社会规范的礼也需要有"艺术的自觉"。

在《乐的体验与审美境界——朱熹哲学的一个重要问题》④ 中，在论述朱熹美学思想时，蒙培元也有与上述类似的论述。文中突出了一则材料：

---

① 蒙培元：《论理学范畴"乐"及其发展》，见《蒙培元全集》第一卷，第242页。
② 见《蒙培元全集》第十五卷，第71—83页。
③ 见《蒙培元全集》第十五卷，第71—83页。
④ 见《蒙培元全集》第十五卷，第十章第四节，第218—228页。

大率古人作诗，与今人作诗一般，其间亦自有感物道情，吟咏情性，几时尽是讥刺他人？只缘序者立例，篇篇要作美刺说，将诗人意思尽穿凿坏了！①

蒙培元指出这是朱熹对《诗序》作者以美刺论《诗》的观念进行的严厉批评，且"正因为诗之作出于人的性情，诗是表达人的性情的特殊的情感语言，而无别的外加的目的"。说明"情感儒学"强调，儒家反对抛弃审美自律论的审美功利论。可见"情感儒学"对艺术自觉性是有努力凸显的，而艺术自觉论的来源毫无疑问是审美情感论。

（三）审美境界论

蒙培元在《情感与理性》的第十三章《"乐②"的体验》中，根据审美对象和主体的不同将"乐"分为"仁者不同""礼乐之乐""本体之乐"和"性情之乐"，在论述宋明理学"本体之乐"的部分时用"境界"观念对其进行了说明。而真正以"境界"为核心结构儒家审美，是在《心灵超越与境界》第九章《乐的境界说——从孔子到〈乐记〉》③ 和《理学范畴系统》第二十五章《乐》④ 中。

虽说在孔孟、理学、心学那里，"乐"的境界的具体表现不尽相同，对于"仁""天地""心"也有不同侧重，但是基于此可以对"情感儒学"审美境界论的内容进行概括。审美境界论认为，"乐"的境界是一种审美境界，主要由于对其的把握有赖于整体思维和直观，"乐作为审美体验，以直观思维为其特征，这就是理学家所说的'静观'……这是一种直接的感受和体验，不需要理智概念的分析为中介，在经验直观中直接达到和客体的统一，进入美的本质和境界"⑤。在本体论意义上，"乐"是一种天人合一，心理合一，物我两忘，通达本体的境界，具有超越性，在儒家哲学中是一种最高境界；在认识论意义上，"乐"的境界以情感为基础，但并不仅指心理学意义上的情感，它既

---

① 《朱子语类》，第 7076 页。
② 此处为 lè，即审美境界问题，本节除《乐（yuè）记》外，所有"乐"均为 lè。——笔者注
③ 见《蒙培元全集》第八卷，第 119—129 页。
④ 见《蒙培元全集》第三卷，第 411—425 页。
⑤ 见《蒙培元全集》第三卷，第 411—425 页。

情感又超情感，既理性又超理性；在生态论意义上，"乐"是人与自然界的和谐一致；在美学与伦理学的意义上，"乐"存在对形式的愉悦，同时具有"仁"的道德内容，但又超越形式，超越道德。

"乐"的境界具有通达本体的意义，因此蒙培元强调它具有超功利性，存在伦理道德内容的渗透，但是本质上是对其的超越。在论述"知者乐水，仁者乐山"时，他指出这种境界是"在以宇宙万物为怀的精神境界里，能够产生人与自然合一的心灵体验，表现出对大自然的热爱，其中具有一种诗情画意"，甚至提出"中国的文学艺术有很多描写山水的作品，其中表达了情景合一、天人合一的境界，不能说与孔子的思想毫无关系。这一点在孔子那里虽然仅仅是发端，但是其深远影响决不能忽视。有人把中国美学与文学理论的来源仅仅归之于道家，其实这是不公正的"。蒙培元认为将"乐"的超功利性表现得最充分的是"舞雩之乐"——"在风和日暖的春天，与朋友们一起，到河水中洗澡，在河边上吹风，然后唱着歌儿回家，这难道不是一幅人与自然和谐一致、悠然自得的图画吗？它不仅具有浓厚的浪漫主义情调，而且表达了一种很超脱的美学境界……这种乐不是单纯的伦理道德能够说明的。"[1]

这个境界某种程度上是对冯友兰"天地境界"的承袭，在"新理学"中，"天地境界"即是一种真正自由的"同天"状态。

（四）艺术教化论

在"情感儒学"的论述中，艺术具有提升修养、完善人格的作用，具有道德意义和通达本体的意义。这与一般理解的儒家的艺术观比较类似。

三、黄玉顺"生活儒学"的美学思想

"生活儒学"的美学思想，集中在对于儒家的"诗""乐"[2] "诗教""乐[3]教"的诠释中。

（一）艺术：本源的言说与回溯

在情感观念上，生活儒学强调的是"情—性—情"架构：情感不仅指形

---

[1] 蒙培元：《"乐"的境界说——从孔子到乐记》，见《蒙培元全集》第八卷，第 121 页。
[2] 此处为 yuè，即音乐，艺术。——笔者注
[3] 此处为 yuè，即音乐，艺术。——笔者注

下的伦理情感，同时也指的是本源情感，形上、形下的主体性是由本源的生活情感给出的。在这个意义上，一方面，"情"作为唯一的本源，不可能有其他与之并列，更不可能接受来自形上、形下观念的判断，情中无物，情无善恶；另一方面，"情"在观念层级中具有奠基意义。生活儒学的"思"是情感之思，源于爱的情感。

而诗是本源情感的言说。"（诗）这里没有物，没有存在者。诗中显现的想象的形象，不是存在者，不是物，不是我们的认识对象……在本源性的言说当中，在一首好诗的言说当中，诚然出现了很多想象的形象，但这不是你所'看到'的形象。你所看到的，只是情感本身的流淌，情感本身的显现。"① 不仅如此，"生活儒学"区分了诗（艺术）与历史言说、科学言说的区别——诗，尤其是好的诗，其中没有对象化的思维，是消解了主客架构的，物我两忘的境界。"生活儒学"在解释"兴观群怨"之时，对其进行了去存在者化的解释②："兴"即存在者的主体从情感兴起；"观"即"观无"，对情感本身的领悟；"群"即是领悟物我不分的本源情景；"怨"即是"思慕"的本源之情。

值得注意的是，"生活儒学"提出艺术的特质即是其"想象—形象"性。"情感之思一定是形象的，是想象中的形象。表现情感之思的艺术，也一定是想象—形象的；否则，就不可能表达情感。"③ 这种"想象—形象"是区分于科学、形上学的"表象"的。"反过来说，不论是意欲之思，还是认知之思——就是我们今天意义上的'思想'、认知意义上的'思想'——当中的形象，都一定是表象。一个思想者、思考者，包括科学家那样的一种思考者，其思考方式都是表象式的……形而上学、哲学当中也是这样的。"④ 艺术是"想象—形象"的，因为表达的是"情感之思"，而本源情感是一个存在观念。可以说，《爱与思》是第一个从存在论意义上论证艺术的本质属性的儒家文本。

乐（yuè）是对本源的回溯。"生活儒学"在阐释"兴于诗，立于礼，成

---

① 黄玉顺：《爱与思——生活儒学的观念》（增补本），四川人民出版社 2017 年版，第117—118 页。

② 黄玉顺：《论"观物"与"观无"——儒学与现象学的一种融通》，《四川大学学报》2006 年第 4 期，第 67—74 页。

③ 黄玉顺：《爱与思——生活儒学的观念》（增补本），第 132 页。

④ 黄玉顺：《爱与思——生活儒学的观念》（增补本），第 133 页。

于乐"的时候，认为"兴于诗"指的是，诗是本源情感的言说，因此人的主体性由此挺立；"立于礼"是指形下主体性的挺立需要立足于伦理价值规范，成为一个形下存在者；而"成于乐"，正是形下存在者对本源的回归。回归的正是一种"本源之乐（lè）"，即无所乐的乐本身。"真正的'乐'（lè），就是回归了纯真的生活情感。我是从这么一个观念层级上去把握'乐'的，就是说，这样的'乐'（yuè）就是要我们回到那本源性的'乐'（lè）去。在我看来，这就是最高境界的音乐，就是回到那最纯真的情感，最本源的情感。比如，在祭祖的仪式中，我是在听音乐，但其实我什么也没有听，而是在'观'，在观情感的显现，我本身也在情感的涌流中。"①

可以说，"生活儒学"中，艺术是本源的显现，审美本身是对本源情感（情本身）的把握。"艺术无关乎认识、知识；艺术只是情感的事情。"②

（二）艺术教育：主体性的展开与本源的回归

因为诗是本源情感的言说，主体性由本源情感给出，因此诗教是关乎主体性展开的"情教"，也正因此孔子关注《诗》。而乐是对本源的回归，因此"乐教"也是一种超越形下的"礼"的溯源之教，因为音乐可以倾听本源情感，在情感中我们可以消弭冲突，实现和谐。③ 因为艺术的自律性已经从存在论的角度进行了论证，因此艺术教育的功用是建立在其自律性的基础之上的。

（三）艺术功能：社会和谐

在《中国正义论的形成——周孔孟荀的制度伦理学传统》④ 中，黄玉顺教授从伦理学角度出发，以孔子、孟子、荀子的艺术思想为基础，论证了艺术的社会功用。音乐在儒家看来是对本源的复归，让人体验本源之"乐"（lè），因此在其乐融融的情境下，社会也将达到和谐。在孔子那里，"成于乐"是对"立于礼"的超越。在孟子那里，乐可以帮助人回归仁义，由仁义生和谐；可以使君同乐，人人为善。在荀子那里，"乐"源自人的"天情"，同样可以"反仁"而"成礼"。可以说，在儒家看来，"乐"是政治治理的最后环节，

---

① 黄玉顺：《爱与思——生活儒学的观念》（增补本），第 166 页。
② 黄玉顺：《爱与思——生活儒学的观念》（增补本），第 132 页。
③ 黄玉顺：《论诗教与乐教》，选自《生活儒学的儒教观念》，载《儒教问题研究》，人民出版社 2012 年版，第 120 页。
④ 黄玉顺：《中国正义论的形成——周孔孟荀的制度伦理学传统》，东方出版社 2015 年版。

"乐治"比"礼治"是一种更高的境界。这与儒家伦理学的关怀目标有关——社会和谐，"礼"作为社会制度强调差异带来冲突，而乐带来审美的共通感，可以弥合冲突实现和谐。在"生活儒学"看来，儒家与其说要以"礼"规范"乐"，不如说儒家的伦理理想是一种"审美政治学"，以"乐"最终成就"礼"。

四、儒家审美自律性的展开及其哲学依据

从"情感儒学"到"生活儒学"，审美自律性的展开有一个过程。

"情感儒学"那里，一方面，艺术的核心问题是关怀情感，因此艺术具有独特价值，艺术功用的展开是在承认艺术的独特价值之后；另一方面，儒家的最高境界是一种审美境界，作为一种具有超越意义的通达本体的境界，它具有超功利的属性。这是"情感儒学"为挺立审美自律性所做的努力。但是不得不承认，一方面，"情感儒学"虽说提出了艺术的自觉，但这在思想体系中没有被确证——艺术虽然具有独特的情感价值，但是道德情感始终是更高一级的目的，情感本身和情感艺术最终还是面临着道德取向的筛选和评判；另一方面，审美境界虽然存在超脱的可能性，但是面对诸多的情感可能性、审美可能性，这种"乐"的审美境界同样也是被"境界系统"过滤，引导后的结果。换句话说，在"情感儒学"那里，美的地位很高，但是终是一部分美的地位很高，而不是艺术和审美本身。

而在"生活儒学"那里，诗是本源情感的言说，乐是对本源情感的复归，诗教和乐教也同样与本源情感扭结在一起，因此审美与本源具有对应性。审美具有通达本源的最高意义，美之境即是本源之境，此境界中空无一物，不证自明。因为主体性本身就由本源情感给出，因此形上、形下的观念对情感进行批评是不具有合法性的，如《爱与思——生活儒学的观念》中说："情感本身和道德有什么关系呀？没关系。在本源处，情感本身和道德是毫无关系的。你爱一个人，这跟道德有什么关系！唯有在这种'情'具体地如何实现、如何对象化的时候，才出现道德问题。"① 在儒学的原理上，情本身与存在者化的道

---

① 黄玉顺：《爱与思——生活儒学的观念》（增补本），第64页。

德的分离也带来了美与道德的分离——伦理对美的批评也是不合法的。在这个意义上，美的独立性和价值地位在"生活儒学"中获得了彻底的理论确证。而《爱与思》突出了"本源之思"的想象—形象性即美学属性，观念全然建立在诗性的"思"之上，真正诠释了儒家哲学是"诗化哲学"的浪漫特质。

"情感儒学"和"生活儒学"共同承认的是审美是一个情感问题——"美在情感"。因此情感在观念层级中所处的位置事实上决定了审美的境地，审美自律性的展开和情感地位的提升同步。

"情感儒学"中，蒙培元指出"人是情感的存在"，毫无疑问在理论体系中对"情感"进行了凸显，情感是理性的必然内容，在"诚""仁""乐"的境界中都有情感的参与。但是这事实上是说明，不管是"本体"的形上问题，还是"道德"的形下问题，它们是一个情感问题；而情感本身为他者奠基何以可能始终没有被确证。因此，当人纷繁复杂的"真情实感"本身遇到形下之道德，形上之天理的单向的目的论引导时；当"人是情感的存在"这一存在论遇到价值论时——情感是否还是"第一性"的，则无明确答案。这一点上，崔发展有明确的说明："就蒙先生的努力来讲，他虽反对将儒家等同于道德主义或者泛道德主义的看法，但是其最终的目的却仍是要重塑道德主体性"，"蒙先生只是试图由此揭示出情感乃是理性的必然内容，而不是情感乃是理性的奠基者。据此，情感在其'本性'上是否就有出演主角的能力这个问题，蒙先生并未给予切实或充分应对"①。正因如此，美作为情感的展现，其本身也面临着同样的窘境。虽然同样强调审美与情感的联系，但是"生活儒学"中，情感本身提升到了本源层级，人真正成为"情感的存在"。而艺术展现和回归的正是"情感本身"而非主体性的情感。在此基础上，审美本身的尊严在"生活儒学"理论中真正挺立了出来。

可以说，审美自律性在儒家确实具备着可能性，并且经由"情感儒学"到"生活儒学"，这种可能性获得了证明。同样可以发现，儒家的审美自律性某种程度上是一种"情感自律性"的问题。

---

① 崔发展：《一个"情感儒学"的文本——评蒙培元〈情感与理性〉》，见《当代儒学》第一辑，广西师范大学出版社2011年版，第280—281页。

五、儒家审美自律论与审美功利论

在系统论意义上，一个不与外界交流的系统不可能获得长久的维持。事实上，现实的艺术创作和批评中，价值观、历史、宗教和哲学等其他人文要素不可能被完全剥离，即使是审美自律论者本人的诗作也无法创造一个仅靠形式自足的艺术世界。在这个意义上，审美自律论本质上是一种现代性的理论承诺和理论态度，即在美学研究、审美活动、艺术批评和艺术生产时，首先要肯定艺术和审美的自由；审美的政治、经济、教育的功用是建立在这一前提之上，建立在对美本身的尊重之上，而非切割和"矫正"之上。本文对儒家审美自律论的追问其实正是在为"自律论"寻找理论上的确认。

在真实的美学实践和社会生活中，面向现代生活的儒家哲学在调和审美自律论和功利论的问题上给予了回答。认识艺术本身时，需要承认审美，即情感言说的本源性；强调在经过主体性思维之后对于本源情感的复归。艺术的核心在于本源情感与本源境界的体验，但美和艺术的境界中也并没有排除其他的对象化思维的内容——诚然艺术的核心是情感，但是也需要经验对象化的技巧、知识、道德的涵养来实现。认识艺术与社会的关系时，因为儒家哲学具有丰富性，必然包含美学与伦理学等的不同视角，因此审美自律论和审美功利论仅仅是视角不同所导致的结论不同，并非截然对立。前者是维护美与情本身的必要措施；后者在不偏废艺术的同时努力发挥其功用，是对于社会人生的必要关怀。在社会生活中二者并重，就能规避单纯的功利论和自律论所带来的问题。

从个体安顿到超越境界

——论蒙培元情感哲学中的"安"

肖琳琳[*]

（西南交通大学人文学院硕士研究生）

蒙培元先生的思想博大精深，构建起了情感儒学体系，是当代情感哲学的代表人物。多年来，学界对蒙培元情感儒学的研究主要分为两类，一类是对其学术史渊源及影响的研究，特别是对"冯—蒙"思想传承关系的研究；一类是对其思想中的核心概念的研究。[①] 然而，"中国哲学也讲宇宙论本体论，但不是构造世界的图画或原型，而是解决人的生命'安顿'问题，也就是情感的归属问题"[②]。这表明，情感儒学的核心问题之一，是"安"的问题。厘清"安"的思想内蕴、辨析"情感"与"安"之间的关系，是理解情感儒学的重要向度。然而，就笔者阅读所见，学界对此问题的讨论并不多。

事实上，蒙培元关于"安"的思想，落实在两大问题上，分别是儒学传统中的"推己及人"和"心灵超越"，由此形成了向外和向内两条路径，并最终归结为情感，从而诉求一种"安"的生活状态。试述如下。

　＊ 作者简介：肖琳琳，女，四川射洪人，现为西南交通大学人文学院2020级硕士研究生，主要研究方向为儒家哲学，特别是蒙培元情感哲学。蒙培元先生的全部著作现已被整理为《蒙培元全集》（黄玉顺、任文利、杨永明主编，四川人民出版社2021年版），本文凡引用蒙培元先生的观点均据《全集》本。

　① 相关成果主要被收录到《情与理"情感儒学"与"新理学"的研究——蒙培元先生七十寿辰学术研讨集》《"情感儒学"研究——蒙培元先生八十寿辰全国学术研讨会实录》《当代中国哲学的情理学派》等文集之中。

　② 蒙培元：《情感与理性》，《蒙培元全集》第十一卷，第9页。

一、向外与向内：两种致思进路

大致而言，传统儒学探讨的主题可分为两大类。按照《大学》的表述，一类是"格致正诚"，是向内的、自我的修养与心灵超越问题；一类是"齐家治国平天下"，是向外的、构建美好生活秩序的问题。两者皆以"修身为本"，构成了内外互通的关系。按照蒙培元先生的讲法："'安'是一种情感状态、一种心理感受，也是一种自我评价。"① 又可从"安"的角度来思考。

其一，由己到人的推扩问题。在这个问题上，"安"有三个层面的含义——安心、安身、安百姓。《尔雅·释诂》中记载"安、定，止也"②，说明"安""定""止"三字的含义是互通的，有"安定"之义；《说文·宀部》："安，乌寒切，静也，从女在宀下。"③ 段注："安，静也。从女在宀下，此与窻同意。"④ 此处表明"安"本身带有"静"的含义，有"安静"之义。因而，"安"始终代表着一种稳定、持静的状态。回到"安心→安身→安百姓"的推扩模式中，"安"首先表现为"心安"，是一种内在心理平和不忧的状态。唯有如此，方能"安身"。《系辞》"君子安其身而后动"⑤，说明"安身"是一切行为活动的前提。《论语》："子路问君子。子曰：'修己以敬。'曰：'如斯而已乎？'曰：'修己以安人。'曰：'如斯而已乎？'曰：'修己以安百姓。修己以安百姓，尧、舜其犹病诸？'"⑥ 可见，"安百姓"是君子治国理政的最终目的。"安己"又是"安百姓"的前提。析而言之，"安己"和"安身"有内、外之别；合而言之，二者实为一体。就是在这之间，实现了由个体感受向公共问题的转身。

其二，心灵超越的境界问题。在这个问题上，"安"包含了"个体安顿"和"安身立命"两种面向。与推扩模式不同，"个体安顿"和"安身立命"的

---

① 蒙培元：《孔子"仁"的重要意义》，《蒙培元全集》第十四卷，第91页。
② 阮元：《十三经注疏》，上海古籍出版社1997年版。
③ 许慎：《说文解字》，中华书局2013年版，第147页。
④ 许慎撰，段玉裁注：《说文解字注》，中州古籍出版社2006年版，第339页。
⑤ 朱熹撰，廖名春点校：《周易本义》，中华书局2009年版，第253页。
⑥ 杨伯峻：《论语译注》，中华书局2009年版，第156—157页。

主体都是人自身。个体生命的安顿指的是人自身所追求的"安"的生活状态，表现为不迷茫、不惊恐、不扰乱。"安身立命"是最高境界的"安"，即个体情感到普遍化的情感的升级和超越，意味着个人安顿的体验之学转向超越精神的境界之学。蒙培元延续了冯友兰"天地境界"中的观点，表述为"找到一个'安身立命'之地，也就是解决'终极关怀'的问题"①。简言之，将人的个体情感上升为普遍的、超越的共同情感，意味着"安"的生活状态从个人层面的安顿，升华为精神境界的超越。"心灵超越"的问题也出自《论语》。孔子说："吾十有五而志于学，三十而立，四十而不惑，五十而知天命，六十而耳顺，七十而从心所欲，不逾矩。"② 此处把人生分为六个阶段，蒙培元认为"其中最重要的是'知天命'，因为这才是真正的'上达'，只有实现这次超越，才有后来的'耳顺'，也才有'从心所欲，不逾矩'。"③ "知天命"，意味着找到了安身立命之地，不仅让生命有了安顿，还实现了心灵的超越，所以才能达到"从心所欲，不逾矩"的生活状态。台湾学者李瑞全在解释传统儒学语境中的"安身立命"时指出："所谓安身立命：安身是外部的生活规范的安排，涵括家国天下；立命是内部的精神生活的上达以成圣贤，即以仁心善性为一切价值之根源，由此挺立自己的生命，横通人我，外通天地万物，上通天道天命。"④ 由此可见，"安身立命"中的"安"，代表着最高境界和超越的体验，兼具个体的身与心、外在规范与内在德性以及家国天下与天道万物等多重关系的和谐统一。

在蒙培元的情感哲学中，以上两种关于"安"的致思进路，都与情感密不可分。那么，情感作为人的个体体验，如何在内外两条路径上实现呢？

二、情感与推己及人的"安"

在孔子与宰我关于"三年之丧"的对话中，"安"作为其中的核心概念，

---

① 蒙培元：《论中国传统的情感哲学》，《蒙培元全集》第七卷，第83页。
② 杨伯峻：《论语译注》，第12页。
③ 蒙培元：《从孔子的境界说看儒学的基本精神》，《蒙培元全集》第五卷，第169页。
④ 李瑞全、杨祖汉：《二十一世纪当代儒学论文集Ⅰ：儒学之国际展望》，中央大学儒学研究中心2015年版，第 i-ii 页。

同时兼涉仁、礼、孝、情等重要观念。因此，"被解释者深化为关于人类道德本性的一场跨时代的讨论"①。

> 宰我问："三年之丧，期已久矣。君子三年不为礼，礼必坏；三年不为乐，乐必崩。旧谷既没，新谷既升，钻燧改火，期可已矣。"
>
> 子曰："食夫稻，衣夫锦，于女安乎？"
>
> 曰："安。"
>
> "女安则为之！夫君子之居丧，食旨不甘，闻乐不乐，居处不安，故不为也。今女安，则为之！"
>
> 宰我出。子曰："予之不仁也！子生三年，然后免于父母之怀。夫三年之丧，天下之通丧也。予也有三年之爱于其父母乎！"②

在孔子和宰我的对话中，"安"一共出现了五次。两人的共同点是，都将"安"作为判定行为选择是否正当的依据，认可"安则为之，不安则不为"。但另一方面，孔子与宰我对于同一件事却产生了相反的判断，或者说对于"仁""礼""孝"等重要观念的情感判断不一致。蒙培元认为"这里虽然没有提出心字，实际上却是讲心。这是一种以血缘亲族为纽带的情感意识，或心理情感。这正是孔子仁学思想的心理基础"③。蒙培元指出，孔子批评宰我的原因在于"不仁"："其所以'不仁'，就因为宰我没有'不安'之心。很清楚，'安'与'不安'是衡量一个人有没有孝心，进而有没有仁德的重要标志。这说明，仁就其本质而言是一种内在情感，但是表现在社会行为中，就成为某种制度或规范。这是两千多年以前的事，现在时代不同了，人们不能像孔子那样守三年之孝，但是外在形式可以改变，孝心、仁心却不能改变，这就是情感的普遍性，主观的客观性。"④

孔子和宰我之间的冲突实际上是"个体情感"与"安"的生活状态之间

---

① 陈少明：《心安，还是理得？——从〈论语〉的一则对话解读儒家对道德的理解》，《哲学研究》2007 年第 10 期，第 39 页。

② 杨伯峻：《论语译注》，第 186 页。

③ 蒙培元：《中国心性论》，《蒙培元全集》第四卷，第 13 页。

④ 蒙培元：《情感与理性》，《蒙培元全集》第十一卷，第 38 页。

的矛盾。正因为孔子和宰我的当下对"安"的理解截然不同，对各类情感体验的感受也不相同，因此才会产生相反的判断。而蒙培元认为，作为情感归属的"安"的状态，与儒家所主张的"仁"，是紧密相关的。

按照此种判断，需要回应两个问题：其一，不同情境下，个体"安"与"不安"的判断标准何以可能；其二，何谓儒家语境下的个体生命的"安顿"（何谓儒家价值体系下的"安"的生活状态）。

首先，蒙培元提出"人是情感的存在"①，他认为"对人而言，情感具有直接性、内在性和首要性，也就是最初的原始性。正因为如此，情感就成为人的存在的重要标志，并且对于人的各种活动具有重要影响和作用，甚至起决定性作用"②。由此可见，判断个体"安"与"不安"的标准就是人的自然情感倾向，正所谓"顺情而心安"。其次，儒家语境下的"安"，"蕴含着仁与礼、仁与义、情与理以及道德与伦理的统一"③。简言之，"安"可以沟通儒学价值中的"仁"与"礼"。《论语·季氏》中有一段强调"礼"的规约性和重要性的表述："不学礼，无以立。"④ 同时，"仁"又是"礼"的根本精神和最终旨归，《论语·八佾》中提到"人而不仁，如礼何"⑤。由此可见，只有仁与礼的结合，最终才能达到"从心所欲不逾矩"的"安"的生活状态，实现儒家传统中道德自觉和礼仪规范的统一。

在蒙培元看来，传统哲学尤其是儒家哲学，提倡的是"为己"之学。何谓"为己"之学？换言之，就是自我实践之学，即"自为"之学。蒙培元认为"'为己'不仅是自我认识，更重要的是自我完成，即在实践中实现自己的道德人格。这完全是现世主义的，它主张在现世人生中实现最高理想，而不需要死后的永恒。传统思维缺乏西方那样的宗教意识，缺乏向彼岸超越的观念，更缺乏原罪和赎罪意识。它要在现实中实现人生的幸福，是'乐天安命'的现实思维"⑥。这意味着个体对于"安"的生活状态的追求，变得更加具体了。

---

① 蒙培元：《情感与理性》，《蒙培元全集》第十一卷，第 16 页。
② 蒙培元：《情感与理性》，《蒙培元全集》第十一卷，第 16 页。
③ 付长珍：《此心"安"处——论儒家情感伦理学的奠基》，《文史哲》2021 年第 6 期，第 19—20 页。
④ 杨伯峻：《论语译注》，第 176 页。
⑤ 杨伯峻：《论语译注》，第 24 页。
⑥ 蒙培元：《中国哲学主体思维》，《蒙培元全集》第六卷，第 69 页。

正因为传统儒学不同于西方那样将情感诉求寄托于宗教意识和彼岸观念，而着眼于现实人生的个体，更愿意以及更能够主动追求现实生活中"安"的状态，更容易形成自觉的道德修养，以及处理好现实人生中人与人之间的关系，不断地完满和丰富自己的道德人格。此时所有的行为选择都由自然情感统筹，而不是外在的强制和约束，个体自愿去实践某事，是为了给自己找到"安身立命"之地，即实现"安"的生活状态。

三、情感与超越境界的"安"

人是情感的存在，而情感作为人的存在的基本要素，其中就必定包含着普遍性的理性原则。正所谓"人同此心，心同此理"。正是因为人有着共同的、相似的本性，因此也就拥有共同的、相似的情感。由于情感本身具有普遍性和多样性，所以全人类的情感是普遍性与多样性的统一。

冯友兰先生把中国哲学称为"意义"哲学，"以提高人的精神境界为根本任务"①。关于精神境界问题，蒙培元有这样一段表述："早在20年代，冯先生在他的博士论文（即《人生哲学》）中，就提出'精神境界'的问题；后来在《新原人》中，又系统地阐述了这个问题；在晚年的中国哲学史研究中，他又反复强调这个问题。境界问题是冯先生从事哲学与哲学史研究的终极性关怀，具有永久性价值。他虽然提出四种境界说，但最高的也是最终的追求，则是天地境界。他一方面说，天地境界中人，也要自觉遵守社会的伦理道德，人性就是人的社会性，人性蕴涵着社会性；但另一方面又说，天地境界之所以为天地境界，就在于它有'超伦理、超道德'的内容。这是什么意思呢？我的体会是，天地境界是个人的信念问题，属于个人的精神追求，因此，不能等同于道德境界。也就是说，天地境界所要解决的，是人生的终极性问题，因而具有一种宗教精神。"② 此处的宗教是为了说明其作用和目的，从对人的影响上来说，神话和宗教的效用和目的，在某种程度上都是为了说明人与自然的关系，使人知道自身在自然界中所处的地位，从而在其中找寻一个"安身立命

---

① 冯友兰：《三松堂自序》，人民出版社2008年版，第17页。
② 蒙培元：《冯先生的两个关怀》，《蒙培元全集》第七卷，第198页。

之地"。冯友兰先生认为"这也正是哲学的目的和作用。但是哲学认为，要达到这个目的，必先对于自然有一种更深一层的理解，持一种比较正确的态度"①。

冯友兰先生所讲的"天地境界"，实际上就是本文里"安"的第二个维度，即"安身立命"的超越境界。在情感哲学的体系中，所谓哲学的根本任务，就是找到一个"安身立命"之地。这个"安身立命"之地就是"超越的精神境界"。此处可借用儒家哲学中常用的"仁"的概念来加以阐释。"仁者，爱人"，可以将其视为人类最本真、最朴素的情感，同时也可视其对象、范围的不同将"仁"分为不同的层面。例如，从"差等之爱"开始，最终可以推扩到天地万物"一体之仁"。此时的"一体之仁"就达到了"超越境界"。回到"安"的视域下，蒙培元认为，"境界如果是认识，那么这种认识不仅是对世界与人生意义的认识，而且是对生命存在的体验。人与自然界的关系不仅是理智认识的关系，而且是情感体验的问题；'安身立命之地'不仅是理智认识的结果，而且是一种情感态度。总之，解决人生意义的问题是不能没有情感的。"② 这里只是说明了情感对于解决人生问题的重要性，依然没有解决情感和超越境界究竟是何关系的问题。

蒙培元在《心灵超越与境界》中回应："谈心灵境界问题，不能不谈情感，谈情感问题，不能只谈个人的感性情感，还必须谈到普遍的共同情感，必须谈到高尚的理性情感""中国的心灵境界说虽然重视情感与体验，但是并不提倡个人的'私情'，恰恰相反，它是反对'私情'的。正如程颢所说，以'自私'之心用事，则'不能以有为为应迹'，而是斤斤计较于个人得失。如果能'以其情顺万事而无情'，即代之以大公至正之情，客观化理性化之情，则能够'廓然而大公，物来而顺应'，喜以其'当喜'，怒以其'当怒'，便能实现'天地万物一体之仁'的境界。这样的情就是理性化的情，'当喜'、'当怒'之'应当'，是情感理性化的结果，不是在情感以外，有一个'应当如此'的绝对命令"③。由此可见，当个体情感升级为普遍化的情感（普遍化的

---

① 冯友兰：《三松堂自序》，第264—265页。
② 蒙培元：《情感与理性》，中国社会科学出版社2002年版，第415页。
③ 蒙培元：《心灵超越与境界》，《蒙培元全集》第八卷，第297页。

情感具有理性精神），此时在"安"的层面上，就实现了由"个体安顿"到"安身立命"的超越精神境界的转向。

综上所述，无论是"推己及人"还是"心灵超越"，在蒙培元看来，实现的路径都是由"个体情感"上升到"普遍情感"，或曰，由"差等之爱"上升到"一体之仁"，亦即，都具体在、落实在情感问题上。此情感乃"真情实感"："所谓'真情'，就是发自内心的最原始最真实的自然情感；所谓'实感'，就是来自生命存在本身的真实而无任何虚幻的自我感知和感受。……'真情'之所以为'真'，因为它是'实感'之情；'实感'之所以为'实'，因为它是'真情'之感。二者结合起来，就是儒家所说的情感，也只有二者结合起来，才是一个真实的生命存在、一个真实的人。"① 质言之，"真情实感"本身已蕴含了个体情感与普遍情感的内在统一，也是"推扩"与"超越"的逻辑前提。

然而，我们要注意到，对个体情感的"直接性""原始性"的充分强调，是现代转型以来的最核心的哲学判断。它在西方表现为情感主义和经验主义的复苏，带有鲜明的启蒙色彩。但是，由此带来的问题是，对普遍价值和公共知识的怀疑，故而，西方哲学出现了所谓认识论转向。蒙培元的"真情实感"说，在某种程度上，实现了是对西方情感主义之弊的回应。但是，"情感儒学"是否已然预设了"情感"与"道德"的天然合一性呢？若如此的话，是否又回到了前现代的"性—情"架构之中呢？这些问题就非本文的篇幅所能讨论了。

---

① 蒙培元：《情感与理性》，《蒙培元全集》第十一卷，第 17 页。

蒙培元哲学思想研讨会
暨《蒙培元全集》出版发布会举行

　　2021 年 12 月 25 日，"蒙培元哲学思想研讨会暨《蒙培元全集》出版发布会"在山东大学中心校区知新楼举行。会议由四川思想家研究中心、中国社会科学院哲学研究所、山东大学儒学高等研究院和四川人民出版社共同主办，共三十余位学者以线上线下相结合的方式参会。

　　本次会议以《蒙培元全集》（全十八卷）的出版为契机，旨在对蒙培元先生的哲学思想进行深入而广泛的研讨，以彰显蒙培元先生对于中国哲学的发展所做出的重大贡献。

　　山东大学黄玉顺教授致开幕词。他指出，蒙培元先生数十年来从中国哲学史特别是从宋明理学与孔孟儒学的研究中逐步构建起他自己的"情感儒学"，对如今学界所出现的"情感转向"起到了发动和推进作用。蒙先生通过"情感"观念将"主体""心灵""超越""境界""自然"等关键词贯通起来，形成了丰富多彩的、立体的思想网络。其中对超越问题（涉及宗教问题）和自由问题（涉及政治哲学问题）的研究是值得学界特别关注的。新世纪以来，研究蒙培元哲学思想的文章逐渐增多，这种研究趋势还将继续深入下去，本次会议便是最好的明证。

　　会议首先由主办单位代表致辞。中国社会科学院哲学研究所所长张志强研究员认为，蒙培元先生作为中国社会科学院哲学研究所的代表性和标志性人物，其哲学创作总是与时代问题相呼应，从中国哲学的立场出发回应时代问题；他的哲学思想一方面发挥了北大注重哲学史的传统，另一方面也着重发扬了冯友兰先生的独创哲学精神，建立了自己的具有鲜明特征的哲学体系。四川思想家研究中心主任杨永明教授指出，《蒙培元全集》的出版是哲学界的大事和幸事，为后辈学者研究蒙先生的哲学思想提供了方便的文本；他从研究缘起、研究方法、研究结论三个方面，梳理和揭示了蒙先生的生态哲学的内在理路。四川人民出版社资深编审王定宇女士介绍了《蒙培元全集》的编辑出版过程；认为整个编审过程使她本人提升了中国哲学素养，并认识到作为责任编辑在中国哲学传播方面任重道远的责任。

第一场学术讨论，清华大学陈来教授强调指出，将蒙先生的哲学思想概括为"情感儒学"，尽管可以凸显他的儒家文化自觉，却容易忽视他在中国哲学史研究方面的贡献；他从蒙先生早期和晚年的朱熹哲学研究的对比入手，对蒙先生哲学研究的总体特点和观念特色进行了概括和总结。武汉大学郭齐勇教授回忆了与蒙先生的交往，集中阐发了蒙先生在生态哲学、心性哲学和中国哲学方法论三个方面的贡献，并表达了自己对蒙先生哲学思想的学派发展前景的期许。华东师范大学杨国荣教授围绕蒙先生的中国哲学研究中的两个环节展开论述，"照着说"的环节着重理学演变过程的梳理，"接着说"的环节着重对于情感的关注；蒙先生认为人是情感的、完整的人，注重对人的具体的、现实的理解。台湾林安梧教授从冯友兰与熊十力的一段公案切入，围绕中国当代的"情理学派"（冯友兰—蒙培元—黄玉顺）与"当代新儒家"之间"觉情"与"觉性"的不同，指出良知不是假设，而是存在的真实彰显，因而中国的宗教乃是觉性的宗教。深圳大学景海峰教授从《孟子》中的亲亲之感与同类相感出发，讨论情感儒学中的情感分疏问题，探索情感何以成为本体和哲学理论基础这一重大问题。澳门大学王庆节教授通过对蒙先生情感哲学基本问题的讨论，指出情感儒学面临着"人是否仅仅是情感的存在""人的情感在什么意义上具有优先性和基础性"以及"情感作为发端如何开显道德德行"等理论问题。

第二场学术讨论，苏州大学周可真教授从其管理哲学出发，认为逻辑思维不仅仅限于认知领域，也存在于情感领域，儒家哲学中存在着情感推理的因素，体现为情感相似性、情感适中原则和情感推理方法。浙江大学董平教授指出，蒙先生将中国哲学中的情感哲学面向展开为世界哲学问题，具有世界哲学的意义；将人的存在还原为现实的、活生生的人，回归到生活本身；另外，蒙先生理论中的诸多基本判断是非常真实且准确的。河北大学程志华教授围绕情感儒学中"情感"与"自由"概念进行了探讨，通过情感与自由的关系透视情感儒学，并提出情感与自由乃是通过将意志作为中介而联系起来的。山东社会科学院涂可国研究员提出"人类儒学"的概念，认为中国哲学研究的重心是在人类儒学，而情感儒学乃是立足于人类儒学，蒙先生则是人类儒学的卓越开创者。北京大学干春松教授指出蒙先生的情感哲学面临着"情感何以成为最基础性概念""是否真正摆脱情理二分形式"的问题；他认为"感"与情感哲学关系密切，而蒙先生对于"欲"的理解则与戴震相接近。中国社会科学院刘丰研究员阐述了蒙先生在朱子哲学研究方面的基本观点及其贡献，认为其突破在于从观念论到存在论、从心本论到情境论、从境界到生态三个方面，从而将朱子哲学研究推向高峰。上海交通大学余治平教授认为，蒙先生的生态哲学是其学术的第二大特色，具有十分重要的意义，当今学界对于生态哲学的研究应沿着蒙先生的思路往前走，坚持自己的站位，朝着生生本体论去引导，以进入本体论的高度。山西社会科学院宋大琦研究员指出，性、情、欲作为儒学史上的核心问题，对三者统一性的认识是传统礼法学现代转型的关键；儒家传统中既有理性的主导，也有个体的心性论，使得个人的权利成为法律体系之所以建立的基石。

第三场学术讨论，山东大学郭萍副研究员指出，蒙先生所提出的情理交融的理论建构仍将情感和理性视为心灵的两种不同机能，故有其局限性；而作为本源性的"感"强调所有的情感都是基于当下的生活情境的，从根本上摆脱了情理二分的传统框架。宜宾学院张林杰老师详细梳理了蒙先生有关孔子礼学思想的相关论述，认为是在以仁为中心的前提下，包含社会秩序、正名、人文关怀、宗教精神四个方面。成均馆大学讲师李慧子认为，蒙先生《中国心性论》一书为儒家心性论研究奠定了基础，未来对心性论的研究可在此之上注重纵向梳理与横向比较、思想家之间的关联以及晚清民国和现代新儒家心性论等方面，从而重新概括中国心性论的特征。南京大学李海超副教授认为，蒙先生将"本体"视作一种潜在的、可能性的存在，本体的存在方式就是境界，而境界的展开需要情感的作用，因而本体就是主体以情感为本源而创造或构建的最高价值理想，这是蒙先生独特的哲学创见。广西师范大学赵立庆老师探讨了情感自由如何可能的问题，认为面对现实生活中所出现的情感异化现象，情感应回归到本真状态才能成为价值意义上的真，因而情感自由与情感自我超越息息相关。山东大学博士生张小星认为，作为情理学派工夫的情感理性化乃是一种情境性的分析，即可以用"情境"概念统摄冯友兰、蒙培元、黄玉顺的境界论；情感超越所涉及的从旧主体性到新主体性的转换机制便是情感的理性化。

第四场学术讨论，山东大学胡骄键副教授认为，蒙先生"情可上下其说"中情感，往下说涉及认知理性的问题；人尽管是情理的存在，但缺乏认知理性的维度；而生活儒学则回答了认识何以可能的问题，他因而强调回到生活本身，重新对人进行认识。山东大学博士生何刚刚从德性主体与智性主体统一的角度，分析了蒙先生在情感儒学的视域下对科技的反思，并提出情感一旦和认知相结合，则必然面临如何解决情感对于认知扭曲的问题。山东大学博士生乐晓旭从情感儒学的视角出发，指出导致当今粉丝文化乱象的原因是在依恋情感和崇拜情感的失衡与错位下理性情感和超理性情感的缺失，以及娱乐资本与权力介入对偶像的建构和饭圈下个体人的失语。山东大学博士生赵嘉霖通过梳理有生态关切的学者对待"天人合一"问题的不同观点，指出他们混淆了存在本身和形上观念，并未对天人合一的观念层级和实质进行还原，这就面临着在尚未实现现代性的环境下谈论后现代问题的困境。山东大学博士生吴多键从真理问题谈起，认为蒙先生以情为真，将真情实感视为超出形上形下的实体概念；而生活儒学对于真的讨论可以称为"情真论"，即强调本源意义上的真，这里涉及对于"真"观念存在层级和本源层级的不同理解。山东大学硕士生黄杰从情感儒学中对超越概念的讨论入手，认为情感的重要意义乃是通过境界论来实现的，境界涉及情感体验与直觉，情感的提升作为一种自我超越乃是境界的纵向提升。山东大学硕士生陈春桂从蒙先生《情感与理性》一书入手，围绕生存论进行分析，指出蒙先生从存在的生命意义上理解生存，生存是人的存在，而情感是人的存在方式，理性则是情感的存在样式之一。山东大学硕士生王一川对于儒家的审美自律性如何可能的问题发表了自己看法，认为情感儒学中"乐"的体验便是审美体验，而乐的境界则是超本体的境界，因而在某种意义上说，审美自律性就是情感自律性。西南交通大学硕士生肖琳琳讨论了蒙先生哲学中"安"的问题，认为"安"强调从个体安顿到超越境界的提升，安的状态本身也是一种情感，而安身立命之地就是超越的精神境界，因此通过追寻安的生活状态便可以解决人的生命安顿问题。

　　会议最后，黄玉顺教授进行了简短的学术总结，他指出，本届研讨会主要取得了三个方面的成果：首先，继 2008 年举行的第一届蒙培元哲学思想研讨会和 2018 年举行的第二届蒙培元哲学思想研讨会，本届研讨会是对蒙培元哲学思想研究的进一步深化与拓展，证明了蒙培元哲学思想的博大精深；其次，本届会议还涉及了对蒙培元哲学思想的研究现状的反思；最后，本届会议体现了冯友兰先生所倡导的"接着讲"的哲学抱负，展示了自冯友兰先生以来"情理学派"五代学者对重建中国哲学的热情与执着精神。

（报道：乐晓旭）

儒家情感
观念研究

情缘论：情感本源的机缘化阐释

李海超*

（南京大学马克思主义学院　江苏南京　210046）

【摘要】情缘论是这样一种情感本源论：它继承、发挥了儒家缘情言诗、缘情制礼的重情传统，指出"情缘"在儒家文化中具有本源性的意义。它从天道与人道的分际出发，肯定了人道特别是基于人道所开显的境界视域、价值视域具有不可完全地还原、折合到宇宙论、本体论视域的本源性意义。它认为"情缘"只是敞开事物对人存在和一切文化建构的机缘，因此是一种具有价值导向作用，却不具有绝对决定作用的本源。情缘论的核心方法论是"缘情用理"，它反对生活各领域中一切极化的思维与实践。它主张人们以"情缘"为本去养成健康人格、建立道德自我和找寻心灵归宿，即希望人们"缘情立己""缘情成德""缘情归宗"。

【关键词】情缘论；情感本源论；境界论；缘情立己；缘情成德；缘情归宗

本文的目标是，通过发挥儒家缘情言诗、缘情制礼的重情传统，赋予"情缘"以本源性的意义。即对"本源"之"源"的内涵做"机缘"解读，认为情感作为优先性（不可被还原到本体论、宇宙论视域）的"机缘"具有"敞开"事物之存在的意义，从而提出一种机缘化的情感本源论——"情缘

---

　*　作者简介：李海超，哲学博士，南京大学马克思主义学院副教授、南京大学中国传统文化研究中心研究员，研究方向为儒家哲学。

论"。本文将对情缘论的思想视域、理论特点和理论应用加以概要的阐述。

一、"情缘"的本源意义

在哲学上，本源可以指称宇宙论视域中的太始，然而作为宇宙万物生成之初的太始，必存在于一切有感情的生物之前，故情感不足以当之；本源还可以指称形而上学或者说本体论视域中的本体，但无论中国哲学"体——用"传统中的本体，还是西方哲学"本体——现象"传统中的本体，必超越于一切具体、特殊的事物之上、之外或蕴于其中，以为一切事物的存在及其变化提供充分的根据，而情感不足以当之。那么，我们还能在何种意义上称情感为本源呢？须知，一切事物之存在的圆满，离不开其对人显现其存在，否则人不能知、不能言、不能感受任何事物的存在。一切事物之最终成为"事"与"物"，需要借由某种机缘而向人敞开其存在，而机缘，若没有情感的参与，必不成为机缘，因为人若无情，自会对于一切事物视而不见、听无不闻、察而不识。所以，是情感造就了机缘，无情不成缘，也可以说，情感正是一切机缘中的第一机缘。发挥机缘作用的情感即是"情缘"。

情感创造了事物得以成为某事、某物，或者说存在者得以成为存在者的机缘，但机缘对于存在者的存在具有本源性的意义吗？情感及其创造的机缘是否只是本体、太始运行变化中的一个环节？从宇宙论、本体论的视域来看，的确如此。但宇宙论、本体论的视域本身是否也要依赖于情感及其创造的机缘才能对人显现呢？换句话说，才能成为宇宙论视域、本体论视域呢？在这个意义上，机缘所开创的与人相关的思想视域是优先于宇宙论视域和本体论视域的，因此，若只从本体论、宇宙论视域审视情感及其开创的机缘，恐怕会有失偏颇，因为任何视域都有其局限。绝对无限性的思想视域是各种向度的本源性视域相互综合的结果，而不是从某一种向度的思想视域分析的结果。那些将本体论、宇宙论视域塑造为绝对无限的思想视域的形而上学是独断的，因为本体只在呈现事物存在的最终根据的维度上有意义，太始只在呈现事物存在和变化之时空源头的维度上有意义。它们之间尚且不能完全相互折合、相互还原（不能从本体论视域完全推出宇宙论视域，反之亦然），要以此统摄其他一切本源性思想视域，只有在损伤、扭曲其他思想视域的基础上才可能实现。

那么情感所开创的机缘视域又是怎样的视域呢？这个思想视域其实就是人的心灵境界的视域，也可以简称为境界论视域，因为事物作为存在者的呈现，总是在人的心灵中呈现。但我们这里所讲的心灵境界绝不是认识论意义上的心境，因为认识对事物的呈现和构造是属于本体论视域的事情，境界论视域的本质不是呈现事物存在的"实相"，而是呈现事物对人的"意义"。如冯友兰说："宇宙人生对于人所有底某种不同底意义，即构成人所有底某种境界。"① "意义"正是情感所揭示的事物与人的关联，情感特别是情意、情欲总会蕴含着事物与人的某种关联，这种关联就是事物对人的意义。所以，境界论视域的本质是意义视域，或者说价值视域②。机缘所敞开的首先是意义的关联，然后才是在意义的驱动下，在情感意志的驱动下，去认识事物的特性，去建构事物存在的一切实相。

如果境界论视域不能折合到宇宙论、本体视域中去，那么情感作为机缘，或者情感所开创的机缘，即"情缘"中所蕴含的意义或价值就对事物作为存在者的存在具有本源性意义。这样便可名正言顺地说，情感是一种本源，或者说情缘——作为机缘或开创机缘的情感——是一种本源。

二、情缘论的儒家文化渊源

需要说明的是，这样一种"情缘论"——通过"机缘"作用开显事物存在的情感本源论——是与原始儒家文化立场相契合的。不可否认，在中国文化传统中，"机缘"一词为佛家使用得最多，其含义是受教者自身的根基（即"机"）与施教者的因缘（即"缘"）的结合。后用来泛指各种机会、缘分、际遇等。不过，"机"与"缘"这两字相应的含义，其实是汉语从来就有的。"机"字最早指箭弩的发动装置，后来也用于指称人的内在品质、素质、禀赋。如《庄子·大宗师》讲："夫耆欲深者，其天机浅。"就是说，欲望多的人，其修道的天分、根据便较为薄弱。《大学》讲："一家仁，一国兴仁；一

① 冯友兰：《新原人》，载《贞元六书》下册，中华书局 2014 年版，第 599 页。
② 这里所讲的"价值"，不是狭义的好的、善的价值，也包含各种负面的价值，它与"意义"是等价的词汇。

家让，一国兴让；一人贪戾，一国作乱：其机如此。"郑玄注之曰："机，发动所由也。"这里的"机"指的是事物变化发展的内在原因。而且，"机"本来即有万物生成的本源意义。如：《庄子·至乐》讲："万物皆出于机，入于机。"成玄英疏之曰："机者，发动，所谓造化也。"这里，"机"是万物从出的本源。而且，"机"在汉语中也有时机、机会、际遇的含义。如：《三国志·魏志·荀彧传》讲："绍迟重少决，失在后机。"缘最早作为名词指物体的边缘，后来也发展出了事物发生原因的含义。如《荀子·正名》曰："然则何缘而以同异？曰：缘天官。"《盐铁论·刑德》讲："故轻之为重，浅之为深，有缘而然。"① 所以，"机"与"缘"的结合，固然是佛家的一种创造性地运用，但其文字含义，并非全部来自佛家的发明。我们今天用"机缘"这一术语反过来讲儒家的传统，不能说完全是借鉴了佛家的观念。况且我们所讲的"机缘"在根本上是一种"情缘"，对情感本源地位的肯定，自与佛家学说有根本差异。

从文化传统的视角来看，儒家本来就有"缘情"的传统。比如，在诗教方面，《尚书·尧典》中有"诗言志"的说法，《左传·襄公二十七年》讲"诗以言志"，《荀子·儒效》云"诗言是其志也。"这里的"志"，有理想、志向的含义，也有感情的含义。汉代《毛诗序》说："诗者，志之所之也，在心为志，发言为诗，情动于中而形于言。"西晋陆机在《文赋》中明确讲"诗缘情而绮靡"。李善注曰："诗以言志，故曰缘情。"② 这就明确把"情"视为"志"的根本内涵，视为诗歌创作的根本。"诗缘情"的观点对后世儒家文艺理论有着深远影响。

不仅文艺领域，按照儒家的传统，社会礼仪规范同样是"缘情"而制定的。《全唐文·卷九十七》讲："夫礼缘人情而立制，因时事而为范。"如果抛开"缘情"的字眼，则因人情而制礼，这本是儒家的常识性观念。孔子说："人而不仁，如礼何？"（《论语·八佾》）孟子说："辞让之心，礼之端也。"（《孟子·公孙丑上》）荀子说："古者圣王以人性恶，以为偏险而不正，悖乱

---

① 关于"机缘""机""缘"文字含义的解读和引证，参见陈至立主编《辞海》（第七版），上海辞书出版社 2020 年版，第 1916、1921、5432 页。

② 李善等注：《六臣注文选》卷第十七，《四部丛刊》景宋本。

而不治，是以为之起礼义，制法度，以矫饰人之情性而正之，以扰化人之情性而导之也，始皆出于治，合于道者也。"（《荀子·性恶》）这些主张都强调以人情为本或为了安顿人情而制定礼仪规范。

也不仅礼仪规范的制定。若按照情感主义的儒学诠释路径，特别是李泽厚、蒙培元、黄玉顺等学者的观点，以"仁"的基本特征或源初内涵为"爱"的情感①，则整个儒家的义理系统都是"情本体"或"情本源"的。如此，不仅文艺是缘情而作，礼法是缘情而作，人的一切活动、一切人生境界、一切价值观念的建构都是缘情而作的。故冯达文称孔孟儒学为"缘'情'而起的'仁学'"。②

一切缘情而作，岂不是说，儒家以"情缘"为一切人类活动的本源么？扩而言之，圣人仰观天文、俯察地理，对世间万物之性质及其存在变化的认识和改造活动，不是也要以情缘为本么？这里，情缘的本源意义当然不是说，情感是一切事物存在变化的宇宙论视域中的太始和本体论视域中的本体。而是说，包含事物特性及其太始、本体的一切认识，皆需以在前的情缘为本，才能对人呈现。所以，情感对事物生成的本源意义，只是为其对人呈现创造了一个机缘。没有这个机缘，则一切归于浑沌、归于沉寂。如王阳明在南镇观花时所言："你未看此花时，此花与汝心同归于寂。"③ 看花固然是以"心"来看，抛开王阳明心学的良知本体论，从人的现实心理出发，则看花之心运用的功能，固然有认识的参与，但认识活动要以情感为动力源泉，因为若没有任何兴趣或情感需要，人对任何事情都会视而不见、听而不闻，更不会去专门认识和研究。故没有情缘，则一切不得显现。不仅事物的特性及其太始、本体不得显现，与事物相对的主体——人——亦不得显现。借用黄玉顺"生活儒学"的

---

① 例如，李泽厚反对宋明儒将"仁"诠释为先天德性，也反对谭嗣同、康有为诠释为"以太""电"等，认为"'仁'的特征是'爱'"。蒙培元说："仁的本来意义是爱，这是人类最本真最可贵也是最伟大的情感。"黄玉顺认为，"仁"的内涵可以分为不同的层级，但其最源初的内涵就是作为生活感悟的本源之爱。分别参见李泽厚《论语今读》，安徽文艺出版社1998年版，第32页；蒙培元《情感与理性》，中国社会科学出版社2002年版，第311页；黄玉顺《爱与思——生活儒学的观念》（增补本），四川人民出版社2017年版，第94页。

② 冯达文：《宋明新儒学略论》，巴蜀书社2016年版，第12页。

③ 王阳明撰：《王阳明全集》，吴光、钱明等编校，上海古籍出版社2011年版，第122页。

理念，可以说，此情缘是前主体性的，是先行于"人之情"的情感观念。① 故情缘的本源含义，是一个优先的渊源，是个机缘。它创生事物的作用，不在于提供质料、提供形式、提供事物运动变化的动力和原理，而只是这一切得以显现的机缘。但情缘并不只被动地显现这一切，它也有主动性的一面，并且它还会通过激发人的认识和实践活动而积极影响这一切的存在和变化。

这里必须更深一步地揭示情缘论与先秦儒家思想的一致性。其实，以孔、孟、荀为代表的先秦儒家，并不像《中庸》、汉学或宋学那样，将价值之源，即仁，提升为天或天道的本质内容，并不通过一种"本体宇宙论"② 来为人的活动奠基，而是将"仁"的源头放置在人心中，以仁为出发点，去知天、去敬天、去畏天、去顺天。他们谋求天、人之间的和谐，但并没有先天地预设"天人合一"——这是理想，不是现实。正因如此，人在特殊情况下可以按照仁的要求而"不受命"（《论语·先进》），可以"制天命而用之"（《荀子·天论》）。总之，在孔、孟、荀那里，价值在根本上不是以任何超越性的存在者为基础而开显出来的，相反价值在根源上是由情感开显的，情感是有原初价值导向的，以情感为基础的价值导向影响着人对一切事物性质及其太始、本体的探究。故不是存有开显价值，是价值开显存有。当然，价值之开显存有，只是说价值作为一种"机缘"影响着一切存有的存在及其变化，而不是说它以质料、原理、动力、形式的方式直接创造和改变存有。换句话说，在天人相与之际，以孔、孟、荀为代表的儒家谋求天人和谐或合一，这是他们的理想追求，但他们也知道，在现实中，天人之间有分离、有隔阂，而最大的分离与隔阂，就在于价值的源泉在人心，在"仁"的情感和价值诉求，这原本不是天道运行的本质。《中庸》和汉、宋诸儒将"仁"提升为天道，这在学理上消弭了天人之间的隔阂，但也造成了戴震所谓的"以理杀人"③、张岱年所谓"崇天忘人"和"因过于重'理'，遂至于忽'生'"④ 的各种流弊。这是儒家哲学的当代开展应当痛加反思的。在汉、宋儒学的形而上学中，人与天地并立为三的

---

① 黄玉顺：《爱与思——生活儒学的观念》（增补本），第 71 页。

② 牟宗三：《圆善论》，《牟宗三先生全集》第 22 卷，联经出版事业股份有限公司 2003 年版，第 327—328 页。

③ 戴震：《与某书》，《戴震全书》第 6 册，黄山书社 2010 年版，第 479 页。

④ 张岱年：《中国哲学大纲》，商务印书馆 2015 年版，第 847—848 页。

意义被折合为天地运行中的一环，天道、天理虽可下贯于人心，但人所具有的本源性的独立地位已被打了很大的折扣。故"情缘论"的提倡，正是为了恢复先秦儒学中曾拥有的那个彰显人的本源性地位的传统，那个"价值开显存有"的传统。

三、情缘论的理论特点

有人可能会说，这样一种情缘论，就算真的可与先秦儒家的传统相契合，其在当今时代又有何意义呢？本文认为，面对当代人类的生存状况，此种情缘论，在安顿个体生存、处理价值与知识的关系、建立反极化思维和极化实践的方法论方面具有重要启示意义。为了更好地了解情缘论的这些意义，不妨从情缘论的理论特点说起。

第一，情缘论是一种具有优先性但不具有绝对决定性的本源论。情缘论思想视域的优先性表现在，任何一种关于事物存在特性及其根据的思想视域，皆需通过情感的机缘作用才能呈现，从这个视角来看，情缘是优先于本体论、宇宙论等本源性思想视域的。情感的本源性作用只是一种"机缘"。"机缘"固然会通过人的活动对事物的存在和变化产生影响，但这种影响不具有绝对的决定性，因为机缘本身不蕴含决定事物存在和变化的"实相性"根据。机缘需要通过"人"去把握和运用相关"实相性"根据才能影响事物的存在。

第二，情缘论从理论上保证了价值对于知识的优先性。情缘论赞成一种情感主义价值哲学的主张，即认为情感是人的一切价值的源泉。"价值"的根本内涵在于揭示一事物与人的需求之间的关系，而情意（基于情感而产生的意志或欲望）正是人的需求的直接表现。这样一来，以情缘为最优先的思想视域，便可以将一切知识视域、技术视域纳入人的意义视域中，人有理由根据自己的情感需求去敞开知识视域与技术视域，从而为价值相对知识的优先性奠定理论基础。根据"价值开显存有，而不是存有开显价值"的原理，价值源于情感需要，而不源于任何知识探求。这实际是从本源性思想视域之关系的视角，回答了伦理学中"是"与"应当"的关系问题，即"应当"的思想视域具有优先性，它不能被还原到"是"的思想视域中去。从根本上来看，哪怕人的情感体验是虚幻的、空想的、不切实际的、无知的，但不妨碍这样的情感体验对人的生存有意义。

从个体的实际生存来看，在知识和科技爆炸的时代，每个个体不可能穷尽所有知识，也没有必要穷尽所有知识。个体应当以情缘为本去选择有助于解决自己的生存需要和人生意义的知识，每个个体所面对的情缘是不同的，人生机缘是不同的，因此不同个体选择学习或不学习某种知识、学习到什么程度，也应当是不同的。情缘论提倡个体本着其本真的生存体验、情感体验去敞开知识世界，把握知识学习和技术应用的主动权。

值得注意的是，情缘论以情感为价值的源泉，这和很多情感主义价值哲学的主张是一致的。不过，有一种类型的情感主义价值哲学，如舍勒的情感现象学，只承认情感见证或呈现作为先天质料的价值，而不认可情感生成价值，否定价值是由情感体验建构的关系。① 这是"情缘论"所反对的。情缘论认为，价值源于事物与经验个体之间的意义关系，而这是由人的情感、欲求所生成的。不应再将价值的源泉还原到离开经验个体的形上本体或宇宙历史中去，因为这就在根本上否定了事物对人显现和对人有意义的境界论视域的本源地位，亦即否定了"情缘"的本源地位。肯认情感的价值源泉地位，并不是说一切具体的价值观念完全是由情感直接建立和表现出来的。情感只是在本源的意义上生成了事物与人之间的原初意义关系，从而使事物对人有价值。但就现实个体来说，这种意义或价值可能是潜存而不觉的，也可能虽有自觉但模糊而难以道明，价值观念的明确以及价值体系的建构，需要理智的参与才能完成。

第三，情缘论的根本方法论是"缘情用理"。情感作为机缘本源对事物的存在和变化不具有完全的决定性，它需要通过人的活动作为中介来发挥其价值导向作用。而在人的各种中介活动中，心灵理智功能的运用非常关键，因为理智是揭示事物特性及其变化规律和技术创造的根本心灵功能。也就是说，在思维和实践方法上，情缘的源初价值导向作用要想实现，不能直接地"任情""纵情"，必须如牟宗三所言——"曲通"②。当然，"曲通"的方法不是牟先

---

① ［德］马克斯·舍勒：《伦理学中的形式主义与质料的价值伦理学》，倪梁康译，商务印书馆 2011 年版，第 360 页。

② 牟宗三：《政道与治道》，吉林出版集团有限责任公司 2010 年版，第 56 页。

生讲的"良知坎陷",而是要"缘情用理"①。"缘情用理"包含两个层面的主张：一个层面是要"缘情"，即以情感感受为本去运用理智，知识和技术的运用要受到价值的约束；另一个层面是要"用理"，即重情但不唯情，情感意愿的实现要接受理智的建议，要意识到，没有理智及在理智基础上产生的知识、技术的运用，情感意愿很多时候是不能实现的。这也就是说，情缘论在方法论上既反对"唯情主义"，也反对"唯理主义"，这实际是儒家"仁且智"（《孟子·公孙丑上》）的精神传统的继承和发挥。

现代性的生活方式离不开理智——工具理性、理论理性——的充分运用，但纯粹理智地诠解人的存在、生活和整个世界，也会导致后现代主义者所批评的过度同一化、忽视具体性与差异性等问题，最终导致社会的发展走向现代性价值的反面：个体成为捆绑在分工严整、体系森严的社会大机器中的一个螺丝钉，在自己所创造的世界中越发感到微不足道和无能为力②；抽象地理解人，盲目地推崇平等和自由，使得"正义的平等发展成为平等的不正义"，使"获得自由的人最终变成了'群氓'"③。要想制约工具理性的过度运用，就需要还原和认清理智的工具性，充分意识到理智为情感服务、工具为价值服务的原则。情感有诸多类型，有本真自然的，有理性化、习俗化、信仰化的。本真、自然的情感体验，是人最现实、直接的生存状态的反馈，不丧失这样的情感体验，以此为基础去制约理智的运用，缘情而用理，才能使理智的运用不至于反过来威胁人的生存。

第四，情缘论反对任何极化的观念及其实践。"缘情"而不"唯情"，"用理"而不"唯理"，这就是儒家的"中庸"精神，而"中庸"无论表现为"执两用中""时中"还是其他的方法论形态，总之皆以反对观念和行为的极化为宗旨。故"缘情用理"作为情缘论的方法论，反对任何形式的极化观念和极化行为。

中国当前的发展状况比较复杂。经济发展的不均衡性不仅表现为东、中、

---

① 李海超：《心灵的修养——一种情感本源的心灵儒学》，四川人民出版社 2020 年版，第 80 页。

② ［美］艾里希·弗洛姆：《逃避自由》，刘林海译，人民文学出版社 2018 年版，第 78 页。

③ ［德］马克斯·霍克海默、［德］西奥多·阿多诺：《启蒙辩证法：哲学断片》，渠敬东、曹卫东译，上海人民出版社 2006 年版，第 9 页。

西部的地域发展不均衡，也表现为同一地域中不同社会阶层之间的差距较大。反映在文化层面，不仅前现代观念、现代性观念和后现代观念的认同具有地域差异，而且在同一地域内部，三种观念的认同亦复杂地交错并存。这使得人们在文化认同上呈现出碎片化的特点，越是在经济发达的地区，由于外来流动人口的比重较大，此种碎片化现象就越明显。加上外来文化的引进和严峻的国际形势压力，更会让人们在观念认同上有无所适从之感。在这种情形中，凝聚社会发展共识和文化共识是不容易的。但越是在这样的时候，我们越不能畏缩不前，越要提倡积极、稳健的开拓进取精神和勇敢的试错精神，而要特别注意的，是规避和努力消弭社会各领域中显见的极化观念和行为。不得不说，极化观念和极化行为渗透在我们生活的方方面面，如日常生活中的极端夸大事实、极端谴责自我或他人，工作上的极端完美主义、精致利己主义，价值观上的极端相对主义、极端理性主义或极端神秘主义，政治上的极端民粹主义和不理性的爱国主义，国际关系上盲目对抗的冷战思维，等等。这些极化的观念和行为对个体的日常生活、社会公序良俗、政治和文化建设具有严重的危害。因此，在当今中国的文化建设中，批判极化观念和行为，探寻健康、非极化的思维方法，对个体规避生存风险，降低社会、政治、文化建设误区具有重要意义。

其实，如果我们不脱离情感来认识理性——中国哲学家梁漱溟、蒙培元等都是如此认识和运用"理性"观念的①，则理性本身就是情感与理智相结合的产物。就包含情感要素的理性观念而言，"缘情用理"的思维方法就是真正理性的思维方法，儒家"中庸"精神就是真正的理性精神，而真正的理性精神应当是反极化思维的精神。就理性精神的普遍意义来说，警惕极化观念和极化行为，不仅对当代中国的发展尤其重要，而且对全人类的发展也非常重要。

第五，情缘论在价值观和思维方法上并不是纯粹相对主义或偶然主义的。情缘论是一种不具有绝对决定性的本源论，但这并不意味着其在价值观上和方

---

① 梁漱溟说："必须摒除感情而后其认识乃锐入者，是之谓理智；其不欺好恶而判别自然明切者，是之谓理性。"蒙培元说："（儒家）所谓理性不是西方式的理智能力，而是指人之所以为人的性性，这性性又是以情感为内容的，因此它是一种'具体理性'而非'形式理性'、'抽象理性'，是'情理'而不是纯粹的理智理性。"分别参见梁漱溟《中国文化要义》，载《梁漱溟全集》第3卷，山东人民出版社2005年版，第128页；蒙培元《情感与理性》，中国社会科学出版社2002年版，第21—22页。

法论上是纯粹相对主义或偶然主义的，机缘并不等同于偶然。以情感需求为本源而建构的价值观念的确具有主观性特征，因为情感是主体自由的源泉，情感表达了人在其际遇中的满意还是不满意，而这正是人超越自然世界和客观法则的起点。但情感也不是凭空发生的，任何一种情缘都是人的某种际遇的情感反映，而任何一种际遇，对主体来说既是"机遇"，也是"遭遇"。"遭遇"反映了主体不得不面对的境况，这也是情感需求所要反映和必须应对的内容。就此而言，价值的生成并不完全是相对的、偶然的，而是有其必然的一面。对情缘和情缘所开显的一切来说，必然和偶然、绝对和相对是辩证地交织在一起的。绝对的必然和偶然、绝对的绝对和相对都是不成立的。

前现代的神学、形而上学以及西方启蒙时代的一些理性主义哲学倾向于树立一个绝对的存在者并竭力为此存在者的"绝对性"做论证，这是一种"绝对者是绝对的"的思维方式。一些后现代主义者为了批判这一思维误区，又转而宣称"偶然性是必然的"，且"只有偶然性是必然的"①，这是"相对者是绝对的"的思维方式。这两种思维方式都偏离了情缘论所支持的中道的、辩证的、"缘情用理"的，总之是非极化的思维方式。这是当代文化建设需要深入省察的问题。

四、情缘论的理论应用

以上只是分析了情缘论的基本特点，欲进一步展示情缘论的理论意义，还必须进一步阐明其在理论建构方面的应用。情缘论的核心命题和根本方法是"缘情用理"，以"缘情用理"为理论基础，情缘论在传统儒家"缘情言诗"和"缘情制礼"的传统之外，从心灵哲学的视角出发，提出了"缘情立己""缘情成德""缘情归宗"的命题。

所谓"缘情立己"，是说以情感为本、辅以理智，帮助主体建立一健康的自我意识或人格结构。在儒家文化传统中，人格的挺立和实现固然意味着道德人格的建立和完成，但前提是要保证这个人是身心健康的人。这里的"立

---

① ［法］甘丹·梅亚苏：《有限性之后：论偶然性的必然性》，吴燕译，河南大学出版社2018年版，第129页。

己"，就是从身心健康特别是建立健康人格的层面来说的。身体的健康需要加强保养和锻炼，这固然不必多说。从心灵层面来看，健康心灵的核心是建构一个稳固、抗打击能力强、能够灵活应对环境的自我意识或人格结构。这要求在主体自我意识中，一方面要有清晰、坚定的自我发展和自我实现的理想、愿望，另一方面自我实现能够与外在社会、世界的存在及其变化相适应。即，在时间性维度上具有完整的过去、现在、未来，并且通过较强的未来目标引领和包容过去与现在；在空间性维度上具有完整的自我、他人和宇宙万物的空间意识，并且三者间的关系具有较强的和谐性。传统儒家式人格具有完整的时空意识，在时间性维度上强化了未来（成圣成贤的理想）对过去的继承和现在的导向作用，在空间性维度上强化了和谐关系（自我与他人、与宇宙万物的一体和谐）的维护，在时空叠合方式上凸显了空间性价值对时间性维度的引导作用（个人的成圣成贤以"万物一体"境界的实现为导向）。这保证了儒家式人格首先是一种健康人格。但需要改变的是，由于现代主体在人格结构上凸显了时间性价值——个性发展——对空间性维度的引导作用，儒家文化也需要在此方面做一定的调适和改变。

不过，无论健康自我意识的维系还是其时代性的调适和改变，在根本上要从两个方面去努力：一方面，由于个体的情感体验及情感意愿是不能完全客观化的，因而是个体自我人生理想建构的基础，是个性和人格之"未来"向度生成的根源，故自我意识的时间之维及其强化，需要突显个体情感体验在"自我"观念建构中的优先地位；另一方面，无论在自我生存意愿和未来目标的清晰呈现上，还是在处理时间性价值与空间性价值的关系，或者说个性与共性的关系上，都需要理智运用具体的知识、考察具体的环境状况来提供合理的建议。就此而言，健康人格建构及其时代调适，在根本上要依赖"缘情用理"的方法才能实现。

所谓"缘情成德"，是说以情感为本、辅以理智，帮助主体建立起一套完备的道德评价体系，并在此基础上成为一个有德之人。儒家不仅要人们做一个健康的人，确实也特别强调人们去做有道德的人。从先秦儒家思想来看（而不是以宋明理学为标准），儒家伦理既不是纯粹的德性伦理，也不是纯粹的规范伦理，而仿佛是两者的某种杂糅。即儒家伦理似乎既讲内在品质及其践行，又讲对公共行为规范的遵守，陈来将这种类型的伦理学称为"德行伦理"。①表面看来，德行伦理好像没有一以贯之的学理，而只是一种习俗化、风俗化规范的杂糅。但事实上，"德行伦理"是有一贯的理论基础的，这个理论基础就是"仁且智"，就是"缘仁用智"，或者说"缘情用理"。"缘情用理"的方法论，要求人们在道德评价上不仅要考量内在的情感意愿，也要考量外在的既有规范和后果，但以前者为优先。基于这样的方法论，就使得先秦儒家伦理学处于纯粹德性伦理、规范伦理乃至后果主义伦理的中间状态。这其实是一种中庸的、中道的伦理学理论，有一以贯之的理论基础，而不是不同理论体系的杂糅。相反，这种"德行伦理"视纯粹的德性伦理、规范伦理和后果主义伦理为带有"极化"特征的伦理学。

"缘情用理"的儒家德行伦理学在道德是非的评价上区分两个层次：在根本层面，以"缘情用理"为准则，即考察一个行为是否在共同体成员本真情感意愿的基础上综合考量了现实规范、后果等因素，这是比较复杂需要商讨的事情，揭示了在根本上做道德评价的困难；在权宜层面，如果人们基本认可现行的道德规范（外在规范和良心规范）的正义性（合乎"缘情用理"的理论基础），那么在日常生活中亦可以此两种规范为标准做相对的道德判断，在外在规范与良心规范中，外在规范是更为清晰的。与道德是非的评价相应，在品德评价上，对于一个行为是否有"德"，也可以从两个层次上来评价：在根本层面，从一个行为是否是"缘情用理"的实践来判断，这是"德行"判断；在权宜层面，既可以从"德行"内化到主体内心中的良知、良心反应来判断，这是"德性"判断，也可以从"德行"外化成的外在原则、规范来判断，这是"德操"判断。此种分层次的道德是非判断和品德判断在现代社会中是必要的，这一方面彰显了道德判断在根本上的复杂性，体现出了对轻易地、盲目地根据固化原则做出道德评判之行为的批判和反思；另一方面也能满足现代社会在道德评判上日益凸显的一种需要，即随着人员流动的增强和生活方式的迅速变化，在外在规范不健全或难以追溯动机的情形下进行道德评判的需要。

所谓"缘情归宗"，是说以情感为本、辅以理智，帮助主体在观念和环境变化迅捷的时代建立稳定的心灵归属和身份认同。人的心灵不能漂泊无依，总

---

① 陈来：《儒学美德论》，生活·读书·新知三联书店 2015 年版，第 373 页。

需要找寻一个归宿。对于心灵的归宿，人们通常将目光放在对超越存在者的信仰、对某种义理系统或心灵境界的认同方面。基于这些认同，然后人们在现实上才获得一种与此宗派、学派、学说相关的身份。然而，人的认识是有限的，我们不能不承认，随着人类生存经验的积累、认识的发展，历史上很多超越存在者观念、人生哲学的义理学说都暴露出了这样那样的局限，甚至被颠覆。这就导致建立在超越信仰和义理认同之上的身份认同总是不断地面临着冲击。我们不禁要问，能否通过一种方式，使人们的身份认同包容特定信念和义理的缺陷及其变化呢？通过考察儒家广泛身份认同的现象，我们可以发现，其实儒家在身份认同上并不仅仅局限于信仰和义理认同的方式，或者并不局限于"因信归宗"和"循理归宗"的方式，其背后还蕴含着一种起根本作用的"缘情归宗"的方式。"缘情归宗"是说，一个人不管因为什么原因而归宗于儒家，他对儒家的归属感和热爱情感是可以脱离具体的信仰认同和义理认同的，尽管信念会变化、义理会变化，但基于情感的身份认同感和心灵归属感依然会延续。以情感为核心，我们会发现情感的维系并不总依赖原来引发情感的条件和理由。好比，一个女孩因为一个男孩长相俊美而爱上了他，当他因为某种原因变丑时，爱的存在可能积极引导这个女孩寻找其他理由，比如性格、才华等而继续爱这个男孩。"缘情归宗"就是要把这份情感作为身份认同的基础，通过"缘情用理"的方式，积极地探寻维护这份情感的根据。也就是说，"缘情归宗"，不以任何一种信念和义理作为建立身份认同的基础，而是以归属感和热爱的情感为基础。这种身份认同方式是将主体内化于一种现实的身份，从而使其心灵超越任何信念和义理，并能够积极地引导理智根据新的情境去建构、更新信念和义理。时代变了，信念和义理也都变了，但这份情，这份心灵的归属，心中的身份认同依然可以不变。这就是"缘情归宗"的优点。当然，这种身份认同理念不仅适用于儒家，在企业认同、民族认同、国家认同等诸多领域都具有适用性，对此，本文就不展开论述了。

论生活儒学的"情境"概念

（南京大学马克思主义学院　江苏南京　210023）

【摘要】"情境"是生活儒学思想体系的重要概念之一，其本身首先作为生活存在论的核心观念隶属于本源存在层级。生活存在论认为，生活即是存在，生活之外别无所谓存在。"生活"乃是先在于任何主体性、任何存在者的存在本身，生活本身总是如此这般地显现为各式各样的生活情境。所谓"情境"，"情"首先是指"事情"，即"事之情"，是说"情境"本身首先表现为正在发生的某种事件或活动，亦即这种事件或活动本身如其所是所呈现出来的真实情况、实际情形。其次是指"情感"，即"人之情"，是说"情境"本身总是蕴含并显现着情感；而所谓"境"，是指某种"境遇"或"际遇"，是说"情境"亦即事情本身乃是不期而遇的遭逢、遭际。就生活实情而言，"生活本身的本源情境"总是要被打破的，而这种打破本身又总是释放并由一切生活者组建为新的生活情境，所以生活本身总是呈现为一种"事事相续"的状态，而一切生活者即在此状态中生成并实现更新。生活情境所生成的主体首先属于一种情感性存在者，"情感"乃是主体性的优先性规定。

【关键词】生活儒学；情境；存在论；主体性

---

* 作者简介：张小星，男，1992年生，山西上党人，现为南京大学马克思主义学院暨中国传统文化研究中心助理研究员，研究方向为儒家哲学、中西比较哲学。

毫无疑问，"情境"是汉语中的一个常见词汇，诸如"历史情境""社会情境""文化情境"等。但与这些对象化、存在者化的用法不同，在生活儒学思想体系中，"情境"（Situation of Life as the Source）并不属于存在者层级，而是首先作为生活存在论的核心观念而属于本源存在层级，因为"生活儒学所要回归的，乃是非先验性的、前主体性的本源情境，亦即生活本身"①。唯其如此，"情境"观念本身蕴含着可普遍化的方法论意义，从而可以作为我们审视并通达相关生活经验、生活现象的切入点。

一、作为存在论观念的"情境"

从时间上看，生活儒学引入"情境"概念②，最早源于黄玉顺与陈明关于"文化保守主义"的网络讨论③。在这场讨论中，黄玉顺不仅首次明确提出"生活儒学"的理论标签，而且对"情境"这一"很好的字眼"做了简要勾勒，提出诸如"'情境'先于'主体'""仁爱本身就是在生活情境中的意义的自己显示""情境结构"④等说法；并在随后的一系列著作中，赋予"情境"新的意义，逐步提升其为一般性的存在论术语，使之成为生活儒学思想体系的核心观念之一，比如"本源情境""生活情境""前主体性情境"等等。

"情境"作为存在论观念的提出与证成，在理论渊源上离不开与现象学哲学的平等对话，尤其是对海德格尔"存在论差异"观念的批判性认可。

从一定意义上讲，海德格尔为了回应并解决胡塞尔所揭明的"认识论困境"（实为近代主体性哲学的困境）问题，提出"存在论区分"⑤的观念，即

---

① 黄玉顺：《"生活儒学"导论》，见《面向生活本身的儒学——黄玉顺"生活儒学"自选集》，四川大学出版社 2006 年版，第 36 页。

② 黄玉顺：《哲学断想："生活儒学"信札》"第四编 2004 年：生活儒学的诞生"，四川人民出版社 2019 年版，第 91 页。

③ 黄玉顺：《关于"生活儒学"的一场讨论》，见《面向生活本身的儒学——黄玉顺"生活儒学"自选集》，四川大学出版社 2006 年版，第 1 页。

④ 黄玉顺：《关于"生活儒学"的一场讨论》，见《面向生活本身的儒学——黄玉顺"生活儒学"自选集》，第 6、12、27 页。

⑤ 海德格尔：《现象学之基本问题》，丁耘译，上海译文出版社 2008 年版，第 19 页。

存在与存在者之间的区分，并强调"存在与存在的结构超出一切存在者之外"①，亦即存在区别并先在于一切存在者。但海德格尔并未能将此先行原则有效贯彻于解说存在问题的过程中，其将彻底回答存在问题诉诸"对某种存在者即此在特加阐释"②的方式，声称"我们在此在中将能赢获领会存在和可能解释存在的视野"③，结果却导致解说存在意义的任务转变为对"此在"进行生存论分析的工作，"此在的生存"在此僭越进而替代了存在，"此在"成为先行于存在的东西，而存在则再次被把握为"存在者的存在"。其实，此在本身的"被抛"环节已经表明，其本身绝非"先行者"，而是名副其实的"后来者"，而这种在先的"被抛"并不能归于"此在的生存"。所以，致力于解说存在意义问题的"现象学存在论"并未彻底澄清存在的意义，其用以通达存在之途径的失当，导致"存在"与"存在者的存在"暧昧不明。

有鉴于此，生活儒学解构了现象学存在论中作为生存之前提的"此在"，将"生存"与"存在"还原为一回事，由此揭示出一种更为透彻的存在观念，即"生活即是存在，生活之外别无所谓存在"④。此所谓"生活"，并非是说某种主体的生活，比如"此在的生存"，而是先在于任何主体性、任何存在者的存在本身；而且生活本身总是如此这般地显现为各式各样的"生活情境"（或曰"生活境遇""生活际遇"）。在此意义上，海德格尔的"存在论差异"被彻底化为"生活论差异"⑤，即生活与生活者的区分，并且生活作为大本大源生成包括"人"与"物"在内的一切生活者。比如此在的"被抛"，其实便是作为存在本身的生活给出存在者、生活者的过程，而"被抛"本身便是某种特定的生活情境。故此，生活儒学的任务就在于阐明：被生活所规定的存在者、生活者本身如何实现自我超越？如何在本源性的生活情境中建构出一套现

① 海德格尔：《存在与时间》（中文修订第二版），陈嘉映、王庆节译，熊伟校，陈嘉映修订，商务印书馆 2016 年版，第 54 页。
② 海德格尔：《存在与时间》（中文修订第二版），陈嘉映、王庆节译，熊伟校，陈嘉映修订，第 56 页。
③ 海德格尔：《存在与时间》（中文修订第二版），陈嘉映、王庆节译，熊伟校，陈嘉映修订，第 56 页。
④ 黄玉顺：《爱与思——生活儒学的观念》（增补本），四川人民出版社 2017 年版，第 220 页。
⑤ 黄玉顺：《面向生活本身的儒学——"生活儒学"问答》，见《面向生活本身的儒学——黄玉顺"生活儒学"自选集》，第 86 页。

代性的社会规范及其制度？①

二、"情境"之为"浑沌"

我们说生活—存在本身显现为生活情境，并不是说"情境"乃是生活本身被对象化、存在者化之后的"东西"。如果将生活—存在本身比作源源不断的江河，那么生活情境正是作为江河之显现样态的波澜。在观念层级上，"情境"本身亦属本源存在层级，其可谓"生活本身"的同位语；区别在于："生活本身"只可意会，即"生活本身"即为"生活感悟"，而"生活情境"则既可意会亦可言传。简而言之，"生活情境"可谓正在发生的"事情"，其本身呈现为一种"有事无物"的"浑沌"状态。

具体而言，所谓"情境"，"情"首先是指"事情"，即"事之情"，是说"情境"本身首先表现为正在发生的某种事件或活动，尤其是这种事件或活动本身如其所是所呈现出来的真实情况、实际情形，亦即"情实"，比如《韩非子》"主不审其情实"②，《易传》"情伪相感而利害生"，孔颖达正义"情，谓实情"③；然后才是存在者化的、主体性的"人之情"，比如汉字"诚"，其原意乃是作为副词的"确实如此"，然后才是作为名词、表示某种主体性情感的"真诚""诚实"。而所谓"境"，主要是指某种"境遇"或"际遇"，是说"情境"亦即事情本身乃是不期而遇的遭逢、遭际，曹雪芹诗云"平生遭际实堪伤"④ 颇得其意，当然这里所说的"际遇"并不包含任何价值内容，更无所谓伤与不伤，而只是说某种事件或活动本身的发生并非预先决定的、"事"先安排的，而是随"缘"组建、顺其自然的，就此"组建"来看，"境遇"或"际遇"开启并展现为某种"境域"。

但是，"情境"所蕴含的"事"，并非是指存在者化的"物"。就"情境"

---

① 黄玉顺：《关于"生活儒学"的一场讨论》，见《面向生活本身的儒学——黄玉顺"生活儒学"自选集》，第 11、28 页。

② 王先慎撰：《韩非子集解·外储说左下第三十三》，中华书局 1998 年版，第 303 页。

③ 黄寿祺、张善文撰：《周易译注·系辞下传》（新修订本），上海古籍出版社 2018 年版，第 774 页。

④ 曹雪芹：《红楼梦》，人民文学出版社 1982 年版，第 77 页。

作为"事情"而言，其本身之"情实"呈现为"无物"的"共同存在"状态。"真正的共同存在不是存在者包括此在的共同存在，而是没有存在者，甚至没有此在、无物、没有东西的共同存在，其实就是'无物'的生活本身。"①这种"无物"状态并不是指客观事实意义上的没有东西、没有物，而是存在论意义上的先于一切存在者、生活者，既无所谓"人""物"之别，亦无所谓"主""客"对立，一切都是无意识的自然而然，一切的一切都尚未分别、尚未诞生、尚待生成。借用庄子的话来说，"情境"可谓无分别的"浑沌"：

> 南海之帝为儵，北海之帝为忽，中央之帝为浑沌。儵与忽时相遇于浑沌之地，浑沌待之甚善。儵与忽谋报浑沌之德，曰："人皆有七窍以视听食息。此独无有，尝试凿之。"日凿一窍，七日而浑沌死。②

南北之"儵""忽"与中央之"浑沌"相对而言，这颇类似于上文所讲的"生活论区分"观念："儵"与"忽"喻指众多有形之物，亦即有分别的生活者、存在者，"谋报浑沌之德""人皆有七窍""尝试凿之"表明其乃是某种具有能动性的存在者；而"浑沌"则喻指无形的存在，成玄英谓之"非无非有之境"，即无分别、未分化的"无形""未形"状态③，亦即本源情境，而"浑沌之死"则意味着这种本源存在情境的破裂。

当然，"浑沌之死"乃是必然的，也就是说，生活本身的本源情境必然是要被打破的；而且正是这种"被打破"，才使得"物"的生成、生活者的"分别"成为可能，进而获得某种机缘实现自身的更新。

三、生活情境与新主体性的生成

任何形态的存在论建构，最终都必将落实于探索存在本身如何生成存在者这一问题。具体到"生活存在论"而言，如果说，作为存在本身的生活总是

---

① 黄玉顺：《爱与思——生活儒学的观念》（增补本），第44页。

② 郭象注，成玄英疏，曹础基、黄兰发点校：《庄子注疏·应帝王》，中华书局2011年版，第167—168页。

③ 参见杨国荣《庄子内篇释义》，中华书局2021年版，第287页。

显现为各式各样的生活情境，那么，就必须阐明如此这般的生活情境如何生成存在者，尤其是主体性存在者，亦即主体之为主体所具有的主体性如何在生活情境中确立。具体而言，既要阐明主体性的生成机制，又要明确如此这般而生成的主体之基本意涵。

一般来讲，"主体"与"主体性"乃是"一"与"多"的关系，某些存在者被视为"主体"，乃是由于其本身具有某种主体性；"主体"作为形式概念乃是一元的，而"主体性"作为主体所承担的价值内涵则是多元的，比如作为主体的"人"可以具有多重主体性。就"主体性"概念之内涵的多元化而言，其中最根本的当属能动性①，因此主体之为主体，根本上乃是因为其具有能动性。而古今中外哲学史上关于"主体性"概念的讨论乃至争议，原因就在于对此"能动性"本身存在着不同理解。

具体到生活存在论，虽然上文说"情境"本身呈现为"无物"的浑沌状态，但这并不意味着情境本身乃是空洞的"一无所有"，而是"在这种本源情境里发生着生活感悟——生活情感、生活领悟"，只不过这种"生活感悟"作为本源乃是"先行于主体性、先行于任何作为存在者的人、物的事情"②。因此，所谓"生活情境"，实则为前主体性情境，但情境本身所具有的这种"前主体性"表现在不同的观念层级：

首先是前生活者、前主体性层级，可谓之"生活本身的本源情境"③，生活者、主体性即渊源于此。比如孟子对于"孺子入井"之事的描述，其本身即揭示了本源情境与主体性之间的生成关系。"今人乍见孺子将入于井"可谓一种本源情境，"乍见"（感触）的发生打破了"今人"与"孺子"之间相安无事的状态，随之而来的是"不忍人之心""怵惕恻隐之心"（情绪）等情感的当下显现，此即"良知的瞬间发动，也就是良心的当下呈现"④，而在此发

① 黄玉顺：《主体性的重建与心灵问题——论当代中国哲学的形而上学重建》，《山东大学学报》2013年第1期；《关于主体性问题的一封信》，《当代儒学》（第19辑），四川人民出版社2021年版，第3—6页。

② 黄玉顺：《面向生活本身的儒学——"生活儒学"问答》，见《面向生活本身的儒学——黄玉顺"生活儒学"自选集》，四川大学出版社2006年版，第82页。

③ 黄玉顺：《爱与思——生活儒学的观念》（增补本），四川人民出版社2017年版，第137页。

④ 黄玉顺：《儒家心学的奠基问题》，见《面向生活本身的儒学——黄玉顺"生活儒学"自选集》，第272页。

动与呈现过程中，一个作为主体性的"仁者"生成了。① 这里涉及儒家传统所讲的"性""情"关系问题，但孟子的描述并非后儒所谓"性—情"架构，比如所谓"性善情恶""忘情复性"，而是"情—性"架构，可谓"源情立性"。

然后是生活者、存在者层级的情境，可谓之"本源性的生活情境"②。主体性的生成其实也就是生活者的确立、"人"与"物"的分别，而诸多生活者又组建为新的情境。比如孔子所讲的"父子相隐"问题。对于"证父攘羊"事件，孔子提出"父为子隐，子为父隐，直在其中"的命题。儿子发现"其父攘羊"本是一种生活情境，而"相隐"即互相隐瞒乃是"父"与"子"在此情境中的直接反应，此即谓"直"，其本身源自亲属间的相亲相爱。所以，孔子所认为的"直"并非叶公所说的"子证其父"，而是指"当下性的不假思索的本真情感显现"；而"直者"即在这种本真情感的显现过程中生成，亦即"父"与"子"在此生活情境中获得作为"直者"的新主体性。③ 虽然这种生活情境呈现为主体性的事情，但其本身不仅解构了主体之旧主体性，同时又生成了主体之新主体性，那么对于这种新主体性的生成来说，如此这般的"生活情境"便可谓前主体性的事情。

当然，这种层级区分只是一种方便讲法，并不意味着情境本身呈现为截然分别乃至对立的关系，就生活实情而言，"生活本身的本源情境"总是经由"本源性的生活情境"得以反映出来，也就是说前者总是要显现为后者。因为"本源情境"总是要被打破的，而这种打破本身又总是释放（由生活者、存在者）并组建为新的"生活情境"。在此意义上，我们才说：生活本身总是显现为各式各样的生活情境，而情境乃为生活—存在本身的显现样态，其本身呈现为一种"事事相续"的状态，而生活者、主体性即在此状态中生成并不断实现更新与超越，亦即"性日生日成"④。但需注意的是，这种"生成"绝非所

---

① 对于孟子"孺子入井"案例的分析，见黄玉顺《面向生活本身的儒学——"生活儒学"问答》，见《面向生活本身的儒学——黄玉顺"生活儒学"自选集》，第63页；《爱与思——生活儒学的观念》（增补本），第78—81、136页。

② 黄玉顺：《爱与思——生活儒学的观念》（增补本），第254页。

③ 黄玉顺：《"直"与"法"：情感与正义——与王庆节教授商榷"父子相隐"问题》，《社会科学研究》2017年第6期。

④ 王夫之《尚书引义·太甲二》："故曰性者生也，日生而日成之也。"见《船山全书》（第二册），岳麓书社1988年版，第300页。

谓"天命之谓性"①，也就是说，生活情境与主体性之间并非线性的决定与被决定的关系。

那么，应该如何理解并界定这种由生活情境所生成并确立的"主体性"呢？亦即这种"主体性"概念的内涵是什么呢？上文表明，主体之能动性乃是经由生活情境的一系列结构性显现——先是无意识的"感触"（感悟），再是油然而生的"情绪"，最后是对象化的"感情"——才得以逐步生成并确立起来；进而在此基础上，主体可以展开进一步的行动。比如"孺子入井"之事，"今人"经由"乍见入井"（感触）的发生到"怵惕恻隐之心"（情绪、情感）的显现，再到"非内交于父母""非要誉于乡党""非恶其声"等行动的开展（其实这些内容属于理性判断，其本身后发于"不忍人之心"之情感显现），从而获得一种新的"仁者"主体性。所以，我们要说：主体自身之能动性的源初表现，不是理性（指向判断），亦非意志（实践理性，指向行动），而是情感；或者更透彻地说，主体之能动性本身导源于情感，也就是说，存在者之所以"能动"，乃是因为"生活情感""生活感悟"的显现，而理性与意志正是奠基于此"生活情感"，此即孟子所讲"人之所不学而能者，其良能也；所不虑而知者，其良知也"②，这种源初的"情感"就是"良能""良知"。在这个意义上，我们说：生活情境所生成的主体首先属于一种情感性存在者，"情感"乃是主体性概念的优先性规定。

最后，需要补充说明的是，"情感"作为主体性的优先性规定，这本身关涉到世界哲学本身之现代转型，这种转型在中国最为典型的表现，就是当代中国哲学"情理学派"③的理论建构。这种建构本身实质上反映了当代中国哲学由主体性哲学范式向前主体性哲学范式的转换，即"情感"取代"理性"成为哲学之思的终极性奠基观念：首先，"情感儒学"或"情感哲学"突破了"新理学"之"人是有觉解底东西"④的理性主义范式，提出"人是情感的存

---

① 朱熹撰：《四书章句集注·中庸章句》，中华书局 1983 年版，第 17 页。
② 朱熹撰：《四书章句集注·孟子集注》，第 353 页。
③ 胡骄键：《现代中国哲学的情理学派》，《当代儒学》第 16 辑，四川人民出版社 2019 年版，第 159—184 页。
④ 冯友兰：《新原人》，北京大学出版社 2014 年版，第 19 页。

在"① 这一核心命题，指明"情感"先于"理性"并为之奠基，但其所谓"情感"其实属于一种主体性的道德情感；然后，"生活儒学"突破了"新理学"与"情感儒学"的主体性哲学范式，将"情感"彻底化为前主体性的本源情感，亦即生活本身，"生活本身首先显现为生活情感"②，"情感"成为先行于一切存在者的存在本身，由此开启并奠定了前主体性哲学范式③。而我们在此所讨论的"情境"观念，正是这种前主体性哲学范式的重要范畴之一。

---

① 蒙培元：《人是情感的存在——儒家哲学再阐释》，《社会科学战线》2003 年第 2 期。

② 黄玉顺：《爱与思——生活儒学的观念》（增补本），第 63 页。

③ 黄玉顺：《如何获得新生？——再论"前主体性"概念》，《吉林师范大学学报》2021 年第 2 期。

情感错位与认知偏差

——试从情感儒学角度分析当下粉丝文化乱象

乐晓旭

（山东大学儒学高等研究院　山东济南　250100）

【摘要】 当今粉丝文化的发展与情感和认知相关。爱的情感的本真表达不仅造就了粉丝，也造就了偶像。这种感性情感本身并不会必然导致粉丝文化乱象，甚至在某种程度上来说是粉丝作为情欲主体的个体性表达。而导致当今粉丝文化乱象的原因在于：在情感层面，依恋情感和崇拜情感的失衡与错位导致了理性情感甚至超越情感的缺失；在认知层面，娱乐资本与权力介入下对偶像形象的建构与饭圈下个体人的失语造成了粉丝的认知偏差。

【关键词】 粉丝；偶像；情感；认知

"粉丝"及其所形成的"粉丝文化"是基于当下生活情境下"偶像崇拜"的现代化表现方式之一。近年来，随着社交媒介的飞速发展，对粉丝文化的质疑与声讨甚嚣尘上，粉丝被打上了"文化白痴"的标签，而由其构成的粉丝文化也被视为一种病态文化。"人们通常假定，流行文化只能吸引社会最底层的人和最没有批判眼光的人。人们认为这些受众容易受操控、容易被转移兴趣、完全是商家牟利的工具。各种流行文化形式迎合了受众最为卑劣的需要和欲望，甚至使之比原来更被动、更无知，更缺少批判性。粉丝们完全不能意识到他们所喜爱的文化正在愚弄和剥削他们。"① 大众普遍将这种粉丝文化乱象归因于缺乏理性因素导致的过度的情感展示，而这种观念背后则蕴含着自轴心时代以来便普遍形成的"抬高理性，贬低情感"的传统思维模式，其对于情感的理解是片面且固化的；另外，粉丝文化乱象并不能仅仅归结为粉丝的情感失控，其背后则隐藏着更为深刻的原因。

一、以 "A 某 227 粉丝事件" 看粉丝文化的现实表象

自"粉丝文化"形成以来，其发展便伴随着广泛的质疑，如果说之前的声讨还是某种隐性的、小范围的，那么自"A 某 227 粉丝事件"之后，这种以情感依托和身份认同为目的的粉丝文化被普遍被大众视为一种病态文化而饱受诟病。

2020 年 2 月 24 日，某名写手在 AO3（Archive of Our Own）网站发布了一篇同人文②《下坠》，其文中将 A 某定位为有性别认知障碍的发廊妹，将 B 某设定为爱上发廊妹的未成年人高中生，并插图 A 某 "女化" 画像。因其故事情节被其粉丝视为不利于 A 某的荧幕形象，而引发了 A 某 "唯粉"（又被称为 "真人粉"）的强烈抵制。2 月 26 日起，事件开始蔓延，有人开始在社交平台发布捍卫 A 某形象的言论，激发了唯粉群情激愤，他们运用举报权利，进行有组织的、接连不断的投诉举报行为，使得写手上传文章的 AO3 网站成为粉丝举报阵地，最终导致《下坠》作者弃号，作品被下架，同样与 A 某相关的同人文被封禁，写手遭到人身攻击不得不退号自保。另一个国内最大的同人社区 Lofter 也成为 A 某粉丝的举报攻击场所，平台内很多作者均遭到人身攻击。2 月 27 日，A 某唯粉的过激行为引起各界路人的不满，各大同人圈的路人③也开始加入到这场对战中捍卫并维护自己的 "创造自由" 和 "观看自由"。2 月 29 日 AO3 被封，使得双方的对抗没有回旋机会，事件由此炸裂性发酵，同人

---

① 劳伦斯·克罗斯伯格：《这屋里有粉丝吗？——粉都的情感感受力》，原载陶东风编《粉丝文化读本》，北京大学出版社 2009 年版，第 136 页。

② "同人文"又被称为斜线文（slash），它指的是通常为异性恋的女性粉丝，根据原媒介文本创作出的以男同性恋情为主题的虚构文本。

③ 在粉丝文化中，所谓的 "路人" 是指并不具备任何 "粉籍" 的普通大众。

文创造者及读者开始转为抵制 A 某代言的所有品牌，A 某本人瞬间成为网络公敌，无论 A 某主演过的，还是客串过的影视剧均受到抵制或恶意差评的影响。3 月 1 日 "A 某工作室" 发表道歉声明，表示对这一事件的歉意并呼吁粉丝理智追星；3 月 2 日 "A 某全球后援会" 发声，希望各界人士理智对待事件，并再度呼吁理智追星。① "A 某 227 粉丝事件" 的起因实际上来源于粉丝对写手所塑造的偶像形象的不满，而 "饭圈" 的介入使得事件影响范围不断扩大。毫不夸张地说，"A 某 227 粉丝事件" 揭开了粉丝文化背后粉丝、饭圈、偶像与路人之间长久形成的紧张关系，使得 "粉丝文化" 成为社会热议的话题。笔者认为，"粉丝文化" 作为一种由粉丝和偶像共同组成的特殊文化形式，"是一种被 '偶像' 所吸引、在崇拜 '偶像' 之中产生的现象"②。

"粉丝文化" 主要由粉丝和偶像两个主体构成。"粉丝" 来源于西方文化中的 "fan"，一是体育或表演艺术的热爱者，他们通常作为观众；二是某个名流或某种娱乐消遣的热情的仰慕者或热心者。③ 从对粉丝概念的分析可以看出粉丝文化本身就与情感表达相关联。在 "A 某 227 粉丝事件" 中，粉丝的诸多行为伴随着强烈的情感表达，而这种强烈的爱的情感是 "粉丝" 的本质特征和核心概念之一。甚至可以说，粉丝之所以成为粉丝，乃是基于对于偶像的爱的情感的本真表达，而这种爱的情感不仅生成了粉丝，甚至也生成了偶像。"偶像" 并不是现代才出现的概念，其实在原始社会中就普遍存在，"先民们运用各种丰富可感的材料，把无限的憧憬和创造力都融合在对于神的形象的塑造上，各种偶像就出现了"④。如今，偶像有了更加现代化的表达方式，它被视为存在于现实日常生活中具体的存在。近年来，在粉丝文化中，偶像被广泛称作 "爱豆"（idol），一是极端喜爱的对象；二是对于所崇拜对象的表现或特

---

① 参见视频 https：//www. bilibili. com/video/BV1wE411t7Mz？from = search&seid = 2881682915350344478&spm_ id_ from = 333. 337. 0. 0。

② 张颐武：《 "饭圈文化" 反思》，《中国文艺评论》2021 年第 10 期，第 4 页。

③ 《韦氏大辞典》中将 "fan" 解释为 "（1）an enthusiastic devotee（as of a sport or a performing art）usually as a spectator；（2）an ardent admirer or enthusiast（as of a celebrity or a pursuit）." ——参见 https：//www. merriam - webster. com/dictionary/fan。

④ 鲍俊晓：《偶像崇拜与人的异化》，《理论界》2011 年第 9 期，第 84 页。

征。① 也就是说，作为粉丝崇拜对象的"偶像"是基于粉丝爱的情感基础之上的，在某种程度上，粉丝的爱塑造了偶像。除此之外，粉丝对于偶像的自我认知也成了偶像之所以成为偶像的前提。在"A 某 227 粉丝事件"中，粉丝之所以会攻击同人文写手就在于他们自认为对于 A 某自身有清楚的认知，这个认知被强行设定为 A 某的真实形象，并且将此认知视为其偶像崇拜的前提，一旦有人打破这种认知，他们便会群起而攻之。因此，偶像崇拜是粉丝基于认知基础之上的爱的表达。

在当今社会，粉丝"不仅是一个群体的代称，同时也是一种文化表征"②。随着当前科技的迅猛发展，粉丝借助互联网所构建的网络媒介演化成为一种"更具草根性和全球性的全新交往形式"③，他们通过社交媒体迅速集结并组建更具规模和标准化的"饭圈"模式，使得粉丝与偶像之间、粉丝与粉丝之间、粉丝与饭圈之间的联系更加紧密，从而以寻求情感依托和身份认同。粉丝文化的形成与情感密不可分，甚至可以说，粉丝文化之间乃是基于某种情感的联结才得以形成的。所以说，对情感的分析对理解当前的粉丝文化显得尤为重要。

二、"情感儒学"中对情感的建构

正如前文所述，粉丝文化的形成是当今生活情境下偶像崇拜的一种现代化的表现方式，而这种表现方式更多地出于某种爱的情感的表达，也正是因为粉丝文化的发展乃是基于某种情感的表达，粉丝总是被定性为潜在的失去理性的狂热分子。但是在笔者看来，这种定义背后本身就蕴含着一种自轴心时代以来便普遍出现的理性与情感之间的对立。

在西方，对于情感的讨论一直与理性密不可分。自雅斯贝尔斯所谓"轴心时期"（The Axial Age）以来，中西哲学都逐渐开始关注人自身，"哲学家首次出现了，人敢于依靠个人自身。……人证明自己有能力，从精神上将自己和

---

① 《韦氏大辞典》中将"idol"解释为"（1）an object of extreme devotion；（2）a representation or symbol of an object of worship"——参见 https：//www. merriam-webster. com/dictionary/idol。

② 蔡骐：《网络与粉丝文化的发展》，《网络传播研究》2009 年第 7 期，第 86 页。

③ 蔡骐：《网络与粉丝文化的发展》，《网络传播研究》2009 年第 7 期，第 86 页。

整个宇宙进行对比。他在自身内部发现了可以将他提高到自身和世界之上的本原"①。自此，情感与理性的关系问题便成为哲学探讨的重要问题，并逐渐形成了"抬高理性，贬低情感"的思维模式。作为现代中国哲学"情理学派"②的代表人物之一，蒙培元先生提出"人是情感的存在""情感是人的基本的存在方式""儒家哲学是情感哲学"等一系列重要命题。③他认为，在传统儒家看来，作为人的存在的内在根源的心是知、情、意合一的，"心灵作为绝对主体，具有整体性特征，它包括知性、情感、意志、意向等等于一体"④。他将情感置于心灵的重要地位，"将心灵视为整体的存在，并在整体中突出情感的地位与作用，以情感为核心而将知、意、欲和性理统一起来，这就是儒家哲学的特点"⑤。因而，中国哲学特别是儒家哲学乃是一种"情感儒学"（Emotional Confucianism），他颠覆了传统的"性主情""理主情"的理论架构，强调回归中国哲学的原点寻求儒家哲学的情感本源。在对于情感儒学的建构中，最具特色的便是其提出的"情可上下其说"命题，强调情感"既有理性化的道德情感，又有感性化的个人私情"⑥。蒙先生第一次明确提出"情可上下其说"的命题是在 1996 年发表的《换一个视角看中国传统文化》一文中，他指出："要之，情是可以上下其说的，往下说，是感性的情绪情感，往上说，是理性的德性情感或'情理''情性'。"⑦"情可上下其说"中的"上""下"即"形而上""形而下"之义，"我们说，情可以上下其说，就是指情感可以从下边说，也可以从上边说，这里所说的上、下，就是形而上、形而下的意思"⑧。蒙先生认为儒家哲学"一方面赋予人的情感经验以道德的内容而强调其超越

① ［德］雅斯贝尔斯：《历史的起源与目标》，魏楚雄、俞新天译，华夏出版社 1989 年版，第 10 页。

② 参见胡骄键《现代中国哲学的情理学派》，《当代儒学》第 16 辑，四川人民出版社 2019 年版，第 159—184 页。

③ 黄玉顺：《情感儒学：当代哲学家蒙培元的情感哲学》，《孔子研究》2020 年第 4 期，第 43—47 页。

④ 蒙培元：《心灵超越与境界》，人民出版社 1998 年版，第 5 页。

⑤ 蒙培元：《漫谈情感哲学（下）》，《新视野》2001 年第 2 期，第 40 页。

⑥ 蒙培元：《中国的德性伦理有没有普遍性》，《北京社会科学》1998 年第 3 期，第 59 页。

⑦ 蒙培元：《换一个视角看中国传统文化》，《亚文》第一辑，中国社会科学出版社 1996 年版，第 305 页。

⑧ 蒙培元：《漫谈情感哲学（下）》，《新视野》2001 年第 2 期，第 42 页。

性，另方面又强调道德理性对于情感活动的支配和主导作用"①，前者就是情往上说，即情的超越性，这是形而上之情；后者就是情往下说，即情的经验性，这是形而下之情。情感往下说，是与生理心理相联系的，是主体心灵的感性层面，是一种形而下的自然经验。这种感性情感可以说是一种自然情感，它通常是与人的欲望相联系，是人和动物所共有的。情感往上说，是与实践理性相联系，是主体心灵的超越层面，是形而上的超越体验，一方面，它表现为一种具有理性形式的理性情感；另一方面，它也表现为一种超越层面上的情，即一种情操、情趣或气象，是一种很高的精神境界，其最高的体验就是所谓"乐"。

在笔者看来，蒙先生"情感儒学"中对于情感的理解与建构为研究当下粉丝文化中情感与理性之间的张力提供了很好的理论借鉴。实际上，粉丝对于偶像爱的情感在不同阶段，其具体的表现方式也有所不同，可以分为好感、依恋和崇拜三个不同层级。蒙先生对于情感的积极态度在一定程度上肯定了在感性情感阶段粉丝对于偶像的好感表达；但是在另一层面上也映射出粉丝在理性情感方面甚至是超越情感的缺失，即在依恋情感阶段，缺乏理性的反思，它仍然是一种感性的、自我的、片面的认知；在崇拜情感阶段，将带有一定宗教意味的崇拜情感错误地运用到偶像身上，以寻求某种情感归属。

三、感性情感的流露：好感的本真表达

早在"路人粉"② 时期，粉丝便对偶像产生了一种好感（good feeling），这种好感通常出于人的自然的生理欲望而产生的对偶像身上所具备的某种外在生理特征的喜爱，如音、容、笑、貌、形等。这种好感可以被视为一种感性情感，而这种感性情感则与人的感受密不可分。

劳伦斯·克罗斯伯格将这种情感归结为快感（enjoyment）的产物，"我们之所以投身于流行文化的诸种形式，是因为它们在某种方式和形式方面是娱乐的，

① 蒙培元：《论理学范畴系统》，《哲学研究》1987 年第 11 期，第 42 页。
② 路人粉也被视为粉丝的一种，"对这个爱豆一直有好感，但没有正式入坑，出的作品感兴趣会看看，消息动态也会附带关注一下，和粉丝圈没有多少交集。"——参见《粉丝"黑话"词典：流水的爱豆 熟悉的套路》，http：//ent. sina. com. cn/original/zishiweekly/09/？t＝1477099203427。

为我们提供了某种乐趣和快感"①。他曾在《这屋里有粉丝吗？——粉都的情感感受力》一文中论述了情感感受力对于粉都的重要性，并指出粉丝对偶像的爱的程度与其自身的"感受力"（sensibility）相关，"我们可以把这一个将任何语境整合起来、把文化形式与受众联系起来的特定关系称为'感受力'（sensibility）。感受力是一种特定的参与（engagement）形式或运作方式。它识别某一语境中各种因素能够产生的各种具体效果，界定文本与受众在其范围内可能存在的关系。某一特定文化语境的感受力界定了具体的文本和实践如果被接受和体验，它们如何能够影响受众在世界中的位置以及哪种文本能够整合到机制中。不同的机制产生不同的感受力"②。因而受众与流行文化之间最常见的关系是快感文化的生产。当今社会出现了这样一种现象，即"人们不太乐意将粉都看作是普遍共享的一种特质，忠诚或热爱的一种形式，'演现好感'（enacted affinity）的一种方式"③。但是，在情感儒学看来，感性情感作为一种形而下的自然经验，通常与人的欲望相联系，其本身是一种"真情实感"的表达。蒙先生认为"真情"即"真情实感""真实无妄"，所谓"真情"是发自内心的最原始、最真实的自然情感；所谓"实感"是来自生命存在本身的真实而无任何虚幻的自我感知和感受。作为与生俱来的最原始、最本真的生命意识，情感在后天的生活境遇中"随感而应"，也就是说，粉丝在与偶像的接触中，产生了对于偶像真实的自我感知和感受，从而产生了好感。当然，需要指出的是，粉丝与偶像之间的感受，并不一定是与偶像本人在现实生活中所做出的真实的接触和交流，粉丝们往往仅仅凭借偶像的图像、声音、文字等便可以形成具体的感受，从而产生好感。也就是说，粉丝所产生的好感来源于偶像所给予粉丝的某种情境，在这种情境下，粉丝自然而然地做出情感表达。

因此，感情情感强调的是"人作为情欲主体而存在的现实性维度，是现

---

① 劳伦斯·克罗斯伯格：《这屋里有粉丝吗？——粉都的情感感受力》，原载陶东风编《粉丝文化读本》，北京大学出版社 2009 年版，第 138 页。

② 劳伦斯·克罗斯伯格：《这屋里有粉丝吗？——粉都的情感感受力》，原载陶东风编《粉丝文化读本》，第 138 页。

③ 朱莉·詹森：《作为病态的粉都——定性的后果》，原载陶东风编《粉丝文化读本》，第 126 页。

代性的一个重要特征"①，是作为个体的人的一种自我表达，是值得肯定的。在这个层级上，这种爱的情感表达并不能被否定。在路人粉阶段，粉丝的好感来源于与偶像相关的图像、声音和文字等，并没有与偶像有深入的沟通和交流，这就面临着偶像所建构的这种情境以及展现在粉丝面前的形象与其自身的"真实面貌"是否相符的问题。如果说在路人粉阶段，粉丝的动机较为简单，即便是"虚假面貌"所带来的问题也并不突出的话，那么在以认同为前提的依恋情感和崇拜情感阶段，这种认知的偏差影响更为深远。

四、理性情感的缺失：认同之下的依恋

在好感阶段，以路人粉身份出现的粉丝其喜爱的动机和表达方式简单明确，但是当这种好感不断加深，粉丝就会不自觉地尝试更多地去了解他们所爱的偶像，此时，这种情感就不仅仅限于一种"好感"的浅层次之上了，而是升华为"依恋"的情感，个人对偶像的情感黏度大幅上升，这时候粉丝就会自称为"真爱粉"②，而这一阶段，以认知和情感为共同前提的认同发挥了重要的作用。

依恋（attachment）强调自我与他者形成的依附关系，在粉丝文化中表现为粉丝和偶像之间的单向的更为强烈的情感联结。③ 在这一阶段，为寻求与偶像更深层次的联结，粉丝并不仅仅满足于感官的享受，而且在对偶像和自我进行认知的基础上，将自我的意义和价值依附在偶像身上，形成某种自我认同。"认同"（identity）包括两个层面：一是鉴别、辨认，从众人或众物中辨认出

①　胡骄键：《现代中国哲学的情理学派》，《当代儒学》第16辑，四川人民出版社2019年版，第166页。

②　真爱粉："那么爱你把自己、把别人都感动了!! 无论斗转星移，xxx 一生推，xxx 一生应援。"——参见《粉丝"黑话"词典：流水的爱豆 熟悉的套路》，http：//ent. sina. com. cn/original/zishiweekly/09/？ t = 1477099203427。

③　《韦氏大辞典》中将 attachment 解释为 "a strong emotional bond that an infant forms with a caregiver（such as a mother）especially when viewed as a basis for normal emotional and social development"["婴儿与照顾者（如母亲）之间形成的一种强烈的情感联系，它被视为正常情感和社会发展的基础。"] ——参见 https：//www. merriam-webster. com/dictionary/attachment。

某人或某物，即寻找差异；二是相同、同一性。① 粉丝在对偶像和自身进行认知的前提下，寻求两者之间的一种更为紧密的联系。因此，在笔者看来，认同的产生或许可以包含以下几个阶段：首先，粉丝基于好感而产生对于偶像了解的冲动，这种冲动仍然是基于某种生理欲望所带来的感性情感，即前文所说的好感阶段，因此认同的前提仍然是某种感性情感。其次，在对偶像深入了解的基础上，进行自我认知，寻求两者之间在某些方面的共同点。在认知阶段完成后，粉丝将自我的意义和价值寄托在偶像身上，通常采用"投射""移情"和"补偿"的方式以深化两者的情感联结。所谓"投射"指个体在偶像身上看到自己已有或想要拥有的素质、特征等，如将偶像作为"奋斗目标""学习榜样""理想自我""人生动力和精神支柱"等；"移情"指个人将自己对父母、兄弟姐妹、配偶等的情感和态度转移到偶像身上，情感投射和关系幻想即属此类，如"女友粉""男友粉""妈妈粉""姐姐粉""哥哥粉"；"补偿"指个人在心灵空虚、情感焦虑与缺失时用偶像来填补、麻痹、宣泄。这意味着，在依恋情感阶段，"个人由路人转为粉丝，是在自我投射、自我移情和自我补偿三种心理机制下实现了从偶像认同到自我认同"②。因而，在笔者看来，这种基于自我认同之上的依恋情感其实也是一种自恋情感的表达，粉丝把自己的特质与偶像的特质紧密地联系起来，喜爱偶像在一定程度上就是喜爱自己的表现，而这种自恋情感就意味着对偶像和自我认知的某种片面化。由感性情感到粉丝自我认同，由好感到依恋，粉丝与偶像之间的单向联系更加密切，这在某种程度上满足了粉丝在情感归属上的需求。

但是问题就在于，在认知层面，粉丝对于偶像的依恋是出于对自身认知的强烈自信，即他们普遍相信自己所认知的偶像就是真实偶像。粉丝自以为对于偶像的认知是一种客观的理性的认知，因而，在依恋情感阶段，他们将这种情感视为一种理性认知下的情感表达，但事实上，它仍然是一种感性的、片面的主观认知。在认知方式上，粉丝认知偶像的方式其实是一种"圈地自萌"式的情感认知方式。毫无疑问，粉丝很少有机会甚至根本不可能与偶像有近距

---

① 参见赵志裕、温静、谭俭邦：《社会认同的基本心理历程——香港回归中国的研究范例》，《社会学研究》2005 年第 5 期。

② 曾庆香：《"饭圈"的认同逻辑：从个人到共同体》，《学术前沿》2020 年第 10 期（上），第 14 页。

离、长时间的接触，粉丝更多的是借助网络来寻求对偶像更深层次的了解，如通过明星的个人或工作室微博、微博超话、贴吧、视频平台等。因此，粉丝其实是在原本的"饭圈"之中寻求对偶像更深层次的了解，这就自动过滤了某些负面、消极的信息，并且这种基于自我认知下的偶像认知使得粉丝自动过滤了与自身追求不相符的信息。

这种认知层面的偏差使得粉丝缺失了本应该基于某种理性化思考之下的情感表达，并没有真正实现其情感的理性化。在情感儒学看来，人既是情感的动物，也是理性的动物。情感与理性之间并不是简单的分离和对立，而是在某种程度上可以达到统一，只有这样，才能过一种既有人情味又有理性信念的道德生活。"理和情是不能分开的，理是由情来说明的。这也就是说，理性是有情感内容的，是形式与内容的统一，而不是二者的对立。与此相应，人的情感体验是具有理性精神的，或理性化的，决不是私人的好恶与快感之类。这里所说的理性，是指价值理性而言的。"① 中国哲学的道德理性来源于道德情感，这种道德情感是心灵所固有的。情感儒学所讲的"理性"不是"智性"意义上的理性，而是道德情感的理性化，即所谓的"情理"。在蒙先生看来，情感内蕴着一种理性能力，他称这种理性能力为"思"，思作为心的功能，其意义就在于使心中之性得以显发，得以"自觉"，同时也是使心中之情得以"扩充"，得以提升。在这个意义上，"思"也就是使情感理性化，使之具有"思"的形式。因此，这种作为理性范畴的"思"的功能正在于打通内在、物我的界限，实现万物一体之仁，"思"正是理性情感的表现。不可否认，在依恋中确实包含着某种认知理性因素在里面，但归根到底仍然是感性情感，并没有提升到理性情感的层面。依恋情感使得粉丝以偶像作为目标，把对自己的认同建立在对偶像的认同之上。这就意味着粉丝将自身的意义与价值建立在偶像的意义和价值之上，而当我们把自身的意义挂靠在他人之上的时候，自身的意义便被消解了，这就使得许多粉丝自身在一定程度上失去自我认同，丧失了自我存在的意义。因而很多粉丝不再满足与依恋情感，便把这种情感极端化发展为一种崇拜情感。

---

① 蒙培元：《中国哲学的方法论问题》，《哲学动态》2003 年第 10 期，第 8 页。

五、超越情感的遗忘：崇拜情感的错位

在崇拜情感阶段，粉丝将偶像视为没有任何错误和缺点的人，将其视为某种信仰的对象，以寻求某种形而上的观念支撑。大众普遍将这种粉丝称作"脑残粉"①。朱莉·詹森将"脑残粉"界定为"疯狂的或歇斯里底的人群中的一员"，"这是那些在机场因瞥见摇滚歌星而尖叫、哭泣的青少年，或是那些在足球比赛中咆哮、骚乱的狂热球迷。这类疯狂的粉丝形象在有关乐迷和球迷的要论中很普遍"②。与之前的"路人粉""真爱粉"不同，"脑残粉"普遍遭到大众的口诛笔伐。

在笔者看来，粉丝将崇拜情感投射到当下的偶像身上，其背后与娱乐资本与权力的介入、饭圈下个体的失语密切相关。一方面，粉丝所顺从和屈服的偶像本身就是由娱乐资本和权力建构出来的。近年来，"情感经济"日益引起媒介娱乐工业的重视，这种新的营销理论强调的是消费者在观看选择和购买决策过程中的情感因素。正如美国学者哈特所说的："娱乐工业和各种文化工业的焦点都是创造和操纵情感。"在媒介娱乐工业中占据重要地位的明星体制就是依靠受众对于明星的情感投入来盈利的一种方式，粉丝既是明星（品牌）意义的创造者，他们的情感强度和持久度也直接决定着品牌的经济价值。因而，资本与权力逐渐开始意识到粉丝的重要作用，他们开始利用粉丝对于偶像的这种崇拜情感以获得利益，这集中表现在资本与权力对偶像人设的建构上。娱乐资本通过对粉丝心理和情感的分析，为旗下的偶像设立某种具有积极性质的人设，如"天真懵懂人设""努力上进人设""开心果人设""学霸人设"等，从而加深粉丝对于偶像的崇拜情感，通过粉丝情感、金钱的投入获取巨大的利益。归根到底，出于崇拜情感阶段的粉丝最终被资本和权力所操控。另一方面，崇拜情感的产生还与"饭圈"中个体性的失语密切相关。出于对偶像的

---

① 脑残粉："沉迷其中无法自拔，爱豆零缺点，听不得他/她被说任何不是，不相信爱豆任何负面，但不一定好战。"——《粉丝"黑话"词典：流水的爱豆 熟悉的套路》，http：//ent.sina. com. cn/original/zishiweekly/09/？t = 1477099203427。

② 朱莉·詹森：《作为病态的粉都——定性的后果》，原载陶东风编《粉丝文化读本》，第120页。

喜爱和崇拜，粉丝们会自觉地聚集在一起，以寻求某种身份归属，而这种群体就是"饭圈"，"'饭圈'就是围绕某个明星建构的相对稳定的某种群体"①。其建构大多是出于对某个明星的热爱，它有着严格的规则和等级制度，"饭圈成员按照相互默契的规则，各尽其责协调行动，自动地发挥职能作用"②。因此，在一定程度上说，饭圈可以被视为一种共同体。随着当今科技的发展，饭圈并不仅仅局限于传统的线下聚会的模式，更多的是通过网络媒介进行沟通，如QQ群、微信群、微博超话、微博粉丝群等方式。当粉丝进入饭圈之后，个体性被群体性取代，即"当个人被归属于群体后，其尊重（包括自我尊重和他人尊重）和自我实现的满足取决于群体之间比较有利结果（成为优势群体）……个人在某方面的自我价值感，源自其获得的因这方面而组建的群体资格以及社会对此群体的积极评价"③。也就是说，"饭圈"的价值和意义高于粉丝个人的价值和意义，因此，在饭圈中，个体性就在某种程度上被群体性替代，为在"饭圈"中站稳脚跟，粉丝的一切表达更多的是与"饭圈"相一致，从而造成个体失去了理性思考和主观情感表达的能力。而"饭圈"作为一种权力机构，其本身仍然是一种利益的联结。

从情感儒学的角度来说，崇拜情感之所以出现是因为粉丝在形上层面上失去了某种观念支撑，"偶像崇拜总是对某种东西的崇拜，人把自己的创造力置于这种东西之中，然后对它顺从屈服，而不是在他的创造活动中体验到他自身"④。也就是说，"偶像崇拜"最重要的意义在于将偶像自身视为完满的存在，从而对其顺从与屈服。在现代的话语体系中，偶像时常被冠以"女神""男神"的称号，使得崇拜作为一种具备宗教意义的语言，经常用来表达对于明星的极度的喜爱之情，这种崇拜之情在其爱的程度上高于好感与依恋。在崇拜的情感作用下，偶像与粉丝之间的关系就像是神与信众之间的关系一样，粉丝认为自己的偶像是"至善完美"的存在，因而在他们眼中，偶像的任何负

---

① 张颐武：《"饭圈文化"反思》，《中国文艺评论》2021年第10期，第4页。
② 孟威：《"饭圈"文化的成长与省思》，《人民论坛·学术前沿》2020年第19期，第56页。
③ 曾庆香：《"饭圈"的认同逻辑：从个人到共同体》，《学术前沿》2020年第10期（上），第17页。
④ E. 弗洛姆：《马克思关于人的观念》，《西方学者论一八四四年经济学—哲学手稿》，复旦大学出版社1983年版，第57页。

面新闻都是虚假的炒作；他们认为自己的偶像所作出的一切判断与选择都是正确的，因而会无条件地支持偶像的一切行为。"宗教的能指符号在这里显示影星的特殊地位与意义，还暗示了观众所感到的挚爱的强度。它们还加强了影星的'他者性'，观众们认为影星们不属于自己居住的凡世。把影星当作女神来崇拜涉及在一些宗教虔诚情感中出现的对于自我的否定。观众只是作为一个崇拜者或影星爱慕者才存在。很少提及观众的身份或表明要通过变得更像影星来缩小影星和粉丝之间的差距；只有从远处欣赏的表白。自我与偶像之间的界限相当稳固的，强调的重点绝大部分是放在影星身上而不是观众的身上。"① 这使得粉丝误将崇拜情感视为某种超越情感。

　　蒙先生指出，所谓超越层面上的情，即表现为一种情操、情趣或气象，是一种很高的精神境界，其最高的体验就是所谓"乐"。在蒙先生看来，以乐为最高体验的境界形态的哲学是儒家哲学的重要特征。儒家所追求的乐，并不是一种感性快乐，而是既出于情感而又超乎情感的精神愉悦，是一种理性化的审美体验，即"将审美与道德合而为一，从道德情感及其形而上的超越中体验美的境界"②。在蒙先生看来，乐是一种超理性的"超越情感"，具体体现在"天人合一"之中，只有实现"天人合一"的境界，才能享受到这种快乐。乐作为一种本体论的超越的体验，是情感的，又是超情感的，是理性的，又是超理性的，它作为哲学上的范畴，即情感体验和主体意识，主要是指主体再同客体的关系中所达到的美感体验，而这种体验决不能离开客体，离开整个自然界而存在。这种以超越情感为主要内容的境界观，其目的就是寻求"安身立命"之地，所要解决的便是人生的终极性问题，因而具有宗教精神。在粉丝看来，偶像不仅仅存在于粉丝的日常生活中，而且具有某种超越的意义。"高高在上"的偶像成为超然于一般人的特殊人物，对于偶像的无条件崇拜，把原本虚空的价值通过偶像加以填充。但是正如前面所分析的那样，粉丝试图通过偶像来弥补自身对于超越价值的追求，本身便是没有任何意义的，反而这种情感使得粉丝陷入一种盲目崇拜的境地。在笔者看来，粉丝对于偶像的认知应跳出

---

　　① 杰姬·斯泰西：《女性魅惑——一个认同的问题?》，原载陶东风编《粉丝文化读本》，第176页。

　　② 蒙培元：《情感与理性》，中国社会科学出版社2002年版，第343页。

"饭圈"的"安利",而达到客观理性化的认知,通过反思来实现自我认知,扩充心中之性,通过"自觉"来实现情感的提升,不再将自身的意义与价值建立在偶像之上,而是应该从自身出发寻求价值的实现。

当代儒家

思想探索

孔子正名思想的存在论符号学诠释

吴多键*

（山东大学儒学高等研究院　山东济南　250100）

【摘要】孔子的正名思想向来被视为开启了先秦名学的讨论，并且赋予名以伦理政治的内涵，这一思想在先秦哲学中具有重要的地位。传统对于孔子正名思想的解释多是一种经验性理解，如正名分、正名位、正人伦、正书字，这些解释无法具体说明孔子关于正名的一整套推演关系，并且也缺乏一种研究孔子正名思想的、具有哲学深度的视域。而在当代哲学的存在论与符号学的视域下，我们则能够对孔子正名思想做一个更本源的理解。海德格尔与德里达，可以说是分别在存在论与符号学的问题上思考得最为深刻的哲学家，但他们的思想中依然存在不彻底性。海德格尔虽然提出了存在论区分，但是却仍在存在问题上保留了大量形而上学观念；而德里达虽然对形而上学进行了彻底的解构，却又在一定程度上放弃了存在之思。基于对他们的批判，我们则要提出一种彻底的存在论，这是一种儒家式的基于仁爱情感的存在论，以此来解释一切存在者何以可能。先秦哲学中的"名实"关系其实可以对应于符号学中的能指与所指的关系，"名"是关于符号的问题。孔子把正名视为为政之先，其实是在"有名"的符号最初呈现的基础上，建构制度进而改造整个意义世界。这是一种儒家式的符号学，其中包含了儒家特有的符号生成论——"约定—俗

---

* 作者简介：吴多键，山东大学儒学高等研究院博士研究生，研究方向为中西比较哲学、儒家哲学。

成"，这里的俗在最本源的意义上就是指的万物一体之仁的存在状态，而在经验世界中又显现为习俗这样一种对象性把握，这是一切符号的渊源所在。不同于传统的名分说和名位说，孔子提正名直接是针对语言符号的问题，也即"言顺"，这是正名的直接原因，是要确保主体间理解和交流的可能，这是孔子"名—言"关系涉及的问题；而"言—行"关系则是关于"信"的问题，这种"信"在孔子看来应当是出于仁爱的。这两个问题又是任何制度建构所必然涉及的问题，所以正名的根本原因还是为政。而孔子说的"事成"则是指儒家进行制度建构和为政的根本目的，即在于使国益民、促进公利，进而成就仁爱。孔子的"名"思想与其诗学是有深刻联系的。本源的诗与思是通达存在的方式，当本源的存在情境不在了，人才会有出于这种仁爱情感的思，这种思中会产生所思者的形象，最后才会有表象化的对象，物和符号、对象和主体，整个存在者的意义世界才由此产生。而孔子把正名视为为政之先，正是基于这种"有名"的前提去建构制度，改造意义世界。

【关键词】孔子正名；存在论；符号学；海德格尔；德里达

一、研究综述

在过往对于孔子正名思想的诠释中，影响最大的是名分说。在对于《论语》的注者中，持这种观点的就是杨伯峻。他所引证的是《左传·成公二年》所载孔子语"唯器与名，不可以假人"一句，认为孔子谈正名说的是正名分、名义。但是他的这个说法是自相矛盾的，他在自己的著作《春秋左传注》中将孔子"唯器与名"一句中的"名"注解为"爵号"，这其实也是杜预注左传时的解释。同时杨伯峻在这里还指出了传统上人们所认为的《论语》中另外两处孔子的话，被认为是对于正名的论述，一处是在《论语·颜渊》篇中齐景公问政于孔子，孔子回答"君君，臣臣，父父，子子"这里；另一处是在《论语·雍也》中孔子关于"觚"的讨论。而在关于孔子论"觚"的解释中，杨伯峻的解释又掺杂了名实说的观点。

这其实也是传统正名解释中经常发生的情况，各种解释混杂在一块，在杨伯峻这里是名实说与名分说混杂。也有名分说与名位说混杂的情况，比如刘琪、张晓芒《儒家正名逻辑思想的现代思考》一文中就是如此①。祝东的《复礼与正名——孔子思想的一个符号学视角》②一文中认为正名是正名分，但是解释中又掺杂了名位说的思维，认为正名是指要享受相应的礼乐。普理禄的《孔子"正名"说的伦理意义》认为"名"有两重意义，一是正字书，二是正名分③，也是如此。

翟锦程的《先秦名学研究》对于孔子正名的解释也属于名分说，其中对于《论语》中八次涉及名的论述的总结，十分重要。梁漱溟在《中国文化要义》中也称正名就是正伦理名分。

典型的持名实说立场的是朱熹，他在《论语集注》中把孔子的正名解释为纠名实，而这种名实说又总是和正名即直接正人伦的看法相结合，比如牟宗三在《名家与荀子》中就说孔子的正名是正名实，其实就是正政教人伦。冯友兰把名解释为对应物的概念或要素，但从他举例所谈的都是人伦事物的概念来看，也是某种意义的名实说。李景林在《正德性与兴礼乐——孔子正名思想的理论内涵及其方法学意义》一文中，也表示赞同朱熹的解释，同时认为孔子的正名思想具有方法论的意义。但是孔子没有名实对举的说法，而且从孔子的话中"名不正则言不顺""君子名之必可言"来看，正名必然是跟语言符号有关的问题，名实说没法解释这个层面的问题。

名字说是郑玄的说法，他把孔子的正名思想解释为纠正书籍上的文字之误。这种观念影响较小，因为正名毕竟不可能是一个纯粹关于纠正文字错误的问题，不然孔子就没必要说"名之必可言"和"言之必可行"这些话。

名事说是马融的说法，认为正名是指"正百事之名"。这个说法把正名的范围扩大到所有事物上，但没法解释孔子正名思想中的伦理内涵。

名位说也是一种对于正名的解释，比如陈学凯的《道德、伦理、政治的合而为一——孔子正名主张的思想意义》一文，认为正名是获得一种社会承

---

① 刘琪、张晓芒：《儒家正名逻辑思想的现代思考》，《毕节学院学报》2011 年第 12 期，第 50 页。

② 祝东：《复礼与正名——孔子思想的一个符号学视角》，《孔子研究》2018 年第 6 期，第 57—58 页。

③ 普理禄：《孔子"正名"说的伦理意义》，《玉溪师范学院学报》2010 年第 6 期，第 22 页。

认，一种为政的政治地位①，但是我们知道"位"在孔子看来其实没有那么重要，孔子认为"'孝乎惟孝，友于兄弟，施于有政。'是亦为政"。按照朱熹的解释就是不必居位才是为政。有些名分说也把名分和名位相混淆，认为正名分也是说的获得相应的政治地位，其实都是不对的。

还有一些影响较小的解释，比如胡适在《先秦名学史》中把孔子的正名解释为一种思想重建，即建构一种关系、义务、制度层面的理想中含义。其实也可以归类到名实说之中，这里就不再一一详细列举。

孔子的正名思想必然是直接关于语言符号的问题，但是又有人伦道德方面的诉求，魏义霞的《儒家的语言哲学与和谐意识》就指出孔子正名思想的这两方面特征。② 祝东在《先秦符号思想研究》一书中将名实关系看作一种"能指"与"所指"的关系，这是十分正确的。但他把孔子没有名实对举的说法解释成孔子以及儒家有一种"能指偏执"的态度，即以旧名正新实，是保守主义的立场，这是不对的。③

赵炎峰的《论先秦哲学中"名"之内涵嬗变》与葛晋荣的《先秦"名实"概念的历史演变》都指出："名"概念以及所谓的名实关系，在先秦哲学中是有演变过程的，并非能够统一地理解，孔子论名未必就和后世论名是一个层面的问题，④ 同时葛晋荣还指出了老子与孔子在名问题上的差距，指出了道的无名的特点。⑤

王丽娟、王文光的《孔子正名思想的社会意义及其逻辑意义》一文，对于孔子正名思想进行了逻辑命题式的转化和分析，但是他们的分析是错误的，把孔子的"名不正则言不顺"这种否命题之间的必要条件推演关系错误地说成是正命题之间的充分条件假言推理。⑥

---

① 陈学凯：《道德、伦理、政治的合而为一——孔子正名主张的思想意义》，《西安交通大学学报》（社会科学版）2011 年第 6 期，第 72 页。

② 魏义霞：《儒家的语言哲学与和谐意识》，《黑龙江社会科学》2010 年第 4 期，第 1 页。

③ 祝东：《先秦符号思想研究》，四川大学出版社 2014 年版。

④ 赵炎峰：《论先秦哲学中"名"之内涵嬗变》，《河南大学学报》（社会科学版）2011 年第 3 期，第 20 页。

⑤ 葛晋荣：《先秦"名实"概念的历史演变》，《江淮论坛》1990 年第 5 期，第 69 页。

⑥ 王丽娟、王文光：《孔子正名思想的社会意义及其逻辑意义》，《孔学研究》1995 年第二辑，第 82 页。

李中贤的《孔子"正名"思想的现代意义》一文指出正名即正意义世界，进而是正名物、正名分、正名本。正名问题本质上是关于意义世界的问题，这个看法是非常深刻的，但是他依然抱有某种超越意义世界的事实世界观念，并且他对于名物关系的分析也是成问题的。①

总之对于孔子正名思想所正的是什么，大致有名分说、名位说、名实说、名字说、名事说这些解释。至于把孔子的正名认为是直接针对伦理政治问题的看法，那是混淆目的与手段、方法与效果的看法，按照李景林的说法孔子的正名思想是一种方法，以及孔子给出的整个推演关系的内部逻辑来看，所谓的正礼乐也好，正人伦也好，那都是正名之后的事情。而关于正名的名分说这种看法，思路是认为对政治伦理上的名分进行规定，同时要求相应的人才能作为承担名分的主体，从而达到规范人伦的目的，但是这种观点没法解释孔子的原话"名正言顺"之间的关系。而关于正名的名是事物之名与书字的看法，本质上都是在语言层面的行为，他们注意到了语言符号对于人伦政治领域的影响，却依然没办法解释这种影响是如何产生的。

鉴于以上情况，我们有必要基于当代哲学存在论和符号学的视域，对孔子正名思想做出更本源的诠释。

二、研究正名问题的存在论与符号学前提

正名问题必然涉及符号的问题，而存在论也是研究孔子思想的根本视域，因此，我们首先从这两个方面做一些前提性的分析。

（一）研究的视域：存在论与符号学

关于符号学与名学的关系，国内早已有学者强调过。"凡'名'必有所指之'实'"②，名与实的关系与符号学中的能指—所指之关系是可以对应的。而孔子和儒家的正名与制礼其实都是一种符号行为。③ 著名符号学家、美国符号传统的创始人之一莫里斯曾说过，越是在社会变革时期，人们越会关注符号的

① 李中贤：《孔子"正名"思想的现代意义》，《第五届世界儒学大会学术论文集》，第102页。
② 蒙培元：《"道"的境界——老子哲学的深层意蕴》，《中国社会科学》1996年第1期，第118页。
③ 祝东：《先秦符号思想研究》，第84页。

问题，这是因为社会中原有的符号系统丧失了作用，而新的符号系统还没有产生，他举了孔子时期和希腊衰落时期为例子。[①] 这也符合先秦名学兴起的社会背景，在社会转型时期，名实混淆、礼崩乐坏，诸子百家的理论都或多或少地涉及正名的问题，而孔子的正名之说一向被视为开启了先秦名学的讨论，所以研究孔子正名思想当然免不了符号层面的分析。

如果说以符号学的视域研究孔子正名的问题还是可以理解的，那么用存在论的方法来诠释孔子的正名思想，或许就会让人们产生这样的疑惑：孔子的思想真的能够用存在论的方法加以研究吗？这样诠释出来的孔子还是"孔子思想本身"吗？

这恰恰是我们下面将要花一定的篇幅澄清的问题，即为什么说孔子的正名思想能够用存在论方法来进行诠释，甚至更进一步地说，存在论（ontologie）——具体来说是一种儒家式的、基于仁爱情感的存在论，是研究孔子所有思想的根本视域。

具体到孔子的正名思想这个问题上，问题的视域就同时涉及存在论和符号学的问题，当然这两个领域的地位本质上是不同的，符号学只是存在者层面的问题，存在论是为符号学奠基的，我们所要谈的恰恰是基于存在论的符号学问题。芬兰哲学家埃罗·塔拉斯蒂对这两者的关系有所强调，他提出了一种"存在符号学"（Existential Semiotics）[②]。当然，这种存在符号学是依据海德格尔的此在话语建构的，本质上仍然是一种基于主体性的研究，这恰恰是我们所试图超越的。[③]

（二）名实论与符号学

在先秦名学的研究中，有一个普遍的理解，凡谈到名就涉及名实关系。但是如果我们回顾在孔子和老子的话语中，根本没有任何名实对举的说法，都是直接论名，这并非某种偶然。

名实关系对应于索绪尔划分的能指和所指，但它们之间是有区别的，索绪尔的所指仅仅指的是概念之物，而不是事实之物，这与先秦诸子所谈论的名实

---

① ［美］C. W. 莫里斯：《开放的自我》，定扬译，上海人民出版社1965年版，第45页。
② ［芬兰］埃罗·塔拉斯蒂：《存在符号学》，魏全凤、颜小芳译，四川教育出版社2012年版，第3页。
③ ［芬兰］埃罗·塔拉斯蒂：《存在符号学》，第10页。

关系是有极大差异的。当然，这并不是说因此就不能用符号的能指和所指来理解名实关系，"所指"（signifié）这个词，其实在法语中的原意就是"能指所指出的东西"①，在后来符号学的发展之中，所指概念的使用也只有在这个意义上才是普遍化的。在这个意义上，我们是可以基于符号学的视域来研究先秦名学的问题的。

（三）物：物与词

通常我们认为，有一个事物先自在存在，它的存在是一个"事实"，然后我们给它命名，于是它进入名—实的关系中；或者说我们把意义赋予它，于是它成为符号。即在我们面对的意义世界之外存在一个事实的世界，各种无意义的事物在那里自在地存在。

但如果从存在论的角度来看，事情并非如此。事物在它显现之初就已经是有意义的了，超越的事实反而才是一种观念中的建构。黑格尔曾说过，同一句话出自饱经风霜的老人之口，与出自未经世事的少年之口其效果是完全不同的。比起黑格尔所要强调的概念的具体性，我们则要说，同一个符号显现在不同的情境中，其效果是完全不同的，甚至人本身也是在存在情境中显现的。就像在某个情境中（比如现在），我在向你们说话，或者你们在看这篇文章，而在这个情境中，从我开始向你们说话，或者从你们开始阅读我的这篇文章，你们从一开始就已经或多或少地把握其意义了。连续的声音和纸上的标记都可以还原为无意义的物理现象，但是你一开始就在把握其意义，它们一开始就被作为有意义的符号显现了。我们在狭义上把符号的能指代表符号，比如当我们在占筮时，我们起卦得到一个卦象，这时候，尽管你还没解卦，你还不知道这个"纯粹的物理现象"代表的意思，不知道它的所指，但是你知道，它一定表达了某种意思，它一定是符号。庞蒂描述了这种存在物在知觉中的直接呈现："思想是瞬间形成的，就像闪光一样……当我注视昏暗中的一个物体，说'这是一把刷子'时，在我心目中，没有我可以把物体归入其中，并通过一种经常的联想和'刷子'一词联系在一起的刷子概念"。②

我们后天地区分出物与符号，有人说先有物然后有符号（比如抱有超越

---

① 赵毅衡：《符号学：原理与推演》（修订本），南京大学出版社 2016 年版，第 88 页。
② ［法］梅洛－庞蒂：《知觉现象学》，姜志辉译，商务印书馆 2001 年版，第 232 页。

的事实观念的人），也有人说先有符号后有物（比如海德格尔认为"唯有词语才让一物作为它所是的物显象出来"①），而我们知道，作为本源存在的道是"不可道"的、是"无名"的。符号与物都是存在物，都是非本源的事情。符号与物是同时显现的，物在它显示之时就是有意义的了，至于它以何种意义显现，如何被理解，完全取决于它显现的情境。比如当我们着眼于话语或书写的逻辑层面的意义时，不同的人、不同的口音说出的"一加一等于二"都是"同一个符号"，不同的人不同的笔迹写出的"一加一等于二"也被把握为"同一个符号"。符号的能指（往往也代表符号），是一种感知现象。我们都知道经验世界中不存在任何稳定不变之物，每一次对于"同一个符号"的感知其实都是不一样的。不论是语音符号还是文字符号，当你感知到它时，或近或远或大或小，反正它不会是真正意义上的"同一个"符号能指，但是它们总是在观念中显现为同一个字、同一个词，这被德里达称为无限可重复的"理想性"②。而在另一种情境中，比如当我们专门去研究人的口音或者书法字迹时，尽管每个人都在说或者写"一加一等于二"这个符号，但是它们都被把握为不一样的符号，因为这时候我们并不着眼于它们的逻辑意义，这两种情境中对于符号的研究，也就是符号学中划分为"符义学"和"符形学"的两个不同的领域。如何理解一个符号，一个符号有何种意义，这与符号实体是无关的，甚至进一步地说，根本不存在一个超越的符号实体，符号也是一种存在物，是不断被存在给出的。德里达说："所有经验都是关于意义的经验。呈现给意识的一切和一般地为意识而存在的一切都是意义。意义就是现象的现象性。"③

于是我们回到最初的问题，孔子和老子为什么没有名实对举的说法呢？这是因为，超越意义世界的事实性建构是后来的事情，那已经是形而上学观念兴起之后的事情，在孔子和老子那里，恰恰还没有这种建构。

（四）孔子之"名"与原始文字

在先秦儒学中，荀子是在孔子之后集中谈论正名问题的儒家。经过先秦诸

---

① ［德］海德格尔：《语言的本质》，见《海德格尔文集·在通向语言的途中》，孙周兴、王庆节主编，商务印书馆 2015 年版，第 158 页。

② ［法］雅克·德里达：《声音与现象》，杜小真译，商务印书馆 2010 年版，第 4—5 页。

③ ［法］雅克·德里达：《意蕴：与亨利·隆塞的会谈》，见《多重立场》，佘碧平译，生活·读书·新知三联书店 2004 年版，第 34 页。

子对于名学的建构，名学在发展到荀子时期已经非常完善，荀子对先秦名学做了总结。

在荀子那里，我们可以看到，已经出现了大量的"关于名的名"，比如在《正名篇》中有："刑名""文名""爵名""共名""散名""新名""旧名""别名""善名"等等，所有的这些"名"，它们涉及的都是不同的问题，如果不用"关于名的名"表现出它们作为符号的差异性，就会产生混乱。

而在孔子那里，我们会发现，虽然《论语》中八次涉及"名"①，但孔子从来没区分过任何"关于名的名"，而是直接用"名"指涉各种不同的问题，所有的"名"都是"同个层面"的问题。

这里我们就需要借助德里达的"原始文字"（écriture première）概念来理解孔子为什么会这样使用名了。德里达在对于西方形而上学的批判中提出了要建立一种"新文字学"，这不是传统意义的文字学，而是一切都处在其中的起源性"文字"，甚至颠倒了传统语言与文字的关系，语言也处在"文字"之中。②

德里达曾经对现象和显现的问题这样说过：

> 现象学早在成为胡塞尔这位思想家的系统主题之前就已有一个非常古老的传统。现象学这个词在康德那里已经出现，它意味的是回到事物本身，更准确地说，即尊重事物如其显现般的那种显现。而显现这个观念一向是既单纯又高深莫测的，正因为如此，有人就企图将它简单化。描述出事物如其显现的那样，也就是说不依赖思辨的形而上学预设去描述它，本应是简单的。③

这是德里达看到的"事情本身"。德里达曾表示，解构是具有某种经验性的④，用我们的话语来说，就是存在者的给出、存在者的意义世界的显现，从

---

① 翟锦程：《先秦名学研究》，天津古籍出版社 2005 年版，第 30 页。
② ［法］雅克·德里达：《论文字学》，汪堂家译，上海译文出版社 2005 年版，第 11—12 页。
③ ［法］雅克·德里达：《德里达谈现象学》，见《解构之旅·中国印记——德里达专集》，张宁著译，南京大学出版社 2009 年版，第 272 页。
④ ［法］雅克·德里达：《论文字学》，第 236 页。

一开始就是同一个层面的。最先被显现的是形而下的存在者，各种各样具体的事物，它们作为具有某种意义的事物呈现，而我们所说的形而上学以及其他的超越观念，都是事后的建构，是对于包含在具体事物中的超越观念的抽象或反思的结果。

庞蒂曾描述过这样的事物呈现的状况：

> 如果两个邻近相处的主体注视一个木质立方体，立方体的总体结构对于两者都是相同的，它具有主体间真理价值，这乃是两个人都说那里有一个立方体所要表达的意思。但在他们两个那里，他们各自看到和感觉到的并不是立方体的同一面。我们已经说到知觉的这种"透视性"并不是一种无关紧要的事实，因为没有它，这两个主体就不会有在感觉内容之外知觉到一个实存着、持续着的立方体的意识。如果立方体的所有面一眼就能够被知道，那么我就不再与一个逐步地把它自己提供给审视的事物、而是与我的精神真实地拥有的一个观念打交道。这就是当我思考那些我未经实际地知觉就认为它们是存在物的对象时发生的事情。①

在人的知觉中直接呈现的总是具体的经验对象，它具有某种意义，甚至是超越经验具体性的意义，比如"实体性""因果性""同一性"，或者是庞蒂说的：未经实际知觉而认为它们在那里存在的"信念"。所有的这些观念本质上都是超越经验具体性的形而上学观念②，这些超越观念有时会被哲学家归纳为范畴表，进而进行知识论的奠基。

甚至是我们惯常地认为在时间上"过去"和先在的东西，都不具有优先性：

> 不管意识的发展取决于什么样的外在条件（身体的、心理的、社会的），即使这种发展只能在历史中逐步地形成，相对于已经获得的自我意

---

① ［法］梅洛－庞蒂：《行为的结构》，杨大春、张尧均译，商务印书馆 2010 年版，第309—310 页。

② ［法］雅克·德里达：《Ousia 与 Gramme：对〈存在与时间〉里一条注释的注释》，见《解构与思想的未来》，夏可君编校，吉林人民出版社 2006 年版，第 187 页。

识而言，意识由之而来的历史本身也不过是意识所给出的一个场面。①

　　这就涉及人文学科的问题，历史、文化、传统、社会这一系列在时间序列中处于"过去"的东西，就是一些已经过去了的不可改变的真理事件吗？历史就是某种远离当下的真理事件的排列吗？然而我们却又总是不断地重新诠释和理解历史，就像德里达说的："历史自身的内容与其他质料的和依赖性的学科不同，根据其存在的意义，它的标志总是在于一次性和不可逆性也即非例证性。然而历史仍然适合于想象变更和本质直观。"② 如何以儒家特有的方式重建这些人文学科，如何以仁爱的方式重新诠释历史，诠释文化，诠释传统，这是一个非常重要的问题。

　　然而，上面这些问题都不是德里达所关心的，德里达不关心如何重建形而上学，包括经由形而上学奠基的这些具体学科。德里达的"文字"是伴随着对"语音中心主义"还有"逻各斯中心主义"的解构提出的，他所谈的"文字"已经不是一般意义的文字，而是解构了一切形而上学的超越观念之后普遍的文字。

　　上文我们已经谈到，存在者的意义世界的显现总是首先是具体性的和经验性的，然而人们总是习惯于人为地在其中建构各种各样的等级关系、对立关系，比如：过去与现在，内在与外在，语音与文字，形而上者与形而下者等等。所有的这些在德里达看来都是可疑的，都不是"事情本身"。解构就是摆脱这些形而上学的超越观念，来描述现象的显现，这种现象是经验性的又是充满着符号和意义的流动的语言游戏。德里达说"文本之外空无一物"③，甚至人也处在文本中④，存在者世界中的一切都与意义和诠释有关。文本的诠释涉及语境，我们在汉语中用"语境"来翻译 context 一词，这个词其实就是文本（text）加上一个前缀－con－，表示"共同的""一道的"。语境就是共同的文

---

① ［法］梅洛－庞蒂：《行为的结构》，第 301 页。
② ［法］雅克·德里达：《胡塞尔〈几何学的起源〉引论》，方向红译，南京大学出版社 2004 年版，第 7 页。
③ ［法］雅克·德里达：《论文字学》，第 237 页。
④ ［法］雅克·德里达：《论文字学》，第 233 页。

本，语境是无限开放的，文本也是无限开放的。① 解构就是在存在者的世界中破除既有的形而上学观念使文本诠释的可能性彻底打开，原始文字就属于这个层面。

比如在对某个"事件"进行某种"道德判断"时，其实只在文本和语境中讨论它，而不是谈论超越的"事件本身"。例如"阿富汗的牧羊人"这个事件，是真实发生的事情。

事情的背景是这样的，在 2005 年 6 月，一名美国的海军士官和三名海豹突击队队员组成了一支特殊军事小组，这名海军士官的名字是马库斯·勒特雷尔。他们在阿富汗境内执行一项秘密的反恐侦察任务：寻找本·拉登的一名亲信，他是塔利班的领导人。根据他们已有的情报，这个目标率领着一支一百多人并且全副武装的部队，藏匿在附近山区中的一个村庄内。

勒特雷尔的小队正在山脊上俯瞰那个村庄，这时，有两个当地农民带着一个孩子，在赶羊时与他们撞了个对面。这几个阿富汗牧羊人是没有武器的，勒特雷尔他们马上把这几个牧羊人给控制住，并开始讨论如何处置这几个农民。

由于他们没有绳子之类可以限制几个阿富汗牧羊人行动的东西，所以摆在他们面前的选择只有两个：杀掉几个手无寸铁的农民，或者将他们放走但是可能会因此泄露他们位置。

他们进行了投票，勒特雷尔的三个战友中，有一人弃票、一人赞同杀掉牧羊人、一人反对杀掉牧羊人，勒特雷尔的一票成为决定性的一票。他最终选择了放走这几个牧羊人，在回忆录中他说道：因为他的良心不允许他杀掉这些人。

但悲剧发生在一个半小时后，近一百名装备精良的塔利班分子包围了他们，在战斗中他的三名战友都遇难了，还有一架试图来解救他们的直升机被击落，上面的 16 名士兵也全部遇难。

勒特雷尔最终艰难逃生，他在回忆起当时那一票时后悔不已，认为那是他人生中最愚蠢的决定。

以上就是这个事件经过的大致复述。这是桑德尔在讨论正义（justice）问

---

① ［法］雅克·德里达：《语言（〈世界〉报电话采访）》，见《一种疯狂守护着思想——德里达访谈录》，何佩群译，上海人民出版社 1997 年版，第 55 页。

题时所涉及的案例之一，按照桑德尔所喜欢的那样（比如在电车难题的讨论中，当然电车难题不是一个真实的事件），他不断地给这个事件增加各种各样的背景（或者我们说是修改它的语境），假如一开始勒特雷尔就知道这个结果，或者知道这几个人会泄露他们的位置甚至知道这几个人本就是塔利班成员的伪装，那么他一定会毫不犹豫地杀掉这几个人（就像他在回忆中表述的后悔那样），而且看起来他的行为会在道德上更有说服力。

又或者这几个牧羊人本就是无辜的中立者，甚至是塔利班的反对者，但是他们是被塔利班折磨之后才供出这些美军士兵的位置的。在这种情形下，假如勒特雷尔他们提前知道，他们可能还是会杀掉这几个牧羊人，以避免他们的情报和位置泄露。但是当他在这种情况下做出这个决定的时候，他肯定会更痛苦，在道德上也更缺乏说服力。①

事件不同于符号，按照德里达的说法，它是"第一次发生"也是"最后一次发生"的事，一个对于过去事情的重复不能叫事件；同样，发生了之后还可以重复的也不会是事件。事件就像某种超越物一样独自存在在那里，我们惯常的历史观念就是一系列历史事件在过去中的排列。但人们的研究、考古的发现总能重新理解和诠释历史，一个事件在桑德尔不断修改语境下仍被把握为"同一个事件"。

再例如"切尔诺贝利核泄漏"事件，这也是一个在历史中真实发生的事件。2019 年美国 HBO 播出了一部同名的短剧《切尔诺贝利》，改编于"切尔诺贝利核泄漏"事件。在剧中，有两位科学家作为主要人物携手来处理这次事件：苏联的核物理学家瓦列里·列加索夫和白俄罗斯核能研究所的研究人员乌拉娜·霍缪克。在这部剧集的片尾，制片方表示，其实当时与瓦列里·列加索夫一起处理这个事件的有数十位科学家，但鉴于影片没办法描绘这么多人，于是塑造了乌拉娜·霍缪克这个角色来代表他们，以向他们致敬。

影片固然只能言说有限的东西，但是主体性的人作为一个有限者，同样不能超越文本和语境去把握无限的事件本身。按照我们惯常的事件观念，在切尔诺贝利事件中的每一块石头，每一片叶子，每一个人的行为比如孩子的看似无意义的行为，都是包含在这个事件中的。但这样的事件只会是一个超越物，就

_____

① ［美］迈克尔·桑德尔：《公正，该如何做是好？》，中信出版社 2011 年版，第 25—28 页。

算它存在也是不可知的，它只能在文本和语境中显现，就算多年以后人们发现当时某个孩子在撤离核污染区时的不经意的微小举动实际上造成了巨大的影响，并将之书写入历史中，人们依然会将之把握为同一个事件。

让我们回到孔子这里。孔子和老子都具有共同本源的存在视域，老子区分出"无名"与"有名"的状态实际就标志着存在和存在者层面的区分。然而，"有名"所描述的是意义世界的最初呈现，在"有名"之后再进一步区分和建构出各种"关于名的名"以及"与名相对的实"，这都是后来的事情，在孔子和老子最原初的视域里还没有这些建构。

老子和德里达一样，是不考虑重建形而上学和确定性的意义世界的问题的，在他看来，这是对"道"的远离，最终是"忠信之薄而乱之首"。而与之相反，孔子则要考虑这个问题，尤其考虑如何基于本源的仁爱情感重建意义世界，孔子名学就是在这个层面思考问题的。

二、存在论问题的进一步澄清

（一）海德格尔与存在论的问题

1. 海德格尔与存在论问题的提出

Ontologie 传统上被译为本体论，按照海德格尔的说法，传统的 ontologie 实际上只是研究存在者的，而存在者就包含了形而上的存在者、存在者整体[①]和形而下的存在者、具体的存在者领域[②]，这种仅仅关注存在者的 ontologie 被海德格尔认为是"对存在的遗忘"，传统的形而上学家就属于这类人，德里达也曾说："海德格尔把形而上学界定为排除了存在者之存在问题的关于存在者之整体的思考。"[③] 于是，海德格尔自己提出了基础存在论（Fundamentalontologie）：

---

① ［德］海德格尔：《面向思的事情》，见《面对实事本身：现象学经典文选》，倪梁康主编，东方出版社 2000 年版，第 417—418 页。

② ［德］海德格尔：《存在与时间》（修订译本），陈嘉映、王庆节译，生活·读书·新知三联书店 2014 年版，第 11 页。

③ ［德］伽达默尔、［法］雅克·德里达等：《德法之争：伽达默尔与德里达的对话》，孙周兴、孙善春编译，同济大学出版社 2004 年版，第 66 页。

存在问题的目标不仅在于保障一种使科学成为可能的先天条件，而且也在于保障那使先于任何研究存在者的科学且奠定这种科学的基础的存在论本身成为可能的条件。①

存在问题是超越存在者层面的研究，并且要回答一切的存在者（不论是形而上的存在者，还是形而下的存在者）何以可能的问题。何以可能不同于是否可能，我们向来已经领会了存在，我们已经知道了存在者是存在的②，何以可能是要就这一事实回答一切存在者如何呈现，如何被存在给出。

2. 海德格尔与老子的观念层级对比

接下来我们要讨论的是存在论问题如何对应于中国哲学的研究视域的问题。海德格尔的思想深受老子的启发，这一点不论是在他自己的著作中③，还是在其他学者的描述中④都可以确证。

例如海德格尔的大道（Ereignis）、道说（Sage）与老子的"道"。海德格尔把道写作（Tao），又有道路的意思；⑤又如海德格尔说的"寂静之音"（das Geläut das Still）⑥与老子的"大音希声"；还有海德格尔说的"词语破碎"下的"无名"状态⑦，与老子的"无名"。

上面的这些论证无疑显示出了，海德格尔哲学与老子哲学之间的某种可对应性。但是，我们也不能因此否定哲学家之间思想的差异性，而简单地把海德格尔思想等同于老子思想，而是要思考，海德格尔哪些地方与老子是一致的，而哪些地方与老子是不同的，或者换个说法，海德格尔在何种意义上谈到了老子最深刻的作为无、作为道的思想的层面，在何种意义上又还存在着不彻底性。

3. 海德格尔的不彻底性

德里达曾指出过，海德格尔从《形而上学导论》开始进行了所谓思想的

---

① ［德］海德格尔：《存在与时间》（修订译本），第 13 页。
② ［德］海德格尔：《存在与时间》（修订译本），第 7—8 页。
③ ［德］海德格尔：《语言的本质》，见《海德格尔文集·在通向语言的途中》，第 191 页。
④ 孙周兴：《语言存在论——海德格尔后期思想研究》，商务印书馆 2011 年版，第 313 页。
⑤ ［德］海德格尔：《语言的本质》，见《海德格尔文集·在通向语言的途中》，第 191 页。
⑥ ［德］海德格尔：《语言》，见《海德格尔文集·在通向语言的途中》，第 23 页。
⑦ ［德］海德格尔：《语言的本质》，见《海德格尔文集·在通向语言的途中》，第 175 页。

转向①，放弃了前期的进路，转而进入到后期的"语言存在论"阶段。然而超越存在者、形而上学话语而追问存在，依然是海德格尔前期和后期一以贯之的追求。当然，海德格尔并没有从根本上超越其前期的进路。

海德格尔的"大道""寂静之音""无物存在""无名"，都是关于存在的描述，这是对应于老子的道和无的层面言说的。对于存在的追问其实就是对于无的境界的追求，在这一点上，海德格尔和老子是一致的。

但是，关键的问题在于，海德格尔追问存在的进路是有问题的，在海德格尔前期的思想中，他选取了一种具有"优先地位"的存在者，也就是此在（Dasein），作为承担起追问存在这项任务的特殊的存在者。于是，对于存在的追问就落入了此在的生存分析这条道路上。②

海德格尔一方面提出了存在与存在者的区分，并提出要通过基础存在论来为一切存在者奠基："使存在者被规定为存在者的就是这个存在"③；另一方面又认为，我们只能从此在这样的存在者身上"逼问出存在"。这无疑是自相矛盾的，在《存在与时间》中海德格尔在简单地花了不到一页的篇幅强调自己"不是"循环论证之后，就把这个问题跳过去了，即既然已经区分了存在与存在者的差异，那为什么存在还必须通过某种存在者（此在）来通达呢？

这样的一条错误进路产生了非常重大的影响，有一些甚至是海德格尔始料未及的。④ 一方面，把此在的生存等同于存在就造成了海德格尔在前期的论述中存在大量的观念层级之间的混淆，里面的许多话语是层次不清的。比如"追问存在的意义"这样一种说法就是有问题的，存在怎么会是有意义的呢？海德格尔曾把意义定义为"事物的可理解性持守于其中之处"⑤。存在物是有意义的，不论是人还是物，追问生存的意义其实就类似于人们日常喜欢说的活着的意义之类的说法，这当然属于意义问题，因为人也是一种存在者。意义同时也是关于符号的问题，按照符号学的观点"符号就是意义，无符号即无意

---

① ［法］雅克·德里达：《论文字学》，第 30 页。
② ［德］海德格尔：《存在与时间》（修订译本），第 10—15 页。
③ ［德］海德格尔：《存在与时间》（修订译本），第 8 页。
④ ［美］赫伯特·施皮格伯格：《现象学运动》，王炳文、张金言译，商务印书馆 2011 年版，第 492 页。
⑤ ［德］海德格尔：《存在与时间》（修订译本），第 369 页。

义，符号学即意义学"①，而符号在海德格尔的话语中是源于"道说之显示"才是可能的②，就是说符号问题是存在者层面的问题，符号仅仅是一种存在物。那么，意义其实也就是关于我们怎么理解存在者、存在物的问题。

所以，存在既不可能是有意义的，也不可能是无意义的，而只能是前意义的，是使存在物在某种意义上得以可能的事情。基于传统 ontologie 的形上—形下的区分，形而上者为形而下者奠基。意义的问题不可能超出形上学的范围，也就是存在者的层面。于是，德里达对此批判道："海德格尔无疑会承认，作为意义问题的存在问题，在其起点处就已经与它所要拆解的形而上学话语结合在一起了。"③

此在其实就是个体性的人，强调个体性的人的优先地位（摆脱日常沉沦的共在状态以及不可被他人代替的独自向死而在的倾向已经证明了这一点），并追问生存的意义，居然能够从其中为世间其他一切存在者的存在奠基，尽管每当海德格尔讲到类似的问题时总会花寥寥无几的篇幅来给读者"打预防针"，但是这之中强烈的个体性特征和唯我论般的话语已经不言而喻。这样混淆的分析不仅贯穿整部《存在与时间》的讨论，而且产生重大的影响。

如果我们不抱有某种历史虚无主义的话，那么在看待一个重大的思想史事件时，就不会把它看作毫无道理而偶然的。在法国现象学阶段，哲学家们不约而同地承认，自己受惠于现象学，而同时又开始对其进行批判和试图超越它，不论是存在主义者们，还是利科、勒维纳斯和德里达，都是如此。

这样一个看似矛盾的思想史事件当然不会是偶然的，把对于"事情本身"的追问扩展到存在问题上④，以及相应的整个存在主义运动，都意味着存在问题的视域是我们不能放弃的。而另一方面，法国现象学家对于胡塞尔、海德格尔他们的批判也意味着，尽管提出了"面向事情本身"这样一个如此有思想解放意义的口号，但是这些最早的现象学开创者们的思想却又如此不彻底，如

---

① 赵毅衡：《符号学：原理与推演》（修订本），第3页。

② ［德］海德格尔：《语言的本质》，见《海德格尔文集·在通向语言的途中》，第253页。

③ ［法］雅克·德里达：《Ousia 与 Gramme：对〈存在与时间〉里一条注释的注释》，见《解构与思想的未来》，第202页。

④ ［德］海德格尔：《形而上学的存在—神—逻辑学机制》，见《海德格尔文集·同一与差异》，孙周兴、陈小文、余明峰译，商务印书馆2014年版，第73页。

此令人不能满意。

对于存在主义者们来说，海德格尔的个体性话语是不充分的，他还在死亡意识上"耽搁时间"，并把日常共在状态描述得平淡无奇。而法国的存在主义者们早已开始谈论诸自由个体之间的对立和矛盾冲突。① 这显然已经不同于海德格尔提出基础存在论时的初衷，海德格尔从来拒绝承认自己是一个存在主义者（Existenzialismus）。② 在海德格尔看来，萨特的这种作为人道主义的存在主义（或译实存主义）是一种形而上学话语，是应当被超越的。③ 德里达也曾说过，萨特对于现象学是存在误解的。④ 后来施皮格伯格把存在主义者最核心的词"实存"，称为"歧义的发源地"⑤。在谈到这个问题时，海德格尔表示，在《存在与时间》中，这种生存（实存）作为此之在（Da - sein）的特征，是在有限的意义上使用的，是"意在解释与存在之真理有着别具一格的关联的此之在"，这种对于生存的使用绝对不同于克尔凯郭尔有神学色彩的实存哲学以及存在主义的形而上学话语。⑥

相对于存在主义者对海德格尔思想在个体性方向上的"推进"，德里达和勒维纳斯他们则提出了"他者"的问题，把海德格尔的存在问题当作本质上是主体性形而上学的话语加以批判。

尽管海德格尔后期放弃了此在的生存分析以及此在诠释学的进路⑦，但是海德格尔本质上并没有超出其前期的思想，我们可以看到：

对于存在的追问只有借助此在这种存在者的生存分析才能突入。

对于源始时间性的领会只有透过流俗的时间的可定期性才是可能的。⑧

---

① ［法］梅洛－庞蒂：《黑格尔的存在主义》，见《意义与无意义》，张颖译，商务印书馆 2018 年版，第 92—93 页。

② 孙周兴：《语言存在论》，第 8—9 页。

③ ［德］海德格尔：《关于人道主义的书信》，见《路标》，孙周兴译，商务印书馆 2000 年版，第 376—377、385—386 页。

④ ［法］德里达：《德里达谈现象学》，见《解构之旅·中国印记——德里达专集》，第 275 页。

⑤ ［美］施皮格伯格：《现象学运动》，第 588 页。

⑥ ［德］海德格尔：《尼采》，孙周兴译，商务印书馆 2002 年版，第 1128 页。

⑦ ［德］海德格尔：《从一次关于语言的对话而来》，见《海德格尔文集·在通向语言的途中》，第 142 页。

⑧ ［德］海德格尔：《存在与时间》（修订译本），第 460—461 页。

（时空属性本质上都只是存在者层面的问题，按照德里达的看法，在时间话语内部区分出本源和流俗的概念，其实已经是一种形上学话语。在时间问题上，海德格尔并没有超出从亚里士多德到黑格尔的传统。）①

作为"语言之本质"的寂静之音只有通过人的说话才能发声和为人倾听。②

对于"独一之诗"的探讨只有通过对具体的诗作进行先行解释才是可能的。③

这样的分析方式在海德格尔哲学中是一以贯之的。同样，海德格尔后期的"终有一死者"与前期的此在一样也是意指人这样一种有限的存在者。④ 德里达批判海德格尔在前期的此在存在论中没有考虑动物的位置⑤，而在后期海德格尔谈到"终有一死者"时也说，动物没有死亡，只是消亡而已。⑥

总之，海德格尔是不彻底的，并且他的后期思想从根本上说也没有超越前期的思想。

4. 对海德格尔的继承与超越：一种彻底的存在论

海德格尔的思想中有诸多不彻底性，但是我们对于海德格尔哲学的批判就意味着海德格尔的思想是彻底无价值的吗？ 在二战后对于海德格尔的批判中，也曾有人试图简单地把海德格尔的全部思想视为"纳粹理论家的作品"。而德里达，虽然对于海德格尔做出尖锐的批判，但是依然强调，海德格尔是那个时代的哲学家所不可回避的，不能简单地否定海德格尔的全部思想。⑦ 海德格尔

---

① ［法］雅克·德里达：《Ousia 与 Gramme：对〈存在与时间〉里一条注释的注释》，见《解构与思想的未来》，第 183、224 页。

② ［德］海德格尔：《语言》，见《海德格尔文集·在通向语言的途中》，第 24 页。

③ ［德］海德格尔：《诗歌中的语言》，见《海德格尔文集·在通向语言的途中》，第 31 页。

④ ［德］海德格尔：《筑·思·居》，见《海德格尔文集·演讲与论文集》，孙周兴译，商务印书馆 2018 年版，第 162 页。

⑤ ［法］雅克·德里达：《论精神——海德格尔与问题》，宋刚译，上海译文出版社 2008 年版，第 29 页。

⑥ ［德］海德格尔：《物》，见《海德格尔文集·演讲与论文集》，孙周兴译，商务印书馆 2018 年版，第 192—193 页。

⑦ ［法］雅克·德里达：《海德格尔，哲学家的地狱》，见《一种疯狂守护着思想——德里达访谈录》，第 136 页。

思想无疑是复杂的①，在《意蕴》一文中，德里达一面表明自己的思想受惠于海德格尔，一面重复海德格尔曾说过的：存在与存在者的差异"至今仍是哲学的未思之处"，而他自己对于海德格尔的解构，则是着眼于海德格尔哲学中的形而上学话语来进行的。②

海德格尔留给我们的"遗产"是什么呢？我们能从海德格尔那里继承的视域是什么呢？让我们回到老子与海德格尔的比较之中来说明这个问题吧。相对于海德格尔的言说方式，老子会说只有通过"可道之道"才能领会"道"吗？老子会说只有通过令人耳聋的五音才能倾听那大音希声吗？恰恰相反，"可道之道"早已不是"道"；沉浸在"五音"之中，也会离"大音"更遥远。就像海德格尔所说的，我们向来已经对存在有所领会，在中国哲学的话语中，这种对本源的领会向来就不需要人或是别的存在物作为中介。同样，这种本源的存在之思，对于道和无的领会，也不是任何人的存在，不是任何存在者的存在，就是存在本身。存在本身也是前意义的，只有在这个前提下，我们才能真正基于一种彻底的存在论，为一切存在者奠基。主—客架构之下的存在者世界是源于存在的，就如海德格尔所说："主体和客体这两个名称本身就已经源起于一种存在之烙印。"③

5. 老子与孔子的共同视域

蒙培元先生曾说过：

> 在中国哲学的开创期和形成期，老子和孔子曾经是齐名的两位哲学家，二人虽有不同的哲学旨趣，但是在着眼于人生问题、提倡一种心灵境界学说这一点则是相同的。孔子以"仁"为最高境界，老子以"道"为最高境界……这两种发展道路都是由后来的儒家和道家逐步完成的，但孔子和老子无疑是开创者。④

---

① ［法］雅克·德里达：《多义的记忆——为保罗·德曼而作》，蒋梓骅译，中央编译出版社 1999 年版，第 118 页。

② ［法］雅克·德里达：《意蕴：与亨利·隆塞的会谈》，见《多重立场》，第 11 页。

③ ［德］海德格尔：《形而上学的存在—神—逻辑学机制》，见《海德格尔文集·同一与差异》，第 73 页。

④ 蒙培元：《"道"的境界——老子哲学的深层意蕴》，《中国社会科学》1996 年第 1 期，第 115 页。

我们常说儒道同源，其实在最本源的视域上，孔子和老子所言说的是同一个层面的问题，只是对于存在本身的理解上，孔子将之视为仁爱的状态，而老子视之为"自然"的状态。

存在，道，无，乃是一种无分别相，不同于海德格尔说的只有沉沦的此在在其中的"共同此在"（Mitdasein），存在在这里是一种人与物未分的状态，万物一体的共同存在状态，庄子谓之"混沌"。

这种存在状态中，任何存在物都复归于无，这已经不是任何主体性的事情，老子将这种状态描述为：视而不见，听之不闻，搏之不得，主体性的感官经验不复存在。因此这是"不可名"的"复归于无物"，是无状之状，无物之相。

到这里，或许会有人质疑，这样"玄之又玄"描述与儒家的本源视域是一致的吗？我们可以举一个例子，在《大学》的"正心章句"中就有"视而不见，听而不闻，食而不知其味"的说法，但这里是在否定的意义上描述一种"心不在焉"的状态。看起来好像与我们前面所说的相反，儒家的视域是不同于老子的。其实这是一种常见的误解，简单地把历史上所有的儒家的经典视为一块铁板，而不加区分。

《大学》这样一个文本其实是处在孔子之后的儒家心性论建构体系中的，是孔子之后儒学的一种发展方向，这种内在超越的主体性形而上学建构其实在某种意义上已经丧失了孔子最本源的视域，用海德格尔的话说就是"遗忘了存在"。"心不在焉"一方面可以看作主体性的丧失，但另一方面也只有超越主体性的视域，才能真正达到本源的存在视域，孔子恰恰还没有"性与天道"的形而上学建构。孔子在"三年之丧"中描述了这种本源的存在状态：在"君子之居丧"的本源性的情感之思中，君子乃是"食旨不甘，闻乐不乐"的。人为什么会这样呢？在这一段的最后，孔子道出了原因，"有三年之爱于父母"。在这种对于已故父母的爱中，这样本源的情感之思中，也是无分别相的。这是一种前主体性的情感，在儒家看来这样本源的仁爱乃是一切的大本大源，作为"天下之通丧"的"三年之丧"，也是在这种仁爱情感中被奠基的，所以孔子说"人而不仁，如礼何？"

（二）德里达与存在论的问题

读者们一定会发现，我们在文中大量地援引德里达的观点，因为作为解构主义符号学的代表人物，德里达对于符号问题的深刻思考是远超其他哲学家的。那么，德里达的思想到底与我们说的存在论问题有何关系呢？我们这里试图在一种彻底的存在论的基础上对德里达的思想做一个定位。

1. 从 Destruktion 与 Dekonstruktion 谈起

德里达的解构（Dekonstruktion）来自海德格尔的拆解（Destruktion），之所以用这两个译名，不过是参照既有的汉语翻译，实际上海德格尔的 Destruktion 更应该译为"解构"。当然这样的翻译也不过是一个符号能指的问题，我们需要探讨的是这两个术语到底所意指的是什么，它们背后所传达的观念是什么。英国哲学家亚瑟·布拉德利曾指出这两者之间存在一种微妙的关系，德里达的解构（Dekonstruktion）与海德格尔试图拆解（Destruktion）"西方形而上学本体论的内容以便更本源地与存在相遇"，这两者之间"有着微妙的不同"①。

拆解（Destruktion）在海德格尔看来就是一个与存在问题有关的术语，海德格尔说："解构的意思并不是摧毁，而是拆解、肃清和撇开那些关于哲学史的纯粹历史学上的陈述。"② 这种 Destruktion 不是单纯的摧毁，按照海德格尔在《存在与时间》第 6 节的说法，其实就是消除传统 ontologie（关于存在者总体的本体论形而上学）的遮蔽，使事情本身（存在本身）显现出来，以便于重新建构，所以这种 Destruktion 也可以说是一种"解—建构"。③ 因此海德格尔这个意义上的解构（Destruktion），包括我们说的存在论问题，其实都是回归存在、重建存在者的问题。

而德里达的解构（Dekonstruktion），它严格来说不是一个涉及存在论的问题。伽达默尔曾如此评价过德里达，说他在海德格尔的 Destruktion 一词上除了摧毁（Zerstörung）之外听不到任何别的东西。④ 并且伽达默尔还说："在解构论看来，海德格尔却缺乏最后的彻底性""还始终停留在逻各斯中心主义的路

---

① （英）亚瑟·布拉德利：《导读德里达〈论文字学〉》，孔锐才译，重庆大学出版社 2019 年版，第 24 页。

② ［德］海德格尔：《这是什么——哲学》，见《海德格尔文集·同一与差异》，第 18—19 页。

③ ［德］海德格尔：《海德格尔文集·存在论：实际性的解释学》，何卫平译，商务印书馆 2016 年版，第 180—182 页。

④ ［德］伽达默尔：《解释学与逻各斯中心主义》，见《德法之争：伽达默尔与德里达的对话》，第 111 页。

线上"。① 而我们上文也指出过了，海德格尔在存在论问题上的不彻底性。

伽达默尔对于德里达的这些评价某种意义上是中肯的，对于主体性形而上学的观念，德里达的态度无疑是彻底的摧毁，但也不是说德里达没有任何的肯定或者说建构。德里达在他的文本中不断强调，"解构是一种肯定"②，甚至说"解构主义要么是具有创新意义的，要么什么也不是"③。解构对于形而上学的摧毁留下的是一个绝对不可还原的他者、一个彻底敞开的文本（这两者都表明了一种绝对的差异性），它所肯定的仅仅是这个。

德里达的解构不是一个存在论问题，它必然是处在文本和符号的世界中的，而真正涉及存在问题的，其实是他的"延异"和"痕迹"这些术语。

德里达在解释"延异"这种运动时强调过它的许多层面，一方面就是延宕（temporization），其实就是间隔化，时间和空间得以发生；另一方面是非同一性、差异性、可辨识性，其实就是各种差异的存在物的最初分别相。④ 这里说的就是本源的存在状态的打破，向存在者层面的跌落，存在物得以显现的过程。这个延异运动本身，包括痕迹（德里达总是把它们并列在一起）这些东西是作为存在者的我们所能追溯到的最本源的事物，甚至这种延异运动本身都是从来"不能暴露"的⑤，同样痕迹总是在作为符号的显现中"抹消自身"⑥。总之，一个存在者没法抓住它、把握它。但是你又不能没有它，它是"存在"留下的不可彻底遗忘的踪迹⑦，这种不可描述、不可定义的延异运动、痕迹使存在者世界中的符号得以可能，而且都带有存在的痕迹。

当然德里达是不谈论"存在"问题的，甚至他在各种地方表示自己的话语超越了海德格尔的存在论差异，在他看来比起"存在与存在者差异"更根

---

① ［德］伽达默尔：《解析与解构》，见《德法之争：伽达默尔与德里达的对话》，第 95 页。

② ［法］雅克·德里达：《德里达谈现象学》，见《解构之旅·中国印记——德里达专集》，第 278 页。

③ ［法］雅克·德里达：《〈心灵〉［节选］——他者之发明》，见《文学行动》，赵兴国等译，中国社会科学出版社 1999 年版，第 275 页。

④ ［法］雅克·德里达：《延异》，汪民安译，《外国文学》2000 年第 1 期，第 72 页。

⑤ ［法］雅克·德里达：《延异》，汪民安译，《外国文学》2000 年第 1 期，第 71 页。

⑥ ［法］雅克·德里达：《声音与现象》，第 85 页。

⑦ ［法］雅克·德里达：《延异》，汪民安译，《外国文学》2000 年第 1 期，第 82 页。

本的是"差异"。(扎巴拉将这一结论称为"德里达哲学研究的发端")① 这个判断如果要成立,其前提就是,存在与存在者的差异本质上是一种形而上学话语,这也是德里达在对海德格尔的批判中不断试图论证的。

2. 基于一种彻底的存在论对德里达的定位

我们之前已经强调过了,海德格尔的不彻底性。但是这不等于我们要放弃海德格尔的全部哲学,海德格尔提出的存在问题,包括存在论区分以及基础存在论都是我们要坚持的。德里达也曾说过:"海德格尔并且仅有海德格尔超越了存在—神学并向存在—神学提出了存在问题。"② 所谓"存在—神学"其实就是西方传统形而上学存在论话语中的一个机制,其实还包括逻辑学机制。③ 海德格尔提出的存在问题就是要超越这种形而上学话语,在某种意义上他是在有意识地复归 [在海德格尔应该叫"返回步伐"(derSchritt zurück)④] 我们说的中国哲学最本源的"道""无名"的无分别相的层面。他曾说,要想"再度进入存在之近处",就必须学会"在无名中生存" (im Namenlosen zu existieren)⑤。"无名"与"有名"其实就是存在与存在者层面的差别,符号和意义问题都是在"有名"层面的谈论。这个最基本的区分,是我们谈论存在论问题时要坚持的,但海德格尔具体在追问存在中的做法是多有问题的,其中有大量观念层级的混淆,把许多形而上学话语(真理、本质、逻各斯等等)跟存在问题联系在一起,这恰恰是德里达不断批判的地方。

再谈谈德里达,如果说他比海德格尔彻底,那是说他在存在者层面对于形而上学的解构是更彻底的,他确实不会像海德格尔那样在话语中混淆大量的形而上学观念,但他也是在某种意义上放弃了存在之思。如果说延异运动大致可以对应从存在层面向存在者层面过渡这样一个事情,那么在德里达看来,我们

① [意]扎巴拉:《存在的遗骸》,吴闻仪、吴晓番、刘梁剑译,华东师范大学出版社2015年版,第105页。

② [法]雅克·德里达:《论文字学》,第30页。

③ [德]海德格尔:《形而上学的存在—神—逻辑学机制》,见《海德格尔文集·同一与差异》,第68页。

④ [德]海德格尔:《形而上学的存在—神—逻辑学机制》,见《海德格尔文集·同一与差异》,第62页。

⑤ [德]海德格尔:《关于人道主义的书信》,见《路标》,孙周兴译,商务印书馆2000年版,第373页。

只能基于"有名"的存在者层面思考。不仅那个本源的存在是不可知的，连延异这样一个运动都是始终抓不住的，我们不能再谈论痕迹的起源或者比痕迹更本源的东西。①

但是，我们真的不能谈论"它"吗？不论是延异运动本身还是那个比痕迹更本源的事情本身，一旦我们谈论它们就会落入形而上学的话语吗？其实德里达自己早就已经在谈论这些事情了，德里达指出的"绝对好客"的"与他人原始关系"②，在对死者的蒙哀中的"他者的最初来临"③，就是在谈论本源的存在情境打破后显现的原初的他者之形象。

而比如：一种"从不现实地存在""从不在场"的过去④；一种"没有起源、没有谱系、没有历史、没有演变关系"的记忆⑤，这些玄之又玄的说法，其实都是对于不可名状的存在本身的一种隐喻性的诉说，过去、记忆、历史、文化、习俗……，时间中的一切，包括所有时间上的先在之物其实都是在非时间的当下显现的，这种当下就是一种前主体性的共同存在。

那么痕迹的本源又是什么呢？我们真的不知道吗？其实德里达自己在一次访谈中已经回答了这个问题，在谈到自己在法国大学机构中被边缘化的生活经历时，德里达说道：

> 渐渐地，这种我既忍受也选择了的处境在我的工作中留下了印记，也在我的写作方式上留下了印记。⑥

这种处境是什么样的呢？这种处境带来的感受是什么呢？在德里达及其文

---

① ［法］雅克·德里达：《论文字学》，第 92 页。

② ［法］雅克·德里达、［法］杜弗勒芒特尔：《论好客》，广西师范大学出版社 2008 年版，第 23 页。

③ ［法］雅克·德里达：《多义的记忆——为保罗·德曼而作》，第 33 页。

④ ［法］雅克·德里达：《多义的记忆——为保罗·德曼而作》，第 69 页。

⑤ ［法］雅克·德里达：《多义的记忆——为保罗·德曼而作》，第 95 页。

⑥ ［法］雅克·德里达：《书写与差异》，张宁译，生活·读书·新知三联书店 2001 年版，访谈代序第 7 页。

本中留下痕迹①的事情本身，德里达自己不是再清楚不过了吗？（我们这里绝不是在进行任何意义上的精神分析）并且他一定不会否认，每一个人都能跟他一样如此真实地体验到作为痕迹的本源的存在本身。那是每个存在者都处于其中的存在，却又不是具体谁的存在，我们只能说：共同存在。

当然，我们在这里绝不会声称自己所把握的乃是关于德里达的真理，那恰恰是德里达要解构的东西。按照德里达所提出并一直坚持的书写的多义性来看，我们这里所谈论着的、在这个文本中显现的，也不过是德里达们②中的一个。

三、孔子"正名"话语的梳理

（一）正名问题的缘起

正名一向被看作是孔子的思想之一，并且具有方法论的意义，在《论语》中孔子唯一一处对于正名的最直接论述见于《子路篇》。

问题最开始是子路向孔子提的，如果"卫君待子而为政"，孔子会最先做什么呢？孔子回答他，必定是正名，这里看得出正名这件事在孔子这里的地位。但是子路不理解孔子的意思，反而说："有是哉，子之迂也！"又问"奚其正？"按照朱熹的说法，"迂"就是指"远于事情"，也有人曾评价孟子"迂远而阔于事情"。另外"迂"也指这不是要紧的事，这也说明在子路看来正名不该是为政首先要做的事情。

孔子批评了子路"野哉由也！"朱注："野，谓鄙俗。"孔子又说："君子于其所不知，盖阙如也。"按朱熹的意思，就是说要"多闻阙疑"，孔子这里在批评子路"不能阙疑"反而"率尔妄对"③。

接下来孔子提出关于正名的核心论述："名不正，则言不顺；言不顺，则

---

① 德里达的"Trace"这个术语在国内普遍译为痕迹、踪迹，而张宁译为印记，这种差异可见于她们对德里达的临终前最后一次访谈《我在与自己作战》一文的翻译中，见于《解构之旅·中国印记——德里达专集》第173页、《解构与思想的未来》第15页。

② 德里达在解构海德格尔的尼采阐释时反对海德格尔把尼采解释为一个形而上学家，他认为这样不符合尼采思想的多义性。他用"尼采们"这样一个说法来反对海德格尔所说的"真正的尼采哲学"。见《德法之争：伽达默尔与德里达的对话》，第63页。

③ （宋）朱熹撰：《四书章句集注》，中华书局2012年版，第142页。

事不成；事不成，则礼乐不兴；礼乐不兴，则刑罚不中；刑罚不中，则民无所措手足。"这里孔子给出了一个推演关系，由名正、言顺、事成到礼乐兴、刑法中，百姓才不会手足无措。

兴礼乐、中刑罚，是儒家思想中治理社会的一贯之道，散见于其他儒家经典中，如《荀子·性恶篇》就有："明礼义以化之，起法正以治之，重刑罚以禁之。"

所以我们可以把孔子的这个推演关系做一个划分，前面的名正、言顺、事成为一部分，后面的礼乐兴、刑罚中，民不会手足无措是一部分，后者指的是在前面的条件下，儒家的治理方针才能得以实施，从而达到治理的目的。

朱熹在《论语集注》中也将此句如此划分，并先后注解，可见应是如此理解。对于后半句，朱熹注曰："范氏曰：'事得其序之谓礼，物得其和之谓乐。事不成则无序而不和，故礼乐不兴。礼乐不兴，则施之政事皆失其道，故刑罚不中。'"① 朱子的后半句注解解释了事不成到刑罚不中的原因，并无问题，重点在于前半句。何以名正就能言顺，言顺就能事成。

（二）正名中的逻辑

现在我们将孔子的一串推演关系转化为逻辑命题，可以写成非 P 则非 Q；非 Q 则非 R，这是否命题之间的推演，按照逻辑学理论，我们能从中得到的就是，P 是 Q 的必要条件，Q 是 R 的必要条件，必要条件即"有之不必然，无之必不然"。

于是，我们可以发现，孔子这里根本不是在谈论具体的为政的问题，而是在谈论必要的前提的问题，就像我们说当你想要从事某某工作，而它的必要条件是某某学历，那么我们就会说你首先要去取得这个学历，不然你就得不到这个工作。所以在正名问题上，在这个推演关系中，孔子强调的是"名正"是"言顺"的必要前提，"言顺"是"事成"的必要前提，而不是说"名正"了必然"言顺"，"言顺"了必然"事成"，因为就像我们谈为政正常会想到种种具体的施政方略一样，其中还包含许多其他的条件，孔子在这里所强调的是正名是一种必要前提。

孔子后面说的"君子名之必可言"这句，就是谈君子的个人行为的层面，

① （宋）朱熹撰：《四书章句集注》，第143页。

逻辑其实与上文是一样的。从名→言→事，到个人层面的名→言→行，孔子用故表示一种推演关系。对于"君子于其言，无所苟而已矣"一句，如果从古人行文的对仗性来理解，"无所苟"对应的是前文的"必可行"。所以"苟"字可以理解为"不必然的"。由此我们理解孔子的意思是说君子对于他所说的话必然做到了才停止。在儒家的话语中，君子时常是与小人相对的概念，在许多情况下能被称为君子的人往往与小人或者说一般的民众有所不同，如孟子所言"人之异于禽兽者几希，庶民去之，君子存之"。所以孔子这里并非说在任何意义上，任何人都能"名之必可言"，"言之必可行"，而只是提倡人们做君子、像君子一样言行，那么这里其实可以把孔子的话理解为一个应然判断，而不是一个实然判断。

四、约定—俗成：一种儒家式符号生成论

（一）对日常的约定俗成观念的批判

约定俗成是荀子的命题，尽管是荀子提出的，但是它并没有彻底远离孔子的本源视域，反而具有深刻意义。

先来看这样一段文字：

> 自从人们将所有特定的言语符号，尤其是书写符号看成是无目的的<u>约定</u>以来……<u>约定俗成</u>这一观念—因而符号的任意性观念—在可能产生文字之前，在文字领域之外，是不可思议的。①

德里达这里谈的是对于索绪尔约定论的批判。主体性的约定，以及语言符号的约定说与自然说的对立，其实都是发生在存在者的世界中的，这些理论以意义世界的发生为前提，所以不可能超出和先于德里达说的"文字"领域。

当然，我们引用这段文字并不仅仅是在这个意义上使用的，还有第二个需要注意的地方。引文中画线的部分，也就是"约定"与"约定俗成"这两个词，当我们对照英译本时会发现，"约定"译自 institution，"约定俗成这一观

---

① ［法］雅克·德里达：《论文字学》，第61页。

念"译自 The very idea of institution 这句话①，译者根据汉语的说话习惯将"约定"与"约定俗成"这两个词相互替换，尽管它们都译自 institution 这个词。讨论这个翻译是否译得好并不是我们目标，我们列出这两个词只是为了显示出一种人们日常面对这两个词时的观念，即"约定"就等同于"约定俗成"。

这其实是一种极大的误解，这样的理解就漏掉了约定俗成这一命题的极其深刻的意义。

约定是主体间的一种行为，这纯粹是存在者之间的事情，但这其实并非符号的真正渊源。如我们上文所说，从存在论的视域来看，一切存在者都是存在所给出的，符号在这里也不例外，在约定俗成这一命题中，最关键的就在于如何理解俗，即如何"以俗成名"。

（二）俗—习俗

如何理解俗呢？俗与习是相关的。《周官》大司徒注曰："俗，谓土地所生习也。"② 俗，按照我们惯常的理解，就是在一个地方长期生活的人之间形成了惯例、风尚，所以我们有一系列相关的词，习俗、习惯、风俗等。

《荀子·性恶篇》有："上不循于乱世之君，下不俗于乱世之民。"杨倞注："俗谓从其俗也。"③

这里面我们看到，俗既指已经形成的风俗，又指对于这种风俗的遵从。而习即是俗，习俗本身又是对俗的一种重复。荀子在《荣辱篇》有"注错习俗"一说，王念孙对此解释曰："习俗双声字，俗即是习。"王先谦注："习俗，谓所习风俗。"④ 许慎解释为："俗，习也。"段玉裁注曰："习者，数飞也。"⑤《甲骨文字典》释义曰："重复之义。"⑥

这里应该如何解释呢？这就涉及时间性的问题。

（三）différance，以无厚入有间

常识中的习俗，就如同之前提到的历史、文化、传统一样，是观念中某种

---

① Jacques Derrida. *Of Grammatology*，Johns Hopkins University Press1997，p. 44.
② （清）王先谦撰：《荀子集解》，中华书局 2013 年版，第 73 页。
③ （唐）杨倞注：《荀子》，上海古籍出版社 2014 年版，第 295 页。
④ （清）王先谦撰：《荀子集解》，第 73 页。
⑤ （汉）许慎撰，（清）段玉裁注：《说文解字注》，浙江古籍出版社 1998 年版，第 376 页。
⑥ 徐中舒主编，彭裕商等编纂：《甲骨文字典》，四川辞书出版社 2006 年版，第 385 页。

已经发生在过去的事情，但是我们上文已经指出，这种作为既成事实的超越物，其实是观念的一种建构，他们作为"过去"的事情，以时间为前提，所以要阐明所有的这些东西是如何可能的，首先就要阐明时间是如何可能的。

让我们像海德格尔后期经常做的那样，以一句诗开始我们的讨论：

任何言及的当下，都已是过去。[①]

时间和空间，是存在者层面事物的先天属性，一切存在物都是在时空中存在的。康德曾说，时空属性是一切经验的先天条件。

要理解时间和空间，关键就在于"间"字。黑格尔曾说过，时间仅仅存在于"有限的东西"之间[②]，也就是形而下的存在者或者经验对象之间。而形而上者，比如黑格尔的理念、康德先验意识本身、基督教的上帝，所有永恒之物都是非时间的。我们上文已经提到过，存在者的最初显现总是形而下的，然后我们才从中抽象和建构出形而上者以及其他超越观念。休谟曾说过，时间是产生于经验的接续中的。接续的前提是至少要有不止一个存在物，万物、有分别相的众多形而下的存在者的生成是时间发生的前提。作为唯一的、无所对待的形而上者是非时间的。同样，处于无分别相的、无物的存在，也是非时间的，或者说前时间的。

所以时间的产生就是本源的存在状态的打破，从而由无分别相的无物存在，向有分别相的有物存在过渡。这个过程，庄子谓之"以无厚入有间"。在"庖丁解牛"这则寓言中，庖丁一开始就表明，自己所追求的乃是"道"，而非技。牛即是一物，从最初的目之所视"无非全牛"的状态，到"所见非全牛"，最后到以"神遇而不以目视"的境界，其实就是逐步向道的境界复归的过程。如果说象征着存在物的牛是有间性的，那么作为存在的道本身则是无间性的。如果说由存在者层面向存在层面的复归是解构物的过程，那么由存在到存在者的观念层级的过渡，就是从无间性到有间性的过程，物由此产生，时空性也由此产生。

---

① ［法］阿梅森：《时间的律动》，曲晓蕊译，中信出版集团股份有限公司2016年版，第1页。
② ［德］黑格尔：《自然哲学》，商务印书馆2017年版，第48页。

间其实有间隔之义，时空的产生、存在物的诞生，其实也就意味着对于本源的存在的某种间隔，是对于道的远离。我们把存在状态称为当下，它不同于时间中的现在，而意指一种没有间隔的状态。我们用 immediate 来翻译"当下的"，在英语中 middle、medium、media（中介物）、immediate 其实是一组同源词，它们来源于共同的词根－med－，表示中间的，在 immediate 这个词中－im－是一个否定前缀，加上这个前缀在字面上表示一种没有中介物或者没有间隔的状态，我们通常在汉语中翻译为"直接的""立刻的"，这里我们用来表示无间性。那么，如果说作为存在本身的当下是无间的，存在者的世界，处在时空之中的一切，则都是有间的。

让我们回顾之前所列的那句诗，"任何言及的当下"，即在意义世界中，在"有言"的世界中，一切都不是当下的，都已经是某种意义上的"过去"。当然这里我们依然要学着海德格尔那样，对这句诗做一些修正，以确保它能真正传达我们的意思："任何言及的现在，都已不是当下的"。

我们在这一节的开头将 différance 这个词与庄子的命题"以无厚入有间"列在一起，以表示它们之间的某种可对应性。Différance 是德里达的术语，按汪堂家的说法，它既可以译为"延异"又可以译为"分延"以表示不同的侧重点①，即"区分""延迟""差异"，这几个层面缺一不可，延异这种运动是不断在延迟中产生着区分和差异的运动。

延异这个术语某种意义上是针对德里达的解构对象提出来的。在主体性形而上学观念中，人们总是试图设立某种主体的在场状态来确保一切符号和意义的明晰性，胡塞尔的"意识的活生生的当下"②，海德格尔此在源始时间性中的"当下即是"③，所有的这些都是形而上学观念的某种变式，只要是主体性的事情，只要还在存在者的世界内，只要还处在原始文字的范围内，就不可能有任何无间隔的直接真理，任何存在者的现在已经是存在本身的某种"延异"。④

---

① 汪堂家：《汪堂家讲德里达》，生活·读书·新知三联书店 2019 年版，第 34 页。
② ［法］雅克·德里达：《胡塞尔〈几何学的起源〉引论》，第 150—151 页。
③ ［德］海德格尔：《存在与时间》（修订译本），第 463 页。
④ 关于延异的间隔性，可见雅克·德里达：《多重立场》第 46—47、90 页；雅克·德里达：《延异》，第 72 页。

符号，总是某种东西的替代或者说象征，是再现。而文字在语音中心论的话语中总是作为符号的符号、替代的替代而存在（语音符号是主体的思想的替代，文字符号又是语音符号的替代）。然而，就如同我们之前所说过的，这些人为的划分其实都是事后的形而上学建构。处在原始文字层面的整个存在者的世界，都是已经根本缺席的存在情境的一种替代或者说再现，在这个层面上，没有任何东西是真正原初的。

于是，回到我们之前的问题，历史、文化、传统、习俗，其实都是对于无分别相的共同存在状态的对象性把握，它们是作为符号的一次显现，是存在在意义世界中的某种再现，而不会是超越当下的永恒真理，我们总是能基于当下重新诠释和理解它们。

现在我们再来回顾"俗"的问题。俗本身即是从俗，习风俗本身就是习俗，如果把"俗"理解成浑然不觉的存在状态的又一种说法，那么存在者世界中把握的"习俗"是存在本身的"俗"的一种替补和重复，但是又是在存在者层面的重新构造。经验世界中的习俗从来就不是主体习来的，而是在习焉不察的存在状态中显现的，在存在者的观念中显现的俗本身就已经是一种习（重复）。

五、对正名的正名

前面我们分析了那么多，可能会有人疑惑，这跟人们传统上理解的孔子正名思想好像不太一样，因为在他们的观念中，正名就是正人伦，名就是名分或者名位，就是谈德位一致的问题。但是就像我之前说的一样，在孔子那里根本没有名分或者名位这种"关于名的名"的区分，我并不是说孔子不谈论这些问题，而是想说，当孔子谈论正名的时候不是在谈这些问题，把孔子正名思想理解成那样其实是一种误解，下面我们将花一定篇幅讨论这个问题。

（一）对传统正名诠释的批判

在《论语》中有几处常被认为是孔子关于正名的讨论[1]，比如在《论语·颜渊》篇中的一处，齐景公问政于孔子，孔子回答"君君，臣臣，父父，子

---

[1]　见杨伯峻译注《论语译注》，中华书局 2006 年版，第 151 页。

子"；还有《论语·雍也》中孔子关于"觚"的讨论。

因为在《论语·子路》篇中，孔子直接论述正名时，其背景是子路问孔子如果卫君让孔子为政，孔子最先会做什么。有人就会认为《论语》中其他一些地方孔子的话（比如涉及问政或问为政）是在说一回事。但这是一种明显的错误。

当一个人问"如果你要做某事，你最先会做什么"时，这与别人问你"如何做某事"完全是两回事。我们前面已经分析过，孔子在回答子路时根本没有提任何具体的施政方法；并且孔子的言说方式"非 P 则非 Q"，只能转化为必要条件，而不能转化为充分条件，这意味着孔子谈论正名时就是强调它的某种前提性，而不是施政的具体做法。

另外传统名分说，比如谈"君君，臣臣，父父，子子"一段，按朱子解释就是："君臣父子之间各守其道"①，那么君臣父子之道是什么呢？其实就是礼的规定，"君君，臣臣，父父，子子"说的是克己复礼的问题。常被认为与孔子正名思想有关的另一处，是《论语·雍也》篇中，孔子关于"觚"的讨论。按邢昺的解释，觚是一种礼器，在使用中要遵循礼道②，其实还是在谈克己复礼的问题。

这里谈的也根本不是所谓"名位"的问题。位是一种政治地位，而不是人伦身份的规定，比如你可以说君和臣有位，但父和子有什么位呢？所谓德位一致，说的是一个德福一致的问题③，例如在《大学》中说的"大德者必得其位"（还有名、寿、禄）。孔子说："不在其位不谋其事""不患无位，患所以立"。有人问孔子为什么不去为政，孔子回答他："'孝乎惟孝，友于兄弟，施于有政。'是亦为政"，朱熹注："何必居位乃为为政乎？"④ 孔子恰恰没那么看重位的问题，位是一种政治地位，强调的是地位，这并不是孔子谈正名关心的问题。

---

① （宋）朱熹撰：《四书章句集注》，第 137 页。
② （魏）何晏等注，（宋）邢昺疏：《十三经注疏·论语注疏》，李学勤主编，朱汉民整理，北京大学出版社 1999 年版，第 88 页。
③ 雷震：《中国传统儒家伦理的实践理性及其运行机制》，《学术交流》2016 年第 5 期，第 12 页。
④ （宋）朱熹撰：《四书章句集注》，第 59 页。

而从孔子自己的推演关系中"兴礼乐"与"正名"之间的距离来看，正名说的都不是正名分的问题。孔子说"名不正，则言不顺""君子名之必可言"，都可以看出，正名就是直接关于语言符号的问题，如果像以往人们认为的那样，正名是指要"正其名分"、"正其位"以便别人能听从你的"发号施令"，那孔子为什么还要说"君子名之必可言"这句话呢？总之这些解释并非孔子正名思想的正确理解。

（二）区分正名的直接原因和根本原因

我们上文一直在强调正名是一个关于语言符号的问题，但这并不意味着正名根本上跟为政没关系，尽管问如何为政和问为政先做什么这是两个问题，但是毕竟还是与为政有关的，这里就需要区别孔子谈正名的直接原因和根本原因。根本上说当然是因为为政，甚至儒家的理论，根本上就是以构建人伦秩序为目的的。但是在正名问题这里，既然孔子自己说了"名不正，则言不顺"，那么在诠释孔子的正名思想时，他的这个讲法就是不能跳过去的。要思考正名的问题，理解正名的直接原因，就必须解释这里的"言顺"是什么意思。

这个问题我们在荀子那里可以找到解答。

荀子讲正名，他的根本目当然是正人伦或者说达到政治上的治理目标。但是直接原因却是为了避免误解，达成理解。在《荀子·正名篇》中有这样一段话，可以看作是对孔子的推演关系的直接解读：

> 异形离心交喻，异物名实玄纽，贵贱不明，同异不别；如是，则志必有不喻之患，而事必有困废之祸。故知者为之分别制名以指实，上以明贵贱，下以辨同异。贵贱明，同异别，如是则志无不喻之患，事无困废之祸，此所为有名也。

"别同异"和"明贵贱"是对于经验世界的两个领域"人伦"和"自然"世界的辨别，整个"如是"之前的一段话是荀子所描述的制名之前的状态，其实就是"名不正"的状态。"如是"之后，"则志必有不喻之患"这一段表达了正名的直接原因，王先谦对此段注有："离心交喻，谓人心不同，使之共喻，下文所云'名闻而实喻'也。异形者离心交喻，异物者名实眩纽，此所以有名也。"① 这里对应的是孔子说的"言不顺"的问题。所以如果按王注理解，制名的直接原因就是为了使人心不同而又能相互理解、交流，其实就是言顺的问题。而荀子说的"事必有困废之祸"其实就对应孔子说的事不成。

荀子在正名篇中的另一处讨论了名善与不善的问题："名有固善，径易而不拂，谓之善名。"王先谦注："径疾平易而不违拂，谓易晓之名也。即谓呼起名遂晓其意，不待训解者。"② 就好像庞蒂所描述的知觉到一个刷子的情境一般——思想的直接显现。按照王注的理解，荀子的意思是，名是否善，判断的标准在于是否便于理解。

结合我们当前的问题，在荀子看来，正名自然是在语言符号层面的事情，基于他的专制主义者的身份，他认为这种"正名"（在荀子那里，正名其实有两种意思，一是正名的活动，二是正确的名）是由王者来规定的，然后才传达给民众。民众能正确地理解王者的政令，自然要接受并理解与王者相同的名，这里的问题就涉及为政的问题了：

> 故王者之制名，名定而实辨，道行而志通，则慎率民而一焉。故析辞擅作名，以乱正名，使民疑惑，人多辨讼，则谓之大奸。其罪犹为符节度量之罪也。故其民莫敢托为奇辞以乱正名，故其民悫；悫则易使，易使则公。其民莫敢托为奇辞以乱正名，故壹于道法，而谨于循令矣。

这一段表明，荀子谈正名，直接原因是要解决人心不同而要相互理解的问题，而进一步，更根本的原因则是要确保"其民莫敢托为奇辞以乱正名，故壹于道法，而谨于循令矣"。人要相互理解当然需要掌握相同的符号系统中的指称关系，比如当所有人都用"狗"来指称狗的时候，却有一个人用"牛"来指称狗，那么其他人跟他谈论狗的时候就会产生混乱，无法相互理解，这一点荀子当然无法容忍。索绪尔在《普通语言学教程》中也说："能指对它所表示出来的观念来说，看来是自由选择的，相反，对使用它的语言社会来说，却

---

① （清）王先谦撰：《荀子集解》，第 491 页。
② （清）王先谦撰：《荀子集解》，第 496 页。

不是自由的，而是强制的。"①

（三）名与言：符号与理解的问题

假如我们把言顺理解为主体间的理解、交流，这个寻求主体间公共意义的行为与符号的先后关系是什么呢？这是我们接下来要讨论的问题。

"言"在传统上既可以指一个主体的表述（Ausdruck）②〔我们在胡塞尔的意义上使用这个术语，但仅仅指"表述"与"信号"（Anzeichen）交织在一起的"告知"（imtteilender）情况。③〕行为，比如孔子说的"可与言而不与之言"，又可以指主体表述出的东西，比如"不以言举人，不以人废言"。

首先，按照诠释学的观念，理解发生在广义的对话中。④ 这个对话一定是主体的对话，是人的对话，尽管伽达默尔曾表示在那里的人其实不重要，但它总还是通过人来进行的，甚至符号、文字、书写如果没有人的行为就不可能显示其意义。⑤

而我们上文就曾提过，按照德里达的观点，原始文字、"文字"层面的符号，必然是解构了一切形而上学观念之后的符号。"如果符号是以某种方式先于人们称作真理或本质的东西的话，那谈论真理或符号的本质就没有任何意义。"⑥（本质和真理都是传统意义上的形而上学话语，同时形而上学在某些时候也会与主体性相关联⑦，表现为一种绝对的主体性。）在符号和意义之前没有任何主体性的中介，也不存在任何形而上学的中介，符号和意义是从存在本身的分延运动中直接呈现的。

这里的分歧其实就是在"理解与符号"这个问题上，即"解构论"与"诠释学"的根本分歧。1981 年德里达与伽达默尔曾进行过一次"巴黎论

---

① ［瑞士］索绪尔：《普通语言学教程》，高名凯译，商务印书馆 1980 年版，第 112 页。

② ［德］埃德蒙德·胡塞尔：《逻辑研究》，倪梁康译，商务印书馆 2015 年版，第 331 页。

③ 此处译名参考张祥龙先生的译法有所改动，见张祥龙《现象学导论七讲：从原著阐发原意》（修订本），中国人民大学出版社 2011 年版，第 109 页。

④ ［德］伽达默尔：《什么是真理?》，见《诠释学Ⅱ：真理与方法》，洪汉鼎译，商务印书馆 2010 年版，第 69 页。

⑤ ［德］伽达默尔：《解释学与逻各斯中心主义》，见《德法之争：伽达默尔与德里达的对话》，第 107 页。

⑥ ［法］雅克·德里达：《声音与现象》，第 30 页。

⑦ ［德］海德格尔：《形而上学的存在—神—逻辑学机制》，见《海德格尔文集·同一与差异》，第 72 页。

战"。这次论战后来被评为一次"不可能的对话"①。之所说是不可能，或许是因为，相比于伽达默尔的"长篇大论"以及多次向德里达释放的"理解的善意召唤"，德里达要么以简短而又"语焉不详"（参考孙周兴的评价）的话语反问伽达默尔，并拒绝与伽达默尔"和解"；要么就直接釜底抽薪去解构海德格尔的尼采阐释。

这次根本算不上对话的对话当然没有达成任何伽达默尔期望的那种理解，尽管随后他又陆续发了三篇文章来继续谈论这些问题，并试图批判德里达，但德里达对此并没有什么反应，因为在他看来，那次论战之后，他已经不需要再说什么，他已经充分表明了自己的立场。

为什么这么说呢？先从伽达默尔说起，尽管他总是在强调自己的"理解的善良愿望"，但他其实自始至终没有理解德里达。

这里其实包含一种普遍的误解，德里达哲学中大量谈论符号、文字、书写、意义的多义性、文本的绝对开放这些问题，这造成一个误解，好像德里达谈论他的哲学的动机就是着眼于这些问题，伽达默尔就是如此理解德里达的，在谈到自己与德里达两人的努力时，他曾说："当德里达回到书写（ecriture）概念来把握指号的真正本质时，我很能理解，他是想适当地处理语言的多义性，同时力求克服建立在推论性意义和意向的基础之上的对词语和含义的浅薄的固定化……我十分理解这种努力，它力求借助于书写概念超逾关于阐释的一切伪造的单义性和一切虚假的多样性。"②

这样误解德里达的当然不只是伽达默尔，比如恩斯特·贝勒尔在分析伽达默尔与德里达的这次论战时就强调要首先明确德里达的出发点。他强调德里达在学术史上的出发点是胡塞尔而不是海德格尔，并认为德里达真正关注的是符号问题。③ 这显然是一种误解，我们固然可以说德里达在学术史上是先从胡塞尔开始研究现象学（就像绝大多数现象学家一样），并且在对胡塞尔的解构中

---

① ［德］伽达默尔、［法］雅克·德里达等：《德法之争：伽达默尔与德里达的对话》，第72页。

② ［德］伽达默尔：《解释学与逻各斯中心主义》，见《德法之争：伽达默尔与德里达的对话》，第115页。

③ ［德］恩斯特·贝勒尔：《尼采、海德格尔与德里达》，李朝晖译，社会科学文献出版社2001年版，第171页。

确实大量涉及符号的问题，但不能因此就说德里达哲学的出发点和关注点就是这些。我们可以看到，德里达大量地超出符号问题去谈论伦理、政治、宗教的问题，甚至在《论文字学》中指出传统的符号概念也必须在原始文字的基础上加以批判；并且在谈到自己与这两位现象学的创始人的关系时德里达说过：“对我来说，从一开始，胡塞尔的现象学、现象学学问曾是一门严格的科学，一种方法，我尽可能系统、冷静、平和地使自己臣服于它，但对胡塞尔，我没有亲切感，没有受到感动，没有产生‘同感’。我觉得比起胡塞尔，海德格尔的存在基调更使我感到亲切。”[①]

对于德里达来说，符号的问题不过是他进行解构的一个切入点，而他始终关心的问题是他者的问题（我们上文已经分析过，这其实与他在法国大学机构中被边缘化的生活经历是有根本联系的）。这里倒与我们要谈的孔子的正名思想有某种相似性，正名的直接原因固然是言顺，但根本目的却还是为政的问题。

为什么理解必须是后于符号的？先看伽达默尔如何来对“理解”进行理解的。他首先援引的是德语中理解（Verstehen）这个词字面的原初意义——“代替某人的位置”。这个对某人位置的替代，最早传达的是一种发生在法庭辩护时的情况，律师在充分理解委托人后代替其进行辩护。同时伽达默尔说：“解释学乃是把握某人真正想说的东西的方式。”[②] 并且与海德格尔一样，伽达默尔也以真理为追求的目标。

而上述的这些，通通是德里达要解构的对象，因为其中深刻地蕴含着对于他者的暴力。谁能宣称自己真正地理解一个他者呢？谁又有资格宣称自己掌握了真理呢？“真正地理解他人”意味着把握了对于他者的真理，这样他者就成为可以被替代之物。这不仅意味着他者成为某种对于主体而言可以被还原的对象，并且还意味着对方不再是像自己一样是具有去存在的可能的此在，这是对于他者的审判。（真理总是表现为一种超越具体的时空而普遍的有效性）我们再把问题拉到我们这里，假如有一个宣称自己真正地理解了孔子的人、一个宣

---

① ［法］雅克·德里达：《德里达谈现象学》，见《解构之旅·中国印记——德里达专集》，第276页。

② ［德］伽达默尔：《解释学与逻各斯中心主义》，见《德法之争：伽达默尔与德里达的对话》，第107页。

称自己掌握了关于孔子的真理的人，那么在他的心目中，他就如同西方宗教改革之前的封建教会一般垄断了一种解释权（不论是对于孔子还是对于神的解释权），他自然可以随意地审判别人的理解，这是对于他者的暴力。而在法国的大学机构中，德里达就是这样的他者，他所有哲学中为那个"不可还原的他者"做的申辩，其实也是为自身的申辩。汪堂家就曾这样评价过德里达：

> 德里达强烈反对把本不具有普遍性的东西作为普遍性，也反对把普遍性等同于同质性。他关注的是异质性，是生活在被强行同质化的边缘的人群（包括他们的语言、文化传统、思维方式和生活方式），是"他者"的不可计算的尊严。①

再回到我们之前的问题，德里达为什么在"巴黎论战"之中表现出那样的态度？又为什么在论战之后并没有再回复伽达默尔的意思呢？或许伽达默尔自己觉得为德里达感到"不公"，因为在他看来一直强调差异性的德里达没法以正面的方式表达自己的主张。但是德里达其实对于自己的主张表达得非常明确，那就是：坐在你面前的我，是一个你伽达默尔"不可还原的他者"，我拒绝以任何方式和你和解，也不会有任何可能被你"真正地理解"。

这两人的这种"相互理解"倒像是一种悖论，就像我们总说的"有心栽花花不开，无心栽柳柳成荫"一样，总是试图去理解德里达的伽达默尔其实离理解德里达非常遥远，而不愿与伽达默尔和解的德里达对于伽达默尔倒把握得比较准确：诠释学是一种语音中心主义，伽达默尔对此所做的一系列辩护倒像是替德里达来为伽达默尔自己"确诊"一样。②

德里达对于哲学诠释学的这种批判倒不是意味着德里达不关心解释的问题。他在自己那篇著名的、可以被看作是解构主义宣言③的文章《人文科学话语中的结构、符号与游戏》的开头，就意味深长地引用了蒙田的一句话："对

---

① 汪堂家：《汪堂家讲德里达》，第15页。
② ［德］伽达默尔：《解释学与逻各斯中心主义》，见《德法之争：伽达默尔与德里达的对话》，第106—107页。
③ 张祥龙：《现象学导论七讲：从原著阐发原意》（修订本），第333页。

解释的解释比对事物的解释有更多的事要做。"① 卡普托曾指出过，在海德格尔的《存在与时间》之后，有三次解释学的重要发展、三种"对解释的解释"，分别是后期海德格尔、伽达默尔的"哲学解释学"与德里达的解构论。他总结这三人的关系说道："如果伽达默尔的作品是保守解释学，而后期海德格尔则是对解释学的深层重演，那么德里达的作品则意味着根本不存在解释学，而不过是划界、作为意义与乡愁之整体的解释学的解构。"② 而在谈到为什么选取这三人作为这三种运动的"典范"时，卡普托表示，其实在法国有许多对诠释学进行批判的哲学家，比如福柯、德勒兹和利科（按卡普托的说法，利科对伽达默尔的批判使诠释学离形而上学更近了），而之所以特别关注海德格尔与德里达是因为"他们两个具有海德格尔式的出发点"。③

　　回到我们问题上，孔子为什么说"名不正则言不顺"呢？名为什么不是在主体的言中"被正"的呢？其实就像我们之前所强调的，孔子那里其实并没有这种主体性形而上学观念，名从根本上是在仁爱中显现的。若不是处于"有名"的状态下，不仅人之言是不可能的，连主体性的人都是不存在的。

　　由此我们再来看一些古注中对孔子正名思想的理解，就是成问题的，因为都是受到主体性形而上学观念的影响，因而远离了孔子的原意。

　　比如在《论语注疏》中对孔子论正名的一段话，邢昺疏曰："夫事以顺成，名由言举。"④ 前半句符合"言不顺则事不成"的逻辑，可以说成"以（言）顺成事"；但是"名由言举"的说法就背离了孔子的意思，按这个说法就应该说"言不顺则名不正"，即不是由名决定言，而是由言决定名。这恰恰是一种语音中心主义的表现，而且这种解释把名正和事成都说成是取决于言顺，也不符合孔子给出的推演关系。

---

　　① ［法］雅克·德里达：《人文科学话语中的结构、符号与游戏》，见《书写与差异》，第502页。
　　② ［美］约翰·D.卡普托：《〈存在与时间〉之后的解释学》，见《实用主义、语言与政治哲学》，［美］希克曼等著，曾誉铭译，上海社会科学院出版社2012年版，第106页。
　　③ ［美］约翰·D.卡普托：《〈存在与时间〉之后的解释学》，见《实用主义、语言与政治哲学》，第105页。
　　④ （魏）何晏等注，（宋）邢昺疏：《十三经注疏·论语注疏》，第194页。

李景林曾总结过朱熹对于孔子正名说的解释，即"纠名实，正人伦，得天理"①。在《论语集注》中，朱熹引杨倞注曰："名不当其实，则言不顺。言不顺，则无以考实而事不成。"② 名实关系虽为先秦哲学中广泛讨论，也见于荀子的正名篇中，但孔子只提到了正名而并无名实并举的说法，换而言之，认为孔子所言正名乃是指纠名实，也缺乏根据。而此处按照杨氏解释，也并非以名考实、以名辨实，而是言顺则能考实，名当其实则言顺，这里不仅存在跳跃即言顺与名实的关系问题，同时也存在逻辑混乱，既然言顺的前提是名当其实，那么为何言顺之后还要再考实呢？总之，朱熹的解释恐怕也不是孔子的原意。

孔子在《左传·襄公二十五年》说过："言以足志，文以足言。"杜预注："足，犹成也。"③ 这里恰恰不同于语音中心主义的观念：主体的思想（志）决定语音符号（言），语音符号（言）决定文字符号（文）。而是言以成志，文以成言，这里的关系反而是文→言→志。在传统的形而上学观念看来，符号仅仅是表达真理的手段，一个观念不论你用何种方式表达它，都是一样的，这是能指和所指的绝对分离，那种持绝对的翻译观念的人就是这样的逻辑，好像有一个超越具体的情境的"先验所指"（德里达语）存在在那里，不论是任何人在任何时空情境中用何种能指去表达它都能同样地再现它。这显然是一种超越的形而上学观念，符号在一个情境中显现一开始就已经是一种广义修辞，符号的逻辑意义和修辞意义的严格区分是不存在的。所以孔子在这里接着说："不言，谁知其志？言之无文，行而不远。晋为伯，郑入陈，非文辞不为功，慎辞焉！"孔子在这里评价的是这样一件事：郑国攻打陈国之后，子产代表郑国向晋人献"入陈之功"，面对晋人的质问，子产通过言辞让晋人无法诘难，只能接受这一事实。这里注意，子产与晋人进行的是对话，但孔子最后评价时却说的是"非文辞不为功"。在汉语修辞学中，有过一个争论，就是修辞的对象到底是语辞还是文辞，后来陈望道总结，语辞和文辞都是修辞的对象。但在这种

① 李景林：《正德性与兴礼乐——孔子正名思想的理论内涵及其方法学意义》，《北京师范大学学报》（社会科学版）2011 年第 3 期，第 65—66 页。
② （宋）朱熹撰：《四书章句集注》，第 143 页。
③ （周）左丘明传，（晋）杜预注，（唐）孔颖达等正义：《十三经注疏·春秋左传正义》，李学勤主编，浦卫忠等整理，北京大学出版社 1999 年版，第 1024 页。

经验的观念中，语辞和文辞毕竟还是不同的。① 而孔子在这里把子产与晋人的对话中所涉及的，说成是"文辞"，就非常值得玩味了。这里涉及的，其实就是如何在更本源的意义上理解"文"的问题。

（四）正名的根本原因：为政

"有名"不仅是人之言的前提，还是整个制度建构的前提甚至是整个有秩序的意义世界建构的前提，也就是"文"的问题。

汉语"文化"这样一个名词也可以说是"文"化的这样一个过程，其实就是从无分别相的存在状态向有分别相的存在者状态的过渡，与"有文"的"有名"相对的就是"无文"的"素""质"，如孔子所言"绘事后素""文质彬彬"。

"有名"其实就是说的有符号存在的存在者的世界，而符号从来都是与文化密切相关的。赵毅衡曾给文化下过这么一个定义："文化是一个社会所有意义活动的总集合。"② 所有携带意义的感知都是符号，所以有许多符号学家也强调"符号学所研究的就是人类文化""符号学就是文化学"这样的说法，所以我们谈的文化的建构，其实也就必然是基于符号才是可能的。

"文"的领域又分为"天文"和"人文"，《易·贲卦·象辞》有"观乎天文，以察时变；观乎人文，以化成天下"。程颐对此解释为：

> 天文，天之理也；人文，人之道也。天文，谓日月星辰之错列，寒暑阴阳之代变，观其运行，以察四时之速改也。人文，人理之伦序，观人文以教化天下，天下成其礼俗，乃圣人用贲之道也。③

"天文"针对的是自然事物，"人文"针对的是人伦事物，但是若非天和人显现为"有文"的，又怎么能够观乎天文和人文呢？"天之文"和"人之文"其实就是两个领域的符号：前者涉及知识论问题，后者涉及伦理学问题。

天文是自然事物的符号，比如树的年轮，其作为符号体现的是树的生长规

---

① 陈望道：《修辞学发凡》，上海教育出版社1997年版，第1—2页。
② 赵毅衡：《符号学：原理与推演》（修订本），第9页。
③ （宋）程颐：《周易程氏传》，见《二程集》，中华书局1981年版，第808页。

律，尽管我们可以把它还原为纯粹无意义的自然现象，并看作某种自然"事实"，但这其实是后于符号显现的一种观念建构，当你把它辨认为树或者年轮这样一个对象的时候，它已经包含了某种意义，已经成为一个符号。

这里儒家最关心的当然是人文的问题。其实也就是程颐所说的"人理之伦序"，是关于儒家教化的问题，也是关于礼俗的问题。像礼（君君，臣臣，父父，子子）和器（瓟），赋予特定的日子、行为、器物以某种特殊的象征意义，其实都是一种符号，若非"有名"都是不可能的，所以在孔子的推演关系之中，它们都是在名之后的，"礼乐不兴"在"名不正"之后；"名以出信，信以守器"，器也在名之后。

这里说的名不是具体的名，不是荀子那里的一系列"关于名的名"，那些名的建构恰恰是跟礼和器一个层面的东西，甚至有些是被礼和器所规定的东西，这里所说的其实是"有名"，这是一切秩序建构的开始，所以老子说："始制有名。"

孔子曾说："文王既没，文不在兹乎?"朱熹对孔子相关的这段话注有"道之显者谓之文，盖礼乐制度之谓"[1]。文是道的显现，在儒家这里其实就是文化、符号以及整个意义世界是在本源的仁爱情感中显现的，而这里面儒家最关心的其实还是人文的建构，即礼乐制度的建构问题。

按照老子的说法，这种制度的建构是开始于"有名"的，所以我们才能理解孔子为什么要说"为政先正名"。

再来看《左传·成公二年》中孔子关于"名"的论述：

> 仲尼闻之，曰："惜也！不如多与之邑。唯器与名，不可以假人，君之所司也。名以出信，信以守器，器以藏礼，礼以行义，义以生利，利以平民，政之大节也。若以假人，与人政也。政亡，则国家从之，弗可止也已。"

如何理解这一段孔子对于名的讨论呢？这里的背景是"新筑人仲叔于奚"救了"孙子恒"之后，拒绝了卫国人"赏之以邑"的条件，转而要求"曲县、

---

① （宋）朱熹撰：《四书章句集注》，第110页。

繁缨以朝"并被准许。这里"曲县"是一种悬挂的乐器，是诸侯所用；杜预注："繁缨，马饰。皆诸侯之服。"① 其实就是要求得到诸侯所用的乐器和车服，本质上就是诸侯的名爵。

孔子的话就是对于这件事的评价，孔子认为与其答应仲叔于奚的条件还不如"多与之邑"。因为在孔子看来，这些乐器和马饰其实更重要。这里"唯器与名，不可以假人，君之所司也"一句往常的理解是同时指器和名都不可以"假人"，如孔颖达对此段正义曰："此以曲县、繁缨与人，假人器耳。名器俱是可重，故并言名。"② 这里孔颖达的解释其实是不对的，孔颖达自己说了赏于仲叔于奚"曲县""繁缨"，仅仅是"假人器耳"。与他的说法"名器俱是可重，故并言名"其实是自相矛盾的。如我们上文所说，器其实是出于"有名"之下的一种符号，真正跟器处于一个层面的其实是"关于名的名"。"唯器与名"这一句，杜预注"器，车服。名，爵号"③，器就是指"曲县""繁缨"这些，杜预总结为车服。而名是指爵号，其实就是名爵或者说名号，是一种"关于名的名"，例如荀子正名篇就有"爵名"一说。所以"唯器与名"一句，这里的"与"字其实不能理解为一种并列关系，而是一种授予、许诺的关系，如许慎解释："与，赐予也。"这段文字中孔子另外两处"与"字的用法，即"多与之邑""与人政也"也都是这个意思。

对于"与"字的这种用法，也是《论语》中孔子经常使用的，如《论语·子罕》"子罕言利与仁与命"，皇侃《论语义疏》："与者，言语许与之也"④；《论语·公冶长》"吾与女弗如也"，朱熹《论语集注》："与，许也"⑤；《论语·八佾》"礼与其奢也宁俭"，刘宝楠《论语正义》："与，犹许也"⑥；《论语·述而》"唯我与尔有是夫"，皇侃《论语义疏》："与，许

---

① （周）左丘明传，（晋）杜预注，（唐）孔颖达等正义：《十三经注疏·春秋左传正义》，第 690—691 页。

② （周）左丘明传，（晋）杜预注，（唐）孔颖达等正义：《十三经注疏·春秋左传正义》，第 692 页。

③ （周）左丘明传，（晋）杜预注，（唐）孔颖达等正义：《十三经注疏·春秋左传正义》，第 691 页。

④ （梁）皇侃撰：《论语义疏》，高尚榘校点，中华书局 2013 年版，第 205 页。

⑤ （宋）朱熹撰：《四书章句集注》，第 77 页。

⑥ （清）刘宝楠：《论语正义》，中华书局 1957 年版，第 44 页。

也"①。

因此，这里"唯器与名，不可以假人"一句，应该理解为假人以器就是授予、许诺人名爵。孔子在这段话的最后说了"若以假人，与人政也"，假人以器也就是授予人名爵，其实就是"与人政也"，进而"政亡，则国家从之，弗可止也已"，所以孔子才强调"器"是"君之所司也"，因为象征着名爵，进而象征着"政"。

那么为什么"器"如此重要呢？孔子在这段话中其实就做出了解释。在"名以出信，信以守器"这句中，这里的推演关系可以写成"名→信→器"。注意，这里的名就不同于上文的名，不然"器→名"的关系和"名→信→器"的关系是矛盾的，此处的名不是指"爵名"而是指"有名"层面的名，在"名→信→器"关系中"器"作为一种特殊的符号是基于"有名"的，若非处于有符号存在的存在者状态，你就不可能建构具体的符号。而在"器→名"关系这里，所表达的则是两类具体的符号之间的关系："名爵"出于"器"。我们之前说过，在孔子那里各种名并没有一个详细的区分，都统统用"名"来指称。

在"名→信→器"关系这里，涉及"信"的问题，孔子说"名以出信"，这可以帮助我们来理解在《论语》中关于正名的推演关系。

什么是"信"呢？许慎解释"信"："诚也。从人、从言。"信其实就是人之言，我们上文谈名—言关系时就强调过，此处的言一定是主体性的事情，也就是人的事情、人之言，这就涉及信的问题。

信说的是言行关系，比如《论语·学而》："子曰：'弟子入则孝，出则弟，谨而信，泛爱众，而亲仁。'"朱熹注："谨者，行之有常也。信者，言之有实也。"②《论语·里仁》："子曰：'古者言之不出，耻躬之不逮也。'"朱熹注："逮，及也。行不及言，可耻之甚。"③《论语·公治长》孔子谈"宰予昼寝"："始吾于人也，听其言而信其行；今吾于人也，听其言而观其行。"《论语·宪问》："子曰：'君子耻其言而过其行。'"说到底，所谓"言而有信"，

---

① （梁）皇侃撰：《论语义疏》，第 159 页。
② （宋）朱熹撰：《四书章句集注》，第 49 页。
③ （宋）朱熹撰：《四书章句集注》，第 74 页。

其实就是言而行之、行及其言。

由此我们再重新来理解孔子的整个推演关系：从名到言，"名不正则言不顺"说的是正名规定有确切意义的符号，这是交流和理解的前提，《论语·乡党》："孔子于乡党，恂恂如也，似不能言者。其在宗庙朝廷，便便言，唯谨尔。"朱熹注："宗庙，礼法之所在；朝廷，政事之所出；言不可以不明辨。"①这正是制度建构中符号的特点，包括我们说的政治和法律的本文，它们的语言必然要求一种明晰性。比如我们常说的契约，这也是制度建构必然涉及的内容、也是一种信。不论是以语言文字取"信"；还是"信以守器"，以器取信，都是信的问题。同样，立下约定是否遵守，也是信的问题，也就是言行关系。

言有可言和不可言，行亦有可行和不可行。老子早就说过："名可名，非常名。"在《帛书老子》中的这句话可能更接近我们说的意思："名，可名也，非恒名也。"②符号从来都是不断流动和变化的，稳定和确切的符号系统其实只是一种理想的状态，就如符号学家塔拉斯蒂所说：

> 符号的生命不会停下来，它们总是不断形成新的客体。总之，如果符号存在，它们就总是处于不断变化的状态。只有在特殊情况下才能将文本或情境分解成一个个清晰的单元。这些单元拥有自己的时刻，这些时刻构成存在的界线。在某些情境中，变动不居的符号流——模仿承载它们的主体的内在运动——稍作停歇……可是，停留总是暂时的。③

就像当我们拿起一本某个年份（或版本）的字典或一本音系学著作，一个封闭的共时结构呈现在我们面前，若是依靠它们就足以解释我们生活中的一切语言现象，那么这之中就可以说包含了传统结构主义者的一切理想。但显然，不论是在它们被书写的过程中还是在它们完成的那一刻，符号和意义的流动就从来没有停止过，语言的游戏也从来不曾停止过，它们作为一种试图对语言符号本身进行规定的符号文本总是"延异"的。每过一段时间人们就需要

---

① （宋）朱熹撰：《四书章句集注》，第117页。
② 高明撰：《帛书老子校注》，中华书局1996年版，第448页。
③ ［芬］塔拉斯蒂：《存在符号学》，第7页。

重新总结在生活中不断流变的语言符号，而书写新的字典和音系学著作，但它们依然无法追上那些不断在实际生活中流变的符号。

甚至，一个"真正的理解"从来就没有发生过。当我们面对一个符号能指，并试图去寻求其所指时，这个到场的所指不会是彻底的到场，这种所指始终又是一种能指①，它在语言游戏中与其他符号交织在一起②，因此它不会带来一个完全明晰的意义。意义必然是在延异运动中不断推延的。按德里达的说法，文本总是对我们有所给予又有所保留，所以一个对话永远不会完成，也不会封闭。举例而言，在《孟子·告子上》中公都子与孟子的对话：

> 公都子问曰："钧是人也，或为大人，或为小人，何也？"
> 孟子曰："从其大体为大人，从其小体为小人。"
> 曰："钧是人也，或从其大体，或从其小体，何也？"
> 曰："耳目之官不思，而蔽于物。物交物，则引之而已矣。心之官则思，思则得之，不思则不得也。此天之所与我者。先立乎其大者，则其小者弗能夺也。此为大人而已矣。"

这里的问答，每一句话都是符号，孟子的回答相对于公都子的提问就是一个所指；而它自身又是一个能指，被公都子继续追问；而到最后，两轮问答之后，这个对话就结束了吗？这个符号文本就关闭了吗？当然没有，后世的学者依然要不断对它们进行研究，历代的注疏总是以某种超出这个文本本身的符号文本来作为所指解释这个文本，而我们今天的研究又必然以超出注疏的符号来解释注疏本身，这个过程不会完成，不然我们今天就不可能对这些经典进行研究。

名本质上是无常的，是没有恒名的，所以名不必然可言；言本质上也是无常的，不必然可行。所以孔子说："君子名之必可言，言之必可行。"这里做的是一个应然判断，而不是实然判断，是对于君子的要求。《论语·为政》：

---

① ［法］雅克·德里达：《论文字学》，第11—12页。
② ［法］雅克·德里达：《语言（〈世界〉报电话采访)》，见《一种疯狂守护着思想——德里达访谈录》，第61页。

"子曰：'人而无信，不知其可也。大车无輗，小车无軏，其何以行之哉？'"朱熹注："车无此二者，则不可以行，人而无信，亦犹是也。"① 所以这里涉及的是可和不可的问题。

孔子又说过："言必信，行必果，硁硁然小人哉！"（《论语·子路》）孟子也说："大人者，言不必信，行不必果，惟义所在。"（《孟子·离娄章句下》）也就是说，不是任何的信都是可行的，不是任何的言都是可行的。

那么什么信是可行的呢？按照我们之前的推演关系，言—行关系取决于名—言关系，孔子说过"名以出信"，所以一切的关键还是名。但名也有可名不可名的问题，名之后也有可言和不可言的问题，所以也不是所有的名都是必然可言的——进而是可行的。

其实，只有出于仁爱的名才是可言的，出于仁爱的言才是可行的，所以归根结底，一切皆源于仁。在谈到"仁义礼智信""五常"时，程颢曾这样总结过它们之间的关系："仁者，浑然与物同体，义、礼、智、信皆仁也""仁者，全体，四者，四支"。义礼智信都是出于仁，所以程颢强调学者要"识得仁体"②。

我们这里谈的作为"四支"之一的信也一样，根本上源出于仁爱。但信首先出于名，孔子说"名以出信"，而我们上文其实早已分析过，名也是出于仁爱的，所以孔子说，"君子去仁，恶乎成名？"同样名决定言，名出于仁，言根本上也取决于仁，所以孔子对鲤说"不学诗，无以言"。

正因为言根本上也出于仁，所以言而必行，即信，也出于仁。若非出于仁的名就不是必可言的，若非出于仁的言就不是必可行的，也就是不必信的。

其实我们看孔子对于"与"的用法就能说明这个问题，"与"这种许诺并非一般的许诺、约定，如《论语·微子》："吾非斯人之徒与而谁与？"《论语注疏》："与，谓相亲也。"③《周易·咸象传》："二气感应以相与。"郑玄注："与，犹亲也。"④《史记·魏世家》："以秦之疆，足以为与也。"司马贞索隐：

———————————

① （宋）朱熹撰：《四书章句集注》，第59页。

② （宋）程颢：《河南程氏遗书卷二上》，见《二程集》，中华书局1981年版，第14—16页。

③ （魏）何晏等注，（宋）邢昺疏：《十三经注疏·论语注疏》，第286页。

④ （清）李道平：《周易集解纂疏》，中华书局1994年版，第314页。

"与，谓许与为亲而结和也。"①

这里我们看出，"与"即许诺、约定，应是出于"亲""相亲"的状态，《孟子·滕文公上》："亲亲，仁也"；"夫夷子，信以为人之亲其兄之子"。赵岐注："亲，爱也。"② 这就是说，许诺、约定应是出于仁爱的，只有这样的许诺和约定才是必须兑现的，也才是言必信的。而对于一般的许诺和约定，则是言不必信，行不必果的。在《论语·卫灵公》中，子贡曾问孔子，"一言可终身行之者乎？"孔子告诉他这个可终身行之之言就是"恕"。《论语注疏》邢昺疏："唯仁恕之一言，可终身行之也。"③ 陈祥道《论语诠解》："一言有益于仁，莫如恕……恕则近仁，故可终身行之也。"许慎"恕"字解释："恕：仁也，从心如声。"言而能终身行之，其实就是一种更根本的信，这就是"恕"。恕在《论语》中又被孔子表达为"为仁之方"，是近于仁又益于仁的，这就告诉我们，真正的信，言而必行的信，必然是出于仁的，也是成就仁的。

这样我们才能理解孔子在《论语》中多次论信时的矛盾，一方面强调信的重要性，另一方面又表示"言不必信"。任何制度的建构中必然涉及契约也就是许诺的问题，不论是法律文本还是政治文本都无不与信相关，它们要求的公信力涉及意义的明晰性、解释的统一性等问题。这就是有子所言"信近于义，言可复也"、朱熹所言"朝廷，政事之所出；言不可以不明辨"的问题。信自然重要，但它必须是出于仁的，这也即是儒家的传统：以仁爱的方式建构制度，进而包括建构整个意义世界。

由此我们才能理解孔子论正名的两重原因，作为直接原因的"言顺"是寻求交流中语义的明晰性，是名之必可言的问题；而言之必可行，则是信的问题，这涉及契约和许诺的问题。所以何晏对孔子的这句话注解道："王曰：'所名之事必可得而明言，所言之事必可得而遵行。'"④ 以上这些都是为政涉及的根本问题，所以谈正名的根本原因即是为政。

（五）对于"事成"的解释

孔子关于"正名"的整个推演关系还剩下"事成"及其后的部分需要

---

① （汉）司马迁撰：《史记 简体字本》，中华书局1999年版，第1502页。
② （汉）赵岐注，（宋）孙奭疏：《十三经注疏·孟子注疏》，李学勤主编，廖名春、刘佑平整理，北京大学出版社1999年版，第155页。
③ （魏）何晏等注，（宋）邢昺疏：《十三经注疏·论语注疏》，第244页。
④ （魏）何晏等注，（宋）邢昺疏：《十三经注疏·论语注疏》，第193页。

解释。

我们之前分析过，孔子关于正名的整个推演关系可以划分为两部分，名不正到事不成是一部分，礼乐不兴到民无所措手足是一部分，前者是后者的条件，因此我们解释的核心还是事成的问题。同样孔子在这里的两个关系，"名不正→言不顺→事不成"和"名→言→行"是可以对应的，前者说的是一般事实层面的必要条件，后者说的是君子个人行为的应然要求。

那么什么是"事成"呢？《论语注疏》邢昺疏："名若不正则言不顺序，言不顺序则政事不成"①，"事不成"即政事不成，所以事成是政事大成的意思，所以我们说这是后面礼乐兴等一系列关系的前提条件。

这里的事成，其实是一个关于利的问题。回顾孔子在《左传·成公二年》论名时的话："名以出信，信以守器，器以藏礼，礼以行义，义以生利，利以平民，政之大节也。"孔颖达正义："平，成也，每事有利，所以成就下民，使国益民，皆是利也。"② 从这里我们理解从名正到事成，其实就是说的从根本上使国益民，这是政之大节。

另外孔子同样在《论语·子路》中也说过这个问题："见小利则大事不成。"这里说的"大事不成"，其实跟我们说的"事不成"是同一个问题，就是要见大利而不是小利，也是我们说的使国益民的问题，如《论语注疏》邢昺疏："务见小利而行之，则妨大政，故大事不成也。"③ 这里的大政，其实就对应上文"政之大节"。

这里说的也是我们制度建构的一种必然诉求，调节利益冲突，促进公利。这也正是儒家所追求的，比如在《论语·雍也》中，子贡问孔子"如有博施于民而能济众"可以称得上"仁"吗？孔子对此的评价极高，说道："何事于仁，必也圣乎！"《论语集注》朱熹注："言此何止于仁，必也圣人能之乎！"④ 在孔子看来，这种"博施济众"的大利、公利行为，不仅是合乎仁爱的，而且是"圣人能之"的极高境界。

---

① （魏）何晏等注，（宋）邢昺疏：《十三经注疏·论语注疏》，第194页。
② （周）左丘明传，（晋）杜预注，（唐）孔颖达等正义：《十三经注疏·春秋左传正义》，第692页。
③ （魏）何晏等注，（宋）邢昺疏：《十三经注疏·论语注疏》，第200页。
④ （宋）朱熹撰：《四书章句集注》，第92页。

这里孔子紧接着又说："夫仁者，己欲立而立人，己欲达而达人。能近取譬，可谓仁之方也已。"《论语注疏》何晏注："孔曰：'更为子贡说仁者之行。方，道也。但能近取譬于己，皆恕己所欲而施之于人。'"其实就是我们上文提到的"恕"的问题，是正名的根本目的，即为政→成仁、利民。

六、论孔子的正名说与诗学的关系

当我们把孔子的正名思想和诗学放在一起时，人们或许会疑惑，正名如何与诗有关系呢？这将是我们下面会解答的问题。

（一）诗与思

我们上文已经分析过，符号与物是同时显现的，事物的意义在事物呈现时就包含在其中了，于是要追问符号何以可能，就要追问物、经验对象何以可能。

庞蒂的例子告诉我们，在存在者层面，在意识中，事物在一个情境中是直接呈现的，没有主体性的内在的概念思辨过程。我们也说过，一切存在物的产生，包括时空性的产生都是来自本源的存在状态的打破，即由无间性进入有间性。

在由存在层面到存在者层面的过渡中，在这个观念层级的跨越中，还有一个中间阶段，这就涉及诗与思的问题。

海德格尔后期思想可以被概括为一种语言存在论，他自己也反复说过"语言是存在之家"[①]"语言是人的主人"[②] 之类的说法，但是这里说的不是一般的语言，海德格尔的"弃言""词语的破碎""无名"这些说法恰恰说明作为"大道"的存在不是一般的语言能够通达的。但是有某些特殊的语言能够通达存在，就是诗，诗乃是一种道说（Sagen）。[③] 同样谈到思的问题时，海德

---

① ［德］海德格尔：《走向语言之途》，见《海德格尔文集·在通向语言的途中》，第269页。

② ［德］海德格尔：《"……人诗意地栖居……"》，见《海德格尔文集·演讲与论文集》，第206页。

③ ［德］海德格尔：《"……人诗意地栖居……"》，见《海德格尔文集·演讲与论文集》，第206页。

格尔也区分了一般的思和本真的思，本真的思是关于"存在者之存在的本质渊源"的思。①

诗与思是通达存在的方式，海德格尔经常强调它们之间的关系。海德格尔是对的，诗与思是非常关键的，关于它与儒家的存在之思的异同，我们将在下文中进行分析。

（二）诗与名

前面我们说过，在《论语》中孔子八次涉及名的问题，其中有一次就直接地与诗相关。在《论语·阳货》中，孔子有一次问自己的门人有没有读诗，并强调诗的作用，其中有兴观群怨的作用，还说"迩之事父，远之事君，多识于鸟兽草木之名"。

事父、事君，涉及的就是处理人伦事物的原则，关于伦理学的问题。鸟兽草木之名，是自然事物的名，涉及知识论的问题。一般情况下，学习人伦事物，人们都会说去学礼，了解自然事物的名，应该去查词典，比如郭璞《尔雅序》有："若乃可以博物不惑，多识鸟兽草木之名者，莫过于《尔雅》。"

但是在这里，其实礼和《尔雅》这种词典，都不是原初的事情，这些恰恰是在诗之思中奠基的。这不是一般意义的诗，不同于海德格尔，孔子这里强调的都是爱情诗，都是情感性的言说，他在与伯鱼的对话中就特别强调要读《周南》《召南》。

在《论语》中另一处孔子论诗时，也是在谈这个层面的问题。在《论语·八佾》篇中，子夏问诗于孔子，孔子回答"绘事后素"，郑玄注："绘，画文也。凡绘画先布众色，然后以素分布其间，以成其文。"② 许慎解释"文"这个字说："错画也。"

文就类似于绘画，是一种纹理化，其实就是由无分别相的存在（也就是"素"），进入有分别相的存在者层面。我们中国早期的文字甲骨文，其实也就是一幅画，是在描绘一个情境。

所以绘事后素，绘事说的就是符号的问题，符号是被奠基于存在的，它是对于本源的存在情境的一种再现，或者说符号之所以产生就是人试图留下存在

---

① ［德］海德格尔：《什么叫思想》，见《海德格尔文集·演讲与论文集》，第156页。
② ［梁］皇侃撰：《论语义疏》，第57页。

的痕迹。

子夏在这之后又问："礼后乎?"孔子听了表示自己深受启发，并开始与子夏言诗。在这里，礼的建构也是后于名的，这也对应了孔子论正名时所给出的推演关系。

(三) 诗之思——形象

海德格尔曾谈到诗的想象和形象。真正的形象是某种"不可见者"的形象，我们在此回想起老子所说的"无物之象"。海德格尔又说："诗意的形象乃是一种别具一格的想象，不是单纯的幻想和幻觉，而是构成形象。"① 总之，海德格尔这里所言说的"形象"是非常本源的事情。

诗的想象，或者说诗中的意象，甚至我们说的艺术中体验中的意象，就如海德格尔指出的那样，人们往往把它作为某种虚构，不真实的东西。比如在弗雷格那里，这些东西就属于主观"表象"的层面，是很不靠谱的，弗雷格在讨论语义学的逻辑真值的时候就是把它们排除在外的。但是在儒家看来，这恰恰才是最真实的东西，最具本源性的东西。

利科曾经对诗的意象做过精湛的分析，并试图改造传统语义学。语义学，在弗雷格那里，就是要追求语言的逻辑意义、真值。弗雷格区分了表象、意义、意谓三个层面的东西，并用他那个著名的"用望远镜看月亮"的例子做了解释。②

利科对于隐喻问题是非常关注的。隐喻（metaphor）是一种修辞格，西方的修辞学产生之初，亚里士多德就区分了《修辞学》《诗学》和《逻辑学》三门学科，语言的逻辑意义和修辞意义一开始就做了明确的区分。在《修辞学》和《诗学》之中，有一个共同的部分，就是"隐喻"，按照亚里士多德的说法，隐喻就是一种"名称的转移"。③

利科不满意亚里士多德的这个定义。他认为隐喻是有认知价值和意义功能的，隐喻中的认知、想象、情感要素之间存在关联。他借助康德的"图型"

---

① ［德］海德格尔：《"……人诗意地栖居……"》，见《海德格尔文集·演讲与论文集》，第218—219页。

② ［德］弗雷格：《论意义和意谓》，见《弗雷格哲学论著选辑》，王路译，王炳文校，商务印书馆1994年版，第93—94页。

③ ［法］保罗·利科：《活的隐喻》，汪堂家译，上海译文出版社2004年版，第7页。

概念，来模糊弗雷格的表象和意义之间的区分。①

按弗雷格最初的区分，表象是纯粹主观的，意义是客观的，而利科认为诗的想象的意象就处于这之间，类似于康德的"图型"。在康德那里，图型也是一个"中间性"概念，它既不是知性概念的纯粹抽象，又不同于感性直观的具体性，是一种处于这之间的直观的"象"。利科的这个理论是想说明诗歌的这种隐喻过程并非像亚里士多德所认为的那样仅仅是一种既有的名称的转移，而且在塑造我们新的意义和认知。

利科的这个理论是非常深刻的，就如我们上文曾提到的，在儒家话语中的诗，孔子强调的都是爱情诗，在《论语·阳货》中孔子曾对伯鱼说，如果不读《周南》《召南》，人就像"正墙面而立"，朱熹注曰："正墙面而立，言即其至近之地，而一物无所见。"② 其实就是说的经验可见的对象是在诗之思的形象中显现的。

这是一种艺术中的本源仁爱情感的显现，在诗之思中会产生诗意的意象，其实就是情感之思的形象，这种形象是中间性的，是存在层面与存在者层面之间的事情，这种形象最终表象化为对象，才使我们的存在者的世界得以可能，具体的对对象的认知、对象的意义，都是在这之中显现的。

庞蒂也说："一部文学作品的意义与其说是由词语的普通意义构成的，还不如说是在改变词语的普通意义。"③

庞蒂还曾通过塞尚分析绘画艺术，在他看来，真正的画家和绘画艺术就是要描绘一种处于模棱两可、黏糊糊状态的表象，一种未加区分的原初知觉，艺术既不是在单纯地模仿现实，也不是一种主观本能的虚构。④

庞蒂说：

　　　　对于人们身处其中却视而不见的场景，艺术家将其固定下来，让人群

---

① ［法］保罗·利科：《作为认知、想象及情感的隐喻过程》，见《实用主义、语言与政治哲学》，第91—104页。

② （宋）朱熹撰：《四书章句集注》，第179页。

③ ［法］梅洛－庞蒂：《知觉现象学》，第234页。

④ ［法］梅洛－庞蒂：《塞尚的怀疑》，见《意义与无意义》，第12、15页。

中那些"人情练达"（humain）者能够领会它。①

这里 humain 一词，译者译为"人情练达"，可能不是庞蒂的原意。"人情练达"一词出自《红楼梦》中的一句诗"人情练达即文章"，它的上半句是"世事洞明皆学问"。我们现在通常用"人情练达"一词来指人的阅历丰富，通晓待人处事的方法或者说通晓人情世故。译者应该是取了 humain 一词"通人情的"这一意思，但"人情练达"这个说法则包含过多待人处事层面的意思。

庞蒂的分析也是非常本源的，而在我们看来，一切的关键其实还是"情"字。

（四）思与爱

我们说过，思与诗涉及的是存在与存在者层级之间的过渡，情感之思中的形象是处在这之间的。这也意味着，思不是本源，作为存在的本源性仁爱情感不是思。那么我们为什么会有这种情感之思呢？

卢梭在《忏悔录》中曾这样描述自己与"妈妈"相处时的生活：

> 有时，当妈妈在场时，我甚至浑然不觉我的放肆。只有出于强烈的爱才会如此。②

这里描述的就是在本源的共同存在状态，是充满着仁爱的，也是"自然"的、浑然不觉的。

然后我们再看"妈妈"不在时，卢梭的描述：

> 我只有在看不到她的时候才体会到自己是多么热烈地眷恋着她。当我能看到她时，只不过心中快乐而已；可她不在家的时候，我那惶惶不安的心情甚至变成痛苦的了。渴望和她生活在一起的心情，引起我阵阵的忧

---

① ［法］梅洛－庞蒂：《塞尚的怀疑》，见《意义与无意义》，第 17 页。
② ［法］卢梭：《忏悔录 第 1 部》，黎星译，人民文学出版社 1980 年版，第 130 页。引用时有改动，参考《论文字学》第 222 页。

思，甚至常常使我落下泪来。①

正是因为所爱者不在，所以才会思。在思之中才有原初的形象，最后才有对象化的存在者。

我们接着看卢梭的话：

> 我要是把自己这位亲爱的妈妈不在眼前时，由于思念她而做出来的种种傻事详细叙述起来，恐怕永远也说不完。当我想到她曾睡过我这张床的时候，我曾吻过我的床多少次啊！当我想起我的窗帘、我房间里的所有家具都是她的东西，她都用美丽的手摸过时，我又吻过这些东西多少次啊！甚至当我想到她曾在我屋内的地板上走过，我有多少次匍匐在它上面啊！②

卢梭在这里思念已经不在场的"妈妈"，按照德里达的分析，所有的这些存在物，床、窗帘、家具、地板，都成了"替代者"，"当母亲消失时，替代才有可能和必要"③。而卢梭，这样一个存在者，一个主体，在此后的生活中不断地寻找着替代，直到"卢梭的'生命'和'文本'的结束"。

这里既可以说是"妈妈"不在了，又可以说是那样一个充满着爱的本源情境打破了。于是，人才会思，在思之中显现所爱者的形象，并进一步显现为对象，物、符号才得以可能，这些在思之中给出的对象成了那个已经不在的爱的替代，就像它留下的痕迹一样，"现在"在那里已不是爱，但确证着爱，这就是物和符号诞生的过程，也是"有名"也即原始文字得以可能的条件，德里达说：

> 另一个此时此地的缺席，另一个先验的现在的缺席，另一个如此显现的世界的起源的缺席，由于在痕迹的呈现中表现为不可还原的缺席，因而

---

① ［法］卢梭：《忏悔录 第1部》，第129页。
② ［法］卢梭：《忏悔录 第1部》，第130页。
③ ［法］雅克·德里达：《论文字学》，第223页。

不会成为代替科学的文字概念的形而上学公式。①

再来看唐代崔护的《题都城南庄》也是在描述这种情感之思：

> 去年今日此门中，人面桃花相映红。
> 人面不知何处去，桃花依旧笑春风。②

诗的前两句，描述的是"去年今日"的情境、一个已经不在的情境，其中有着人面、桃花这些形象。而在"人面"不知去向之后，桃花在情感之思中成了对象、符号，它是"人面"的替代，或者说痕迹，在诗人眼中它还像人面一般"笑春风"。

（五）主体，他者

我们前面总是谈对象和物的显现，而没有谈主体的问题，这是因为主体总是被规定的。比如我们从经验层面说，一个人是"社会关系的总和"，他处在各种社会关系中，与不同的他者相对待，从而规定自身，符号学家威利曾说："自我是一个符号实体。这并不仅意味着自我运用着各种符号，还意味着自我本身就是一个符号。"③

让我们从更深刻的意义上说，儒家的教化，产生出一个仁者，一个爱之在者，他乃是在情感之思中产生的。孔子让门人和儿子读诗，尤其是读爱情诗，就是要在这种诗的情感之思中确立他们的主体性，这就是诗的"起兴"作用。

在这个过程中，不是首先有一个封闭的主体、一个封闭的内在性，然后才面对对象、面对世界，而是主体一开始就是在情感之思的形象的"照面"中被规定的，形象产生对象、客体，主体才由此产生。这也是德里达说的绝对的差异性、绝对的他者，延异是一种"非对立的相异性"。④

卢梭为什么会干那些傻事呢？为什么会不断亲吻象征着已经不在的母亲的

---

① ［法］雅克·德里达：《论文字学》，第64页。

② 李寅生：《传统文化经典读本——古诗》，四川辞书出版社2018年版，第108页。

③ ［美］威利：《符号自我》，文一著译，四川教育出版社2011年版，序言第005页。

④ ［法］雅克·德里达、［法］卢迪内斯库：《明天会怎样：雅克·德里达与伊丽莎白·卢迪内斯库对话录》，苏旭译，中信出版社2002年版，第29页。

家具呢？正是由于对母亲的思念他才会这么做，或者更根本地说，正是在这种思念中显现的母亲的形象，使作为"儿子"的卢梭被给出，他成为一个爱着母亲的存在者，所以他才是"儿子"，所以他才会去做那些傻事，会去亲吻这些家具。同样，这些家具，它们的意义与以前完全不同了，尽管卢梭在以前的生活中对它们早已非常熟悉，但是"现在"，它们象征着母亲，成为完全不同的符号。

这种主体在原初的差异中被给出在德里达看来也是一个关于死亡的问题。首先在德里达看来，（与海德格尔不同）死亡不是主体自己的事情。死亡从来都是从他者那里体验到的，是"'没有回应'的幸存者的某种体验"①，这种意义上的死亡不是"同主体有关的属性"，而是一个与"诞生"（nasissance）联系在一起的事情，文本只有在死后才能显现。② 就像德里达在解构胡塞尔符号学时引用的爱伦·坡小说中的"现在，我死了"③，这个符号只要说话者还在场，其意义就是不充实的（胡塞尔语）。

从主体性形而上学的观念来看，主体的在场状态是活生生的，或者说语音符号是活生生的，而文字则是某种与主体相脱离了的，死的东西。而与之相反，在德里达看来，如果符号要显现其意义，那么它必然意味着从本源的共同存在状态失落，进入对象化的存在者世界，那么整个处在原始文字中的存在者的意义世界一开始就是"死的"。所以德里达在各种地方谈论死亡与符号的这种关系：延异就像个金字塔式的坟墓④，"死亡、理想化、重复、意义"一开始就在一个唯一的出发口处交织在一起⑤，甚至主体也是在这种由"他者之死"所带来的孤独感中被规定的：

　　我们说的"我"、"我们"，只有通过对他者的体验才会出现或得到如其所是的界定，而此他者应是死后会在我或我们心里留下他者之记忆的他

────────────────

① ［法］雅克·德里达：《永别了，勒维纳斯》，见《解构与思想的未来》，第21页。
② ［法］雅克·德里达：《马刺：尼采的风格》，成家祯译，华东师范大学出版社2018年版，第156页。
③ 见［法］雅克·德里达：《声音与现象》，扉页。
④ ［法］雅克·德里达：《延异》，汪民安译，《外国文学》2000年第1期，第70页。
⑤ ［法］雅克·德里达：《声音与现象》，第118页。

者。他者一死，我或我们感到可怕的孤独，而正是这种孤独构成了人们称之为"我"、"我们"、"我们中间"、"主体性"、"主体间性"、"记忆"这类自我关系。死亡之可能性可说"先于"这些自我关系级别而"到来"，并使它们成为可能。①

对于已死的他者，我们是某意义上的"幸存者"，德里达说："幸存是一个本源的概念，如果您愿意，它构成了我所谓的生存（此在）的结构。我们从结构上讲，是被踪迹、遗言的结构打上印记的幸存者。"② 这种本源的幸存结构是与存在情境的打破相关的，而不是在单纯谈论一个存在者层面的事情，所以在他那里总是有两种死亡、两种他者、两种记忆、两种过去、两种好客……对于这些术语的日常观念的解构总是引出另一种对于这些术语的更本源而又晦涩的理解。这个"没有回应"的问题，在德里达看来是"不可派生的，是源始的，甚至可以说它比'生还是死'（一个既非第一亦非最后的问题）的选择还要更加本源。"

说到底，唯有那个充满着本源的仁爱情感的存在情境不在了，我们才会思，才会有所思者的"形象"，最后整个意义世界，包括符号、主体才被给出。

我们在这里也可以注意一下孔子论名时的一个特点：关注死后的名而不是生前的名。在《论语·子罕篇》中，达巷党人说孔子"博学而无所成名"，孔子听了之后不以为意，反而问到"吾何执？执御乎？执射乎？"最后说"吾执御矣"。古注中多把这个解释为孔子自谦的话，因为"御"在六艺中最为"卑"。而在另一处孔子又说"君子疾没世而名不称焉"，反而又非常重视名。孔子在这里强调的恰恰是没世之名，而不是在世之名，这种名根本上不是出于存在者层面的"六艺"而是渊源于存在本身的仁爱的，所以孔子说"君子去仁，恶乎成名？"

之前我们谈论时间时没有谈空间的问题，现在我们来谈一谈这个问题。空

---

① ［法］雅克·德里达：《多义的记忆——为保罗·德曼而作》，第44页。

② ［法］雅克·德里达：《最后的谈话〈我向我自己开战〉》，见《解构与思想的未来》，第15页。

间是先于时间而规定时间的，比如古时候人们通过太阳的空间位置确定时间，许慎解释时字："时，从日，寺声。"更根本地说，空间性意味着一种外在性进而是差异性①，主体的自我、同一性一开始就是在差异中显现的。

在西方哲学中，从康德（胡塞尔、海德格尔都是如此）开始就把时间性作为比空间更根本的性质并规定空间，因为时间与主体的内在性更加相关。在他们那里总是先有个绝对封闭的主体，然后再在先验意识之内通过各种活动（统觉或者意向性立义）处理感觉材料，最后给出对象。他们这种做法并不能真正解决知识的有效性问题，对此阿佩尔批判道："在笛卡儿、康德甚至胡塞尔意义上的意识明证性，不足以论证知识的有效性的基础。"②

关于意义的有效性问题，进而包括知识奠基的问题，哲学家已经开始注意到知识乃是某种"共识"，而不是某种在先验主体内部确立的先验真理，或者在语义学的指称理论下被奠基的东西。

但是在我们看来，这种共识，也不是主体的某种经验交往或者语言的日常使用所能确立的，而是基于前主体性共同的存在才得以可能的。正是基于当下的共同存在，我们才能有共同的知识，关于历史的共识，关于文化的共识，关于习俗的共识。

结　语

符号何以可能呢？人们为什么会使用这个符号而不是那个符号？为什么某个符号会流行？人如何创造出好的符号，即荀子说的"呼起其名遂晓其义，不待训解"的"善名"？③ 这不是任何大数据分析或者语言学能够给出的答案，只有回到存在本身，才能理解这些问题。就像近年来在网络上流行的"房奴"一词，本质上是渊源于一种在特定时期的生活方式下被房价限制了自由的领悟。

主体在创造符号不过是表象。就像庞蒂说的那样："我们明白向我们所说

---

① ［法］雅克·德里达：《论文字学》，第101页。

② ［德］阿佩尔：《哲学的改造》，孙周兴、陆兴华译，上海译文出版社2005年版，第149页。

③ （清）王先谦撰：《荀子集解》，第496页。

的东西，因为我们事先就知道人们向我说出的那些词的意义；我最终只能理解我已经知道的东西。"① 这是因为"我们在别人的话中寻找到的从来不过是我们自己已置于其中的东西，交流是一种表象，它不会给我们带来任何真正新的东西"②。

我们向来已经存在着，这种前主体性的存在状态，是痕迹的本源，也是一切符号的本源。在儒家这里这种事情本身就是万物一体之仁的存在状态，这种存在状态的打破即是由无间性的"当下"向"有间性"的现在的过渡，其中有情感之思的"想象""形象""对象"的过程。最终，一切存在物、一切符号才得以可能。符号在这样出于仁爱的情感之思中显现，于是我们才开始基于"有名"的世界建构我们的制度，包括"伦理学""知识论"，进而改造整个意义世界。这是对于孔子正名思想的一种最本源性的理解。

---

① ［法］梅洛－庞蒂：《世界的散文》，杨大春译，商务印书馆 2005 年版，第 7 页。
② ［法］梅洛－庞蒂：《世界的散文》，第 6 页。

论"观法之切转"

杨 虎*

（兰州大学哲学学院 甘肃兰州 730000）

【摘要】 观不仅有某主体对某对象的观察审视、心念思维等含义，而且有广义生活领悟、存在领悟的基础语境。就此而言，观具有存在论意蕴，能够为存在者观念做出系统性说明。在观（领悟）的活动中，无须预设形而上实体作为运作的根据和动力，运作即存在，运作背后别无实体。依循"观法之切转"的运作机制而有不同领悟方式，有不同层级和面向的观念显示，自"返源观"言本源生活领悟、存在领悟，自"立相观"说存在者化把握方式，由此成立存在论系统。在儒、道、释系统中均可发现这种思想可能性，在儒家，由生生即仁爱的本源之观而有对于人与天地万物之存在的说明；道家之道论不必实体化地理解，只就观无与观物的运作言说不同的观念层级；在佛家，虽然空不是形而上实体，空与一切法相的关联不是体用论，但是仍然可以对一切法相的成立做出系统性说明。尽管观法之切转的运作机制有其不同的向度，但就其自同一件事情而言，又可以说是无所转之转，观法切转无转相。

【关键词】 观；生活领悟；存在领悟；返源观；立相观；观法之切转

"观"（Comprehension）是一个独特而不无重要的哲学观念，不仅具有方

---

* 作者简介：杨虎，哲学博士，兰州大学哲学社会学院副教授。

法论意义，而且有其作为基础观念（Foundational Idea）的存在论意蕴。哲学对于一些听起来观感性很强的语词非常重视，如"感"（feeling）、"说"（logos）、"看"（intuition）等，这些语词所承载的不仅有方法论线索，而且有其作为基础层面的观念内容。在传统中国哲学中，"感"不仅是理解人与世界关联的一种方法视角，而且贯穿在儒家哲学主线中，成为心性开显的机制。①就"说"和"看"而言，它们构成了两种重要的思想范式，贯穿于古希腊至当代西方哲学运动中。"观"的重要性丝毫不亚于这些语词，它是通儒、道、释系统皆有的一种可能思想范式。在道家，有观无的本源视域；在佛家，有观空的根本语境；在儒家，有"观仁"②的思想视域。在此思想背景下，本文着眼于方法视角与观念内容的一致，阐发一种"观法之切转"③的存在论运作机制。

一、存在论的观

笔者曾指出，观不仅有日常用法中表示某主体对某对象的观察审视、心念思维等含义，而且有广义生活领悟、存在领悟之义，观是"存在论的观"。④这乃是说，观具有原初奠基意义，能够对存在者观念做出系统性说明。

哲学存在论有三种思想进路。其一是就存在者的存在性进行范畴和语言逻辑分析，这主要体现在古希腊至近现代哲学主线中；其二是追思作为一切存在者之存在根据的形上实体，这主要体现在中国心性论哲学以及西方神学及其文化底蕴下的形上学理论中；其三是20世纪以来的生存论转向和情感论转向，

① 杨虎：《论观心与感通——哲学感通论发微》，《北京理工大学学报》（社会科学版）2020年第2期。

② 杨虎：《论"生活领悟"与"形式显示"之道路——生活儒学与海德格尔生存论的根本差异》，胡骄键、张小星主编《生活儒学：研究·评论·拓展——第三届"生活儒学"全国学术研讨会论文集》，四川人民出版社2020年版。

③ 参见杨虎《从无生性原在到有死性此在——重读海德格尔的"存在论区分"》，《河北学刊》2015年第4期；《哲学的新生——新基础主义道路：传统基础主义与反基础主义之"后"》，《江汉论坛》2016年第10期；《论观心与感通——哲学感通论发微》，《北京理工大学学报》（社会科学版）2020年第2期；《观妙——圆融观法与"妙生万物"的思想方向》，《现代哲学》2022年第2期；《论"以仁观仁"》，《当代儒学》2022年总第21辑；等等。

④ 杨虎：《论"以仁观仁"》，《当代儒学》2022年总第21辑。

或是以人的处境性生存领会为传统哲学的普遍范畴论奠基，或是以情感性的生活领悟、存在领悟为传统心性论奠基。尽管其思想进路有所差异，但其共通语境在于对存在者何以可能有系统性说明，如无特殊说明，本文均是就此共通语境使用存在论一词的。我们可以在这种线索中看到，中西哲学都发生了某种存在论转向，当然，"转向"的成立系于它们作为普遍思想范式的效应，但至少目前已经呈现出观念倾向的转变。也正是在这一思想视域下，我们才能说到观这种领悟性的事情所可能具有的奠基意义，正如海德格尔生存论以生存领会为基础观念的哲学论域，又或黄玉顺生活儒学以本源生活领悟为基础观念的哲学论域。

海德格尔明确说要"重提存在的意义问题"①，传统形上学存在论把"存在""是"作为最高普遍范畴进行语言逻辑分析，但对生命处境性有所遮蔽，海德格尔对此表达了不满，认为"存在""是"的意义只能通过人的生存领会才能原始地开显。这里的生存领会可以看作是广义的人与世界之原发关联，狭义的生存领会是指人与自己的存在关联，意蕴的开显总是先行于对于世界的对象化、存在者化把握，这是海德格尔哲学极富洞见的地方。正是在这个意义上，生存领会先行于存在者观念，当它被打破就转出了存在者化把握方式，这也可以看作是一种"观法之切转"，亦即领悟方式的切转。显然，海德格尔重提"存在""是"的意义问题，并非单纯地重建关于存在者的存在性之逻辑分析，而是要把它重新奠基于生存论。生活儒学认为海德格尔生存论突破了传统形上学的视域，而蕴含了观念的三个层级："存在观念（生存领会）→形而上存在者观念（哲学）→形而下存在者观念（科学）。"② 实际上，海德格尔固然以生存论存在论为传统形上学存在论奠基，但他更强调其中的居间发生，并没有直接言说作为形而上和形而下这两个观念层级之基础的观念层级。当然，海德格尔生存论确实蕴含着这一思想视域的可能性，生活儒学的这种引发也能更好地解释为什么古往今来有那么多形形色色的形上学观念，正是因为生活领悟、存在领悟有所不同，对其进行形上学化把握就形成不同的观念倾向，因

---

① 海德格尔：《存在与时间》（修订译本），陈嘉映、王庆节合译，生活·读书·新知三联书店 2006 年版，第 4 页。

② 黄玉顺：《爱与思——生活儒学的观念》（增补本），四川人民出版社 2017 年版，第 12 页。

此，这一思想方向和理论言说具有重要的思想价值。

生活儒学关于本源生活领悟的描述对于我们理解观的存在论意蕴具有视域的开启作用。这是因为，本源生活领悟作为本源层级和基础观念，已然透露出一种不同于主客认知、对象化把握方式的领悟方式。黄玉顺先生认为："本源之观，乃是观情。而情作为生活情感，乃是生活本身的事情。……情感这样的无形的事情如何能被'观'到呢？这就是我们所说的本源性的生活领悟。生活领悟并不是认识论的问题：既非所谓'感性认识'，也非所谓'理性认识'。领悟根本不是认识。因为：凡是认识，都是在'主—客'架构下进行的，而主与客都是存在者，都是物；然而生活领悟却是在'无物'的层级上、在先行于任何存在者的本源情境中的事情。物、存在者恰恰是在这种领悟中才获得生成的可能。"① 这不仅表达了本源之观即本源生活领悟，而且表明了一种观念奠基层序：本源之观（本源生活领悟）→存在者观念。显然，这种意义上的观是存在论的观，它作为本源生活领悟先行于存在者化把握方式，因而也就先行于存在者观念。

当我们说到存在者观念时，乃是指一种领悟、把握方式，存在与存在者的区分实质是领悟方式的不同。这已然蕴含了观的运作机制性，通由"观法之切转"可以切入不同的领悟、把握方式，就此而言观念的层级。这样的存在论运作机制，显然不同于形上实体论，亦即预定形上实体为根据，在形上实体论语境中，即便是谈论运作机制也只能被视为某种实体的运作，比如我们前面提到的，在传统哲学中感被视为心性的开显机制，心性本体是感通的终极根据。我们之所以想要通由某种运作机制说明存在问题，恰恰是要说明，运作即存在，运作背后别无实体。笔者以前提过一个观念"姿态性的存在论"②，这一描述就是用来表达一种非实体性的存在论的可能性。在这个问题上，李海超也有类似而相通的观念，他认为本源是现象起现的机缘，不是现象起现的根据，机缘不能被视为本体的属性。尽管笔者不赞同李海超将机缘视为现象的说法，但认为他提出的情感机缘论具有重要的思想价值。③ 显然，所谓情感机缘

① 黄玉顺：《汉语观念论》，《爱与思——生活儒学的观念》（增补本），第205—206页。
② 杨虎：《阳明心物说的存在论阐释》，山东大学硕士学位论文，2014年，第7页。
③ 杨虎：《从实体论到机缘论的儒家情感存在论》，《当代儒学》2021年总第20辑。

也是一种广义的领悟，观的运作也具有这种意义上的机缘性征，不以实体为运作的根据，纯就运作本身而言存在领悟。在观（领悟）的活动中，就其运作方式的切转而有存在观念、存在者观念之区分，亦即由领悟方式的不同显示为不同的观念层级，而成立一存在论系统。

二、运作即存在

在儒、道、释思想系统中，普遍存在着这种思想模式的可能性。儒家以仁为基础观念，观生生之仁而有人与天地万物之存在的说明，道家有观无与观物的视域切转，佛家以观空为基础视域而有法相之成立的说明。

（一）观生与仁

无论是否有"存在的惊讶"之明确表达，儒家都有对于人与天地万物的存在之说明，从早期作为价值悬设或广义信仰的天命系统，经过孔子仁学思想的转进而开展出以仁爱领悟为基础观念的思想系统，它能够对于存在者的存在进行观念奠基。

即便是在传统儒家心性论中，观念领悟和存在事实的同一性追寻集中地体现这一致思方向，前者是说心性本体，后者是指天道生生，儒家心性论思想逻辑的完成就在于心性与天道不二。当我们说到生生时，既可以是就存在者之存在而言，也可以是就本源存在领悟而言，亦即，存在观念乃是一种生生的领悟，这或许与古希腊哲学关于"存在""是"的论说有所不同，但同样是就存在问题而言的。当我们想要为万物的存在找寻一种终极性、确定性的基础时，就进入了形而上学的思想视域，天道生生就是这种传统形而上学的言说方式，在此语境中，生生以天道为根据，天道即生生本体。当儒家心性论把心天不二的思想逻辑推到极致，由心性体用收摄道器本末，心性本体即天道本体，观念领悟和存在事实的同一性达成，从而将万物的存在奠基于心性本体。然而，在原典儒学中，心性与天道并未是直接的合一，就连儒家心性学的现代集大成者牟宗三先生也承认："孟子从道德实践上只表示本心即性，只说尽心知性则知天，未说心性与天为一。然'万物皆备于我矣，反身而诚，乐莫大焉'，则心即函一无限的伸展，即具一'体物而不可遗'的绝对普遍性。是则心本可与天合一而为一也。"① 牟先生不得不通过仁心的感通机制而言心性本体的奠基作用，以形而上的本体（仁体、天道）作为感通、生生的终极根据。

显然，在心性论哲学中，始终有形上实体的预定（这里不讨论"假定"与"呈现"的问题），却遗忘了生生、感通本身就是原初奠基性的事情。这乃是说，生生、感通本身作为存在之运作，无须以某种实体为根据。这固然听起来不符合通常的思想惯性，亦即总是要有某种预定才可以谈论运作，但却是更加原发性的思想视域，当我们追寻观念领悟与存在事实的同一性时，已然走在悬置实体论的道路上来了，更彻底的领悟就是，运作即存在，运作背后别无实体。当牟宗三先生以仁心感通为机制建构存有论时，已然具有这种姿态和可能性，但他以实体论为宏规却又屏蔽了这种可能道路。笔者曾评论道："牟先生讲仁心本体、知体明觉（智的直觉）的'创造性'（终极奠基性）更具有'实在性'，仁心真实、感应无妄故。然而，牟先生最终还是归宗于实体论形而上学的思路，把仁心感通的存在论等同于道德创造的实体论，也正因此，不得不面对着在实体论语境下，'仁心本体如何创生万物''良知明觉如何创造物自身'的困境和种种质疑。"② 当我们沿着运作即存在的道路，不难理解，生生或感通活动无须预定一形上实体作为根据和动力之源，而对此的"把握"方式只能是本源的生活领悟、存在领悟，即本源之观，这也是一种观念领悟与存在事实的同一，或者说是观与境的自身同一。

在儒家，本源之观是情感性的领悟，即仁爱领悟。传统哲学"生生之仁"的观念也透显出了这一点，回到"天地之大德曰生"（《周易·系辞下传》）的原初语境，天地只是"万物之总名"③，它所表达的是一种生生的存在领悟，无须预设作为生生之根据或动力之源的形上实体，而只就万物生生言说生生即仁爱的存在领悟。孟子说："仁，人之安宅也"（《孟子·离娄上》），仁爱是人存在的家，仁爱领悟是主体性存在者之源，在此基础上，一种仁心感通的主体性形上学才是可能的。

（二）观无与观物

道家之道论展现了观无与观物的基本视域。在一般的理解和解释中，老子

---

① 牟宗三：《心体与性体》（上），联经出版事业公司2003年版，第29页。

② 崔罡、黄玉顺主编：《儒学现代化史纲要》，齐鲁书社2022年版，第284页。

③ （清）郭庆藩：《庄子集释》，中华书局1961年版，第20页。

和庄子的道论被视为一种形上实体论，认为道是万物存在的形上根据，甚至认为道是生成万物的实体。诚然，老子说过："有物混成，先天地生。寂兮寥兮，独立不改，周行而不殆，可以为天下母。吾不知其名，字之曰道，强为之名曰大。"（《老子·第二十五章》）庄子也说过："夫道，有情有信，无为无形；可传而不可受，可得而不可见；自本自根，未有天地，自古以固存；神鬼神帝，生天生地；在太极之先而不为高，在六极之下而不为深；先天地生而不为久，长于上古而不为老。"（《庄子·大宗师》）这些话很容易被解释为道是万物生成的终极实体。我们不敢说在道家哲学中完全没有实体论的因素，但可以说在道家的言说中存在着自运作言存在的思想可能性，牟宗三先生以"境界形态的形而上学"① 标识道家之道论也说明了这一思想方向，但与本文不同的地方在于，牟先生这一判教是以实体论为宏规的。《老子》开篇即点明"有"和"无"是道的显示机制，二者"同出而异名"，又分别用"徼"和"妙"描述之，老子说"观其妙""观其徼"（《老子·第一章》），这里的"其"是指道，这就意味着，二者是就道之不同显示而言，乃是就同一件事情的不同向度观之。因此，与其说无和有是两种"事物"，毋宁说是"观法"（领悟）的两个向度。

庄子进一步明确提出了"以道观之"和"以物观之"（《庄子·秋水》）的运作机制，就此而言，道生万物的实质就是"道"为"物"奠基，其奠基方式不一定是实体论的生成，但一定蕴含了观念层级的切转。实际上，庄子哲学对于实体论的发生根源"存而不论"，尽管如此，它仍然对一切存在物观念做出了系统性说明，即大道的运作为一切存在物观念奠基。就同一件事情、道理、事物而言，从道的层面观与以物的眼光打量是不同层级和样式的。在"以物观之"中，人与事物被存在者化、器物化从而有种种相待和分判，在"以道观之"中，超越了相待和分判回归物情平等之境。日常生活领悟执持相待和分判从而在世生活处处器物化、存在者化，造就了"人间世"的日常生活情态。这是一种存在论事件，存在者观念被给出，人以主体的姿态出场，观一切皆有"物相"、有"物际"，从而在主客间架中以器物化、对象化的方式

---

① 牟宗三：《中国哲学十九讲》，《牟宗三先生全集》第 29 册，联经出版事业公司 2003 年版，第 110 页。

把握和打量一切。庄子讲过一个故事："匠石之齐，至于曲辕，见栎社树。……观者如市，匠伯不顾，遂行不辍。弟子厌观之，走及匠石，曰：'自吾执斧斤以随夫子，未尝见材如此其美也。先生不肯视，行不辍，何邪？'曰：'已矣，勿言之矣！散木也，以为舟则沈，以为棺椁则速腐，以为器则速毁，以为门户则液樠，以为柱则蠹。是不材之木也，无所可用，故能若是之寿。'匠石归，栎社见梦曰：'女将恶乎比予哉？若将比予于文木邪？……物莫不若是。且予求无所可用久矣，几死，乃今得之，为予大用。使予也而有用，且得有此大也邪？且也，若与予也皆物也，奈何哉其相物也？而几死之散人，又恶知散木！'"（《庄子·人间世》）庄子这里是在讲"无用之大用"的道理，其中更加深刻的意味在于揭明了器物化、存在者化的领悟样式。作为观者的匠人不同于其他观者，对栎社树不屑一顾，但仍然是因为把栎社树当作器物观之，而栎社树认为它的存在价值不待于物之"有用"，追求对器物化、存在者化的超越。栎社树所说"若与予皆物也，奈何哉其相物也"表面上表达了对于匠人的指责和赌气：既然你以主体的姿态把我当成一个对象物，我也不拿你当"人"（主体）看，咱们都是"物"而已；实质上揭示了"以物观之"的日常存在观法总是以主客化、存在者化的方式打量和把握一切人、事、物，这是人的主体性挺立的成就和表现，同时也是对本真生活领悟的一种遮蔽，在这里一切都是既成的，从而丧失了新的可能性。

既然"以道观之"和"以物观之"是就同一件事情而言，那么就揭明了一种即"物"观"无"的可能道路，从而化掉既成的规定性而生成新的可能性。从观无到观物的切转，给出了人的主体性和存在者观念；从观物向观无的切转，又生成了新的可能性，这是道论的双向运作机制。

（三）观空与一切法相

在某种观察中，佛家真常唯心系统和赖耶缘起系统能够为一切法相的成立做出系统性说明，而般若空观思想的意义只在于荡相遣执，并不具有存在论意义。这里集中于般若空观与真常唯心系统，说明观空的运作无须预设作为形上本体的佛性，同样能够为一切法相之成立做出观念奠基。

就真常唯心系统而言，佛性与万法不是实体生成关系。牟宗三先生指出，佛家没有实体论，包括后来的中国佛学如天台宗、华严宗、禅宗等都不具有

"本体论的实体之生起论"①；不过，与空宗般若学相比，华严、天台等有其"对于一切法有一起源的说明"② 之思想理路，故可成一存在论系统。问题的关键在于，佛性论是屏蔽了空观思想的形上学本体论，还是在空观基础上重构的形上学本体论？若是前者则不承认性空，若是后者则说明空观仍是基础性视域。《涅槃经》在一开始提出佛性观念时便直指佛性为第一义空："佛性者名第一义空，第一义空名为智慧。所言空者，不见空与不空。智者见空及与不空，常与无常，苦之与乐，我与无我。空者一切生死，不空者谓大涅槃。乃至无我者即是生死，我者谓大涅槃。见一切空，不见不空，不名中道。中道者名为佛性。以是义故，佛性常恒，无有变易。无明覆故，令诸众生不能得见。声闻缘觉见一切空，不见不空，乃至见一切无我，不见于我。以是义故，不得第一义空。不得第一义空故，不行中道。无中道故，不见佛性。"③《涅槃经》认为一般所言空是不究竟的，它说"佛性者名第一义空，第一义空名为智慧"，认为佛性义空才是究竟义空，才是究竟的观智。接下来说"所言空者，不见空与不空"，认为一般空性空论只见空，而不能于空中见不空，这空中的不空即是佛性，即是究竟义空。它视佛性为"常恒"的、"无有变易"的，亦即是常住之体性。佛性论者甚至说："非因非果，名为佛性，非因果故，常恒不变。"④ 这就有把佛性置于缘生法之外、之上别立一个常住不空之嫌了。佛性论者以为空中的常住之性才是究竟义空、第一义空。在一定程度上，这种观念与般若空观有所不同，般若空观以一切空为究竟义，涅槃实相亦是以空为究竟的，《大智度论》说："何等是出世间道？如实知世间即是出世间道。所以者何？智者求世间、出世间二事不可得。若不可得，当知假名为世间、出世间。但为破世间故，说出世间。世间相即是出世间，更无所复有。所以者何？世间相不可得是出世间。"⑤ 并没有一个在世间相之外常住的涅槃世界，这是"两向虚设"之中观的思想和言说方式。印顺法师指出："《涅槃经》说：'不但见空，并见不空。'这是不以性空论者的胜义一切空为究竟的，所以把胜义分成

---

① 牟宗三：《佛性与般若》上，《牟宗三先生全集》第 3 册，第 96 页。
② 牟宗三：《佛性与般若》上，《牟宗三先生全集》第 3 册，第 85 页。
③ 《大般涅槃经》，《大正藏》第 12 册，财团法人佛陀教育基金会出版部 1990 年版，第 523 页。
④ 《大般涅槃经》，《大正藏》第 12 册，第 768 页。
⑤ ［古印度］龙树：《大智度论》，（姚秦）鸠摩罗什译，《大正藏》第 25 册，第 258 页。

两类：一是空，一是不空。后期大乘的如来藏、佛性等，都是从这空中的不空而建立的。真心者，侧重胜义谛，不能在一切空中建立假名有的如幻大用，所以要在胜义中建立真实的清净法。……他们把真常的不空，看为究竟的实体，是常住真心。……这后期大乘的两大思想，若以龙树的见地来评判，就是不理解缘起性空的无碍中观，这才一个从世俗不空、一个从胜义不空中慢慢地转向。"① 印顺法师指出《涅槃经》的佛性义空是不以性空学的一切空为究竟的，这一观察对于重新审视形上学化的佛学不无益处。笔者倾向于这种理解方式，着眼于观念的发生史，从般若空观到佛性论是一个"解构—重构"的存在论历程，佛性本体的观念也不是单纯的形上学设定，而是由众生成佛的生命实际问题所烘托出来的。

虽然般若空观说一切法空有其思想方向的侧重，但是确实相应于原始佛学观念。在四部《阿含经》中，"空"的语境大致可以分为三类，一是表示否定，二是表示存在者界域，三是表示无自性义。表示否定的，例如："犹如有瓶，中空无水。"② 表示存在者界域的，例如："云何六界法？……谓地界、水、火、风、空、识界，是谓六界法。"③ 以上两种都不是性空义，反倒说的是存在者及其规定性。表示性空义的，例如："一切所有皆归于空，无我、无人，无寿、无命，无士、无夫，无形、无像，无男、无女。"④ 佛陀教法以空观缘起法，缘起故空，故说"一切所有皆归于空"，从缘起论到般若空观并不突兀。空就是无自性，无自性是说没有现成的、固定的体性也即存在者化的规定性，空是即存在者之假名而观其真实无性。《中阿含经》说："若见缘起便见法，若见法便见缘起。"⑤ 这里应当避免做出某种实体化的理解，譬如说：某个东西是由几种材料和合而成，材料聚合是它的生，材料离散是它的灭。这种理解是不彻底的，缘起缘灭是无自性的："如实正观世间集者，则不生世间无见，如实正观世间灭，则不生世间有见。迦旃延！如来离于二边，说于中道，所谓此有故彼有，此生故彼生，谓缘无明有行，乃至生、老、病、死、

① 释印顺：《中观论颂讲记》，中华书局 2011 年版，第 9—10 页。
② 《中阿含经》，《大正藏》第 1 册，第 556 页。
③ 《中阿含经》，《大正藏》第 1 册，第 435 页。
④ 《增一阿含经》，《大正藏》第 2 册，第 575 页。
⑤ 《中阿含经》，《大正藏》第 1 册，第 467 页。

忧、悲、恼、苦集；所谓此无故彼无，此灭故彼灭，谓无明灭则行灭，乃至生、老、病、死、忧、悲、恼、苦灭。"① 在中道正观下，所谓"世间集"，即是缘起而"无生"，即无自性的缘起；所谓"世间灭"是灭而无有自性，正如《大般若经》所说："生时无所从来，灭时无所至去。"② 生无所来，灭不可去，无有一法不是缘生，无有一法之性不空。

空和万法并非体用关系，缘起是无自性的缘起，性空是缘起的无自性，既解构了自性的生起，即不落于实体性之"有"；又排除了对万法存在的否定——实体性之"无"。对实体论的解构和对缘生法的重构构成了"缘起性空"的双重向度。这就是即真俗二谛而说的中道义空，故《中论·观四谛品》云："众因缘生法，我说即是空，亦为是假名，亦是中道义。"③ 按照笔者的领会，从真谛言，是"返源观"，空不是某种存在者化的东西；从俗谛言，是"立相观"，这就解释了法相成立的问题。所谓真、俗并非指两种不同的事物，只是观法向度不同，故切转无碍，也可就此而言不同的观念层级。自返源观，缘生即"无生"，故《中论》开篇即云："不生亦不灭，不常亦不断，不一亦不异，不来亦不出。"④ 此即不以存在者相观之，则存在者退隐，万法皆空。自立相观，空观在解构自性的同时，也恰恰说明了一切法相的成立，正如《中论·观四谛品》所言："以有空义故，一切法得成，若无空义者，一切则不成。"⑤ 这不同于自佛性立一切法，更不是从某个实体创生万法，一切法皆是"无生"所"成"、"不生"之"生"。虽然空与一切法相是同一件事情，似乎不宜说为不同的观念层级，但是就实际生命情态而言，或以存在者相观之，或以空观之，生活总是这般地跳出跃入，由此才成立明与无明、悟与迷的生命实际问题。由此观法之切转，显示为不同的观念层级，亦可成立广义的存在论系统。

---

① 《杂阿含经》，《大正藏》第 2 册，第 67 页。
② 《大般若波罗蜜多经》，《大正藏》第 7 册，第 387 页。
③ ［古印度］龙树：《中论》，（姚秦）鸠摩罗什译，《大正藏》第 30 册，第 33 页。
④ ［古印度］龙树：《中论》，（姚秦）鸠摩罗什译，《大正藏》第 30 册，第 1 页。
⑤ ［古印度］龙树：《中论》，（姚秦）鸠摩罗什译，《大正藏》第 30 册，第 33 页。

三、观法切转无转相

前文所说的"观法之切转",最初是笔者在讨论海德格尔"存在论区分"时提出的,虽然笔者认同这一先行的意义结构,但是认为应该通由观法之切转透显之,同一件事情既可以在者观之,也可以在本身观之:"观物而无物,观之以'无物'即存在本身的开显。"① 这仍然是基于非实体化的思想方向而言,当我们把它贯彻到底,更须说观法之切转是无所转之转,"观法切转无转相"②。

就观法的返源向度言,自然是一种无相、无物之观。自立相向度说,观存在者有相乃至自觉执其相,都是不可或缺的,这是因为常态生活需要存在者化把握方式,于此似乎不可说"无转相"。然而,观法之切转的关键就在于不以断除、割裂而言,比如,当我们说即物观无时,这一思想姿态不是说要断除物才能观无,而当我们说到从观无转入观物时,也不是说从一件事情转入另一件事情,而是就同一件事情的不同领悟方式而言。我们可以说领悟方式有所不同,却不能说要断除一件事情才能切入另一件事情,这是因为,断除的观念前提在于"二"或"分别",它已然是有相之观,不能成为基础性视域。既然切转不以分别相为前提,那么从无到有的向度虽然建立了有相的打量和把握方式,但是切转本身却是无相之转,故而说其无转相。

生活是一观一见(现)的相续,如何观则有何种显示,在前主体性的返源观中,主客消弭,万物退隐,生活是"无人""无物"之境;在主体性的立相观中,人有我相,物有物相,生活是对象化、存在者化的场景。生活总是在有与无之间跳出跃入,生活本身的相续就是生活领悟的不断切转历程。生活领悟展现为观法之切转的运作机制,有其种种层级和面向,显示为不同的观念,这是生活本身的自行运作。就此论存在问题,则存在者观念的给出就是一种领悟方式的切转,本源的存在领悟先行于存在者观念,这是就其形式而言,具体

---

① 杨虎:《从无生性原在到有死性此在——重读海德格尔的"存在论区分"》,《河北学刊》2015 年第 4 期。

② 杨虎:《观妙——圆融观法与"妙生万物"的思想方向》,《现代哲学》2022 年第 2 期。

地说有仁爱领悟、空的领悟、无的领悟等等。就领悟方式的切转无转相而言，存在者如此这般存在，并不是以本源存在领悟为终极性根据，"如此这般"所描述的存在者之存在，莫不是存在本身的运作，究竟不作两种事物观。

当我们把本源存在领悟定著化，对于一切存在者之相进行总体化，用以标识一切存在者的存在及其终极性根据时，即成了形而上本体观念。例如，本源仁爱领悟描述的是先行于存在者化把握方式的存在领悟，当我们试图在主体中找寻一种开显万物生生的终极根据时，便有了仁性、仁体这种形而上本体观念，就此而言，仁性、仁体是对于本源仁爱领悟的定著化，亦即设立某种确定的根据。既然有所定著，就有某种定著相，不能说是彻底的无相，只可以对应着相对相而言绝对相。故而，观法之切转的立相向度显示为两个观念层级，一是总相、绝对相，一是别相、相对相。同样以仁爱领悟为例，有本源之观，有以性观仁，有以相观仁，① 性即总相、绝对相，既是对于一切别相的总体化，也是对于本源仁爱领悟的定著化，而对于这样的本体观念，我们亦不必视其为单纯的形上学设定，而把它看作一个生命实际所烘托出的问题。

至于说观法之切转的契机，因为切转是无相之转，故而亦不可执定。本来，生活就是在观法的不断切转中相续不已，但由于日常生活的既成性和定著化倾向而对于生活的可能性有所遮蔽，故而找寻契机实现观法的切转、领悟的转变不无意义，虽然契机不可执定，却有一定的处境和道路可循，它必定是在生活领悟、存在观法之中，而非外在于此的静态之观。

总之，本文着眼于运作即存在、运作背后别无实体的思想方向，阐释了一种"观法之切转"的存在论运作机制的可能性。生活领悟、存在领悟展现为观法之切转，从而显示为不同的观念层级和面向，这是生活本身、存在本身的自行运作。未竟之处，留待合适的语境再行阐明。

---

① 杨虎：《论"以仁观仁"》，《当代儒学》2022 年总第 21 辑。

反思当代基于生态关切的"天人合一"诠释

赵嘉霖

（山东大学儒学高等研究院　山东济南　250100）

【摘要】面对全球范围内的生态危机，中西学者都默契地关注到中国传统的"天人合一"智慧。在对其进行重新诠释的过程中，学界存在着所"合"价值源头的争论。季羡林等学者将价值源头归于人，蒙培元等学者则将价值源头归于"天"。前者以人类中心主义的立场批评人类中心主义，是自相矛盾的；后者虽克服了上述局限，但仍存在两个盲点：第一，存在本身与形上观念的混淆；第二，形上价值何以流变的论证缺乏。事实上，儒家讲"天人合一"从来是存在者之间的问题，与存在本身无涉，"天"就是形上者和价值本体，绝不是存在本身。同时，形上价值随着生活方式的变化也必然发生着变化，在此基础上，可以在当下建构现代的生态哲学。这也意味着，在现代性的进程中论证生态保护的观点，首先要遵循现代性的价值原则，这就要求我们既不能否认人的价值，也不能忽略个体的诉求。

【关键词】天人合一；深层生态学；生态哲学；生活儒学；现代性价值

20世纪以来，随着工业文明逐渐深入，全球生态也陷入了空前的危机，这在学术界引起了广泛的重视。一些西方学者由此提出深层生态学，试图发掘东方"天人合一"智慧以应对现实问题。无独有偶，国内学界对生态问题的反应也默契地集中到对"天人合一"的诠释上来，他们表达对现实问题关注的同时，也在学理上回应了西方人对"天人合一"的热情。但这一学术现象背后也不乏问题和交锋，这些有着同样生态关切的学者内部，实际上也有对"天人合一"不同的理解。站在当代的哲学高度，本文尝试在厘清学理交锋的基础上，对问题进行更彻底的反思，从而为当代生态哲学的建构添一分力量。

一、生态关切与重提"天人合一"

20世纪70年代，针对全球范围内日益恶化的生态环境，挪威哲学家阿伦·奈斯（Arne Naess）发表《深层生态学运动和深层、长远的生态运动：一个概要》一文，这标志着"深层生态学（Deep Ecology）"作为一个理论体系被正式提出。经由德韦尔（Bill Devall）、塞欣斯（George Sessions）、福克斯（Warwick Fox）等学者的阐发，深层生态学目前已经在世界范围内产生了广泛的影响。

深层生态学的根本诉求在于"探究生态问题的思想根源，追问价值观等深层次问题"①；其基本价值立场与传统的"人类中心主义"恰恰相反，是一种"生态中心主义（Ecocentrism）"，也被翻译为"生物中心主义"，即"将生态系统作为整体，根据是否有利于生态系统的福祉繁荣来确定价值"②。必须说明的是，此处所谓"生态系统"其实就是生活世界或存在本身，正如有学者言，"这种观点把整个生物圈乃至宇宙看成一个生态系统"③，如此，压根没有什么在此系统之外。同时，在此系统内部，也并不存在不同存在者之间价值的区分，一切都是本真的合一和圆融的一体："在存在的领域中没有严格的本体论划分……世界根本不是分为各自独立存在的主体与客体，人类世界与非人类世界之间实际上也不存在任何分界线。"④ 这样就取消了主客对待，也取消了不同存在者之间的异质性，其所保留的仅仅是内在于存在本身的"整体价值"。

自深层生态学在90年代被引进中国，学术界对这一学说及其问题意识大

---

① 转引自王诺、唐梅花：《追问深层生态学》，《南开学报》（哲学社会科学版）2015年第1期。

② Harold Glasser, "Demystifying the Critiques of Deep Ecology", in Zimmerman ed., *Environmental Philosophy*, p. 215.

③ 雷毅：《深层生态学：一种激进的环境主义》，《自然辩证法研究》1999年第2期。

④ 雷毅：《深层生态学思想研究》，清华大学出版社2001年版，第27页。

都是充满热情的——因为在他们看来，深层生态学解决生态问题的思路与中国哲学的思维模式在根本上是可以融通的。换言之，相当一部分学者认为，西方哲学中存在的"人类中心主义""科学技术的副作用"等弊端所带来的种种全球性生态危机，都要仰仗东方智慧来解决。由此看来，这种"热情"一方面是由于对前沿学术问题的关心，更重要的一面则是由于对全球范围内共同生活的背景下现实问题的关切。

而对于中国哲学在生态维度意义的挖掘，首先来自西方深层生态主义者对东方智慧的肯定。他们通过对中国传统哲学的发掘，试图将古典的中国思想理解为"深层的"、整体的，并从中整理出了"传统的东亚深层生态学"①，他们的这项工作被总结为"东方生态伦理学的发现"②。其中，有学者明确指出："西方科学和西方哲学一贯强调主体与客体之间的二元性，这与注重天人合一的中国哲学相悖……自组织的宇宙也是自发的世界，它表达一种与西方科学的经典还原论不同的整体自然观。我们愈益接近两种文化传统的交汇点。"③ 这就明确肯定了以天人合一精神为内核的中国哲学，对于解决目前生态问题的根本性意义。

紧接着，许多中国学者也着力挖掘本土思想资源，以对现实问题和深层生态主义者关注的理论问题有所回应，相关讨论亦多默契地围绕"天人合一"展开。钱穆认为，以"天人合一"为代表的"中国传统文化精神，自古以来即能注意到不违背天，不违背自然，且又能与天命自然融合一体。我以为此下世界文化之归结，恐必将以中国传统文化为宗主。"④ 季羡林进一步指出，"在西方文化主宰下，生态平衡遭到破坏……这些灾害如果不能克制，则用不到一百年，人类势将无法生存下去。"而解决问题的唯一途径就在于回到钱穆所讲的"天人合一"，实现一种与"西化"相对的文化的"东化"⑤。方克立也认

① J. Baird Callicott, *Earth's Insights*, Berkeley：University of California Press, 1997, p. 67—87.

② 刘立夫：《"天人合一"不能归约为"人与自然和谐相处"》，《哲学研究》2007 年第 2 期。

③ 普利高津：《确定性的终结——时间、混沌与新自然法则》，湛敏译，上海科技教育出版社 1998 年版，第 2 页。

④ 钱穆：《中国文化对人类未来可有的贡献》，台湾《联合报》1990 年 9 月 26 日；后又载于《中国文化》，1991 年第 4 期。

⑤ 季羡林：《"天人合一"新解》，《传统文化与现代化》1993 年第 1 期。

为，"天人合一"是"中国古代的生态智慧"，依此方能解决生态问题，建构生态文明。① 蒙培元则直接剑指"深层生态学"，一方面指出"中国哲学是深层生态学"②；另一方面把"天人合一"当作解决生态问题的先行观念③。相关讨论还有很多，这里就不再列举了。其中当然也有很多批评与商榷的声音，与本文主旨无直接关联，不再赘述。

总而言之，中国学者对问题的回应基本围绕"天人合一"展开。这既是出于民族使命感的担当，也是出于学术考虑。于是，通过从 20 世纪末开始的基于生态关切的"天人合一"再诠释，"天人合一"从不被重视的境地一跃而成学界热点，有学者将这种现象总结为对作为"舶来品"的"天人合一"的诠释④。然而，正如刘笑敢所言，"立说或研究之取向相同，结论未必相同"⑤，尽管这些学者进行诠释的出发点相近，但其对于"天人合一"的理解仍有不同，这主要体现在对所"合"价值之源头的判定上。

二、所"合"价值的源头之争

上世纪末至 21 世纪初的"天人合一"诠释，具体到对该哲学范畴的解释，其实包含了两个重要的问题。第一，"天人"是指什么？季羡林认为，"天人关系就是人与自然的关系"⑥。方克立指出："它（天人合一）的一个最基本的涵义，就是指人与自然界的关系。也可以说这就是它的'本义'，其他各种涵义都是由此引申或演变而来的。"⑦ 蒙培元也认为，"'天人合一'所包

---

① 方克立：《"天人合一"与中国古代的生态智慧》，《社会科学战线》1993 年第 4 期。

② 蒙培元：《为什么说中国哲学是深层生态学》，《新视野》2002 年第 6 期。

③ 参见蒙培元《人与自然——中国哲学生态观》，《蒙培元全集》（第十三卷），黄玉顺、杨永明、任文利主编，四川人民出版社 2021 年版，第 15—24 页。

④ 参见刘立夫《"天人合一"不能归约为"人与自然和谐相处"》，《哲学研究》2007 年第 2 期；蒲创国《"天人合一"正义》，上海师范大学博士论文，第 112 页。

⑤ 刘笑敢：《天人合一：学术、学说和信仰——再论中国哲学之身份及研究取向的不同》，《南京大学学报》（哲学·人文科学·社会科学版）2011 年第 6 期。

⑥ 季羡林：《"天人合一"新解》，《传统文化与现代化》1993 年第 1 期。

⑦ 方克立：《"天人合一"与中国古代的生态智慧》，《社会科学战线》2003 年第 4 期。

含的基本关系是人与宇宙自然界的关系"①。故所谓"天"就是大自然，没有什么在"天"之外；所谓"人"就是"芸芸众生的凡人"②，是有限的主体。在这一点上，存在生态关切的学者内部基本没有什么争议。第二，"合一"又是指什么？方克立认为，这代表一种"有机整体"的"协调"③。蒙培元认为，所谓"合一"就是"保持和谐统一"，表现为一种"整体性的，真、善、美合一的"④ 意义。所以，"天人合一"在这些学者看来，是一种对某种价值的实现状态，实际上就是说，有限的人与无限的自然，存在着某种价值上的整体性——这同时也构成了生态保护合理性的哲学说明。

我们需要理解的是，这些学者充满了"现实关怀"，具体到当时而言，就是出于对生态问题的现实考虑，所以，这种对"天人合一"的诠释在当时的语境下本亦无可争议——说得直白一点，这些学者面对的第一问题可能并不是还原哲学史中"天人合一"的所谓"本然面目"，而是要论证保护生态环境的现实问题。然而，其中蕴含着的一个存在于其学说内部的、重要的预设性分歧却不得不令人反思：所谓"合一"，究竟把作为生态保护的价值源头放在哪里呢？究竟是作为自然界的"天"本身就有价值，还是我们要以主体内在的价值为保护生态的价值依据呢？问题不同的答案实际上意味着不同的"合一"观，其中也涉及"人类中心主义"与"深层生态学"所秉承的"生态中心主义"的根本性矛盾，因此，有必要对其进行梳理和反思。

以季羡林、方克立为代表的一种观点，把价值源头归结到"人"，也就是主体内部。季羡林认为：

> 东方人的哲学思维，其中最主要的就是"天人合一"的思想，同大自然交朋友，彻底改恶向善，彻底改弦更张。只有这样，人类才能继续幸福地生存下去。
>
> 东方人对大自然的态度是同自然交朋友，了解自然，认识自然；在这

---

① 蒙培元、任文利：《儒学举要》，《蒙培元全集》（第十卷），黄玉顺、杨永明、任文利主编，四川人民出版社 2021 年版，第 262 页。
② 季羡林：《"天人合一"新解》，《传统文化与现代化》1993 年第 1 期。
③ 方克立：《"天人合一"与中国古代的生态智慧》，《社会科学战线》2003 年第 4 期。
④ 蒙培元：《中国的天人合一哲学与可持续发展》，《中国哲学史》1998 年第 3 期。

个基础上再向自然有所索取。"天人合一"这个命题，就是这种态度在哲学上的凝练的表述。①

由此看来，季羡林虽然一方面意识到"天人合一"是一种整体的不可分割性——事实上他也正是站在这个立场上去批评"人类中心主义"的，认为他们"飘飘然昏昏然自命为'天之骄子'，'地球的主宰'"，而我们要"以东方文化的综合思维模式济西方的分析思维模式之穷"②。但另一方面他又吊诡地将"为什么要'天人合一'""为什么要追求人与自然的和谐"之答案归结到主体内部：一切的最终目的还是为了人类"向自然有所索取"，进而"继续幸福地生存下去"，其本质上还是没有跳脱出"人类中心主义"的范围。这就在其理论内部构成了一种对立。而方克立的思路也与季羡林类似：

> 在前述中国古代"天人合一"思想的几个发展路向或几个层面中，到底哪一个才是这种宝贵的生态智慧所赖以建立的哲学基础呢？显然……只能靠人的劳动来与自然界进行物质变换，改变和调动自然资源来为人类服务……天神崇拜和"天命论"是一点也不管用的。古代的生物资源保护思想……不捕杀幼兽和母兽，是要让幼兽长大，让母兽繁殖后代，让它们更好地为人类服务。到了一定季节还是允许捕猎鸟兽鱼鳖，要用它们来做牺牲和人餐桌上的佳肴的，这与佛教的"不杀生"还不一样。保护自然生态是为了发展农业生产，要"强本节用"，充分发挥人的主观能动性……因此我们可以说，中国古代生态智慧的哲学基础就是传统"天人合一"思想中的朴素辩证的"天人协调"说。③

方克立在"天人合一"传统的诸多面向中，同样选择以"人类中心""主观能动"作为生态保护的价值源头。"天命论"不管用，这也即是说，自然界本身并没有所谓既定的价值本体，而一切生态建设的根本原因都是"为人类

---

① 季羡林：《"天人合一"新解》，《传统文化与现代化》1993 年第 1 期。
② 季羡林：《"天人合一"新解》，《传统文化与现代化》1993 年第 1 期。
③ 方克立：《"天人合一"与中国古代的生态智慧》，《社会科学战线》2003 年第 4 期。

服务"。这依然是试图在"人类中心"的背景中，寻求一种有利于人的"天人协调"关系，并不是真正肯定了自然本身的价值。

总之，这种理论进路实际上在"人类中心"与"天人合一"之间形成了一种吊诡的张力——对"人类中心主义"立场的批评，本身竟然也是从"人类中心主义"的立场出发的，这让我们难以接受。对于这点问题，以蒙培元为代表的学者①，基于深层生态学的立场，予之以深切的理论反思。蒙培元认为：

> （天人合一）最深刻的含义之一，就是承认自然界具有生命意义，具有自身的内在价值。换句话说，自然界不仅是人类生命和一切生命之源，而且是人类价值之源。②
> 天的根本意义是"生"，这是儒家"天人合一论"的基本出发点。③
> 所谓"为天地立心"，绝不是"为自然立法"，而是完成自然界赋予的使命，实现人生的真正目的。④

很显然，蒙培元不认为主体内部存在价值本体，他把价值源头"生道"放在了自然界，这也就是深层生态学主义者所谓的"宇宙整体价值"。而人仅仅是价值的承担者和践行者之一，并不是价值的源头。这在理论上构成了对季羡林等学者的批评，蒙培元实际上也在著作中专门以一节，谈到过对于以"投射说"与"移情说"为代表的"人类中心主义"的批评，认为这是对儒家的误解，是对现实的生态危机的加剧。⑤

所以，蒙培元对于"人类中心主义"的反思因为跳出了"人类中心"的立场，无疑也是更彻底的。然而，蒙培元的相关诠释虽已走在了时代的前列，但其中或依然有值得反思的地方，下面笔者再举三例不解之处就教于方家。

---

① 钱穆、张岱年、张世英等学者显然也都意识到了价值源头不能存在于主体内部，但钱穆没有相关的完整哲学体系建构，张岱年、张世英没有表达出明确的生态关切，所以在本文的主题下都不具有最典型的意义，此处不再讨论他们的思想。
② 蒙培元：《人与自然——中国哲学生态观》，《蒙培元全集》（第十三卷），第18页。
③ 蒙培元、任文利：《儒学举要》，《蒙培元全集》（第十卷），第266页。
④ 蒙培元：《人与自然——中国哲学生态观》，《蒙培元全集》（第十三卷），第20页。
⑤ 参见蒙培元《人与自然——中国哲学生态观》，《蒙培元全集》（第十三卷），第45—49页。

三、蒙培元相关诠释的问题与盲点

第一个问题，若要人不合于天，如何可能？

深层生态学认为，自然是无所不包的，同时也是前对象性的。有学者早就指出了，其内部只是存在，没有本体："在存在的领域中没有严格的本体论划分……世界根本不是分为各自独立存在的主体与客体，人类世界与非人类世界之间实际上也不存在任何分界线。"① 这也即是说，在深层生态主义者看来，自然绝对不是作为存在者整体的形上者，而是一种前存在者化的状态，从而构成了对"传统的主客二分思维模式与主体性观念的突破"②。也是在这个意义上，有学者指出，深层生态学对海德格尔等哲学家的现象学观点是有借鉴的③。

蒙培元先生深受深层生态学影响，他明确指出"中国哲学是深层生态学"④，这也就意味着，"天"作为自然本身，必然也是至大无外的——因为问题很容易理解，如果天是绝对主体，人是有限主体，那所谓的"对象化"不是一件顺理成章的事情吗？存在作为混沌的整体在这时必然是不可能的，如此结果恰恰就导向了蒙先生所批评的"人类中心主义"。所以，从这个角度讲，蒙先生所谓的"天"只能是存在本身，而绝不能是形上本体。

同时，蒙先生所谓的"天人合一"，在工夫层面又意味着主体要完成自然化育，实现自然的内在价值。那么我们就不得不假设一个状况，即理想状态的反面：主体可以不完成天的使命、主体可以不与天相合，只有这个反面有成立的可能性，我们讲"天人合一"才具有现实意义。否则如果无论如何我们都

---

① 雷毅：《深层生态学思想研究》，清华大学出版社 2001 年版，第 27 页。

② 曾繁仁：《当代生态文明视野中的生态美学观》，《华夏文明论坛》2007 年第 1 期。

③ 参见 Zimmerman M. F., "Rethinking the Heidegger-deep Ecology Relationship", *Environmental Ethics*, 1993, 5 (3), p. 195–224；伊恩·汤姆森、曹苗《现象学与环境哲学交汇下的本体论与伦理学》，《鄱阳湖学刊》2012 年第 5 期；赵奎英《海德格尔"大道道说观"的生态文化意蕴》，《学术月刊》2012 年第 8 期；包庆德、陈艺文《回顾与展望：海德格尔环境哲学思想研究》，《南京工业大学学报》（社会科学版）2018 年第 2 期；等等。

④ 蒙培元：《为什么说中国哲学是深层生态学》，《新视野》2002 年第 6 期。

能"天人合一"，那还有什么必要再去赘述这件事情呢？而存在本身就意味着存在者"必须存在"①，"不得不存在"②，甚至现象学大师列维纳斯认为，这种存在的状态作为一种主体遭遇的"天谴"而无法摆脱，是一种基本的存在论情绪——"恶心"，后来他也用"疲惫"来形容这种体验③，所表达的观点是一致的——主体想要彻底逃离存在状态是不可能的。

故"天人合一"如果作为主体必然存在的"天谴"而不得不如此，那么，人不合于天实际上是不可能的。如果人必然与天合，那我们又有什么必要去讲"天人合一"、去保护生态环境呢，这不是多此一举吗——因为无论我们做了什么，都是在存在，都是"天人合一"的，都是在实现所谓天的"内在价值"。这个结论戏剧性地走向了道家的"无为"，而这恰恰是蒙培元作为"情感儒学"④开创者所不能接受的。

紧接着第一个问题，我们继续提出第二个问题：存在本身的内在价值何以可能？价值总是主体的价值，价值本体总是绝对主体。但存在本身并不是主体，其恰恰是前主体性的事情。那么我们如何能够理解存在本身的价值意义呢？蒙培元认为：

> 在儒学中，人作为价值主体是对自然界"内在价值"的创造性弘扬与实现……它不是本体即实体意义上的主体，而是功能、作用意义上的主体，也就是实践主体。这里所说的实践……是通过德性修养从而实现人的

---

① Emmanuel Levinas, *De dieu qui vient à l'idée* (Paris: J. Vrin, 1982), p. 81.

② Emmanuel Levinas, *De l'existence à l'existant* (Paris: Fontaine, 1947), p. 41.

③ 参见伊曼努尔·列维纳斯《时间与他者》，王嘉军译，长江文艺出版社 2020 年版。

④ 蒙培元在《情感与理性》《心灵超越与境界》等著作中对儒家哲学的理解，被学界总结为"情感儒学"。参见蒙培元《情感与理性》，《蒙培元全集》（第十一卷），黄玉顺、杨永明、任文利主编，四川人民出版社 2021 年版；蒙培元《心灵超越与境界》，《蒙培元全集》（第八卷），黄玉顺、杨永明、任文利主编，四川人民出版社 2021 年版；黄玉顺、彭华、任文利主编《情与理："情感儒学"与"新理学"研究——蒙培元先生 70 寿辰学术研讨集》，中央文献出版社 2008 年版；黄玉顺、任文利、杨永明主编《儒学中的情感与理性——蒙培元先生七十寿辰学术研讨会》，现代教育出版社 2008 年版；黄玉顺、杨永明、任文利主编《人是情感的存在——蒙培元先生 80 寿辰学术研讨集》，北京大学出版社 2018 年版；黄玉顺主编《"情感儒学"研究——蒙培元先生八十寿辰全国学术研讨会实录》，四川人民出版社 2018 年版；崔罡、郭萍主编《当代中国哲学的情理学派》，山东大学出版社 2021 年版。

内在德性的实践。①

　　这种说法恰恰背离了对"天"作为存在本身的理解，而是将"天"进行了某种形上维度的诠释。存在是前价值的，只有形上者才能构成价值本体。所以，只有承认"天"是形上者，我们才能说"天"是价值本体。

　　但这同时意味着，有这样一个"天"作为存在者生成了，"天""人"就必然处在一种对待关系里，它们不再是一个混沌的整体。换言之，存在本身的价值实际上就是不存在的，蒙先生在处理这个问题时也不得不把价值本体归结到形上者那里去，而这种做法恰恰是对象化的，是反"天人合一"的。同时这也让人摸不着头脑——就混沌而言，天应当是存在；就价值本体而言，天又应当是形上者，这之间有不可调和的矛盾。

　　同时，就形上者的价值本身，我们还可以继续提出第三个问题：形上者的价值是永恒的吗？

　　诚然，通过蒙先生对传统哲学的梳理我们可以获悉，天之"生道"与生态保护观念早在先秦就存在，几千年来获得了长足的发展。② 但这种实然的观念历史并不能够证明，几千年过去了，它依然应当是今天的价值金律。蒙先生对此的解释是，一方面，"任何哲学都有时代性，生态哲学也不例外。但是，一种哲学如果是对深层的普遍问题有所解决，则具有永久性价值，中国的生态哲学就是如此"③；但另一方面，这种价值需要与"现代的生产和生活方式相结合"④ 才能切实发挥功效。

　　但这种解释是无效的——这只是在保护生态的价值内部去进行某种适应现代性生活方式的改造，而对于该价值本身，蒙先生恰恰以为是具有普遍性、永久性的，这也是所谓"生道"的含义。当然，我们可以认同蒙先生所说的"天人关系问题，关系到人类如何生存发展的根本问题。这是人类面对的永恒

---

① 参见蒙培元《人与自然——中国哲学生态观》，《蒙培元全集》（第十三卷），第43—44页。

② 参见蒙培元《人与自然——中国哲学生态观》，《蒙培元全集》（第十三卷），第63—300页。

③ 蒙培元：《再谈中国生态哲学的几个问题》，《鄱阳湖学刊》2016年第5期。

④ 蒙培元、任文利：《儒学举要》，《蒙培元全集》（第十卷），第329页。

的问题"①，但从中并不能得出结论，要解决之，就只能"天人合一"，就只能回到传统中去。这是对永恒性问题与永恒性答案的混淆。以此逻辑推演下去，如果所有永恒性问题都只能有一个永恒性答案，结果必然是极可怕的，这也必然是蒙先生所反对的。

总而言之，笔者以为，上述三个问题或许恰恰反映了蒙先生从生态关切出发诠释"天人合一"时的两个盲点：

第一，存在本身与形上观念在某种程度上的混淆。存在本身作为"无"，是前价值、前存在者的，蒙先生诠释"天人合一"想要论证的一个重要结论就在于此——这种整体的、混沌的存在观是破除对象性思维与其带来的"人类中心主义"的武器。而进一步地，蒙先生还试图证明存在本身是有内在价值的，以彻底破除"人类中心"——这也是深层生态主义者的思路，即试图认定存在本身是有具体价值的②。但这就把存在观念与形上观念搞混了，我们向存在本身提问"价值是什么"时，提问方式已经出错了——存在本身压根就不是什么，我们如何能找到所谓存在本身的价值呢？换言之，当我们找到存在的价值时，我们已经把存在对象化了，这时的价值恰恰是存在作为对象的价值，即存在者整体的价值，也就是形上价值本体，这时我们误以为在处理存在本身的问题，实际上却已经走向了形而上学。所以，价值本体只能存在于形上，蒙先生所谓的"内在价值"绝不能够是存在本身的价值，实际上就是本体的价值属性，人恰要践履这种价值要求以求"事天"。"人类中心主义"是以价值本体为人本主义，一切都要为了人；深层生态学和蒙先生的价值诉求，则是要以价值本体为生态中心或生物中心，一切都要为了他者、为了生态，这是两种观点的根本区别。总之，蒙先生试图把"天人合一"解释为存在本身的内在价值，这实际上是一种观念层级的混淆。

第二，形上价值何以变通的论证缺乏。"天人"一定要永远"合一"吗？

---

① 蒙培元：《再谈中国生态哲学的几个问题》，《鄱阳湖学刊》2016 年第 5 期。

② 也正是因此，有学者认为深层生态学中并没有海德格尔所谓的"存在"维度，其中只有形上形下两种观念（参见王海琴《深层生态学借鉴海德格尔思想所遇理论困难及应对——兼论中国环境伦理学借鉴纲领的局限与超越》，《自然辩证法研究》2017 年第 8 期）。这种误解是情有可原的，因为深层生态主义者试图把本属于形上者的价值维度放到存在本身去，这种做法是错误的，同时也给读者造成了误读的可能。

这一点上文已经说过了，蒙先生在论证时实际上存在着永恒性问题与永恒性答案的混淆，具体到生态问题上，的确我们要承认，生态问题或天人问题是长期存在于人类观念史中的重大问题，但对于该问题的回答事实上一定是存在变化的。即便我们在现代的生活方式下依然要强调保护生态，这也应当是一种基于当代形上学的价值重建，而不应是一种基于哲学传统的价值回归。虽然蒙先生绝不是原教立场，同时他也在一定程度上意识到要对传统资源进行某种现代转化，但在这一点上，他的确没有给出有说服力的论证。问题的根源就在于，蒙先生并没有着力论证形上价值本体是否具有流变的可能，也没有有意强调我们当代的生态哲学是一种"重建"而非"复归"，这就为其相关论述带来了被误解的可能。

四、"天人合一"的观念层级与问题实质

针对上文提到的第一个盲点，我们需要厘清儒家"天人关系"论所处的观念层级，从而还原"天人合一"在儒家哲学中的本来面目。由此其实可以发现蒙先生的这种混淆并不存在于儒家传统与"天人合一"思想中。

我们必须承认早期儒学中有"无"的传统，存在本身是儒学的一个重要维度。蒙先生的后学黄玉顺教授曾阐发过儒者论"水"所蕴含的存在之维：

> 孔子对水的感叹传达着这种本源的生活领悟："子在川上曰：'逝者如斯夫，不舍昼夜！'"……孔子所说的"逝者"即"川"，就是作为"源泉"的生活本身：生活如水，生生不息。这就正如孟子所说："源泉混混，不舍昼夜。"这些表明："圣人之化世也，其解在水。"于是在中国早期思想中，水，便成为一种极为典型的表达生活感悟的形象。①

---

① 黄玉顺：《爱与思——生活儒学的观念》（增补本），四川人民出版社 2017 年版，第219—220 页。

在黄玉顺的"生活儒学"① 体系中，"生活即是存在，存在即是生活"，"存在本身不是任何物的存在，生活本身不是任何人的生活。生活本源之为本源，就是这样的真正彻底的'无前设性'（Voraussetzungslosigkeit）"②。所以此处也即是说，由于存在至大无外，没有外延，其于定义上存在着困难，故孔孟都曾以"水"为媒介，表达对存在本身的关切。

但早期儒者所表达的存在之维，是在说"天"或"天人关系"的事情吗？可以从原始文献中找到答案：

皇天上帝，改厥元子兹大国殷之命。（《尚书·周书·召诰》）

皇天既付中国民越厥疆土于先王，肆王惟德用。（《尚书·周书·梓材》）

孔子曰："天生德于予，桓魋其如予何？"（《论语·述而》）

子曰："知我者，其天乎！"（《论语·宪问》）

万章问曰："人有言，'至于禹而德衰，不传于贤，而传于子。'有诸？"孟子曰："否，不然也；天与贤，则与贤；天与子，则与子。"（《孟子·万章上》

周公所谓的"天"是"皇天"，能决定权力走向和政权更迭，乃是具有意志的人格神。孔子所谓的"天"是主体德性的赋予者，是人事的通达者，具体含义虽存在争议，但至少"天"在孔子看来是一个形上存在者，这是无可争议的。孟子所谓的"天"同样决定了世俗政治和道德人心，是形上的存在者。所以，"天"绝不能被理解为存在，它是彻彻底底的形上者，甚至是神圣的超越者。由此来理解先秦儒学的"天人关系"，实际上就是绝对主体与相对主体的关系，本质上是存在者层级的问题，不涉及存在本身。

---

① "生活儒学"是黄玉顺对自己思想的概括，提出的十余年内得到了学界积极反馈，如今已渐自成学派。参见黄玉顺《爱与思——生活儒学的观念》（增补本）；崔发展、杜霞主编《生活·仁爱·境界——评生活儒学》，安徽人民出版社 2012 年版；孙铁骑《生活儒学与宋明理学比较研究》，安徽人民出版社 2015 年版；胡骄键、张小星主编《生活儒学：研究·评论·拓展——第三届"生活儒学"全国学术研讨会论文集》，四川人民出版社 2020 年版；杨虎、郭萍主编《当代哲学"生活儒学"学派》，山东大学出版社 2021 年版。

② 黄玉顺：《爱与思——生活儒学的观念》（增补本），第 220 页。

而在孔子哲学中，人经历大半生的蹉跎，到五十岁也仅仅是能听懂天说了什么而已（"五十知天命"），就更不要说"天人合一"了。孟子所指出的，人需要"存其心，养其性，所以事天也"（《孟子·尽心上》），天从来都不是要俯下身来与人合一的东西，它是需要我们去"侍奉"的，而且所谓"侍奉"都不是一般人能做到的，需要大量的修身努力才能实现。所以，在孔孟之学中，压根就不存在所谓的"天人合一"之事。

但儒学传之后人，的确有"天人合一"的提法，主要表现为两种不同的路数。

第一种是董仲舒的神学进路。董子指出，"天有喜怒之气，哀乐之心，与人相副。以类合之，天人一也"（《春秋繁露·阴阳义》）；"事各顺于名，名各顺于天。天人之际，合而为一"（《春秋繁露·深察名号》）。其实至此，"天人合一"概念才真正被提出。董子"把'天'打扮成仁爱的曾祖父，神学性质的'天'是他的哲学体系最高层次的最高范畴"[①]，进而"以天的神圣性来强调人的神圣性"[②]，试图以少数精英掌握神圣话语，从而进行某种神学政治模式的建构。而这种"天人合一"的神学进路，在儒家内部几乎仅此一例，其作为一种典型的神学政治，诚如任剑涛教授所言，是"孟荀之外的'第三条儒学进路'"[③]。

第二种是宋明理学的"本体内在"论，即试图把形上维度纳入主体之内，实现在主体内部的"天人合一"[④]。朱子曾讲："苍苍之谓天，运转周流不已，便是那个。而今说天有个人在那里批判罪恶，固不可说。道全无主之者，又不可。这里要人见得。"[⑤] 由此可见，朱子虽然否认了所谓"有个人"一样的、

---

① 于首奎：《试析董仲舒哲学思想的"天"》，《东岳论丛》1986 年第 6 期。
② 韩星：《天人感应与天人合——从宗教与哲学视角看董仲舒天人关系思想》，《宗教与哲学》2014 年第 1 期。
③ 黄玉顺、任剑涛：《儒学反思：儒家·权力·超越》，《当代儒学》2020 年第 2 期。
④ 张载曾讲过"天人合一"，但这只是工夫意义上的命题，同时他还讲"动静合一""仁智合一"等，张岱年曾指出，这只是在说"用"上的统一［参见张岱年《中国哲学中"天人合一"思想的剖析》，《北京大学学报》（哲学社会科学版）1985 年第 1 期］。因而笔者在此处并没有将其作为一种具有代表性的范例去讨论。程颢也有"天人本无二"的说法，但紧跟着他又讲"不必言合"，这就在语义上带给读者一种感受，程子是不是不主张"天人合一"？该问题超出了本文的讨论范围，因此此也不予讨论。
⑤ 朱熹：《朱子语类》（卷一），中华书局 1986 年版，第 55 页。

人格化的至上神存在，但终究还是认为不可没有外在的、为生发万物负责的形上者。但从另一方面讲，因为"心统性情"①，"性即理也"②，又因为"天之所以为天者，理而已。天非有此道理，不能为天"③，所以，朱子似乎又以主体之心统摄了天理。基于此有学者批评朱子哲学有"理本体论同心本体论的矛盾"④，具有"二元"的嫌疑⑤，这是有道理的。同样不可否认的是，朱子哲学的确存在"对理性化哲学与一神论传统的调和"⑥ 之倾向，这是朱子"天即人，人即天"⑦ 的"天人合一"论。至于心学，后儒认为"阳明夫子之学，以良知为宗"⑧，"阳明心学在某种意义上可称为阳明良知学"⑨。的确，阳明思想以良知为本体："心即理也，此心无私欲之蔽，即是天理"⑩，"大道即吾心，万古未尝改"⑪。这并不说在主体之外另有"天理"和"大道"，而是说原本对应着外在本体的观念已经被阳明全部收摄到主体内部了，正如有学者所指出的，"在阳明学，良知作为理性本体而发生了'实体化'的转向"⑫，这种转向的实质，我们可以说，就是"主体性转向"，实现了本体的主体化、本体的内在化。这是与董仲舒截然不同的第二种"天人合一"之路数。

总之，"天人关系"在儒家的话语中从来都不涉及存在本身的问题，而是存在者之间的问题，"天"是绝对的形上者，"人"是有限的形下者，如此而已。当然，"天"作为形上者，的确是价值本体，规定着经验生活的种种，这是毋庸置疑的。但"天人合一"的哲学进路却本不存在于原始儒家，乃是后儒的师心自用。

---

① 朱熹：《四书章句集注》，中华书局 2011 年版，第 221 页。
② 朱熹：《四书章句集注》，中华书局 2011 年版，第 305 页。
③ 朱熹：《朱子语类》（卷二十五），中华书局 1986 年版，第 621 页。
④ 张品端：《朱熹与黑格尔哲学之比较》，《合肥学院学报》2010 年第 4 期。
⑤ 沈顺福：《朱熹哲学的内在矛盾》，《江西社会科学》2019 年第 3 期。
⑥ 秦家懿：《秦家懿自选集》，山东教育出版社 2005 年版，第 16 页。
⑦ 朱熹：《朱子语类》（卷十七），中华书局 1986 年版，第 387 页。
⑧ 陈来：《王龙溪、邹东廓等集所见王阳明言行录佚文辑录》，《中国哲学史》2001 年第 1 期。
⑨ 吴震：《王阳明的良知学系统建构》，《学术月刊》2021 年第 1 期。
⑩ 王阳明：《传习录》，吴震解读，国家图书馆出版社 2018 年版，第 3 页。
⑪ 束景南：《阳明大传——"心"的救赎之路》，复旦大学出版社 2020 年版，第 251 页。
⑫ 吴震：《王阳明的良知学系统建构》，《学术月刊》2021 年第 1 期。

五、现代生态哲学与平衡"天人关系"

通过对儒学史中"天人关系"的简要梳理，实际上已经破除了上文提到的第一个盲点：存在本身不是"天"，也没有价值；要论证生态保护的合理性，唯一的方法就是把它放到价值本体的形上维度去强调，即以之为形上者，甚至是神圣超越者"天"的规定，在此基础上去构建当代的生态学谱系。

但这就无可避免地涉及第二个盲点：形上的价值规定是否会随着不同时代生活方式的变化而变化呢？

对于该问题，黄玉顺教授在"生活儒学"中已经有明确清晰的解决，大致思路就是以作为存在本身的生活为源，为新价值、新形上学的生成做出说明。这意味着，不同的生活境遇中，我们需要不同的价值，也就需要不同的形而上学，也就是说，"生活的流变要求我们不断地解构旧形而上学、建构新形而上学"①。这可以作为对蒙先生思想的补充和推进。

那么，保护生态又何以是当代的价值？

在现代性的话语下，对此的论证从不同的价值立场而言，可以有三种方式：第一种，前现代的方式，其思路是通过论证保护生态是古已有之的传统，来证明当代我们要继续保护生态；第二种，现代的方式，其思路是通过论证保护生态是当下生活方式的需要，来证明此举的必要性和合理性；第三种，后现代的方式，其思路是通过反思在现代性价值已经充分实现的前提下，以天人关系中人的僭越为理由，来证明我们要以天反人，即以"生态压倒人类"的方式去保护生态。

上文已经说过，蒙先生绝不主张第一种方式。但他的思路显然也不是第二种，因为第二种同第一种一样，也恰恰是他反对的人类中心立场。第三种是深层生态学的立场②，是生态中心主义的，无疑也更接近蒙先生的思路。但我们

---

① 黄玉顺：《形而上学的黎明——生活儒学视域下的"变易本体论"建构》，《湖北大学学报》2015 年第 4 期。

② 参见胡晓兵《深层生态学及其后现代主义思想》，《东北大学学报》（社会科学版）2003 年第 5 期；薛勇民《论环境伦理的后现代意蕴》，《自然辩证法研究》2003 年第 9 期。

不得不去反思第三种论证思路的大前提：在当下，现代性的生活方式已经深入、完整地实现了吗？

从西方的角度讲，问题的答案或许是肯定的。过度的自由、深陷原子化个体主义不能自拔、在疫情中表现不利、包括为了人的价值而无所不用其极所带来的生态危机，以上种种表现都说明，"在某种意义上，西方国家已实现了现代化"①，或者说西方早已实现现代化了。

但站在中国立场，现代性无论如何都还是一项未竟的事业，正如有学者言，"在世界范围内，中国现代性仍然是滞后的、未完成的，这是一个基本国情"②。这不是说只有深陷人本主义、个体主义的负面价值才算实现了现代性，而是说我们不能因为看到了它们的负面影响，就视其为洪水猛兽，这会走向另一个极端，这甚至会比现代性本身的危机更恐怖。这也是蒙先生以西方深层生态学的问题意识反观中国现实，所导向的必然后果——尚未实现现代，就开始背离现代，结果不是走向后现代，而是只能退回前现代，这反映了一种在当下学界普遍存在的学术焦虑和急躁。当然，这也不是说现代性不能被反思，而是说，我们反思现代性的目的在于更好地走向现代，而非通过回避现代性来回避问题，这只能造成一种历史的倒退，而不能实现对现代性凭空的超出和跨越。

因而，深层生态学的思路实际上是基于对现代性的全面反思，其理论前提就在于他们已经完全、彻底地接受了现代性的生活方式。但当我们以之为视角反观中国，则会对中国正在生发的现代性造成麻烦。

回到问题本身，我们来论证生态保护，就是要实现天人关系的某种完美平衡。但在不同的生活方式下，这种完美平衡必然有不同的表现方式。在当下，我们正处于追求现代性的路上，那么这也就意味着，尽管我们可以做出修正和调整，但在天人关系中以人为本、在群己关系中以个体为本，这两点是绝对不能动摇的，否则我们就偏离了现代性的航线。正如上文所说，一旦偏离，结果一定不是跨越，而是开倒车。

所以，构建当代的生态哲学，就一定要以现代性价值为根基，不能否认人的价值，不能忽略个体的诉求。只有以此为基，生态之厦才能在现代的生活方

---

① 陆静：《现代性、后现代主义与中国现代化》，《保定学院学报》2009 年第 5 期。
② 杨春时：《论中国现代性》，《厦门大学学报》（哲学社会科学版）2009 年第 2 期。

式中建成。面对全球范围内的生态危机，西方学者基于对现代性的反思与超越，进行深层生态学的探索是情有可原的。但在尚未实现现代性的当代中国，任何以生态为中心的做法，所造成的结果都只能是复古，而非超越。这是值得学界警惕的。

论朱熹"明德"观及其理性向度

于树博*

（西北大学中国思想文化研究所　陕西西安　710127）

【摘要】通过以"明德"观为中心以及辩证法的形式来考察南宋儒者朱熹的儒学思想，可将其分析为天命之谓性、明德即性体、"明明德"工夫论等环节，并发现朱熹"性即理"思想的理论缺陷，即先验层面上的主体性不足，这种理论缺陷同样延伸到朱熹的工夫论之中，即"诚意""尽心"工夫的基础的缺失。但另一方面朱熹的"明德"观体现出了其思想的理性向度，这主要表现在三方面：朱熹"明德"观建立于理性的基础上；将"明德"现实化作为理想而具有可能性；"明明德"工夫论体现为"人"本身的澄明活动，这种修养活动具有一定的自由意志的倾向从而具有启蒙精神。

【关键词】朱熹；"明德"；辩证思想；理性

由于儒学本身对于"道德""德性"等问题的重视，"明德"观在朱熹儒学思想中也是比较重要的一环，同时"明德未尝息，时时发见于日用之间"[②]，"明德"范畴所体现的思想在朱子学中也有很重的分量，本文意在以"明德"观来管窥朱熹的儒学思想，探讨朱熹对"明德"的根据、"明德"的所属以及"明明德"的工夫论等方面论述，进而将其儒学思想分析为天命之谓性、明德即性体、"明明德"工夫论三个环节。并在此基础上，试图阐明朱熹"明德"

---

* 作者简介：于树博，西北大学中国思想文化研究所博士研究生。

② （宋）黎靖德编：《朱子语类》，中华书局1994年版，第262页。

观所具有的理性向度。

一、天命之谓性——"明德"的根据

在儒学的思想中"天"的绝对性、无条件性是作为前提而被预设的。在《论语·泰伯》中就有"唯天为大",同时"天"也被预设为一个生生不息的主体性存在,"文王既没,文不在兹乎?天之将丧斯文也,后死者不得与于斯文也;天之未丧斯文也,匡人其如予何?"(《论语·子罕》)在儒家的语境下,"天"作为儒学思想的逻辑起点与绝对主体,是一个无需其他原因独自开启现象世界的绝对存在。在以"天人合一"为世界观的儒学思想中,"天"的至上性从来不是一个需要论证的命题,在许多儒者的思想中都有对"天"至上性的说明,所以在朱熹对"天"本身的论述中就少有个人的理论特点而更具儒学理论的普遍性。

《中庸》开篇即论"天命之谓性",朱熹对此解释曰:"命,犹令也。性,即理也。天以阴阳五行化生万物,气以成形,而理亦赋焉,犹命令也。于是人物之生,因各得其所赋之理,以为健顺五常之德,所谓性也。"(《四书章句集注·中庸章句》)由此可见,朱熹认为"天"化生万物,并赋理于万物,人为天所化生,人所受于天之理即是"性",人性本源自天,"这个理在天地间时,只是善,无有不善者。生物得来,方始名曰'性'。只是这理,在天则曰'命',在人则曰'性'"①。"天"以气化流行而生万物,人也是天之产物,这不仅保证了人性来源的至上性,而且因为万物与人同为天之所化,也为率性修道可以达于"与天地参"提供了可能性。从这个思维的进路中可以看出,"天命人性"的过程,就是"天"主体化于人的过程。朱熹在《大学章句》明确地提出"明德者,人之所得乎天,而虚灵不昧,以具众理而应万事者也。但为气禀所拘,人欲所蔽,则有时而昏;然其本体之明,则未尝息者"。在此可以看出人之"明德"的根据即是"天"。

---

① (宋)黎靖德编:《朱子语类》,中华书局1994年版,第83页。

二、明德即性体——兼论朱熹"性即理"的理论缺陷

"明德"是人从天所得，本就存乎人，是先天就内在于人的，而由于气禀及人欲的遮蔽却无法显明，"明德"既是人得于天，那么对于明德在"人"上的着落处就须有所分明。朱熹对此也有所疑虑："心与性如何分别？明如何安顿？受与得又何以异？人与物与身又何间别？明德合是心？合是性？""此两个，说着一个，则一个随到。元不可相离，亦自难与分别。舍心则无以见性，舍性又无以见心。故孟子言心性每每相随。说仁义礼智是性，又言恻隐之心、羞恶之心、辞逊是非之心。""或问心性之别。曰：这个极难说，且是难为譬喻。"① 朱熹一会儿说"或问：明德便是仁义礼智之性否？曰：便是。"② "性是实理，仁义礼智皆具"③，一会儿又说"明德是自家心中具许多道理在这里，本来是个明底物事，初无暗昧"④"心者性情之主"⑤。

概括地看，对"明德"的所属可以分为以下几种：

其一，认为"明德"发挥联结心性情的构成性作用，具有嫁接于心性之间的独立的实体含义。这样确实解决了朱熹兼论心性语焉不详的问题，但这种观点可能存在理论问题，"明德"是人禀受于天，作为"品格""德性"，可能并不具有实体含义，此外这种观点并非在绝对必要的情况下，为朱熹的哲学思想增添了一个独立的实体，可能也是一个问题。

其二，认为明德既属心又属性，那么"明德"概念就有自相矛盾处，这种说法并不能说明同一个"明德"如何在不同的心与性之上发挥作用，也就无法弄清心性关系。

其三，明德属"心"，确实可以解释人"明明德"的可能性与合理性，以及"心统性情"说。而且在朱熹对明德的解释中能找到一定的依据，例如在《大学章句》中朱熹以程子之意补格物章说"是以大学始教，必使学者即凡天

① （宋）黎靖德编：《朱子语类》，第88页。
② （宋）黎靖德编：《朱子语类》，第260页。
③ （宋）黎靖德编：《朱子语类》，第83页。
④ （宋）黎靖德编：《朱子语类》，第263页。
⑤ （宋）黎靖德编：《朱子语类》，第89页。

下之物，莫不因其已知之理而益穷之，以求至乎其极。至于用力之久，而一旦
豁然贯通焉，则众物之表里精粗无不到，而吾心之全体大用无不明矣。此谓物
格，此谓知之至也"。格物之久等到豁然贯通就可明心之全体，格物致知在八
条目中为修身之始，其目的在于明心之全体。在释诚意章，朱熹说："盖心体
之明有所未尽，则其所发必有不能实用力，而苟焉以自欺者。"（《大学章句》）
若不明心体，整个"明明德"的修养过程就不能成立。在解释为何君子有
"絜矩之道"而可以治国平天下时，朱熹就以"人心之所同"来作为"明明德
于天下"的前提，这样就可以推论这个人人具有的"明德"与天下之人同有
之心就是同一的，综上可以认为"明德"即是心体。但这种看似有道理的观
点有两个理论问题，第一，未能清晰区分心性的辩证发展过程，朱熹认为
"动处是心，动底是性"①，天赋人性得以由潜在发展为彰显，是需要"心"的
主体性自觉而完成的，"性"也是在"心"中彰显的，所以天下所同之心是得
以现实化天赋之性的心。第二，若天所予人的"明德"直接归属于"心"，那
么朱熹所述"天之赋于人物者谓之命，人与物受之者谓之性，主于一身者谓
之心，有得于天而光明正大者谓之明德"② 区别心性就显得多余。此外，从中
国思想史发展来看，若"明德"属心就无法说清朱熹的本有明德之心与王阳
明"心即理"之心到底有何区别。同时人受之于天是"性"、是"理"，但若
"明德"属心，"性"也就没有了内容。

其四，明德属"性"，若如此，那么心中无明德，何以明明德？"然或但
知诚意，而不能密察此心之存否，则又无以直内而修身也。"（《大学章句》）
这"存心"又何解？若存的是人"本有之心"，那么人之本心为何不具明德也
无法解释。在解释朱熹思想中明德与心性的关系时，牟宗三认为"然则心之
得乎天是就什么说？依朱子，此似乎是当就天所命之气说。所谓'得其秀而
最灵'，即得五行之秀气而最灵也。是则灵是就气说，即是心也。故曰心气或
知气。是则心之灵或心知之明是就得于天之秀气说，是就所禀之本有之秀气
说。如是，心之得乎天并无超越的意义。此与性之得乎天不同。性之得乎天是
超越的，而心之得乎天则只是实然之秀气如此，只是秀气所具之自然的心知之

---

① （宋）黎靖德编：《朱子语类》，第 88 页。
② （宋）黎靖德编：《朱子语类》，第 260 页。

明而已"①。由此可以看出，在将"明德"归于"性"时都会涉及对"心"的追问，从而牟宗三将"心"的来源解释为得于天之最灵秀气，并在此基础上发展出"认识心"。虽然将"明德"归于"性"可能更符合朱熹本意，但是若按牟宗三的观点就有三个理论问题，第一，牟宗三可能已经洞察到"心"之存在若没有根据就无法解释心性关系，所以他以最灵之气来解释"心"在来源方面同样有"天命"的基础，这就可以理解牟宗三为朱熹的心性思想构造了一个"心体"，但另一方面强调"认识心"，并没有构造"心体"的必要。第二，若按牟宗三的观点朱熹所述"心"就只有统摄的认识功能，那么就"心"修养工夫就只能达于致知，这显然与朱熹思想不符。第三，在儒家思想的历史中儒者很少讲或不讲认识论问题，这种倾向在《中庸》中可见一斑，《中庸》讲天道至诚，从本体论的角度来看，其肯定了现象世界的真实性，所以认识论问题同样是无须过多探讨的。

综上，我们可以将明德的归属问题放入辩证发展过程中，做一动态的解答。作为本体亦绝对主体的"天"，将"明德"赋予人；明德在人则为性体，性体则是人之为人的根据，性体开显才能成为现实的人性；人进行"尽心""存心"，利用"心"的主动性，在修养工夫下，得以使性体进一步彰显为人性，从而得以"心统性情"。所以性与心处在辩证过程的不同环节，天所予人的"性"是客观的人性，是人性的潜能，而"心统性情"中的"性"是主体精神将其开显的"性"，是主体化了的"性"，是主体自觉了的"性"，这两个"性"虽说都是人之性，但却有辩证运动过程中层次的不同，这是一个由潜能的"性"发展为现实的"性"的过程，所以朱熹才会一时说"性即理"，又一时肯定张载"心统性情"的命题，同时由于心性处在辩证的不同环节，需要心的主动性才得以在人心之中开显潜在的性体，那么"存心"存的就是这自觉了性的心，故朱熹说心性不离，即为不一不异。

依上所述，明德即为性体，可是在这种观点下就会产生一个理论的漏洞，也就是在朱熹的心性思想中"心"就没有了本体的依据，即天所赋予人的明德是人性之潜能，而人之心可以彰显性体，在这里"心"的功能、作用完全在彰显"性"或"明明德"的过程中才有所体现，那么"心"在本体论的层

---

① 牟宗三：《心体与性体》第三册，联经出版事业公司2003年版，第412页。

面没有根据，从而完全依赖于"性"。但朱熹确又强调"心"的重要性，"明德是自家心中具许多道理在这里，本来是个明底物事，初无暗昧。人得之则为德，如恻隐、羞恶、辞逊、是非，皆从自家心里出来。触著那物，便是那个物出来。何尝不明？缘为物欲所蔽，故其明易昏。如镜本明，被外物点汙。则不明了。少间磨起，则其明又能照物"①。由此看出，这里的"心"即是先验之心②，似乎朱熹并没有在其心性思想中彻底抛弃"心"之先验根据。那么上述的心性辩证关系的解释就不能成立。

　　既然将"明德"放入心性辩证发展的过程中，就会产生"心"有用而无体的矛盾，同时朱熹也论及"心"的先验根据，对此我们不妨将这种理论问题归结为朱熹"性即理"理论的原生缺陷，即在天赋人的先验层面上"心"只有形式而无具体内容，而"心"在工夫论层面上，可以主动自觉地开显"性理"，从而获得了具体的内容，"心"只在工夫修养中才有体现，所以朱熹"性即理"的思想所伴随的理论问题必然是先验层面上的主体性的不足，进而无法在理论上安置先验之"心"。这个理论问题也是王阳明心学所要回答的，从学理层面看王阳明补足了朱熹理论的主体性不足的问题。王阳明通过"良知即明觉""良知即心体"进一步补足了朱熹在"天"的辩证思想所缺少的理论环节，也就是说，王阳明的这个命题进一步解释了作为绝对本体的"天"主体化与自觉的过程，"性一而已：自其形体也谓之天，主宰也谓之帝，流行也谓之命，赋予人也谓之性，主于身也谓之心"③。"心之本体即是性，性即是理，性元不动，理元不动"④。将"心"彻底地纳入了"天"的辩证过程中，将朱熹的"天—理—性"的辩证关系发展为"天—理—性—心"，王阳明说"致吾心之良知于事事物物也"⑤，不同于朱熹"以吾心而求理于事事物物之中"，从而补足了朱熹思想中先验层面的主体性缺失问题。

---

① （宋）黎靖德编：《朱子语类》，第 263 页。
② 既然朱熹的思想中同样体现了儒家本体论与修养论相结合的特点，那么完全将朱熹对"心"的理解区分为经验之心与先验之心，但二者的对立就会有学理上的问题，因为不管先验的还是经验的心，始终主体都要在现实世界中实践。本文主要旨在分析理解朱熹的思想，故将二者相分离。
③ （明）王守仁：《王阳明全集》，吴光等编校，上海古籍出版社 2011 年版，第 17 页。
④ （明）王守仁：《王阳明全集》，吴光等编校，第 28 页。
⑤ （明）王守仁：《王阳明全集》，吴光等编校，第 1428 页。

故在朱熹的思想中，先验层面的主体性不足导致"心体"缺失，而在朱熹的工夫论起到了对"心"主体性缺失的弥补作用，作为行动主体的人使"心"在修养工夫中开显潜在的"明德"，将"明德"现实化，在这个修养的过程中的行动主体恰恰是人之"心"；人的"明明德"工夫即是对绝对本体"天"的展开。所以在此我们可以说"工夫即本体"。

三、"明明德"工夫论

（一）朱熹"明明德"工夫论的本体建构

我们可以在朱熹的《中庸章句》中管窥其对"明明德"工夫论的本体建构主要有三个方面，第一，以"君子之道，费而隐"（《中庸》）来论证工夫的可能性与普遍性。第二，用天道"至诚无息"一方面肯定现实世界的真实无妄，另一方面为"诚意"工夫提供本体依据。第三，为工夫论增加了历史维度以此来完善"天"的辩证过程。至此，人的修养工夫不仅有本体方面的支撑，而且还是人得以开显本体的过程，绝对主体自身开显的过程，也就是工夫即本体。

首先，朱熹认为"君子之道，近自夫妇居室之间，远而至于圣人天地之所不能尽，其大无外，其小无内，可谓费也。然其理之所以然，则隐而莫之见也。盖可知可能者，道中之一事，及其至而圣人不知不能。则举全体而言，圣人固有所不能尽也"（《中庸章句》）。于此可以看出"费"则本于"天道"遍在，从而我们须格物致知于事事物物；"隐"则一方面是说"天道"是万物根据而非万物本身，所以人要在复杂的经验世界中探知"天下大本"，另一方面，是说"君子之道"就是开显这个潜在的、天所赋内在于主体的"明德"。这样朱熹就给人的修养工夫论提供了一个本体的根据①。

其次，朱熹释"诚者，天之道"时说"诚者，真实无妄之谓，天理之本然也"（同上）。既然真实无妄的"道"是现实世界的根据，所以由"道"所

① 从"则举全体而言，圣人固有所不能尽也"可以看出，既然不能穷尽所有经验可能，而依然可以断定"天道"之遍在，那么"天道"就具有了先验的属性。这个"道"本身得以彰显的过程，就是"君子之道"。于是"君子之道"就是努力探知万物存在的先验根据，即肯定"道"作为万物存在的先验基础，同时发扬先天内在于人的潜在本性，否定"明德"之潜在状态。

化生的现实世界必然是真实无妄的。于是"诚之者，未能真实无妄，而欲其真实无妄之谓，人事之当然也"。所以"诚意"工夫就有了"天"的依据①。

最后，《中庸》中有"舜其大孝也与！德为圣人，尊为天子，富有四海之内。宗庙飨之，子孙保之。……故大德者必受命"。朱熹释"受命者"为"受天命为天子也"（《中庸章句》）。由此可见朱熹认为圣人的德性本就源自天，而且这也同样得到了历史的证实。对《中庸》所论述的"无忧者其惟文王乎！""武王、周公，其达孝矣乎！""仲尼祖述尧舜，宪章文武"等章，朱熹都有注疏以此来证明"郊社之礼""宗庙之礼"不仅源于天，而且还具有线性的时间发展性。这种思想为人的修养工夫提供了历史的基础，从而使其具有了历史正当性，从"天"的辩证思想来看，进一步体现了"天"的辩证过程的历史性。

至此，朱熹在《中庸章句》中以注释经文的形式阐明了"明明德"工夫论的本体依据。所以工夫即本体，也就是说人的修养工夫有本体方面的支撑，而且人的修养工夫本身就是本体的开显，即本体自身开显的过程。

（二）朱熹"明德"观修养工夫论的理论缺陷

在此我们可以用"明明德"工夫论来统摄三纲领八条目，以便更清晰地论述"工夫即本体"，三纲领为明明德于自身、明明德于天下②，八条目为明明德的具体内容。朱熹"明德"观修养工夫论的理论缺陷同样根源于"心"在"性即理"的架构中先验层面的缺失，主要体现在朱熹对"诚意""尽心"工夫的说明上。

朱熹认为"诚意"为自修之首，这就将"诚意"提到了很高的地位上。朱熹释诚意为"诚，实也。意者，心之所发也。实其心之所发，欲其一于善

---

① 依照前述，朱熹"性即理"的思想中存在主体的先验层面上的缺陷，在这里"诚意"工夫依然没有先验层面的"心"的基础，我们可以发现"诚意"工夫的本体依据是求助于"天"。

② 这体现了儒家的学者们从来没有单单关注个人的生死存亡，而是时刻都怀有家国天下的理想，这种儒家学说的社会属性也体现了其对主体之外的"他者"的重视，若单单强调家国天下、单一个体可以实现天下平治，那么儒家的学说无论如何都显得无比的傲慢，而在肯定了"明德"的普遍性就是每个人都先天具有的性体，同时肯定了单一个体与他者的关系，个人的自由、个人的理想需要与他者配合或是与他者斗争之后，儒家的学说就不再是傲慢而孤单的，而就具有理性的因素并且使其学说得以完整。这也就解释了圣人"新民"而民却并不一定完全陷入被动、没有主体的境地。

而无自欺也"（《大学章句》）。诚意，即实心之所发，并实用其力。"自欺者云，知为善以去恶，而心之所发有未实也。"（同上）自欺即是不实心之所发。从这里可以看出，朱熹认为所说的"心之所发"是"本心"之所发，"诚意"就是要实其心之所发并实用其力，将"本心"之所发现实化，这也在一个侧面反映了朱熹"知行合一"的思想，这样的思维模式也同样被王阳明继承。

但是朱熹没有解决"诚意"的可能性与必然性问题。因为依照上述结论，在朱熹思想中，"心"在先验层面只有形式而无内容，所以"本心"之所发在先验层面同样是无内容的，这样"诚意"工夫也就没有了内在的规定性，而来源于外在的"天理"，但这并没有从根本说明诚意的问题。所以在王阳明通过将"天理"补充为"心"的先验内容之后，而为人的伦理实践提供了内在的维度，这个问题才得以解决。

若上述说明成立，那么即使朱熹诚意工夫存在理论上的缺陷，但也在一定程度上彰显了人的自由意志，"盖致知格物是要知得分明，诚意、正心、修身是要行得分明"①。人通过格物致知将"明德"在认识中第一次显现，进而选择在气禀的或是人欲的世界中彰显"明德"并实用其力，人才没有自欺。由此我们可以将"诚意"看作是在修养工夫中的一次类自由意志的选择。朱熹也于此区分君子小人，故朱熹说"诚意是转关处""诚意是人鬼关"②。诚意是"修身之首"。

朱熹将"诚意"与"尽心"相类，"某前以孟子'尽心'为如《大学》'知至'，今思之，恐当作'意诚'说。盖孟子当时特地说个'尽心'，煞须用功。所谓尽心者，言心之所存更无一毫不尽。好善，便如好好色。恶恶，便如恶恶臭。澈底如此，没些虚伪不实"③。由此"尽心"即是"诚意"，但是由上所述，"心"在先验层面的缺失，使得朱熹这里所说的"尽心"类似于"直觉"。这个问题只有在王阳明补充了心的先验内容后才得以解答。

---

① （宋）黎靖德编：《朱子语类》，第265页。
② （宋）黎靖德编：《朱子语类》，第298页。
③ （宋）黎靖德编：《朱子语类》，第1424页。

四、朱熹"明德"观的理性向度

综上，朱熹"明德"观具有明显的理性向度，首先，在朱熹伦理思想中，主体的修养工夫的可能性是建立于人以理性对"天"之化育万物过程的体认基础之上的，这样对"天"的辩证运动过程的体认也就是普遍理性本身的运动过程，于此可以认为，朱熹的"明德"观所体现出的伦理思想及结构是建立于理性基础之上的，其伦理思想所体现的"天命之谓性"、明德即性体、工夫即本体等内容也就可以进一步分析为理性本身的结构。

其次，从朱熹的"明德"观来管窥伦理体系的各个环节，"天"作为绝对自在的存在，生生不息化育万物，人之"明德"来源于"天"，明德即性体，人由于气禀或人欲的影响而需要通过修养工夫不断地"复其初"，使先天内在的明德彰显，从而实现"天"在单一个体上的现实化过程，这个实现了自身超越性的个人通过教化"明明德于天下"实现"天"彻底地主体化、自觉化过程。所以这个修养就是"明明德"的过程，同时也是一个不断"返本"的过程，从这个角度来说我们可以将这个修养过程，称为主体的"归乡之路"。朱熹将人的修养的结果"致中和""与天地参"，进而成为圣人这种道德境界以主体的归乡之路的形式加以说明，使"道德"本身的现实化成为人实践的理想，人须一生志于此，不变平生之所守。

最后，"明明德"工夫论体现为"人"本身的澄明活动，以及在朱熹对"诚"的论述中，体现了人的自由与自由意志，在复杂的选择中依然坚持自己的本心，这也体现了人之为人的尊严，说明了朱熹"明德"观的理性启蒙精神。

虽然朱熹的"明德"观具有辩证的思想因素，但是其与辩证法有些许不同，朱熹"明德"观并非以构建"天"的辩证运动为理论的全部目的，而是要为人的道德修养做论证，"人"才是朱熹伦理思想的唯一目的，所以朱熹的伦理思想中除本体论、认识论之外，还强调修养论与教化论。我们由此可以看到朱熹儒学深刻的现实指向。所以我们就只可以用"天"的辩证运动的视角来解释人的道德修养，并以此为人的道德修养做必然性论证，但却不能将人作为绝对本体"天"实现自身的手段和工具。而这种方式带来的就是理论本身一定程度的不自洽以及缺陷，由于先验层面的主体性不足，在心性关系上以及心意关系上，很多时候朱熹都只能求助于"天"的至上性才可证明其理论的合理性，而辩证思想唯一的宗教倾向就在于绝对本体"天"，这也一定程度地影响了朱熹辩证思想的完整性。同时在朱熹的伦理思想中并没有"天"的异化，因为人与天的不同一在其思想中乃至儒学中都是少见的。

"生活艺术化"与"生活道德化"

——梁漱溟宗教观研究

王占彬*

（山东大学儒学高等研究院　山东济南　250100）

【摘要】 在梁漱溟看来，文化以宗教为中心，宗教对社会有"统摄凝聚"和"统摄驯服"的作用。儒家是以道德之理性代替宗教之信仰，来进行社会教化。儒家礼乐借助艺术化的人生活动，对中国传统社会产生了伟大而深远的影响。礼乐艺术就是人们内在情感的外化和显现，是生命情感的自然流露。中国传统的礼乐制度本质上就是艺术教化生活，"道德代宗教"就是使生活秩序化，"美育代宗教"就是使生活艺术化，两种方式结合，最终达到情与理的统一，也就是真、善、美的统一。美育的生活是一种道德与宗教、理性与情感融会贯通的自由状态。在价值和境界上，"美育代宗教"要高于"道德代宗教"。

【关键词】 道德；美育；宗教；梁漱溟

梁漱溟认为，宗教问题是东西文化的分水岭。宗教信仰有一种艺术的魔力，使人们摆脱生活中的恐惧与不安。儒家的礼乐艺术在历史上也发挥着宗教性的作用，对中国传统社会产生了伟大而深远的影响。儒家的道德伦理能启发

---

* 作者简介：王占彬，山东大学儒学高等研究院硕士研究生，研究方向为宋明理学、近现代儒学。

理性，使个人通过自觉自律而获得超越性。因此，他提出"道德代宗教"，以使生活道德化、秩序化；又提出"美育代宗教"，以使生活艺术化。今后之时代将是"身为心用"的时代，人们的自觉性将随社会发展而大步提高。在当代社会，以道德、美育代替宗教，既能发展个体的自觉性又能起到社会教化的作用。虽然关于梁漱溟"道德代宗教"思想已讨论甚多，但近几年较少有文章讨论其"美育代宗教"观点。本文通过阐发梁漱溟的宗教观，梳理了两个"代宗教"观点各自的特点和价值，并认为"美育代宗教"在境界上要高于"道德代宗教"。

一、宗教之功能：安慰与超越

梁漱溟在《中国文化要义》之"道德代宗教"一章中分析了宗教的性质和功能。他认为，东方文化以儒教为主，此"教"乃教化之义；西方则以基督教为主，此"教"乃是真正意义上的宗教。东西方对宗教信仰问题的不同态度导致了两者文化之不同。人类文化的开端就是以宗教的形式展现，宗教是社会之思想、政治、学术之源头。在人类文化中处于中心、主体地位的是人生态度和价值判断，而宗教便是此人生态度或价值判断的最本源、最根本的寄寓之所。民族的大一统依赖于宗教，因为宗教对社会群体有"统摄凝聚"和"统摄驯服"① 两种功用。宗教使分散的人群组成一个有凝聚力、向心力的社会，保证了社会生活的稳定运行。梁漱溟指出，宗教的两种作用其实来自同一个目的，即"趁其在惶怖疑惑及种种不安之幻想中，而建立一共同信仰目标"②。有了这个共同的信仰目标，"涣散的人群自能收拢凝聚"，人类社会就有了"宰制众人调驯蛮性的种种方法"③。故宗教是人们在恐惧、疑惑、不安之中建立的共同信仰和精神目标，可以主宰众人，调节和驯化人类的野蛮之性。宗教的特征和功能可以总结为：

---

① 梁漱溟：《中国文化要义》，上海人民出版社 2011 年版，第 94 页。
② 梁漱溟：《中国文化要义》，第 94 页。
③ 梁漱溟：《中国文化要义》，第 94 页。

（一）宗教必以对于人的情志方面之安慰勖勉为其事务；

（二）宗教必以对于人的知识方面之超外背反立其根据。①

宗教的共同特征即是情志之安慰和超越之根据，它给人以精神寄托和终极关怀，使人摆脱种种惶怖、疑惑和不安。宗教是对人类理性知识的超越，在世俗、经验之外确立了根据。梁漱溟认为，古代的人对宗教的需求甚于后世，宗教之势故而大涨。而近代文明的出现导致了宗教的失势，科学进步、理性发展让人们不再像以往依赖宗教。在《东西文化及其哲学》中，梁漱溟说："宗教者，出世之谓也。方人类文化之萌，而宗教萌焉；方宗教之萌，而出世之倾向萌焉。人类之求生活倾向为正，为主，同时此出世倾向为反，为宾。一正一反，一主一宾，常相辅以维系生活而促进文化。"② 宗教就是出世的信仰，是让人类摆脱世间烦恼的社会共同信仰，可以让人超脱于俗世之功利境界，进入道德境界甚至天地境界。人类一方面向前积极进取求奋斗之生活，满足种种欲求；一方面借助宗教信仰而寻求出世，摆脱各种俗世之烦恼、痛苦。人生有两种相反的倾向，一是倾向于"躯壳起念"，一是倾向于"超躯壳或反躯壳"③。这两种倾向一张一弛、一正一反，可相辅相成，维系生活的延续，促进文化的发展。宗教信仰让人类以有限、相对、有生有灭的躯壳寄托于无限、绝对、不生不灭的超躯壳或反躯壳境界，以"世俗"超越到"脱俗"，从"有对"超越到"无对"。

宗教产生的根源在于人内心的依赖感，此依赖感又产生出世理想。人之所以想脱离世俗，是因为想求得精神的寄托，灵魂的依靠。当人们对大自然的灾难无能为力，心生恐惧时，就会想象有超越之神的存在，或对人生问题产生困惑时，就想借助一种神秘的外力，通过信仰神来驱散心灵迷雾，安顿生命。人们想象着现实之外有无所不能的神，以此来满足心灵的需求，摆脱现实的恐惧和内心的迷茫。费尔巴哈说："人的依赖感，是宗教的基础"④，"对自然的依赖感诚然是宗教的根源，但是这种依赖性的消灭，从自然手中获得解放，则是

① 梁漱溟：《中国文化要义》，第94页。
② 梁漱溟：《东西文化及其哲学》，上海人民出版社2018年版，第116页。
③ 梁漱溟：《中国文化要义》，第85页。
④ 费尔巴哈：《宗教的本质》，商务印书馆2021年版，第1页。

宗教的目的……人的神性则是宗教的最终目的"①。梁漱溟也引用了费尔巴哈的思想，意在揭橥宗教的产生源于人类的依赖感，宗教的本质就是人自己的本质。宗教是人们借以超脱的外在力量，这种外力就是宗教中具有超越性的无所不能的神力，但其根源其实是人自己。如梁漱溟说：

> 因为自己力量源自无边，而自己不能发现。宗教中所有对象之伟大、崇高、永恒、真实、美善、纯洁，原是人自己本具之德，而自己却相信不及。经这样一转弯，自己随即伟大，随即纯洁，于不自觉。其自我否定，每每就是另一方式并进一步之自我肯定。宗教最后则不经假借，彻达出世，依赖所依赖泯合无间，由解放自己而完成自己。②

以信仰宗教来获得生存的安全感是一种向外求、借外力的方法。宗教之神其实是人类自己设想出来的神秘力量，是人的主观想象的客观化，也就是说，人所借的外力是自己构想出来的，没有人力的主动创造就没有宗教。宗教之神的各种伟大品格，其实是人根据自己的德性而渲染出来的。因此，这种宗教之外力归根结底就是人类自己，完美的人格神其实是人类自己无穷无尽之力量的表现。人类最初对自己本来具备的美好德性浑然不知，自感卑微，于是在思想上"羽化而登仙"，构想出完美无缺的人格神。殊不知，此宗教对象之所有尽善尽美的品质都是人类自身已经具备的明德。人类在信仰自己造的神的过程中，转而将自己变成了神。通过对宗教的虔诚信仰，人类使自己不自觉地拥有了神的美好品质，通过崇拜神而变成神。人们从神那里看到了自己，使自己像神一样伟大纯洁，从而达到人神合一的境界。如王阳明诗云："个个人心有仲尼，自将闻见苦遮迷。"③ 信仰神并成为神是一个先否定自身后又肯定自身的过程。人类最开始对自己本来固有之德不自知，经过虔诚信仰、努力修行、真切领悟后，进而变得像神一样伟大，具备神的一切品格。因为宗教对象的品质实际是人自己本来具有的德性，所以所谓"变成神"其实是对人自己的回归，

---

① 费尔巴哈：《宗教的本质》，第32页。
② 梁漱溟：《中国文化要义》，第97页。
③ （明）王守仁：《王阳明全集》，上海古籍出版社2015年版，第652页。

是人类重新成为自己，此为自我之肯定。宗教信仰的最高境界就是"绝世独立"，完全自由自立，不需外力。自己将本具之德完全显现，彻底超越世俗，彻底解放，达到无所依赖而自得自乐的境界，就是回归真正的自我，成为完整的自我。宗教对象的所有美好品格其实是自己本来固有之德，是自己的神性本质，自己的力量原本无穷无尽。但这并不意味着依赖宗教外力是愚昧的。梁漱溟肯定了宗教的价值，认为宗教能给人一种间接方式解放自己，完成自己。信仰宗教的人并不是愚者、弱者，最高境界的理智是和信仰合而为一、相互融通的。宗教可以使人获得精神上的永生，这相当于康德所说的"灵魂不朽"。

二、启发理性之路：以道德代宗教

中国之主流文化是从周孔教化中发展而来的，梁漱溟评价孔子是"宗教最有力的敌人"，因为孔子之儒学重在启发人类的理性，而非造宗教之神。梁漱溟的评价可谓别具一格。他认为孔子思想具有两面性：一是避免宗教迷信和独断论，二是启发理性。孔子的儒教"不语怪力乱神"①"敬鬼神而远之"②，不用让人假借外在的神秘力量，故而脱离了宗教迷信。梁漱溟高度评价儒家的这种理性精神，认为儒家给人一条反省自求以求超越的道路，使人不必借助迷信而只信赖自己的理性。此理性精神即是道德。道德是通过个体的自觉自律而产生的理性系统，而宗教是一种依托他者而建立的信仰系统。儒家就是强调这种个体自觉和理性反思的修行途径，因此，儒家之道德既发挥着宗教一般的作用，而代表着一条与宗教信仰之路不同的理性之路。

儒家是以理性之道德代替宗教之信仰，来完成社会教化的目的，如梁漱溟说："中国自有孔子以来，便受其影响，走上以道德代宗教之路。这恰恰与宗教之教人舍其自信而信他，弃其自力而靠他力者相反。"③ 相对而言，儒家的道德之路更为进步。儒家在最初就意识到了人人本来具备伟大、崇高、永恒、真实、美善、纯洁的品德，不必先绕个弯子、舍近求远地假借外力，而是直接

---

① 《论语·述而》。
② 《论语·雍也》。
③ 梁漱溟：《中国文化要义》，第 103 页。

以自觉、自信、自律的方式开显自己源自无边的力量，这是教人以自我肯定的理性方式去解放自己。儒家之道德发挥着与宗教之信仰相似的作用，不同的是，儒家是通过理性来达到宗教所指向的目标。道德与宗教在社会教化中的方式与门径不同，但指向同一目标，发挥同等效用："宗教道德二者，对个人，都是要人向上迁善。""二者都能为人群形成好的风纪秩序。"① 中国之儒家传统走的是"道德代宗教"之路，跨过了宗教之他律的教化阶段，直接以理性和道德来凝聚人群、主宰人心。基于此观点，梁漱溟认为中国文化是早熟的文化："在人类文化历史上，道德比之宗教，远为后出。盖人类虽为理性的动物，而理性之在人，却必渐次以开发。在个体生命上，要随着年龄及身体发育成长而后显。在社会生命上，则须待社会经济文化之进步为其基础，乃得透达而开展。"② 一般情况下，道德的出现要晚于宗教，神性先于理性，人类理性的开发是一个循序渐进的过程，需要先假借外力也就是通过宗教信仰的方式，然后一步步走向成熟之理性。整个社会理性的开发，是基于社会经济文化的发展与进步，经济文化不成熟则整个社会群体很难趋于理性。然而，古代中国的儒家不必经过宗教之迷思，就跃进到道德和理性的阶段，这就是梁漱溟说的"理性早启"。儒家之道德以个体之自觉自律作为准则，甚至"径直以人生行为准则，交托给人们的感情要求"③，来完成社会之教化。但是，个体的自律自觉还不能完全代替宗教，如果没有外化之礼俗法制，社会就会分崩离析。因此，道德的养成还需要有外在的依傍，此依傍即是儒家之"礼"。梁漱溟认为，宗教中包含的礼俗法制是社会组成的依托，是整个文化的中心，但中国社会不依赖宗教而照样运行，这是因为两点：伦理名分和礼乐制度。如他说：

> 事实上，宗教在中国卒于被替代下来之故，大约由于二者：（一）安排伦理名分以组织社会；（二）设为礼乐揖让以涵养理性。二者合起来，遂无事乎宗教。此二者，在古时原可摄之于一"礼"字之内。在中国代替宗教者，实是周孔之"礼"。不过其归趣，则在使人走上道德之路，恰

---

① 梁漱溟：《中国文化要义》，第 103 页。
② 梁漱溟：《中国文化要义》，第 104 页。
③ 梁漱溟：《中国文化要义》，第 105 页。

有别于宗教，因此我们说：中国以道德代宗教。①

孝悌伦理与礼乐制度的结合就是孔子的"宗教"，两者统摄于周孔之"礼"，中国社会的运行和群体的凝聚都依此儒家之"礼"来维系。此"礼"在传统社会发挥着宗教戒律的作用，可以说是一种"礼的宗教"。礼仪的最终归宿就是开显人的内在德性，外在之礼即是对内在之仁的践行。这种道德之路就是理性之路，虽与宗教不同却发挥着与宗教无异的作用，故称之为"以道德代宗教"。

三、艺术教化生活：以美育代宗教

梁漱溟认为，单纯的理性还不能有效安顿人的情感，故又提出"美育代宗教"。美育即美感教育，指以礼乐之美教化社会。蔡元培曾在《新青年》中提出"美育代宗教"："美育应该绝对的自由，以调养人的情感。"梁氏认为，情感对人的思想起着支配性作用，宗教、信仰、艺术等在慰藉情感方面起着不可或缺的作用，即便是近代科学、知识、理性的发展，也不能让人们完全舍弃宗教信仰。宗教对人的身心发展有重要意义，给人一种精神上的清洗、解放和提升。信仰有一种艺术的魔力，可以将人的现实生活艺术化，使人获得超脱的感受，摆脱恐惧与不安。梁漱溟说："这种生活便是让人生活在礼乐中。礼乐是各大宗教群集生活所少不得的。宗教全借此艺术化的人生活动而起着其伟大影响作用，超过语言文字。"② 宗教凝聚人心、主宰人群的外在表现形式就是礼仪、规制、戒律等，这些可统称为"礼乐"，它可以安顿人的情感，清洗人的心灵。宗教就可以让人们沉浸在礼乐之中，带来一种艺术化的生活，使人的情感获得极大的安慰和寄托。梁漱溟说："宗教在过去人类历史上是大有助于社会人生之慰安行进的，而种种艺术——礼乐——则是其起到作用的精华所在。今后很长时间宗教落于残存，而将别有礼乐兴起，以稳定新社会生活。"宗教之所以有助于社会人生，关键在于它发挥着艺术性的作用，也就是以礼乐

---

① 梁漱溟：《中国文化要义》，第106页。
② 梁漱溟：《人心与人生》，上海人民出版社2011年版，第225页。

来抚慰人的精神和心灵，稳定社会生活。因此，礼乐是宗教影响社会生活的精华所在。梁漱溟又高度赞美儒家的礼乐："从未有舍开宗教而用美术做到伟大成功如同一大宗教者，有之，就是周孔的礼乐。以后世界是要以礼乐换过法律的。"① 同宗教一样，儒家礼乐也起到了安顿情感、陶冶性情的作用，提供给人艺术化的生活。儒家提倡的"为政以德""以德治国"的外在形式就是制礼作乐以规范人们的行为，它借助这种艺术化的人生活动，对中国传统社会产生了伟大而深远的影响。

梁漱溟认为，礼乐是"人类生活中每到情感振发流畅时那种种的活动表现"，是人自然情感的延伸，"出自生命的自然要求和发作"②。礼乐艺术就是人们内在情感的外化和显现，是生命情感的自然流露。礼乐的制定就是为了表达、安顿、抒发人的自然情感。所谓"发乎情，止乎礼"，礼乐就是既注重情感的发作又要求"以礼节之"③。梁漱溟赞美儒家是以中庸之道来满足情感需求，安稳人生："中国古人（周、孔）之所为制作和讲求者，要在适得其当，以遂行人情，以安稳人生就是了。"④ 礼的作用就是提供给人理想化、艺术化的社会生活，让人的情感得到恰到表达。梁漱溟所言之"适得其当""遂行人情"即是荀子说的"养人之欲，给人之求"⑤。《礼记·乐记》中说："乐者，天地之和也；礼者，天地之序也。和故百物皆化，序故群物皆别。"礼乐源于天之经、地之义，是维持社会秩序、促进社会和谐的不可或缺的方式。梁漱溟也说："而有礼必有乐，说到礼，便有乐在内。其礼其乐皆所以为在不同关节表达人的各式各样情感。扼要说明一句：礼的要义，礼的真意，就是在社会人生各种节目上要人沉着、郑重、认真其事，而莫轻浮随便苟且出之。"⑥ 荀子说："乐合同，礼别异。"⑦ 礼、乐都是在不同情况下表达情感的方式，两者本为一体。礼乐的作用不仅仅是表达情感，最重要的意义在于它能使人们在处理事务时有仪式感、敬畏心，以认真、敬畏的态度来处理生活事务，不至于敷衍

---

① 梁漱溟：《人心与人生》，第 226 页。
② 梁漱溟：《人心与人生》，第 228 页。
③ 《论语·学而》。
④ 梁漱溟：《人心与人生》，第 228 页。
⑤ 《荀子·礼论》。
⑥ 梁漱溟：《人心与人生》，第 228 页。
⑦ 《荀子·乐论》。

了事、肆无忌惮。《荀子·礼论》中说："人生而有欲，欲而不得，则不能无求，求而无度量分界，则不能不争。争则乱，乱则穷。先王恶其乱也，故制礼义以分之，以养人之欲，给人之求。使欲必不穷乎物，物必不屈于欲，两者相持而长，是礼之所起也。"礼的作用是节制欲望，使物与欲达到一种平衡状态，人欲如果不加约束就会导致社会混乱。如梁漱溟说："倾身逐物是世俗人通病。""一切有待于外物以资生活。既唯恐其物之不足，又且拣择其美恶。重物则失己，生命向外倾欹，是其行事随便苟且的由来。当其向外逐求不已，唯务苟得，在自己就丧失生命重心，脱失生活正轨，颠颠倒倒不得宁贴；而在人们彼此间就会窃取争夺，不惜损人利己；人世间一切祸乱非由此而兴乎？说弊害，更何有重大于此者？"① 人们追逐外物而无节制，就会损人利己，迷失自我，内心不得安宁，导致灾害祸乱。礼意在让人们规范行为，节制欲望，适得其当，以理统情。因此，礼既是为了表达人的自然情感，又能以理性规范情感。梁漱溟认为，人与万物一气流通，浑然一体而无分别、无阻隔，其产生连接的关键就在于情感："人生是与天地万物浑元一气流通变化而不隔的。人要时时体现此通而不隔的一体性而莫自私自小，方为人生大道。吾人生命之变化流通主要在情感上。"② 情感让人感受到自身与万物的变化流通，从而摆脱自私自利，达到与天地合一的廓然大公之境。礼乐的作用就是将人们收回追逐外物的念头，关注内在情感，回归活泼灵动、鸢飞鱼跃的自然状态："礼乐之为用，即在使人从倾注外物回到自家情感流行上来，规复了生命重心，纳入生活正轨。"③ 礼乐具有净化心灵、唤醒情感的作用，使人退去计较心，关注此时此刻，"陶然共忘机"，回到生命最本然的状态。如梁漱溟说："礼乐的根本作用既是要人精神集中当下。"④ 礼乐就是人心情感的外发表现，是"情理之表出于体貌间者"，此人心之自然情感就是"浑然与物同体"⑤ 的毫无私情的状态。孔子说："以义为质，礼以行之。"⑥ 礼背后的实质内容就是"仁义"，在

---

① 梁漱溟：《人心与人生》，第227—228页。
② 梁漱溟：《人心与人生》，第228页。
③ 梁漱溟：《人心与人生》，第228页。
④ 梁漱溟：《人心与人生》，第228页。
⑤ 程颢、程颐：《二程遗书》，上海古籍出版社2020年版，第65页。
⑥ 《论语·卫灵公》。

梁漱溟看来就是内在的敬重、和悦之情理："衷心敬重其事，不待见之于行礼；衷心和悦不待见之于奏乐。"① 此内在之情理通而不隔，与万物浑然一体。情为本，礼为用，礼背后的支配性力量就是"敬"，即敬重的情感。礼乐的产生是以情感为尺度，最终服务于人的情感，这就是"称情而立文"②。如果情不足而礼有余，那就会产生繁文缛节。社会礼俗在婚丧嫁娶以及各种节日中有着抒发情感、自尽其心的作用，将生活艺术化、理想化，可以安顿人心，从而使人不陷于外物，进入万物一体的高明境界，故梁漱溟说："世界各方礼俗今后虽不是整齐划一的，却在社会文化造诣上或先或后进达一种高明境界当必相同，亦就是将必有共同的精神品质。"③

今后的时代将会是物质为精神服务，知识为情感支配，外物为心灵所利用的时代，即"身为心用"的时代："从人类心理发展言之，已往的历史均属人的身体势力强大，而心为身用的时代，今后则转入身为心用的时代。盖从社会主义取代资本主义便是社会发展史上从以往自发阶段转入今后自觉阶段了。正为人心抬头用事，在社会主义文化上道德将代宗教而兴。"④ 社会主义之自觉阶段就是身为心用的阶段，它讲求服务人心、安顿情感、陶冶性情，人们不是一心追求物质发展，而是以物质服务心灵，以礼乐表达情感。人们不再借助宗教信仰来寻求解脱，而是自觉意识到自己本有一切德性，本具一切伟大力量，以自律、自省、自觉而达到"超躯壳或反躯壳"的境界。社会主义社会即是这种"以道德代宗教"的时代。以自觉自律的道德代替宗教不是一蹴而就的事情，这需要对人们内在的品质和感情进行涵养和扶持。梁漱溟说："凡从政治经济方面所推测信必实现之种种，无不赖有人们精神面貌转变为其前提。信乎旧日宗教此时将代以自觉自律之道德，然为人们自觉自律之本的高尚品质、优美感情，却必有其涵养和扶持之道。"⑤ 存心养性、涵养情感是自律之道德代替他律之宗教的前提，如果不对人的品质和情感加以扶持、保存，自律自觉之道德就无法达成，遑论以道德代替宗教。此涵养和扶持之道就是以礼乐教化

---

① 梁漱溟：《人心与人生》，第 228 页。
② 《礼记·三年问》。
③ 梁漱溟：《人心与人生》，第 231 页。
④ 梁漱溟：《人心与人生》，第 230 页。
⑤ 梁漱溟：《人心与人生》，第 232 页。

生活，"在生产劳动上在日常生活上逐渐倾向艺术化"①。只有进入艺术化的生活，才能使人们在礼乐中受到潜移默化而唤醒内在道德。艺术化的生活又是如何涵养人的道德和情感的呢？梁漱溟说："其要点总在使人集中当下之所从事，自然而然地忘我，自然而然地不执着于物，而人则超然于物之上。以其精神之集中也，勤奋自在其中，未必劳苦，劳苦亦不觉劳苦。"② 艺术化的生活就是万物浑然一体、通而不隔的忘我状态。这种状态使人们关注当下，物我两忘，回归本真，达到"万物一体之仁"的宇宙境界。在艺术化的生活中，心不为形役，人没有了计较心、功利心，这是一种精神集中、淡定从容的状态，不加勉励而自然勤奋。人没有私欲牵累就不会感到劳苦，如孔颜乐处，虽处于贫苦之中却能安贫乐道。

四、结语："美育"高于"道德"

随着社会的发展，人的自觉性将会大步提高，所谓自觉性就是自反、自律、自我体认的品质，通过涵养内在道德而做到心为身用。梁漱溟说："人类如何自反而体认此身此心的学问势将注意讲求，从而懂得要有以调理身心，涵养德性，且懂得其道不在对人说教而宁在其生活的艺术化。唯其社会人生之造于此境也，人的自觉性发展乃进入高度深刻中，亦便是达于人类心理发展之极峰。"③ 礼乐使人过上艺术化的生活，让人表达自然情感，启发道德意识，本质上就是发展了人的自觉性，最终以自觉性的道德代替了他觉性的宗教。梁漱溟又预料，随着社会生产力的发展，传统的礼乐文明会在当今逐渐兴起，进而普及全世界。社会主义社会即是自觉性的社会阶段，走的就是一条道德之路："走向社会主义是当前世界主流，其所需要、其所可能者唯是道德之路而非宗教之路，此其形势明白可睹。"④ 因此，未来的世界将是中国传统文化复兴的时代，即是从"人对物的问题"转变为"人对人的问题"⑤。"人对人的问题"

---

① 梁漱溟：《人心与人生》，第232页。
② 梁漱溟：《人心与人生》，第232页。
③ 梁漱溟：《人心与人生》，第233页。
④ 梁漱溟：《人心与人生》，第233页。
⑤ 梁漱溟：《人心与人生》，第233页。

就是道德问题，即关于自我体认、自觉自律、调理身心、涵养道德的问题。宗教是由外而内的，道德是由内而外的。道德本身是目的而非手段，可以说"即目的即手段"，此类似于康德的定言命令，如梁漱溟说："道德本身在人世间具有绝对价值，原不是为什么而用的一种方法手段。宗教在人每表现其从外而内的作用，反之，道德发乎人类生命内在之伟大，不从外来。人类生活将来终必提高到不再分别目的与手段，而随时随地即目的即手段，悠然自得的境界。此境界便是没有道德之称的道德生活。"① 人类的未来必然会以道德代替宗教，通过发挥道德的绝对价值，达到不分目的和手段的自觉自得的境界，这就是无善无恶、万物一体的生活状态，看似无道德却是最高的道德。

中国传统的礼乐制度本质上就是艺术教化生活，"纳一切行事于礼乐之中，即举一切生活而艺术化之"②。生活中的视听言动都在礼乐的涵摄之下，礼乐所主宰的生活即是艺术化的生活。礼乐既表达情感又启迪理性，使得人的情感在理性的规范下能顺其自然而无所逾越："不从言教启迪理性，而直接作用于身体血气之间，便自然地举动安和，清明在躬——不离理性自觉。"③ 礼乐使人的一举一动自然而然地和乐而文明，不刻意求理性而自然有理性自觉。而宗教则是人为制作的借以求福避祸的工具，是出于人们的依赖心理而产生的，会使人们失去自觉性。梁漱溟认为，礼乐的兴起高扬人的自觉性，将宗教的弊端扫除殆尽，"即唯恃乎此，而人得超脱其有求于外的鄙俗心理，进于清明安和之度也"④。礼乐使人超脱世俗，涵养内在的伟大品质，抒发道德情感，达到自觉自律、清明自在的境界，因此，"根本地予人的高尚品质以涵养和扶持，其具体措施唯在礼乐"⑤。基于此，梁漱溟提出"以美育代宗教"，即以礼乐使人进入艺术化的生活，进而走向道德之路、理想之路。

宗教提供的信仰之路可以劝勉人的情感，但人们容易因为依赖外力而失去自我；道德提供的理性之路可以让人自觉自律，却无法彻底解决人的情感问题。所以，梁漱溟提出"以美育代宗教"，以艺术化的生活来解决人的道德情

---

① 梁漱溟：《人心与人生》，第 233—234 页。
② 梁漱溟：《人心与人生》，第 234 页。
③ 梁漱溟：《人心与人生》，第 234 页。
④ 梁漱溟：《人心与人生》，第 234 页。
⑤ 梁漱溟：《人心与人生》，第 234 页。

感问题。艺术既可安顿情感、陶冶性情，又让人不离理性、自觉、自信。艺术审美给人以物我两忘、自觉自信的精神境界。在礼乐艺术的熏陶之下，人们的一举一动自然和乐、清明在躬、和谐有序，既能率性又合乎理性。"道德代宗教"是使生活秩序化，"美育代宗教"是使生活艺术化，两种方式的结合达到了情与理的统一，也就是真、善、美的统一。艺术创造使理性之道德生生不穷，将道德与艺术融为一体。

对"美育代宗教"和"道德代宗教"的关系，陈明教授说："美育代宗教不是独立一系，而是附属于道德代宗教，或者为道德代宗教的一种补充，最终梁漱溟导向的是道德自觉。"① 笔者认为，梁漱溟所指向的道德自觉状态是一种艺术与道德、情与理相统一的状态，这种状态似道德而非道德，似宗教而非宗教，是无德之德的境界。因此，"美育代宗教"并非只是一种附属，它既能使艺术生活道德化又能使道德生活艺术化，既包括了"道德代宗教"的作用又弥补了"道德代宗教"的情感缺失。由于"美育代宗教"解决了"道德代宗教"在情感与理性上的冲突问题，因此，前者的境界更高一筹。陈明教授也说："梁漱溟晚年美育代宗教，为解决道德理性过强带来的情感矛盾，道德作为抽象的理性不能解决情感问题，而艺术审美恰恰与道德相通，直达本体。美育是道德代宗教融会贯通的一种境界，即道德、宗教、艺术相交融的终极自由状态。"② "美育代宗教"解决的是理性过而情感不及的问题，使生活艺术化，从而让人能抒发情感、安稳人生。美育的生活是一种道德与宗教、理性与情感融会贯通的自由状态。由此可见，"美育代宗教"的境界要高于"道德代宗教"的境界。通过以上分析，我们知道，梁漱溟两个"代宗教"思想在中国历史上都有其独特的教化意义，同时对当代社会在提升国民道德素养和树立正确价值观等方面有一定指导作用。

---

① 陈明、樊兵策：《梁漱溟儒教观的宗教学解读——以道德代宗教论为中心》，《宗教学研究》2020 年第 3 期。

② 陈明、樊兵策：《梁漱溟儒教观的宗教学解读——以道德代宗教论为中心》，《宗教学研究》2020 年第 3 期。

现代新儒家人文精神思想研究鸟瞰

秦树景*

（山东社会科学院国际儒学研究院 山东济南 250100）

【摘要】 现代新儒家充分肯定传统儒学中蕴含着丰富的人文主义要素，高度重视中华人文精神的挖掘与阐扬，提出了多种多样的人文精神思想。迄今为止，国内外对现代新儒家人文精神思想的研究大致体现在综合研究、个案研究和专题研究三大方面，美中不足的是未厘清多个相关概念之间的关系，也缺乏系统建构，存在一定的片面化、碎片化现象。加强对现代新儒家人文精神思想研究，理应致力于论述现代新儒家人文精神的基本内涵，阐述现代新儒家人文精神思想的主要内容，探讨现代新儒家人文精神的形态类型，阐释现代新儒家关于人文精神的基本特质，探索现代新儒家关于人文精神的作用功能的思想观念，论析现代新儒家关于人文精神的重建谋划，对现代新儒家人文精神与西方人文精神、中国历史上其他人文精神进行比较，对现代新儒家人文精神思想进行科学评价。

【关键词】 现代；新儒家；人文；精神；思想

对儒学是否具有人文精神或人文主义（humanism）这一设问，近代以来的思想界历来争议颇大。某些激进的反传统人士断言儒家是反人文主义的，至少是非人文主义的。实际上，以孔孟荀为代表的先秦儒家开创了中国悠久的人

---

* 作者简介：秦树景，山东社会科学院国际儒学研究院助理研究员、博士，主要研究方向为文化儒学、现代新儒学与中国文化。

文主义传统。如果说现代新儒家形成了三代的总体架构，其代表性人物是第一代的梁漱溟、熊十力、马一浮、张君劢、冯友兰、贺麟、钱穆、方东美，第二代的唐君毅、牟宗三、徐复观，第三代的余英时、刘述先、蔡仁厚、成中英、杜维明等的话，那么历代新儒家无不力主儒学蕴含着人文主义因素和特质，为此他们高度重视中华人文精神的挖掘与阐扬，提出了各有特点、不同类型的人文精神理念。进入新时代，深入探索现代新儒家的人文精神思想无疑具有重要的现实意义和历史意义。

一、现代新儒家人文精神思想研究取得的进展

对现代新儒家人文精神思想的关注和研究大致体现在如下三方面。

（一）现代新儒家人文精神思想的综合研究

陈来、宋志明、郭齐勇、颜炳罡、景海峰、李翔海、胡治洪等分别在其专著《传统与现代：人文主义的视界》[①]、《现代新儒家研究》[②]、《中华人文精神的重建：以中国哲学为中心的思考》[③]、《当代新儒学引论》[④]、《新儒学与二十世纪中国思想》[⑤]、《民族性与时代性——现代新儒学与后现代主义比较研究》[⑥]、《全球语境中的儒家论说：杜维明新儒学思想研究》[⑦] 对现代新儒家的人文观念做了某种绍述。郭齐勇不仅指出熊十力、方东美、唐君毅等高扬了人的主体性和人文生命，并对钱穆的儒学观、徐复观的"道德性人文精神"进行分别论述，称杜维明为"人文学家"。李翔海的《儒家道德人文精神的现代

[①] 陈来：《传统与现代：人文主义的视界》，生活·读书·新知三联书店 2009 年版。

[②] 宋志明：《现代新儒家研究》，中国人民大学出版社 1991 年版。

[③] 郭齐勇：《中华人文精神的重建：以中国哲学为中心的思考》，北京师范大学出版社 2011 年版。

[④] 颜炳罡：《当代新儒学引论》，北京图书馆出版社 1998 年版。

[⑤] 景海峰：《新儒学与二十世纪中国思想》，中州古籍出版社 2005 年版。

[⑥] 李翔海：《民族性与时代性——现代新儒学与后现代主义比较研究》，人民出版社 2005 年版。

[⑦] 胡治洪：《全球语境中的儒家论说：杜维明新儒学思想研究》，生活·读书·新知三联书店 2004 年版。

贯注——现代新儒家"社会控制"思想探微》①、任剑涛的《"儒家人文主义"的知识检证》②、丁为祥的《"思则得之"：儒家人文精神的确立与拓展》③、黄俊杰的《东亚儒家传统中的人文精神》④、刘悦笛的《后人类境遇的中国儒家应战——走向"儒家后人文主义"的启示》⑤、丁怀超的《精神的守望——从儒家心性学看人文精神》⑥ 等一众论文也从不同角度涉猎现代新儒家人文精神思想，曾令华、马若龙立足于"体用观"视域阐释了现代新儒家为接续儒家学说道统、回应西方文化挑战关于科学精神与人文精神关系的分梳⑦。

（二）现代新儒家人文精神思想的个案研究

侯宾的文章《梁漱溟与儒家道德人文主义》揭示了梁漱溟是如何努力在道德理想和人文现实间构建新的平衡，从而继承了儒家哲学的基本精神⑧，陶继新的访谈文章《对儒家人文精神的多元观照》指出杜维明强调儒家人文精神可以在文明对话中间起一个中介的作用⑨。郭齐勇从礼乐两个核心范畴角度探究了徐复观的"道德性人文精神"⑩，刘越、刘鸿鹤的《儒家人文主义的源头——徐复观论"忧患意识"》指出徐复观创造性地提出了"忧患意识"的概念，认为这种忧患意识是先秦儒家人文主义的源头，标志着中国传统文化由原始宗教向人文主义的转化⑪。鉴于唐君毅较为系统地阐发了人文精神及其重建方案，因此对其研究成为学界关注的重点，颜炳罡在《当代新儒学引论》一书中对唐君毅的"人文世界之开显"思想做了评述⑫；景海峰在《宗教化的新

①　李翔海：《儒家道德人文精神的现代贯注——现代新儒家"社会控制"思想探微》，《理论与现代化》1995 年第 6 期。
②　任建涛：《"儒家人文主义"的知识检证》，《江淮论坛》2019 年第 2 期。
③　丁为祥：《"思则得之"：儒家人文精神的确立与拓展》，《社会科学战线》2019 年第 9 期。
④　黄俊杰：《东亚儒家传统中的人文精神》，《文史哲》2011 年第 3 期。
⑤　刘悦笛：《后人类境遇的中国儒家应战——走向"儒家后人文主义"的启示》，《探索与争鸣》2017 年第 6 期。
⑥　丁怀超：《精神的守望——从儒家心性学看人文精神》，《学术界》2009 年第 9 期。
⑦　曾令华、马若龙：《科学精神与人文精神的文化比较——现代新儒家"体用观"内核之思考》，《武汉理工大学学报》（社会科学版）2002 年第 5 期。
⑧　侯宾：《梁漱溟与儒家道德人文主义》，《湖南社会科学》2012 年第 1 期。
⑨　陶继新：《对儒家人文精神的多元观照》，《中国教育报》2004 年 11 月 11 日。
⑩　郭齐勇：《现当代新儒学思潮研究》，人民出版社 2017 年版。
⑪　刘越、刘鸿鹤：《儒家人文主义的源头——徐复观论"忧患意识"》，《社会科学辑刊》2014 年第 6 期。
⑫　颜炳罡：《当代新儒学引论》。

儒学》一书中论述了唐君毅重建中国人文精神的取向，指出在诸多文化问题中唐君毅最为关切的是如何重构人文主义和发展中国文化中的人文精神①；邓丽香的博士论文《唐君毅人文精神研究》是研究唐君毅人文精神的专题文章，它不仅论述了唐君毅理想的人文世界、"人文精神论"、泛道德主义，还检讨与反思了唐君毅人文精神论的现代价值、他不同历史时期对于人文精神的论说以及与同时期思想家之异同②；何仁富指出唐君毅认为人文是在与非人文、超人文、次人文、反人文的斗争和融摄中形成和发展的，中国文化根本上是一以儒家为主流的"人文中心"的文化③。

（三）现代新儒家人文精神思想专题研究

一是人文精神思想与人生观。郭齐勇指出在作为西方哲学界科学主义与人文主义争论之延续的科玄（科学与人生观）论战中，张君劢是玄学派的主要代表，而他的人生哲学和文化哲学提出了纯科学解决不了的人生问题和文化、历史问题④。二是人文精神的重建。学界不仅发文着重探讨了唐君毅的中国人文精神重建理念，有的还涉及其他现代新儒家的人文精神重建思想。王兴国指出牟宗三对世界人文精神的重建，乃是出于他对人类精神趋下的时代悲情和对人文主义精神的信念，顺康德的精神路向，本儒家的心性之学，绍续和改造西方近代人文主义，完成于"三统并建"的学说之中，旨在把宗教、哲学、科学和艺术统一起来，它既特别重视人性、个性与人格，又强调道德主体是其根源和基础⑤。

综上所述，迄今为止国内外对现代新儒家人文精神思想做出了一定的开创性阐发，为进一步深化研究打下了较好基础，但至少存在两点不足之处。一是未厘清多个相关概念之间的关系。诸如"人文精神""人文主义""文化精神""人道主义"等范畴既相互关联又存在一定差异，可是现有研究对此缺乏严格

---

① 景海峰：《宗教化的新儒学——略论唐君毅重建中国人文精神的取向》，中国社会科学出版社1991年版。

② 邓丽香：《唐君毅人文精神研究》，武汉大学博士学位论文2014年。

③ 何仁富：《儒家与中国"人文中心"的文化精神——唐君毅论中国人文精神（上）》，《北京青年政治学院学报》2006年第3期。

④ 郭齐勇：《现当代新儒学思潮研究》，第8页。

⑤ 王兴国：《重建世界的人文精神——牟宗三儒家式的人文主义》，《现代哲学》2002年第3期。

分梳。尤其是对不同新儒家所阐释的不同类型的人文精神（如唐君毅的"宗教性人文精神"、徐复观的"道德性人文精神"、杜维明的"精神性人文主义"）之间的关系没有做出细致而有力的说明。二是缺乏系统建构。现有成果或是对现代新儒家某一人物人文精神思想的阐释，或是对某一现代新儒家人文精神特定类型的研究，即使是邓丽香的《唐君毅人文精神研究》也只是限于探讨唐君毅人文精神思想，目前国内尚无研究现代新儒家人文精神思想的专著。总体上看，已有相关研究存在片面化、碎片化现象。

二、加强对现代新儒家人文精神思想研究的主要内容

笔者认为，加强对现代新儒家人文精神思想的研究应当大体从以下八个方面寻求突破。

（一）论述现代新儒家人文精神的基本内涵

首先厘清人文精神、文化精神、人文主义、人道主义、人本主义等概念范畴，探析现代新儒家关于人文、超人文、非人文、反人文等的概念分别，其次就现代新儒家关于人文精神本质内涵的论述进行文献学研究和思想分梳。

（二）阐述现代新儒家人文精神思想的主要内容

阐明现代新儒家人文精神思想包括人文化成、天下一家，人为本位（尊重人、关爱人），道德中心，天人合一、性道一体，心与理一、体由用显等，体现了对人与宗教、人与自然、人与科学、人与政治、人与道德、人与他人、人与己等多领域多层面关系的观照。

（三）探讨现代新儒家人文精神的形态类型

阐释现代新儒家基于相同的思想内核、不同的时代背景而开出的不同的人文精神思想类型和存在形态，为此，一要探究钱穆所讲的儒家礼乐文化代替了宗教的功能但又不与宗教为敌、中国文化精神可以说就是一种人文主义的道德精神的"人文教"；二要阐发徐复观基于对礼与乐的系统论述，将儒家人文精神归结为"道德性人文精神"的思想观念；三要重点论述唐君毅提出来的包括但不限于人类宗教精神、科学世界、中西文化精神比较、人文精神与民主政治等问题论域；四要着力探讨杜维明以"仁"为枢纽所凸显出来的，从天、地、群、己四个维度"十字打开"，以期超越而非拒绝启蒙心态，为建立文化

中国之价值认同的"精神性人文主义"。

（四）阐释现代新儒家关于人文精神的基本特质

分别论述现代新儒家人文精神思想在与西方世俗人文主义相对立的视域下所具有的层次性、伦理性、人本性、超越性（即凡而圣）和审美性等本质特征，尤其要注重多维解读现代新儒家人文精神思想彰显的由个体生命和社会生命相互关联所呈现出来的层次性特征，阐述新儒家人文精神思想所展现的"仁民爱物"等伦理性和"利用厚生"的思想性质，阐明代表新儒家人文精神思想方向和本质的三个核心范畴——仁、和、善。

（五）探索现代新儒家关于人文精神的作用功能的思想观念

探索现代新儒家关于人文精神的教化作用、导向作用、调控作用、塑造作用、批判作用等，并从人文精神与民主、自由、天人观、科学、道德、精神家园等之间关系方面阐释现代新儒家对人文精神各种功能的思想旨趣。

（六）论析现代新儒家关于人文精神的重建谋划

人文精神重建这个命题唐君毅在20世纪50年代就提出来了，牟宗三和自由主义思想家林毓生等人做了进一步阐发。我们不仅要结合中国近代以来追求现代化的实际探讨现代新儒家尤其是唐君毅关于人文精神的衰落与重建的思想理念，也要梳理它与郭齐勇等学者基于以中国哲学为中心提出的中华人文精神重建设想之间的辩证关联。

（七）对现代新儒家人文精神与西方人文精神、中国历史上其他人文精神进行比较

一是对西方人文精神的概念内涵（肯定人的价值、尊严，主张享受人世欢乐，注重人的现世生活，要求人的个性解放和自由平等，）加以梳理；二是从研究对象、思想体系建构的逻辑起点、主要范畴等方面比较现代新儒家人文精神思想与西方传统人文精神（包括14—18世纪西方文艺复兴和启蒙运动的感性人文主义，18世纪德国的新人文主义，20世纪的宗教人文主义、存在主义的人文主义等）之同异；三是比较现代新儒家人文精神与中国其他学派所揭示和倡导的人文精神（譬如明末清初的泰州学派人文主义精神）。

（八）对现代新儒家人文精神思想进行科学评价

首先，探讨儒学乃是一个博大精深、历经两千年流变的复杂观念文化系统，从中既可窥测到人文主义要素和特点，又可发现不少非人文乃至反人文的

文化特质。其次，要阐明现代新儒家所阐发和提倡的人文精神思想对于化解当前工具理性过分膨胀、市场经济野蛮生长、人与自然冲突、精致利己主义、人的异化等现代化弊端具有重要的时代意义与社会价值，提出当今社会应当把科学理性、经济理性与人文理性有机协调起来。再次，要对现代新儒家人文精神思想，如大陆学者陈来建构的"人文主义视界"，郭齐勇阐发的"中华人文精神"，李承贵提出的"人文儒学"，吴光倡导的以人为中心、以"仁"为形上本体的"道德人文主义精神"等所产生的影响以及彼此的异同展开分析。

三、研究现代新儒家人文精神思想的价值与路径

在笔者看来，加强对现代新儒家人文精神思想的研究具有较为重要的价值。鉴于20世纪90年代以来中国社会出现了一定的"人文精神危机"，21世纪之后党中央高度重视中华人文精神的挖掘与弘扬。2012年党的十八大报告提出要"注重人文关怀和心理疏导，培育自尊自信、理性平和、积极向上的社会心态"[①]，2017年十九大报告也强调"深入挖掘中华优秀传统文化蕴含的思想观念、人文精神、道德规范，结合时代要求继承创新，让中华文化展现出永久魅力和时代风采"[②]，2017年出台的《关于实施中华优秀传统文化传承发展工程的意见》同样指出要大力弘扬核心思想理念、中华传统美德和中华人文精神。[③] 从学术价值来说，一是系统梳理现代新儒家人文精神思想的历史演变、思想内涵、社会影响等问题，对现代新儒家提出的人文精神类型进行评判，将深化我们对中西方人文主义思想运动的认识，帮助建构科学合理、充分体现人文精神的未来新儒学。二是人文精神贯通在现代新儒家的文化哲学、人类哲学、生命哲学、意义哲学、道德哲学、人生哲学、精神哲学、政治哲学等思想学说之中，通过对其深入研究，有助于深刻认识和把握现代新儒学的内涵、宗旨、特色和意义，拓展儒家研究的学术空间。三是通过对现代新儒家人文精神的丰富内涵、基本特质、形态类型及当代重构等问题的探讨，尝试建构

---

① 本书编写组编著：《十八大报告辅导读本》，人民出版社2012年版，第33页。
② 本书编写组编著：《党的十九大报告辅导读本》，人民出版社2017年版，第42页。
③ 参见《关于实施中华优秀传统文化传承发展工程的意见》，《人民日报》2017年1月25日。

现代新儒家人文精神思想学术谱系和话语体系。

从应用价值来说，其一，通过对现代新儒家人文精神思想的阐释，以儒家文化中的人文诉求来辅助理性的求真诉求，推动政府和社会注重深切的文化关怀和人文关切，以纾解当前科学至上主义和功利主义发展模式所造成的价值悖论和发展隐忧。其二，发掘和弘扬现代新儒家人文精神思想精髓，有助于呼吁全社会重视生命审美教育、人文主义教育、道德理性教育，以确立正确的人生观、价值观、自我观，重建人的精神世界、意义世界，从而解决人的终极关怀问题，推动人的全面健康发展，达至人的身心和谐。

就基本思路而言，对现代新儒家人文精神思想的研究，首先应从人文、超人文、非人文、反人文的视角梳理现代新儒家言说的人文精神思想的基本内涵、主要内容；然后利用类型学的范式探究现代新儒家各自阐发和主张的不同形态的人文精神，概括出现代新儒家人文精神思想的总体特点，探索现代新儒家关于人文精神的作用功能和中国人文精神重建话题；接着从比较学的视域围绕现代新儒家人文精神与西方人文精神、中国其他学派人文精神进行比较，发现其独特的宗旨、特色和价值；最后恒定现代新儒家人文精神思想对于当代社会道德建设、精神家园构建、确定人的终极关怀、人与自然和解、工具理性与价值理性的统一、中华人文精神的弘扬等领域的参考意义。

就研究方法而言，加强现代新儒家人文精神思想的研究，一是要采用比较法，借助于比较学的视野，不仅对现代新儒家与诸子百家理想、新儒家标志性人物之间的人文精神思想以及西方人文精神思想进行比较，以揭示现代新儒家人文精神思想的基本特质、主要内涵和现实价值。二是要采用"反向格义"与"返本开新"相结合的方法，在致力于对现代新儒家人文精神思想基本义理诠释的基础上，借用西方人文精神思想的概念、范式、方法加以阐发。三是要运用历史与逻辑相统一的方法，不仅要从现代新儒家的文本中挖掘其人文精神思想观念，还要按照历史的逻辑顺序对三代现代新儒家的人文精神思想给予阐释和整合。

四、结语

现代新儒家人文精神思想是对西方现代文明滋生的工具理性过分膨胀、人与自然关系失衡、极端的个人主义等现代化弊端的创造性回应，旨在把科学理性与人文理性加以协调、解决人的信念等问题。现代新儒家人文精神思想彰显了传统儒家与中华文化中的人文主义合理性的一面，不过，它忽视了其中包裹的非人文主义的特质。要知道，经典儒家在神人关系上表现为弱宗教、弱神学，在价值世界与现实世界的关系上更多呈现为内在超越型文化，在天人关系"天人合一"主题上把人道置于天道之上、充分重视和肯定人的地位和价值，在官与民、国与民之关系上大力倡导民本主义思想，在科学与人文关系上更为重视人的人文性问题，但是它也存在未能完全摆脱天命论的束缚、带有宿命论倾向，缺乏感性自然和世俗功利的诉求，把人文自然化等不足。此外，现代新儒家的人文精神思想也没有严格厘清"人文"的双重含义。我们知道，"人文"一词可以是一个形容词，相当于英文的 humanism，不仅指古典人文主义所彰显的注重以人为中心，肯定个人现世享受快乐、个性自由解放、反对封建神学专制、高扬理性平等和主体性、提倡个人创造和科学知识等，还指推崇人性完美崇高、凸显伦理至上等道德性的、精神性的人文精神；也可以是一个名词，相当于英文的 culture，与"文化"同义，指非自然的人工领域，如文章、文制、教育、科技、文艺等。正因如此，对现代新儒家人文精神思想的研究，既可以纳入儒家人学的视域，也可以纳入儒家文化学的学科框架。

征稿启事

　　本刊《当代儒学》是"四川思想家研究中心"主办的儒家思想理论辑刊，每年出版两辑。

　　近些年来，儒学研究的刊物纷纷涌现。但是，这些刊物的内容，往往是对传统"儒学史"的某种对象化的所谓"客观"研究，在这种研究中，儒家儒学成了"历史上的"东西，即"故纸堆里的""博物馆里的"东西，而与当代社会现实生活无关。

　　有别于此，本刊所称的"当代儒学"，是指的改革开放以来尤其是 21 世纪以来的儒学复兴中所出现的新的儒家思想创造、新的儒学理论形态，这些思想理论的探索，旨在回应当今时代的呼唤、解决当今社会的问题。

　　本刊宗旨：通过对当代儒学的研究与评介，推动儒学复兴、中华文化复兴的伟大事业。因此，本刊的着眼之点，乃在于儒家的"活的思想"，意在推进当代儒学的思想原创、理论建构，推出当代儒学的重要学派、代表人物。

　　栏目设置：

　　●当代儒家思想探索：具有原创性的当代儒家思想者，可推出他们最新的思想创获。

　　●当代儒家理论建构：研究与评介当代儒家具有原创性的理论学说。

　　●当代儒家学派评介：组织有关稿件，对当代儒家的学派进行研究或评介。

　　●当代儒家文献研究：评介当代儒家著述中有可能在将来成为经典文献的重要作品。

　　●当代儒学观察家：观察与评介当代儒学复兴中的最新活动、动向。

　　●当代儒家访谈录：组织对当代儒家中的名儒、大儒的访谈。

● "××××"专题研究：本刊每一辑都将推出一些特定栏目，专题讨论当代儒学中的热点问题和重大问题。

凡在本刊发表的文章，并不代表本刊的立场、观点，作者文责自负，本刊只是提供一个研究、讨论、交流的平台。热忱欢迎广大作者惠赐稿件！

投稿要求：

1. 稿件篇幅以 1 万—1.5 万字为宜，特殊稿件例外。

2. 来稿请用 A4 纸张、Word 文件格式。文章标题用 2 号黑体字，副标题用 4 号仿宋体字；作者署名用 4 号楷体字；正文用 5 号宋体字；独立段落的引文用 5 号仿宋体字；一级标题用 4 号楷体字，二级标题用小 4 号黑体字。

3. 来稿请撰写【摘要】【关键词】【英文标题】，并附【作者简介】及联系方式。

4. 注释一律采用页下脚注形式。

5. 参考文献：古籍采用随文夹注形式（《书名·篇名》），在文中第一次出现时以脚注形式注明该书的版本信息；其余文献采用脚注形式，格式如下：

（1）图书：作者/编者：《书名》，出版地：出版社，出版年份，版次，页码（第＊页）。

（2）期刊：作者：《文章标题》，《刊名》，××××年第×期。

（3）报纸：作者：《文章标题》《报纸名称》出版年月日。

（4）网络文章：作者：《文章标题》，网名，英文网址。

著作权使用许可声明：本刊已许可中国知网以数字化方式复制、汇编、发行、信息网络传播本刊全文。本刊支付的稿酬已包含中国知网著作权使用费，所有署名作者向本刊提交文章发表之行为视为同意上述声明。如有异议，请在投稿时说明，本刊将按作者说明处理。

投稿邮箱：dangdairuxue@163.com

《当代儒学》编辑部